극번역과
영화각색,
어떻게
할까?

Theatrical Translation and Film Adaptation
by Phyllis Zatlin

Copyright © 2005 Phyllis Zatlin
Korean translation rights © Dongin, 2009

This Korean edition is published by arrangement with Multilingual Matters Ltd
through Sibylle Books Literary Agency, Seoul.

이 책의 한국어 판 저작권은 시빌에이전시를 통해 Multilingual Matters사와
독점 계약한 도서출판 동인에 있습니다.
저작권법에 의해 한국 내에서 보호를 받는 저작물이므로 무단 전재 및 무단 복제를 금합니다.

극번역과 영화각색, 어떻게 할까?

Theatrical Translation and
Film Adaptation:
A Practitioner's View

필리스 재틀린 지음
정병언 · 최성희 · 문정애 옮김

도서출판 동인

* 이 번역학 총서는 2단계 두뇌한국(BK)21 사업에 의하여 지원되었음
(부산대 영상산업 번역전문인력 양성사업단 번역학 총서)

『극 번역과 영화각색, 어떻게 할까?』를 쓰기 시작했을 때 나의 의도는 각 나라의 경계를 가로지르는 것이었지 내가 가장 잘 아는 지역인 스페인과 프랑스에 한정되는 것이 아니었다. 나는 나의 글까지 포함하여 여러 나라의 연극과 영화에 대한 참고자료를 찾았고, 또한 다양한 언어로 작업하는 몇몇 나라의 번역가들과 대화를 해나갔다. 그럼에도 불구하고, 나의 초점은 우선 유럽과 북미의 사람들에게 맞춰져 있었다. 그랬기에 한국에서 내 책에 관심을 가진 사람이 있다는 사실을 출판사에서 알려왔을 때 그것은 즐거운 놀라움을 선사했다. 나는 연구차 대서양을 건넜었는데, 이제 내 책이 태평양을 건너려 한다. 부디 내 연구에 대한 이 번역서가 새로운 독자들에게 유용한 것이 되었으면 좋겠다.

　나는 대학 교수 경력을 번역가로서 시작하지 않았다. 나의 주요 전공 영역은 현대 연극이다. 20년 전, 스페인어-영어 번역 프로그램을 가르치던 교수가 은퇴하자 나는 그 여 교수의 자리를 물려받기로 결정했었다. 그 때문에 번역 이론을 공부했고 극작품들을 번역하기 시작했다. 극작가들은 나의 이런 노력에 우호적으로 협력해 주었다. 그 중 일부는 이미 내가 알고 있던 사람들이다. 루이스 B. 켈리는 번역의 충실성이란 노역(奴役)servitude이 아니면 협동작업을 의미한다고 말한 바 있다. 그 중에서 나는 후자의 길을 추구할 수 있어서 운이 좋았던 셈이다.

1987년, 우리 대학에서 통·번역 과정에 석사과정을 도입했기 때문에 나는 번역 석사 논문도 지도하기 시작했다. 그리고 1998년에는 영어로 번역된 현대 스페인 연극 모음집인 <에스트레노 플레이즈>의 편집장을 맡게 되었다. 그래서 나의 배경에는 나의 극 번역물들뿐만 아니라, 다른 사람들의 극 번역물에 대한 지도까지 포함된다. 나의 극 번역물들 중 대부분 출판되었고 그 중 다수가 공연되었다. 또한 나의 옛 학생들 중 일부도 그들의 번역물을 출판하거나 무대에 올렸다고 말할 수 있어 기쁘다.

지금 이 책은 내가 이 분야에서 쌓은 20여 년 간의 경험을 그려내고 있으며, 나의 작업과 학생들의 작업, 그리고 다른 번역가들과의 대화에서 얻은 나의 통찰을 담고 있다. 서문에서 밝혔듯이 소설이나 시 번역에 대한 책은 극 번역에 대한 책보다 훨씬 많다. 나는 내 책이 이러한 격차를 메울 수 있으리라고 느꼈다. 기쁘게도 출판사도 이에 동의하였다. 이 책이 2005년 후반기에 나왔기 때문에 그 동안 미국의 많은 젊은 번역가들이 반응을 보내왔는데 그들은 내가 이 책이 그들에게 좋은 출발점을 제공했음을 확신시켜 주었다. 나는 한국의 극 번역가들과 번역과정 학생들도 같은 효과를 얻기를 바란다.

『극 번역과 영화각색, 어떻게 할까?』는 제목에서 드러나듯이 두 가지에 초점을 맞춘다. 나는 전문적인 영화대본 작가는 아니지만 몇 해 전에 문학을 영화로 변환시키는 대학원 과정에서 가르친 적이 있다. 내가 발견한 책 대부분은 셰익스피어의 극을 제외하고는 소설만 강조하지 드라마는 배제하고 있다. 나의 옛 학생 중 한 명이 이미 스페인 극의 영화각색에 대한 책을 출간했다는 사실을 알리게 되어 기쁘다. 나의 이 책 역시 그런 학문적인 격차를 좁힐 수 있을 것이라 생각한다. 여기서도 영화에 할당된 절을 준비하면서 나는 학생들과 수업 중에 토의하면서 얻은 통찰에 크게 빚지고 있다.

　최근의 번역 이론은 번역가를 여행자와 등치시킨다. 다른 언어와 문화를 탐사하고 나서 그 여행에서 돌아오는 길을 다른 사람들을 위해 접점을 만들어 주는 사람이라는 점에서이다. 최선을 다하는 번역가들은 실제로 각 나라와 사람들 사이의 가교 역할을 한다. 내 책은 정병언 교수와 대학원 박사과정의 최성희와 문정애가 공동으로 번역했는데, 정교수는 그러한 점에서 좋은 본보기이다. 정 교수는 자신들의 공동 번역의 질을 보장하기 위해 미국에서 지내기로 결정하였고, 요즘 우리 대학에서 연구를 수행하고 있다.

　럿거스Rutgers 대학은 뉴저지의 주립 대학이다. 뉴저지 주는 오래 동안 미국의 이민자들을 위한 관문이었다. 우리 학과에서는 20여 년 동안 스페인어−영어 통역 교육을 해오고 있다. 지난해에 우리는 한국인 통역가들을 위한 여름학기 과정 외에 고급 교육 과정을 제공해 달라는 요청을 받았다. 어떻게 스페인어와 포르투갈어 학과에서 그 일을 맡는 것이 가능하겠는가? 그 답은 정병언 교수가 한 명의 가교자라는 사실을 상기한다면 분명해진다. 우리 통역 과정 프로그램은 정 교수가 법률 문장들을 한국어로 번역하여 이를 그의 대학교에서 녹음되도록 알선해 준 점에 대해 깊이 감사함을 표한다. 또한 우리는 내 책에 대한 그들의 공동번역물 중 하나의 긴 단락을 이 통역 과정을 위한 연습 테이프로도 만들었다.

　나는 개인적으로 『극 번역과 영화각색, 어떻게 할까?』에 대한 정병언 교수와 공동번역자들의 열성과 지식을 알게 된 것이 참 감사하다. 번역자가 저자의 가장 좋은 독자라는 것은 잘 알려진 사실이다. 스페인의 노벨상 수상자인 소설가 카밀로 호세 셀라Camilo José Cela는 『벌집』*La colmena*의 네 번째 판에서, 자신이 그의 독일인 번역자가 발견한 실수 하나를 고쳤다고 밝힌 바 있다. 만일 『극 번역과 영화각색, 어떻게 할까?』의 두 번째 판을 내야 한다면, 나는 정 교수와 그의 공동번역자들이 철저한 텍스트 분석을 통해 발견하고 친절하게 내 주의를 환기시켜 준 실수들을 고쳤노라고 밝혀야만 할 것이다.

한국의 독자들이 이 책이 유익하다고 여기기를, 그리고 여기서 다루어진 주제들에 대한 나의 열정을 공유하기를 바란다.

필리스 재틀린

머리말

로버트 웩슬러Robert Wechsler가 매우 극찬 받은 문학 번역 연구서인 『무대 없는 공연』*Performing Without a Stage*(웩슬러, 1998)을 썼을 때, 특별히 극을 염두에 두고 있지는 않았다. 그는 배우들이 극작가의 작품을, 가수들이 작곡가의 작품을 해석한 뒤 공연을 통해 자신들의 작업을 예술로 만들어 가는 것에 대하여 쓰고 있다. "번역가의 문제는 자신의 공연이 연극, 노래, 작곡과 같이 꼭 원작처럼 보이도록 해야 하는 예술가이면서도 무대가 없는 공연자라는 데 있다. 그의 작업은 단지 종이 위의 잉크에 불과하다"(웩슬러, 1998: 7). 그러나 나는 극 번역은 엄밀히 공연을 염두에 두어야 한다고 생각한다. 만약 극 번역이 종이 위의 잉크일 뿐이라면 그것은 극(공연 텍스트)이 아니다. 만약 극 번역이 출판되고 읽혀질 경우, 이는 희곡(문학 텍스트)으로 간주될 것이고 문학 번역에 대한 웩슬러의 예리한 관찰은 합당할 것이다. 비록 전체 상연에 있어서 번역가의 공헌이 관객들의 눈에 띄지는 않겠지만, 극작가와 마찬가지로 극문학 번역가에게도 무대가 있는 공연은 필요하다. 미국 최고의 현대 스페인 극 번역가인 마리온 피터 홀트Marion Peter Holt는 자신이 지금껏 번역해온 모든 연극에서 최우선의 목표는 공연가능성이었으며, 출판은 공연 이후에 수반될 수도 있는 문제라고 힘주어 말한다(홀트, 2002, 사적인 대화).

『무대 없는 공연』에서 웩슬러는 몰리에르를 한번, 셰익스피어를 여러 번 거론하기도 하지만 대체적으로 소설과 시 번역을 집중적으로 다루고 있다. 이러한 점에서 웩슬러의 이 책은 이 분야의 다른 대다수 연구서들과 다를 바가 없다. 문학 번역 이론은 소설과 시 장르들에 집중되어왔다. 앙드레 르페브르André Lefevere는 『문학 번역: 비교문학 컨텍스트의 이론과 실제』(르페브르, 1992)에 붙인 「심화독서를 위한 안내」에서 374권의 책과 논문들을 제시하는데, 이 중에서 제목에 특별히 희곡이 언급된 것은 단지 6편에 불과하다. 수잔 바스넷Susan Bassnett은 『번역 연구』 초판에서 이 주제에 대한 논의로 시작하는데, 극문학을 "가장 등한시된 분야"라고 규정하고 있다(바스넷-맥가이어, 1980: 120). 그녀는 이 주제에 상당한 관심을 기울이면서 문학 번역에 대한 장에서 53쪽 중 12쪽을 할애한다. 관례를 뒤엎는 이 책의 제 3판에서 바스넷은 1980년대 이래 영어로 출판되었던 책의 서지목록을 덧붙이고 있다(바스넷, 2002: 149-164). 그녀가 뽑은 목록에는 210권의 책과 47편 논문이 포함되어 있는데, 이 중에서 단지 6권의 책과 3편의 논문만이 극에 대한 것이다. 그러므로 클리포드 E. 랜더스Clifford E. Landers가 『문학 번역: 실용적 안내서』에서 단지 2쪽 반만을 극 번역에 할애한 것은 충분히 이해되고 남는 바이다. 브리짓 슐츠Brigitte Schultze는 소설이나 시는 쓰여진 텍스트만을 다루면 되는 것이기 때문에 희곡 번역에 대해서는 훨씬 적은 글이 씌어지는 것이라는 이론을 내세운다. "반대로, 희곡 번역은 단순매개적 문학(독서)과 복합매개적 극(공연), 이 두 가지 소통 형태로 동시에 옮아가야만 하는 것이다"(슐츠, 1998: 177).

내가 1장 「극 번역, 결코 갈등이 없지 않다」에서 이 같은 방어적인 어조로 말한 데는 이처럼 번역연구에서 극을 간과하는 경향이 있기 때문이다. 물론 상대적으로 그런 연구의 부족이 이 책을 쓴 첫 동기이지만 말이다.

전통적으로 번역연구가 소설과 시에 집중되어 있지만, 점점 더 극에 대한 참고문헌들이 증가하고 있다. 1980년부터 1989년에 걸쳐, 우리는 여러 나라의 극 번역가들의 관점을 담고 있는 흥미로운 영어 선집 세 권을 발견하였다. 이 중 2권은 오트룬 주버 스커릿Ortrun Zuber-Skerritt이 편집한 『극의 언어들: 희곡의 번역과 전환에서 생기는 문제들』(주버, 1980)과 『책에서 무대로: 번역으로서의 극』(주버-스커릿, 1984)이고, 나머지는 한나 스콜니코프Hanna Scolnicov와 피터 홀랜드Peter Holland가 편집한 『컨텍스트에서 떨어져 나온 연극: 문화에서 문화로 연극 옮기기』(1989)이다. 더 근래에 출판된 것으로는 데이비드 존스톤David Johnston이 엮었으며 실제로 행해진 극 번역에 대한 인터뷰와 에세이 선집인 『번역의 단계들』(1996), 캐롤 앤 업톤Carole-Anne Upton이 엮은 『움직이는 목표: 극 번역과 문화적 재위치』(2000), 시르쿠 알토넨Sirkku Aaltonen의 이론서인 『무대 위의 시간 공유: 극과 사회에서의 희곡 번역』(2000)이 있다. 여기 이 책은 알토넨의 책처럼 한 저자가 쓴 일괄적인 연구서이지만, 다양한 층을 가진 여러 선집들과 랜더스가 쓴 실용적 안내서에서 취한 태도와 더 가깝다.

40년 동안 스페인 문학 교수로 지낸 나의 주된 전공 영역은 항상 동시대의 극이었다. 처음에 나는 오직 문학 작품만을 연구했으나, 시간이 갈수록 점점 수업과 저술 양면에서 공연되는 연극에 초점을 두기 시작했다. 1987년, 나는 우리 과의 번역 인증 및 석사 과정의 주임교수로 갑작스레 발탁되었다. 그렇게 해서 또한 번역가로서 역할을 맡게 되었는데, 내가 연극을 원천 텍스트로 취급하게 된 것은 자연스러운 경로였다. 내가 번역했던 스페인어와 불어 번역물 중 10편의 작품이 전문 극단이나 대학 극단에서 공연되었으며, 나의 경험도 실제적으로 다른 사람들과 밀접하게 협력하는 것으로 확장되었다. 내가 지도한 번역 석사 논문 중 20편 이상이 연극 분야이다. 이렇게 번역된 연극 중 몇 편은 상연되거나 출간되기도 하였다. 현대 스페인 극을 그때그때 번역해서 묶는 시리즈 모음집인 <에스트레노 플레이즈>ESTRENO Plays의 1992년 창간 때부터 나는 여기에 활발히 참여해오고 있으며, 1998년 이래로는 이 시리즈의 책임 편집자를 지내 왔다. <에스트레노 플레이즈>에 실린 번역물 중 대부분은 수준 있게 공연되어 오고 있다.

이 책을 준비하는 동안 나는 출판된 연구서를 찾아보았을 뿐 아니라 미국과 유럽에 있는 번역가 및 다른 극 전문가들과도 사적 인터뷰와 서신을 통해 의견을 나누었다. 다행히도 한 국제 극 번역가 협회에서 아주 사려 깊은 질문지 답변을 받았다. 그 조사 결과와 참여자 명단은 2장 「그림자 밖으로: 번역가는 스스로 말한다」에 나와 있다. 2003년 유럽으로 안식년 휴가를 가는 도중에 이뤄진 인터뷰를 곁들인, 질문지 결과물은 3장 「네트워킹: 공동 작업」에 수록되어 있다. 질문지에 대한 추가적인 언급들이 본문 곳곳에서 드러나고 있으며, 그 조사 형식은 부록에 실었다. 이 책에 별다른 언급 없이 적은 인용들은 질문지에 대한 답변에서 채택된 것이다.

비록 나의 전공은 현대 스페인 극이 중심이고 스페인어와 프랑스어를 영어로 번역하는 일을 하고 있지만, 나는 그 외 언어들의 영어 번역과, 좀 더 미약한 정도에서 영어나 스페인어에서 프랑스어로 옮기는 다른 언어 조합도 포함하도록 신중하게 작업해왔다. 독자들은 이 책이 히스패닉 텍스트에 과잉되게 집중되어 있음을 보게 되겠지만, 시종일관 이 책의 목표는 특정한 언어가 아닌 개념을 정교화 하는 데 있었다.

애초 이 책은 한 복잡한 주제에 대한 포괄적인 연구로서 의도된 것이 아니다. 예를 들어, 오페라 대본의 번역, 무대극의 뮤지컬 코메디로의 각색, 언어 내적 번역(즉, 고전 텍스트들의 현대화), 혹은 운문으로 쓰여진 희곡의 번역과 같은 주제들에 대한 여러 장들이 여기에는 빠졌다. 이 모두가 연극적 번역과 각색의 일반적인 쟁점을 탐구하면 할수록 자주 제기되는 주제들이긴 하지만 말이다. 안드레스 아모로스Andrés Amorós는 1985년 판, 호세 소릴랴의 『돈주앙 테노리오』의 1985년 판에 쓴 사려 깊은 서문에서 19세기 운문 희곡verse drama을 현대의 청중들을 위해 각색하는 것에 관한 그의 입장을 명확히 밝힌다. 전적인 충실함과 급진적 변형 모두를 거부하며 그는 다음과 같이 주장한다.

> 나는 번역가가 '먼지를 털어내야' 한다고 믿는다. 반복을 억제하고, 오늘날 우리에게 우스꽝스럽게 들리거나 혹은 우리와 너무 먼 것들을 제거해야 한다. 물론 고전적인 라임과 스탠자를 지키는 것은 필요하다. 하나의 단어를 바꾸는 것은 거의 항상 한 줄이나 전체 스탠자를 수정하는 것을 의미하기 때문에 그것은 섬세한 각색 작업을 요구한다.
>
> (아모로스, 1985: 19)

여기에서 아모로스는 모든 극 번역이 목표청중에게 접근하는 방법에 대한 기초적인 문제뿐만 아니라 시로 인한 특수한 어려움들을 간결하게 지적하고 있다.

시를 번역하기 위해서는 시인이 되어야 한다는 것은 의심의 여지없는 사실이다. 나 자신이 시인이 아니므로, 나는 결코 운문 희곡에 태클을 걸지 않을 것이다. 그럼에도, 종종 극 번역가들은 우연찮게 나오는 시나 노래시의 구절들을 두고 끙끙대야 한다는 사실을 알게 된다. 그래서 이 주제를 4장「극 번역하기의 실용적인 접근법」에서 다루고 있다.

나는 이 책에 2개 언어 연극 텍스트의 번역에 관한 독립된 장을 포함시켰다. 나 스스로 번역자, 편집자, 혹은 강의자로서 그런 문제에 여러 차례 부딪쳐왔기 때문이다. 내가 알고 있는 바로는, 5장「2개 언어 연극 텍스트에 관한 변주」는 이 주제에 관한 일반 분석을 제공하는 것으로는 최초의 출판물이다.

복합적인 이 책의 제목에서 드러나듯이, 나의 연구는 그 자체로 연극 번역에만 한정되지 않는다. 6장「무대와 스크린을 위한 자막처리와 더빙」은 본래 멀티링구얼매터스Multilingual Matters 출판사의 토미 그로버Tommi Grover가 제안했던 것이다. 나는 이 주제에 관한 탐색이 단지 몇 페이지에 불과하리라 예상했지만, 곧, 이것 역시 복잡한 문제라는 것을 깨달았다. 연극에서 사용되는 언어를 이해하지 못하는 관객들도 이해할 수 있도록 극 공연을 하기 위해 이러한 번역의 형식을 활용하는 바에 대해서는 거의 쓰여진 것이 없다. 나는 영화와 관련된 많은 출판물들을 발견했지만 그것들을 훑어보는 동안, 어떤 나라는 자막처리보다는 더빙을 훨씬 선호한다고 분류하고 있는 이전의 논문들이 시대에 뒤떨어지거나, 영화보다는 황금시간대 텔레비전에 기반하고 있음을 알게 되었다.

자막처리와 더빙에 관한 장에서 나는 극작품 검토와 연극을 영화로 각색하는 것에 대한 비평 사이를 오간다. 1992년, 내가 처음으로 '문학에서 영화로'라는 대학원 세미나를 열었을 때, 나는 번역과 각색/변환 이론 사이의 유사성에 충격을 받았다. 영화의 전략과 관습은 하나의 언어라고들 자주 말한다. 그 규모에 충실하고자 하는 목적에서, 연극을 이차적 자연어로 번역할 때나 혹은 그것을 스크린용으로 전환할 때 그 목표는 원문을 생동감 있는 등가성을 지닌 다른 언어로 번역하는 것이 된다. 따라서 나는 일상적으로 영화각색을 가르칠 때는 번역을, 문학 번역을 가르칠 때는 영화각색을 병행해서 거론했다. 물론 이 연관성을 알아챈 사람은 나만이 아니다.

번역 이론에서와 마찬가지로 각색 이론도 소설에만 집중되고 극은 간과하는 경향이 있다. 제임스 내모어James Naremore의 『영화각색』Film Adaptation (2000)은 주석이 달린 참고문헌에서 38편의 책과 논문을 인용하는데, 그 제목에서 단지 3편만이 직접적으로 극을 언급하며, 게다가 그 셋 중 둘은 탁월한 '문학적' 극작가인 셰익스피어에 대한 것이다. 뿐만 아니라, 이 분야의 연구는 종종 극과 극이 영화에 미치는 영향을 과소평가한다. 7장 「스크린의 안과 밖: 각색의 수많은 양상들」에서는 무대 연극을 영화로 각색하기가 영화 역사의 중요한 부분이었고, 앞으로도 계속 그러하리란 것을 입증하는 그 동안의 논쟁을 따라가 본다.

8장 「무대에서 스크린으로: 영화각색의 전략」에서는 극 번역에 관한 4장과 병행시키면서, 연극을 영화로 변환시키기 위한 구체적인 전략들을 제안한다. 이 제안은 주로, 그러나 배타적이지는 않게, 영어와 스페인어로 된 영화에 기반해서 구체적인 많은 사례들로부터 추출되었다.

이 책을 준비하는 과정에서, 나는 수많은 사람들로부터 격려, 지도, 충고, 그리고 정보를 얻어왔다. 그들 모두의 지원이 없었다면 이 책은 쓰여질 수 없었을 것이다. 나는 텍스트 내에서 그리고 주석에서 그들의 공헌을 인정하며, 그들 모두에게 감사의 마음을 전하고 싶다. 또한 내가 번역했던 작품을 쓴 극작가들, <에스트레노 플레이즈>의 작업에 여러모로 협력해준 동료들, 스페인의 하엔, 마드리드에서 열린 학회와 미국문학번역가협회의 연례 회의에서 극 번역 혹은 영화각색에 관한 다양한 토론회를 조직하고 참여한 분들, 수년간 번역연구와 영화각색 수업에 참여한 학생들, 내가 안목을 갖도록 도와 준 이 모든 분들께 깊이 감사한다. 『에스트레노』의 초대 편집장인 패트리사 W. 오코너Patricia W. O'connor, <에스트레노 플레이즈>의 초대 편집장인 마샤 T. 핼시, 페이스 대학의 이리데 라마르티나-렌즈, 그리고 스페인어와 프랑스어로 된 첫 연극 번역에 착수하도록 나를 고무시켜준 쥬느비에브 울만Geneviève Ulman과 피에르 울만Pierre Ulmann에게 특히 감사한다. 그리고, 나와 학생들에게 지식과 전문적 의견을 나누어주는 데 한없는 관대함을 보여준 마리온 피터 홀트와, 영국에서 여러모로 연구를 도와준 마리아 델가도Maria Delgado에게도 감사한다. 나는 또한 여러 학생들의 연구를 지도하면서 얻게 된 이점을 인정하지 않을 수 없다. 패트리샤 산토로와 아순 고메즈는 영화각색에서, 엘렌 베이는 자막처리에서, 케리 앨런은 극 번역에서 그들이 다루는 주제를 내가 명확히 이해하도록 도와주었다.

References

Aaltonen, Sirkku. *Time–Sharing on Stage. Drama Translation in Theatre and Society.* Clevedon, Buffalo, Toronto and Sydney: Multilingual Matters, Topics in Translation 17, 2000.

Amorós, Andrés. *"Don Juan Tenorio,* mito teatral." Introduction to *Don Juan Tenorio.* By José Zorrilla. Versión de Andrés Amorós. Madrid: La Avispa, Colección Teatro 12, 1985.

Bassnett, Susan. *Translation Studies.* 3rd ed. London and New York: Routledge, 2002. Reprinted 2003.

Bassnett McGuire, Susan. *Translation Studies.* 1st ed. London and New York: Methuen, 1980.

Holt, Marion Peter. E–mail to Megan Fuller Pérez, 7 September 2002.

Johnston, David, ed. *Stages of Translation.* Bath, England: Absolute Classics, 1996.

Landers, Clifford E. *Literary Translation. A Practical Guide.* Clevedon, Buffalo, Toronto and Sydney: Multilingual Matters, Topics in Translation 22, 2001.

Lefevere, André. *Translating Literature: Practice and Theory in a Comparative Literature Context.* New York: The Modern Language Association of America, 1992.

Naremore, James, ed. *Film Adaptation.* New Brunswick, NJ: Rutgers University Press, 2000.

Schultze, Brigitte. "Highways, Byways, and Blind Alleys in Translating Drama: Historical and Systematic Aspects of a Cultural Technique." In Kurt Mueller– Vollmer and Michael Irmscher, ed. *Translating Literatures. Translating Cultures. New Vistas and Approaches in Literary Studies.* Berlin: Erich Schmidt Verlag, 1998. 177–96.

Stam, Robert. "Beyond Fidelity: The Dialogics of Adaptation." In *Film Adaptation,* ed. James Naremore. 54–76.

Upton, Carole–Anne, ed. *Moving Target. Theatre Translation and Cultural Relocation.*

Manchester, UK & Northampton, MA: St. Jerome Publishing, 2000.

Wechsler, Robert. *Performing Without a Stage. The Art of Literary Translation.* New Haven, CT: Catbird Press, 1998.

Zuber, Ortrun. *The Languages of Theatre. Problems in the Translation and Transposition of Drama.* Oxford and New York: Pergamon Press, 1980.

Zuber–Skerritt, Ortrun, ed. *Page to Stage. Theatre as Translation.* Amsterdam: Rodopi, 1984.

C O N T E N T S

1.

극 번역, 결코 갈등이 없지 않다

좋은 번역보다 더 어려운 것도, 제대로 평가 받지 못하는 것도 없다.
폴 클로델[1]

정의상으로 볼 때 드라마는 갈등의 이야기이다. 갈등이 없다면, 드라마도 없다. 이런 의미에서 문학을 번역한다는 것은 이미 극적인 행위를 내포하고 있다. 처음부터 번역가는 그들 자신이 원천 텍스트를 반드시 배반하고야 마는 반역자라는 널리 퍼진 믿음에서부터 그 갈등이 시작됨을 예감할 것이다. "번역가는 반역자"라는 옛 격언처럼 번역가에게는 이아고의 역이 배정되어 있다.

물론 우리는 원천 텍스트의 의미와 문체를 잘 살린 양질의 번역물들에 대한 수없이 많은 사례들을 들며 이러한 부정적인 관점에 반대할 수도 있다. 그러나 극 번역에 있어서 약간의 배반은 필수이다. 오트룬 주버 스커릿Ortrun Zuber-Skerritt이 간결히 지적한 바대로 "연극은 관객에 대한 영향의 직접성에 좌우된다"(주버, 1980: 92). 다른 문화에 대하여 더 많이 배우려는 데 열심을 부리는 독자들에게는 각주로 설명을 달거나 익숙지 않은 문헌들을 찾아보도록 유도하는 번역 소설이 문제될 것이 없을 터이다. 극장의 관객들은 대화의 의미를 즉시 잡아채야 한다. 독자들은 서사적 텍스트 속의 고풍스런 말들을 재창조하는 데 기쁨을 느끼겠지만, 무대 위의 배우들은 "혀 위에서 춤추듯이" 말할 수 있어야 한다. 클리포드 랜더스Clifford Landers는 이를 정확히 표현한다. "때로는 극 번역에서 절대적으로 중요한 문체조차, 배우들이 확신에 찬 자연스런 태도로 대사를 칠 수 있어야 한다는 현실에 양보해야 한다"(랜더스, 2001: 104). 극 번역가들은 입에 붙는speakable 대사를 만들기 위하여 각색을 할 수 있으며, 그렇게 한다.

나는 지금 새로운 발견을 말하고 있는 것이 아니다. 이러한 점들은 상연을 위한 번역에 대한 이전의 글들에서 반복해서 지적되어 왔다. 로버트 W. 코리건Robert W. Corrigan은 극 번역가도 극작가와 마찬가지로 상연을 위한 글쓰기가 문학과 어떻게 다른지를 알아야 하며, 극문학을 실습하며 연습을 쌓아야 한다고 주장한 바 있다. "이러한 연습 없이는 단어와 그 의미를 번역하는 경향으로 흐를 것이다. 그렇게 된다면 공연가능한 번역, 즉, 공연이라는 우선적인 목적을 결국은 달성할 수가 없을 것이다"(코리건, 1961: 100). 20여 년 후에 조지 웰워쓰George Wellwarth는 다음과 같이 경고하며 문체의 중요성을 주장했다. "관객은 말투가 과장된 연극에 온전히 집중할 수가 없다"(웰워쓰, 1981: 142). 릭 하이트Rick Hite는 "구두 텍스트에서 구두 텍스트로 번역하는 데 있어서 문제점들"을 지각하기 위하여 극 번역가들더러 배우가 되어 그들의 작품을 낭송해 볼 것과, "두 언어 특유의 음성적 표현법과 내재적 리듬, 패턴, 강세에 더욱 민감"해지라고 충고한 바 있다(1999: 304).

코리건, 웰워쓰, 하이트가 특정하게 거론하는 것은 현대 미국 극이다. 그들의 말은 영국 극과 프랑스 극, 스페인 극에도 똑같이 적용될 수 있지만, 오늘날 반드시 보편적인 것도 아니며 이전 시기의 극에는 적용하기 어렵다. 수년 동안 파리에서 국제적인 저작권 대리업체를 운영해 온 쥬느비에브 울만에 따르면, 벨기에, 독일, 스칸디나비아 반도의 관객들은 번역 투로 들리는 번역을 수용한다.[2] 프랑스에서는 번역이 원래의 텍스트처럼 줄줄 읽히지 않으면 상연할 가치가 없는 것으로 간주된다.

이 후자의 목표, 즉 줄줄 읽히는 텍스트를 만들어내는 것이 우리가 이 책 전체에서 내내 염두에 둘 내용이다. 그 목표는 유럽연합의 프로젝트의 일환인 아리안느 문학 네트워크Ariane Literary Network가 주최한 1998년 1월 모임에서 의제화되었던, 극 번역가들에 대한 최소한의 요구에 대한 최종 결의안과 통하는 바이기도 하다. 이러한 요구들은 언어적 능력과 극에 대한 경험, 글쓰기의 재능을 모두 포괄한다(유럽연합, 1998).

분명히 20세기 초기 시대의 미국관객들은 울만이 벨기에, 독일, 스칸디비아 반도의 나라들에는 여전하다고 믿는 바대로 과장 어린 대사를 순순히 수용하였다. 노벨상 수상자인 하신토 베나벤테Jacinto Benavente와 다른 스페인 작가들의 많은 연극이, 지금의 우리가 보면 "목석같다"라고 평할지도 모를 존 가렛 언더힐John Garrett Underhill의 번역을 가지고도 브로드웨이 무대에 쉽게 진출하였다. 원전에 대한 언더힐의 충실성과 이와 어우러진 그의 관용어 표현 실패가 결과적으로 이 계통의 번역가들에게 악명을 안겨주었다. 한 예로, 국제적인 칭송을 얻은 하신토 베나벤테의 메타연극적 소극인 『이해 관계』The Bonds of Interest의 초기 장면에서 '선장'이 말한 한 문장을 보자.

왜냐하면 우리가 근래의 여러 전쟁에서 패배했기 때문이다. 그건, 적군의 어떤 강함 때문이 아니라, 우리를 지배하며 우리가 열정도 없이 무기도 없이 그들의 이익을 지키도록 보낸 이 치사한 악덕 상인들 때문이었다. 마치 한 인간이 자기가 사랑하지 않는 것을 위해 혼신을 다해 싸울 수 있는 것과 같았다. 우리 군대에 한 명의 사병만큼도 기여하지 못했거나 오로지 실리와 안전을 위하는 대의명분에 한 푼도 빌려주지 않은 이 악덕상인들 때문에 패한 것이다. 그들은 위험의 낌새를 채거나 자신들의 주머니가 위기에 처할라치면, 겁을 먹고서 적군과 공동전선을 편다. 이제, 그들은 우리를 탓하며 욕하며 경멸하면서 패전의 곤궁함을 이유로 절약하자고 한다. 그들이 우리에게 주는 것은 참으로 적고, 그들이 좀더 대담해진다면, 만일 그들의 독재와 탐욕으로 억압해 왔던 모든 사람들이 언젠가 그들에 대항해 일어날 것을 두려워하지 않는다면, 우리를 해고해 버릴 것이다. (베나벤테 1929: 50)

원래의 스페인어는 – 믿거나 말거나 – 희극적인 재능이 엿보인다. 좋은 번역이라면 이 독백을 내뱉는 한 끼가 넘치는 희극적 배우의 육성을 우리로 하여금 "듣게" 해 줄 것이다. 그러나 언더힐의 언어는, 그 연극대본의 이 대목에서 오늘날의 역량있는 감독이 느낄만한 관심을 일찌감치 식어버리게 한다. 로렌조 만Lorenzo Mans이 1996년 아틀란타 상연을 위해 베나벤테의 『사기의 기술』Los intereses creados(The Art of Swindling)을 새로 번역하기로 마음먹었던 것은 의외가 아니다.

연극을 무대에 올리려고 할 때 나쁜 번역은 심각한 문제가 된다. 극 연출가들은 "불꽃이 튀"지 않는 대본은 제목이나 첫 페이지조차 넘기지 못하고 만다. 나의 경험으로 볼 때, 연출가들은 첫 눈에 반하거나 아니면 똑같은 속도로 거부해 버린다. 이런 일이 발생하는 것은 대개는 아주 작은 전문 극단에조차 한 해에 미청탁 원고 수백 개가 밀려들기 때문이다.

체계가 잡혀있고 규모가 큰 극장일 경우 미청탁 원고는 자동적으로 거부되고, 저작권 대리인들이 대신 훑어보게 한다.

왜 언더힐의 번역은 더 이상 받아들여질 수가 없을까? 후기 촘스키 시대[3]로 들어서면서 전반적으로 번역에 대한 접근법이 근본적으로 변하였다. 그 이전에는 비교언어학에서 번역이론의 틀을 제공받았으나, 촘스키의 새 이론이 원천 텍스트를 더욱 역동적으로 재창조하도록 부추겼다. 이제 우리는 각각의 언어는 고유의 문체론을 지니고 있으며 극의 관습이 나라마다 다르다는 사실을 의식하게 되었다. 현명한 번역가라면 이러한 차이들을 고려하게 된다.

오늘날 우리가 중요하게 여기는 희곡 텍스트를 조정해 갈 때, 그 원문을 해석하고 각색하는 사람은 결코 번역가만이 아니다. 극 종사자의 관점에서 볼 때, 하나의 연극을 무대에 올리는 일은 수많은 종류의 번역을 거친다. 레바 고스탠드Reba Gostand의 말을 들어보자.

> 하나의 예술-형식으로서 연극은 끊임없는 번역의 과정이다. 최초의 구상에서 대본(하나의 대본이 있을 경우), 제작자/연출가의 해석, 디자이너와 남/여배우의 참여, 관객이 보고/듣는 이미지까지 . . . 수많은 번역의 과정이 부수적으로 따라나올 수 있다. (고스탠드, 1980: 1)

스페인의 극작가이자 연출가인 에르네스토 카발레로Ernesto Caballero도 연극의 무대화 과정에 대해 이와 비슷한 말을 하는데, 특히 그 나라에서 생산된 동시대 극이 아닐 경우 불가피하게 배반을 내포하는 번역 과정을 거치게 된다는 것이다. 왜냐하면 "다른 시대 혹은 다른 문화에 속하는 텍스트"(카발레로, 2001: 68)[4]를 직역하는 것은 불가능하기 때문이다.

주버는 번역가도 극작가와 마찬가지로 배우를 위해 글을 써야 한다고 주장한다. 이상적인 순서로서 "번역가의 대본은 먼저 무대 위에서 시연해 본 후, 리허설 중에 토의되고 수정되어야 하며, 그러고 나서야만 미래의 공연을 위해, 혹은 독자들을 위해 출간되어야 한다"(주버, 1980: 93)는 것이다. 지면에서 무대로 옮겨가는 데 필요한 변형은 복잡하기 때문에, 노련한 번역가들은 대부분 생동감 있는 리허설의 현장에 작가의 대리로 참여하기를 원한다. 그러나 너무도 빈번히 번역가는 주변으로 밀려나 버린다. 비록 악당 이아고의 역할이라 할지라도 완전히 대본에서 빠져버리는 것보다는 낫다. 제작과정뿐 아니라 프로그램 제작자 명단과 연극평에서도 잊혀진 존재지만 말이다.

시르쿠 알토넨Sirkku Aaltonen(2000)은 희곡 번역에 대한 책에서 한 장의 제목을 "다락방의 번역가"라고 달았다. 산드라 길버트와 수잔 구바의 『다락방의 미친 여자』(1979)에 대한 상호텍스트적인 이 글은 매우 도발적이다. 샤롯 브론테의 『제인 에어』 같은 19세기 소설에서 감추어 버린 괴기스러운 여자들과 마찬가지로 번역가는 "저자의 분신, 그녀의 불안과 분노의 그림자", "특이하게 파편화된 여성적인 감정"(길버트 & 구바, 1979: 78)을 반영하는 미친 생물체라고 말할 수 있을 것이다. 우리는 저자-번역가의 관계를 분열된 인격이라는 경쟁적인 측면으로만 보아야 할까?

고딕소설에서 보이는 정신병적이고, 사회적으로 받아들여지지 않는 인물에 대한 이러한 비유는 다소 멜로드라적인 것이긴 하지만, 대체로 번역가가 저자와 동등한 대우를 받기보다는 눈에 보이지 않는 것이 사실이다.[5] 나는 1996년, 『뉴욕 타임즈』에 우부 레퍼토리가 상연한 에두아르도 마네의 『스트라스 부인』에 대한 연극평이 실린 것을 보고 아주 기분이 좋았다. 그러나 D. J. R. 브루크너의 호평(브루크너, 1996)을 읽은 이라면 연출가와 배우들의 이름은 알았겠지만, 여기서 이 프랑스 연극의 번역자가 나라는 사실은 알 수 없었을 것이다. 내게는 마드리드에서 상연한 마이클 프라이언Michael Frayn의 『코펜하겐』에 대한 2003년 4월부터 실린 4편의 연극평이 있지만, 여기서 단 한 명의 평론가만이 샤로 쇼라나스가 번역한 이 영국 연극의 스페인 판의 질에 대해 겨우 몇 마디 언급하고 있다(크리티카스 코펜하겐Críticas Copenhague, 2003). 누구라도 이런 현상을 보여주는 다른 사례들을 쉽사리 발견할 수 있을 터이다. 번역가의 다락방은 붐비는 곳이다.

알토넨은 합당한 이유로 번역가들을 다락방에서 무대 중앙으로 이동시키고 싶어한다. 그래서 그녀는 문학 번역가도 원저자와 저작권을 공유해야 한다는 로렌스 베누티Lawrence Venuti의 의견에 동의한다. "베누티의 제안은 특히 극 번역에서 정당하다. 여기서는 각색이 그 번역을 목표 사회target society에 더 밀접하게, 더 가시적으로 맺어주기 때문이다"(알토넨, 2000: 110). 저작권료에 대한 문제는 다음 장에서 더 다루게 된다.

만일 번역가가 리허설 과정에 동참한다면, 그들의 공헌은 텍스트를 잘 알고 배우와 연출가를 위해 세부사항을 명확히 해 주는 극단의 자문인 드라마투르그가 하는 작업과 비슷해질 터이다. 실제로 『스트라스 부인』의 연출가인 앙드레 에르노트André Ernotte는 나에게 뉴욕으로 와서 리허설에 참여해 달라고 초청한 바 있다. 그때 나는 사실상 아무것도 설명할 필요가 없었다. 수잔 왓슨과 폴 알베, 로버트 헤메네스의 텍스트 독해는 나의 번역과 완전히 일치하였던 것이다. 이러한 일치에 내가 놀라움을 표하자, 그 극단의 예술 연출가인 프랑소와즈 쿠릴스키Francoise Kourilsky가 그 연극의 연기를 위해 내가 덧붙였던 세세한 장면별 주석을 그들에게 복사해 주었노라고 털어놓았다.

마네의 연극을 번역하기 전에 나는 그 주석을 미래의 연출가들에게 요청하는 식으로 준비해 두었었다. 하지만 그것은 누락되었다. 몇 년 뒤, 내 파일함에서 그 분석을 발견하고 별 다른 언급 없이 우부 레퍼토리에 보냈다. 몇 달이 흐르고 내가 그 리허설에 참석할 즈음에 나는 그 주석에 대해 잊고 있었다. 나는 우부극단에서의 이러한 경험으로 인해 한 번역가—드라마투르그가, 심지어 같은 도시에 살고 있지 않아 잊혀지기 쉬운 상황에서도, 연출의 과정에 생산적으로 동참할 수 있다는 사실을 믿게 되었다. 의식하지는 못했지만 나는 파트리스 파비스Patrice Pavis가 강조한 역할을 해내고 있었던 것이다. "번역가는 무엇보다 **다차원텍스트**macrotext 번역, 즉 텍스트가 전달하는 허구에 대한 연출상의 분석을 성공적으로 해내는 드라마투르그여야 한다"(파비스, 1989: 27). 그러한 분석에는 '텍스트에 기술되어 있는 시·공간의 표시뿐 아니라 플롯의 일관된 읽기'와 무대지시가 포함되어야 한다. 『뉴욕 타임즈』의 비평가는 나의 존재를 망각했을지 모르지만, 연출가와 배우들은 내가 한 사전—번역 분석pre-translation analysis 때문에 그렇지 않았다.

극 번역가들이 겪을 지도 모르는 정신병적인 분열에 대한 또 하나의 치료법이 있다. 어떻게 동시에 저자의 뜻에 충실하면서도 목표 관객들에게 잘 접근할 수 있는가? 루이스 G. 켈리Louis G. Kelly의 다음 말은 우리가 다락방에서 나갈 방도를 제시한다. "충실성은 공조collaboration와 예속servitude 둘 다를 의미한다"(켈리, 1979: 207). 전적인 충실성으로서의 예속은 모든 관계자들에게 바람직하지 않다. 비록 그런 것이 가능하다 할지라도 그 결과물은 상연의 가치가 없어지고 말 것이다. 생존 작가와의 공조가 항상 쉬운 일은 아니다. 상호적인 관계에서 의견을 주고받는 일은 더 사랑 받는 텍스트로 수정하기를 꺼리는 작가들로 인해 복잡해질 것이다. 그러나 그 작가가 번역가의 판단을 존중하고 열린 대화가 가능하다면, 공조작업은 이상적이다.

나는 편집자이자 번역가로서 작가들과 접촉해오면서, 번역가가 인지한 문제들에 대한 실행가능한 해결책에 대하여 그들이 늘 기꺼이 협조하는 것을 보아왔다. 그러한 문제들이란 연극의 제목에서부터 등장인물들의 이름들까지, 또 영화, 노래, 혹은 다른 문화적 중요성을 지닌 항목들에 대한 상호텍스트적인 참조들까지 두루 망라한다. 작가가 더 부드럽게 번역될 수 있는 대안적인 제목을 생각하고 있었는가? 한 등장인물의 이름이 배우들이 더 발음하기 쉽거나 혹은 다른 불쾌한 함의를 띄지 않는 다른 이름으로 바뀔 수 있는가? 목표 관객이 더 익숙하고 그래서 더 잘 통할 수 있는 다른 영화나 노래가 있는가? 어떤 특정한 문화적 간극을 어떻게 더 효과적으로 메울 것인가? 그 저자들은 재빨리 그들이 이미 생각하고 있던 대답을 말해 주거나, 그 문제를 숙고하여 실행 가능한 생각을 제안하였고, 아니면 번역가와/나 편집자에게 원래의 것에 부합하는 것을 찾아내도록 자유재량을 주었다. 아마도 탄탄한 공조에 이르는 비법은 문제를 질문으로 표현하는 데 있을 것이다.

근래 마드리드 고전극국립극장 단장을 지낸 극작가 호세 루이스 알론소 데 산토스José Luis Alonso de Santos는 수많은 현대화된 각색을 준비하거나 연출해 온 이로서 번역가의 역할을 잘 이해하고 있다. 처음부터 이 극단은 "오늘날의 관객들의 감각과 접속하기 위해"(고전극 일지Cuadernos de Teatro Clásico 16, 2002: 21) 그 일에 착수하였다. 알론소 데 산토스는 아구스틴 모레토Agustín Moreto의 황금기 작품 중 하나에 대한 각색 노트에서, 자신이 오래 전에 고인이 된 모레토와 협력했음을 분명히 밝히고 있다.

"나는 마음대로 17세기에 나 자신을 환생시켜 그 작가에게 나의 물음에 대한 조언을 구하였다"(고전극 일지 16, 2002: 38). 알론소 데 산토스의 말은 "원천 텍스트가 무엇을 의미하는지 알아내기 위해, 목표 언어의 관점에서 질문을 퍼부어야만 한다"(파비스, 1989: 26)는 파비스의 확신을 상기시켜 준다.

미국의 극작가이자 번역가인 카리다드 스빅Caridad Svitch은 그녀가 태어나기 수십 년 전에 죽은 페데리코 가르시아 로르카Federico Garcia Lorca와의 관계가 알론소 데 산토스의 경우와 비슷하다고 말한다. "다른 작가의 안내를 따라 가는 것은 희귀한 경험이다"(스빅, 사적인 대화, 2002). 스페인의 페르난도 사바테르Fernando Savater는 몰리에르의 『인간혐오』Le Misanthrope를 번역한 경험이 "유럽 문화에서 가장 생기있고 통렬한 비판가 중의 한 명과 몇 달 동안 함께 지낸"(고전극 일지 16, 2002: 141) 기회였다고 묘사한다. 작고한 저자의 작품을 번역한 많은 번역가들은 주장하기를, 그들이 작업하는 원 텍스트의 정신 속으로 들어감으로써 한 저자가 오늘날의 목표 문화 속에 살았다면 말했을 지도 모를 말을 결정할 수 있었노라고 한다.

프랑스의 이론가인 파트리스 파비스가, 오늘날 프랑스어나 독일어로 번역된 셰익스피어의 작품이 영어 원본으로 읽을 때보다 더 이해하기 쉽다는 역설을 말할 때도 이러한 생각이 반영되어 있다. 왜냐하면, 그러한 번역본들이 "텍스트를 현재 상황의 말투enunciation에 맞게 각색함으로써"(파비스, 1989: 28) 목표 관객들을 위해 마련된 것이기 때문이다. 프란츠 링크Franz Link는 고전 텍스트의 번역이 현대화 되어야 하는 것인지, 아니면 관객에게 다른 시대로 여행하기를 요구해야 하는 것인지에 대하여 묻는다(링크, 1980: 25). 그의 궁극적인 대답은, "저자들이 자기 시대의 언어를 사용하듯이 번역가도 자기 시대의 언어를 사용하여 그 연극을 다른 언어로 바꾼다"는 것이다(링크, 1980: 30).

생존 작가의 번역가들은 원천 텍스트의 사고 패턴을 허구화할 필요가 없다. 이들은 전화를 하거나 이메일을 보낼 수 있다. <에스트레노 플레이즈>*ESTRENO Plays*에 싣기 위해 베다니 코프Bethany Korp가 카탈로니아의 베스 에스쿠데 이 갈레스Beth Escudé i Gallès의 *El color del gos quan fuig*를 번역하느라 골머리를 앓고 있을 때, 작가와 번역가가 만나 수 시간 동안 대화할 기회가 있었다. 그 와중에, "도망치는 개의 색깔The Color of the Fleeing Dog"이라는 무미건조하고 축어적인 제목 번역이 『시간 때우기』*Killing Time*로 바뀌었고, 모두들 이에 만족하였다. 번역가인 코프나 아니면 편집자인 내가 에스쿠데의 연극에 영어 제목을 붙였다면, 필시 저자와 아직도 갈등관계에 놓여 있을 것이다. 스페인의 극작가 이그나시오 델 모랄Ignacio del Moral은 자신의 『검은 남자의 응시』*La mirada del hombre oscuro*에서 아버지가 아들을 대하는 언어가 목표 관객들에게 얼마나 받아들여지기 힘든가를 이해하자마자 즉시, 그 작품의 스웨덴 번역가에게 몇몇 구절들을 부드럽게 만들 권한을 주었노라고 이야기했다(사적인 대화, 2003). 일일이 설명하지 않고 그러한 변화를 줄 수 있어서 상호 조정을 위한 수고를 줄일 수 있었을 것이다.

마리온 P. 홀트의 다음 지적처럼, 편집자는 저자와 번역가 모두에게 맹독이 될 수 있다. "편집 과정에서 발생하는 외부적인 영향은 틀림없이 번역의 전체적인 언어와 본래의 텍스트에 대한 충실도를 떨어뜨리게 된다"(보이드 & 보이드, 1987: 3 재인용). 내가 처음 번역했던 연극 중의 하나는 알론소 데 산토스의 흥행작이었던 『처녀 길들이기』*Bajarse al moro* (『마라케쉬로의 하행』*Going Down to Marrakesh*) 였는데, 그것은 제목부터 시작하여 온통 일상어와 속어를 사용하는 젊은 등장인물을 그린 영화 대본이었다. 그 인물에 적합한 단어를 나 스스로 생각해 낼 수 없어서 다양한 인물들의 언어를 재창조하는 동안 나는 젊은이들, 나의 아이들과 학생들에게 조언을 구했다. 그들이 제안한 언어는 동부해안의 방언이었다. 더 보수적인 중서부 지역에 사는 나의 편집자였던 패트리샤 W. 오코너는 그 결론에 대하여 나보다 훨씬 더 불만이 많았다. 그녀는 나에게 모든 공격적인 언어를 제거하여, 그래서 내가 보기엔 원 텍스트와 상당히 거리가 먼 편집자 판본을 보내주었다. 우리의 이 접전에서 원만한 해결책은 다시 나의 번역본으로 돌아가되 아래와 같은 주석을 다는 것이었다.

> 이 책의 본래의 스페인 텍스트에는 빈번하게 1980년대 마드리드 속어가 등장한다. 번역본에서 이에 상당하는 언어는 뉴욕 대도시 지역에서 끌어왔다. 어떤 언어에서든 젊은이들의 구어적 표현은 빠르게 변할 뿐 아니라 지역에 따라 천차만별이다. 연출가들은 번역가와 협의 하에, 공연할 때 이 미국 번역판을 갱신하여 사용하기를 바란다.
>
> (알론소 데 산토스, 1992: 314)

1992년에 미주리-켄사스 시립대학에서 『마라케쉬로의 하행』을 연출한 프란시스 쿨리넌Francis Cullinan은 그 속어를 변경하지 않았다. 아마도 변화를 주었더라면 더 좋았을 터이다. 내가 알기로 그 극단은 격노한 지역 교회 사람들로부터 빗발치는 전화를 받았다. 그들은 밀수입한 마약을 복용하기 위해 몸에 상처구멍을 내는 데 대한 원색적인 언급들에 대하여 항의했다. 켄사스 시는, 언어적으로 또는 다른 면에서, 마드리드보다 훨씬 보수적인 곳이다. 한데 참으로 놀랍게도, 뉴욕도 마찬가지다. 뉴욕시에 있는 비영리 극단의 한 지인은 내게 자기는 알론소 데 산토스의 코메디를 좋아하지만 그것을 다룰 수는 없다고 말했다. 그는 만일 제시 헬름 즈Jesse Helms가 그 연극에 대해 무슨 말을 듣게 된다면 나중에 그 극단이 국립예술기금을 받지 못하게 될까봐 두려워했다. 남부지방의 영향력있고 보수적인 미국상원의원인 헬름즈는 최근에, 그가 에로틱하거나 신성모독 적이라고 간주하는 "문화"에 대하여 열렬히 반대를 표명한 바 있다. 그 리고 영부인 낸시 레이건은 사회적 위기에 대하여 "마약, 그냥 간단히 거 절하세요" 해법으로 인기를 끌었다. 『마라케쉬로의 하행』에 있어서 미합 중국의 검열은 여전히 잘 작동하고 있었다.

번역가로서의 경험에도 불구하고 나는 다른 번역가들의 관점에서 볼 때 반드시 이상적인 편집자인 것은 아니다. 릭 하이트는 팔로마 페드레 로Paloma Pedrero의 『에스트렐라』Una estrella 주인공의 이름을 번역하는 데 대 한 우리의 의견 불일치를 아직도 잊지 않고 있다. 그 작가는 전형적으로 인물들의 이름에 의미를 담고, 대사 속에서 그 이름의 의미가 작용하도 록 한다. 그래서 주인공의 이름은 신중을 기해야 했다. "별"을 의미하는 "에스트렐라"는 스페인어에서는 드문 이름이 아니다. 반면, 영어로 "스 타"는 흔한 이름이 아니며, 스페인어인 "에스트렐라"는 발음하기도 어려 울뿐더러 관객들에게 무의미하기도 하다. 하이트는 "에스텔"로 정한 반 면 나는 "스텔라"(그리고 이 이름이 "stellar" 와 "Stella by Starlight"를 연 상시키는 것)를 더 선호했다. 나는 청중들이 "에스텔"을 "스타"와 연결시 킬 수 있을지 의문스러웠다. 그러나 하이트는 "스텔라"에서 『욕망이라는 이름의 전차』A Streetcar Named Desire를 연상했을 뿐 아니라, 특히 이 테네시 윌 리엄스Tennessee Williams 연극의 영화 버전에서 말론 브란도가 그의 아내에 게 소리치는 장면을 연상했다. 결론은 다시, 설명 주석으로 귀착되었다.

역자 주석: '에스텔'은 스페인 원문의 '에스트렐라[스타/별]에 대한 번역가의 선택이다. 만일 연출가가 선택할 상황이라면 '스텔라'나 '에스트렐라'로 대체될 수 있을 것이다. (페드레로, 2001: 2)

이름이 불러일으키는 함의를 고려하거나, 혹은 은어, 속어 또는 다른 것들에 대한 지역적 반응을 고려하게 되면 우리는 순수하게 언어적인 관심에서 문화적 관심으로 옮겨가게 된다. 언어 능력, 극 경험, 글쓰기 능력 등 아리안느 문학 네트워크가 극 번역가에게 필요하다고 보는 최소한의 요건에 우리는 양쪽 문화에 대한 면밀한 기초적 지식을 포함시키는 것이 현명할 것이다. 앨런 토마스Alan Thomas가 말하듯이, "언어만큼이나, 문화적 경계도 분명히 성공적인 번역에 장애물이 된다"(토마스, 1998: 3). 파비스의 생각도 이와 비슷하다. "우리는 하나의 텍스트를 단지 언어학적으로만 번역하는 것이 아니다. 오히려 우리는 시공간적으로 분리되어 있는 이질적인 문화와 언술행위의 상황과 대면하고 전달한다"(파비스, 1989: 25). 그러나 이런 문화적 각색은 잠재적인 연출가의 관점에서 바람직할 지라도, 불안정한 지반일 수도 있다.

명망있는 외국 텍스트는 종종 권력자들이 그들의 이데올로기를 강화하기 위한 수단으로 각색하거나, 억압적 체제에 반대하는 사람들이 검열에 저항하기 위한 수단으로 각색하곤 하였다. 로페 데 베가Lope de Vega가 스페인 황금기에 쓴 역사극인 『푸엔테오베후나』Fuenteovejuna는 민중의 힘을 고양시킨다는 명목으로 소련연방 정부의 승인 아래 상연되었으나, 그에 합당한 결과를 얻기 위해서 왕을 칭송하는 원문의 마지막 장면은 삭제되어야 했다. 공산당 지배 하의 동독에서 셰익스피어의 『줄리어스 시저』Julius Caesar를 상연했을 때, 주인공 역할을 했던 배우가 공산당 서기장 에리히

호네커Erich Honnecker를 닮은 가면을 씀으로써 이는 권력자들에 대한 풍자
가 되었다(미치, 2000: 129).

　고전극에 손을 대는 일은 정치적 이유로 위험에 처하기도 하지만, 생
존 작가의 작품을 각색하는 것과는 그 경우가 사뭇 다르다. 주버는 베를
린 극단과 윌리엄스 사이의 법정 소송 사건에 대해 말해준다. 이 극단은
『욕망이라는 이름의 전차』에서 스탠리 역에 흑인 배우를 캐스팅하고, 블
랑쉬를 강간 희생자로서가 아니라 자진해서 제부의 성적 상대가 되는 것
으로 표현했다. 윌리엄스는 독일에 있는 그의 대리인을 통해 그 작품이
상연되지 못하도록 했다. 이 사건은 새로운 문화적 무대에 맞도록 극을
옮겨놓는 극 번역, 특히 이 경우 미국의 인종문제를 독일식으로 해석한
극 번역에 법적 제한이 따른다는 점을 확인시켜 준 것이다. 독일 법정은
어느 정도의 문화적 각색이 필요하다고 인정하면서도 윌리엄스의 편을
들었다.

　　원작의 메시지와 극작가의 의도는 가능한 한 충실하게 존중되어야 하고,
　　수용국의 독특한 전통적, 문화적, 사회·정치적 배경이 고려된 형식으로,
　　언어적으로나 문화적으로 전달되어야 할 것이다. (주버, 1980: 95)

　원본을 자유롭게 바꾸는 것은 생존 극작가의 이해와 승인 하에서 이루
어져야 함을 나는 번역가이자 편집자로서 알고 있다. 번역가 혹은 연출
가가 과도하게 바꾸고자 한다면, 극작가가 유명한 인물일수록 갈등은 더
욱 심각해질 것이다. 극작가는 틀림없이 그의 지적 자산을 원상태 그대
로 보호할 권리를 지닌다. 따라서 연출가와 마찬가지로 번역가에게도 저
작권에 여전히 묶여 있는 작품을 변화시킬 수 있는 자유가 제한된다. 잘

알려진 다른 소송에서 확인되듯이, 저자는 대사나 무대지시 둘 다에 대해 권한이 있다. 사무엘 베케트Samuel Beckett은 그의 작품 『행복한 날들』 *Happy Days*의 무대가 뉴욕의 한 지하철역으로 옮겨지는 것을 결국 막아냈다. 극 번역가는 여러모로 그들의 자유가 제한되어 있음을 잘 알게 될 것이다.

미국은 표현의 자유의 전당이라고, 검열을 거부하는 나라라고 자부하지만, 극 번역가는 이 표현의 자유가 하나의 신화에 불과하다는 사실을 곧 알아차리게 된다. 실제로 다양한 검열 혹은 검열의 시도가 세계 모든 나라에서 정치적 이유가 아니라면, 경제적 이유로라도 항상 존재한다. (나를 비롯한) 편집자들은 자기들의 관점을 번역가에게 관철시키려고 할 것이다. 극 연출가는 어떤 연극이 관객을 충분히 끌어들이지 못하리라 여겨 그 극을 사장시키기로 결정할 수도 있다. 종교와 정치 지도자들은 특정 작품이 공격적이라고 목청껏 항의할 수도 있다.

2001년, 인디애나-퍼듀 대학의 포트웨인 분교(Indiana University-Purdue University at Fort Wayne, IPFW)의 연극과 학과장인 래리 라이프 Larry Life가 여름연극제에서 테렌스 맥낼리Terrence McNally의 『예수의 몸』 *Corpus Christi*을 제외하라는 인디애나 주의회의 요청을 거부했을 때, 그는 미국대학교수협회(American Association of University Professors, 학문 자유의 옹호자)와 미국시민자유연합(American Civil Liberties Union, 헌법상의 권리의 옹호자) 양 쪽에서 영웅시 되었다. 논란이 된 맥낼리의 극이 예수와 제자 몇 명을 동성애자로 묘사한 데 대해 무척 당황한 21명의 주 의회의원들은 연방 법원에 소송을 제기했다. 2001년 7월 20일, 미연방 판사인 윌리엄 C. 리William C. Lee는 "이 작품이 어떻게 교회와 국가의 분리를 명하는 헌법의 법규조항을 위반했는가를 밝혀내지 못했다"고 판정하고 원고 패소 판결을 내렸다(검열반대 전국연합의 웹사이트: 1).

이 사건에서는 표현의 자유가 승리했지만, 모든 검열은 아주 빈번하게 번역극에 피해를 준다. 2002년 3·4월에, IPFW는 내가 번역한 팔로마 페드레로의 『8월의 색』 *The Color of August*을 상연했고, 이 극에는 두 여성 예술가가 서로의 나신에 색을 칠하는 클라이막스 장면이 포함되어 있었다. 인디애나 의회는 아무런 언급도 하지 않았고, 어떤 소송도 제기되지 않았고, 하늘이 무너지지도 않았다. 이것은 단지 페드레로의 극이 아직 중서부 지역에 잘 알려지지 않았다는 것을 말해줄 뿐이다. 이와 반대로, 맥넬리의 극은 전국적으로 논란을 불러일으켰으며 소문이 텍스트를 압도해 버렸다. 그러나 바로 가까이에 있는 오하이오 웨슬리언 대학 − <에스트레노>에 참여하는 페드레로와 함께 국제 극 심포지엄을 후원하고 있는 기독교 계열의 대학 − 의 연극과는 정확히 여성의 나신 때문에 교내에 IPFW의 상연을 초청할 수 없다고 통보했다. 그들은 학회 참석자들이 노출 장면을 보는 것은 개의치 않지만, 잠재적인 관객인 대학생들을 보호하려 했다. 그들 모두가 틀림없이 R, X 등급 영화를 보기에 충분한 나이였지만, 대학 검열을 통과하기에는 충분하지 못했던 셈이다.

『8월의 색』이 미국에서 검열 문제에 부딪힌 것은 오하이오 웨슬리언 대학의 결정이 처음은 아니다. 러시아 태생의 연출가인 티무르 조르자제 Timur Djordjadze는 1991년에 미국 대학에서 처음으로 맨하탄에 위치한 페이스 대학에서 초연할 때, 클라이막스 장면을 삭제할 필요가 있다고 느꼈다. 비평가 윌리엄 가르시아 William Garcia는 그 극에서 "가장 중요한 것은 아니라 할지라도 여성의 창조성(텍스트로서의 몸, 그림)이란 주제와 연관된 은유적 가치를 설명하기에 아주 적절한"(가르시아, 1993: 156) 장면이 자기검열로 인해 제거되었다고 한탄했다. 조르자제는 페드레로의 극에 대한 글에서 삭제된 장면에 대해서는 언급하지 않고는, 미국인의 태도와 다른 나라 관객의 반응 사이에 존재하는 본질적인 차이를 거론한다.

> 페드레로가 가끔 일부 미국 관객이 — 유럽 관객과는 대조적으로 — 외설적이라고, 심지어 모욕적이라고 느끼는 성행위와 신체의 일부를 사실적 용어로 그리는 것은 사실이다. 그러나 우리는 언어란 결코 품위가 없거나 저급하지 않으며, 인물 설정과 관계에 따라 언제나 정당화될 수 있다는 사실을 유념해야 한다. (조르자제, 1999: 56)

『마라케쉬로의 하행』과 『8월의 색』에서 얻은 명백한 교훈에도 불구하고, 내가 깨닫지 못한 것이 있다. 내가 나중에 이지아르 파스쿠알Itziar Pascual의 『찍소리 없이』Meowless를 번역했을 때, 나는 그것이 고등학교 수준에서 폭발적 인기를 얻을 것이라고 예상했다. 그 극은 짧고, 텅 빈 무대에서 상연될 수 있고, 단순한 소도구와 의상만 필요하다. 네 명의 등장인물 — 사람 두 명과 두 배우가 연기하는 고양이 두 마리 — 은 젊은 사람에 적합한 역할이다. 스페인의 아마추어 극단과 대학 극단은 이 유쾌한 소규모 연극을 쉽게 수용했다. 나는 내가 번역한 것을 복사해서 교사들인 대학원생들에게 배포했다. 그들은 차례로 그 극이 그들 각자의 고등학교에서 상연하기에 부적합하다고 말했다. 왜냐하면 그 극이 암·수 고양이가 서로에게 성적 매력을 느끼게 된다는 것을 공공연하게 내비치기 때문이다. 미국의 평균적인 주에 비해 상대적으로 자유로운 뉴저지주에서 십대들에게 새와 꿀벌[새와 꿀벌이 꽃과 만나는 과정에 빗대어 어린이들에게 성교육을 함 – 역자 주]에 대해서는 말할 수 있겠지만 개나 고양이에 관해서는 말할 수 없는 게 분명하다.

번역가가 직면하게 되는 갈등은 원문에서 용인될 수 있는 주제와 목표 문화간의 불일치이다. 번역 혹은 상연될 극을 고르는 사람이라면 누구나 다른 텍스트를 배제할 권리를 행사한다. 극 연출가는 기금지원기관이나 행정당국과 마찰을 일으키게 되거나 혹은 관객이 외면할 만한 텍스트를 배제할 것이다. 경제적 검열은 거센 압력이다. 연출가는 또한 미국에서 상연되기에 적당한 극에 관한 그들의 생각을 주입할 것이다. 헐리우드식 영화가 유럽 예술 영화에 비해 우세한 것과 마찬가지로 영미 사실주의와 자연주의는 다른 문화권에서 온, 보다 상상력이 풍부한 다종다양한 극에 비해 절대적 호감을 얻을 것이다.

관객이 외국 극 혹은 영화를 수용하는 정도는 나라별로 다르지만, 미국은 다른 문화에 대해 최소한으로만 개방되어 있다. 펠리샤 롱드레Felicia Londré는 1988년의 논문 「번역의 간극을 드러내기」Exposing the Translation Gap에서, 애초에 영어로 쓰여지지 않은 극에 대해 미국 무대가 심하게 거부한다고 기록하고 있다(롱드레, 1988). 비평가 클라이브 반즈Clive Barnes의 말을 빌어, "영어로 된 극은 세계 극에 대해 터무니없이 꽉 막힌 맹목적인 관점을 취하고 있다"(롱드레의 글, 1988: 48 재인용)고 지적한다. 롱드레는 반즈의 관찰에 공감하며, 1981년부터 1986년까지 씨어터 커뮤니케이션 그룹Theatre Communications Group(TCG)에 연계되어 있는 미국 전역의 비영리 극단의 상연 목록을 도표로 만들었다. "그 결과는 놀랍게도 - 그리고 실망스럽게도 - 일치했다"(롱드레, 1988: 48). 그녀가 기록한 상연된 6596편 가운데 약 10%만이 영어로 번역된 외국극이었고, 그 극 대부분이 몰리에르Molière, 체홉Chekhov, 입센Ibsen 같은 '고전' 작가들이었다. 외국어로 쓰는 생존 작가의 작품은 전체 상연작의 2.25%뿐이라는 사실을 그녀는 밝혀냈다. 1990년대 중반 TCG 극에 대한 나의 연구도 사실 동일한 통계를 보여준다.[6]

롱드레는 일반적으로 외국극의 열악한 상황을 설명할 몇 가지 가능성을 제공하지만, 번역의 질이란 문제를 강조한다. 그녀는 여러 언어로 쓰여진, 상연된 많은 번역극이 로열티를 지불하지 않으려는 연출가에 의한 무계획적이고, 신뢰할 수 없으며, 시대에 뒤떨어진, 짜집기된 작업이었다고 주장한다(롱드레, 1988: 49).

체홉을 번역하기는 쉽다는 일반적 관념이 잘못됐음을 폭로한 극작가이자 번역가인 폴 슈미트Paul Schmidt의 생각은 롱드레의 사유를 반향한다. "번역가 ― 그리고 기운 빠지도록 자주 그 작업을 하는 연출가 ― 가 해야 할 일이란 단지 활용가능한 모든 번역을 읽고, 그리고 나서 몇 구절을 고쳐서 쓰는 것이다"(슈미트, 1997: 18). 그들이 전혀 원문을 이해하지 못했다는 사실은 일단 제쳐 두자. 원문을 잘 이해하는 훌륭한 번역가조차도, 일을 서두르라는 압력을 받으면 수준 낮은 결과물을 내게 될 것이다. 토니 해리슨Toni Harrison은 라신이 비극『페드르』를 쓰는 데 2년이 걸렸으니, 고로 그가 그 작품을 번역하는 데도 2년이 걸리는 건 합당한 일이라고 말한다(해리슨, 1989: 101).

전세계의 현대 극작가들이 지역의 TCG 극단에서 배제되었다면, 그들의 극이 상업 브로드웨이 무대에 올려질 가능성은 거의 없다. 아주 드물게 번역된 현대극이 미국에서 폭발적인 인기를 끌기도 한다. 최근의 두드러진 예는 영국 극작가 크리스토퍼 햄튼Christopher Hampton이 불어에서 영어로 번역한, 야스미나 레자Yasmina Reza의『아트』Art이다. 이 극의 국제적인 성공은 극작가와 번역가 모두에게 희망을 불어넣지만, 이것은 하나의 예외일 뿐이다.

과하게 열광적인 스페인 언론은 몇몇 스페인 극작가들이 "맨하탄을 정복했다"고 발표했지만(부, 1996), 어떤 미국인들은 똑같이 스페인어로 된 작품을 언더-언더-오프-오프브로드웨이under-under-off-off Broadway로 취급할 것이다. 영어권 언론, 즉 주류에서는 스페인 극을 거의 언급하지 않는다. 뉴욕, 워싱턴 DC, 마이애미, 캘리포니아 그리고 텍사스에는 많은 히스패닉계 소극단이 있다. 주로 라틴 아메리카 사람들이 운영하는 이 극단은 스페인어로 직접 대사를 하는 라틴 아메리카와 라틴계 텍스트를 선호하는 경향을 보이며, 경우에 따라, 드물게 번역극을 무대에 올린다.

영국이 유럽의 다른 나라만큼 번역극을 수용하지는 않을 지라도, 그 상황은 미국에서보다는 다소 고무적이다.[7] 『극장 기록』Theatre Record에 나타난 평가에 따르면, 1998년에 영국 내의 언론이 논평한 전문 극단의 상연작의 1/8이 번역극이었다. 여기에는 런던에서 상연된 73개(12.63%)와 지역에서 상연된 33개(14.4%)가 포함된다(헤일 & 업톤, 2000: 1). 게다가, 네트워킹에 관한 장에서 알 수 있겠지만, 번역된 외국극을 적극 장려하는 게이트앤로열코트Gate and Royal Court와 같은 런던의 극단들이 있다. 다행스럽게도, 미국인 극 번역가의 고된 싸움은 보편적 경험이 아니다.

영어로 극을 번역하는 사람은 그 번역극의 편집자와 함께 학자들과 독서 대중들이 상대적으로 극을 보지 않기 때문에 발생하는 문제에 대해 공감한다. 『영문학 번역을 위한 옥스퍼드 지침서』The Oxford Guide to Literature in English Translation(프랑스, 2000)는 극을 문학으로 고려하는 데 일관성이 없다. 현대 프랑스극이나 남미극에 대한 어떤 항목도 존재하지 않는다. 영국 번역가 데이비드 존스톤David Johnston이 마련한 20세기 스페인어극에 관한 항목은 전반적으로 생존 작가와 미국에서 출판된 번역서를 외면하고 있다.[8] 미국 도서관의 도서구입에 중요한 통로가 되는 『출판인 주간지』, 『초이스』, 『도서관 저널』같은 저널들은 극작품을 전적으로 배제하거나 단발적으로만 극작품을 개괄한다.

미국의 체인 서점과 우리지역 도서관에서 극작품 서고는 주로 셰익스피어, 입센, 체홉 그리고 아마도 소수의 생존 영어권 저자들을 특집으로 해서 채워진다. 아무도 극을 읽지 않는다고 가정하지만, 우리는 그 이유가 어느 정도는 그 책에 점차 접근 불가능하게 되었기 때문이 아닐까 생각한다. 뉴욕의 드라마 서점Drama Book Shop이나 런던의 오프스테이지 연극영화 서점Offstage Theatre and Film Bookshop 같은 소수의 공간을 제외하고, 미국과 영국에서 극작품을 파는 서점은 국내 무대에 새로운 다양한 번역극을 공급하는 데 관심을 두지 않는다. 아마도 소규모 출판사들에 의해 출판된 번역극을 판매할 해결책은 인터넷 사이트 바벨 가이드스Babel Guides가 될 것이다. www.babelguides.com의 과제는 이 해결책에 부합한다.

외국 문학은 광범위한 영어권 국가에서 놀라울 정도로 얇은 독자층을 형성하고 있다. 오늘 날의 전지구적인 두드러진 경향을 고려한다면, 지금이야말로 영어로 번역된 양과 질을 갖춘 문학을 공급할 때이다. (래리, 2003)

바벨 가이드스가 만들고 있는 세계 문학 웹사이트는 극을 포함시키고 있다. 스페인어나 영어로 번역을 하는 번역가들은 공용어를 쓰지만 분리되어 있는 나라들이 있기 때문에 어려움이 많다. 이런 모순적인 설명은 보통 영국과 미국에 해당되지만, 또한 이것은 스페인어권 영역에도 적용된다. 나는 내게 이 문제의 심각성을 깨닫게 해준 극작가 조르쥬 디아즈Jorge Diaz에게 신세를 졌다. 디아즈는 보통 칠레 작가로 간주되지만 수년간 마드리드에서 살았다. 마드리드의 일상어는 콘 남부에서는 모욕적으로 여겨지는 표현을 흡수했다. 따라서 작가는 칠레 관객이 그 작품을 충격적으로 받아들이지 않도록 하기 위해 마드리드에서 쓰여진 작품을 내재적 번역에 맡겨야 함을 알게 되었다(디아즈, 사적인 대화, 1987). 스페인과 캐리비안 연안의 나라들은 공식 언어를 훨씬 선호하는 칠레나 아르헨티나 관객보다 속어나 외설적인 말을 사용하는 데 훨씬 개방적이다. 그 과정이 어떻게 반대 방향으로 작용하는 지 알아보기 위해서, 디아즈는 내게 아르헨티나 극작가이자 배우인 길레르모 젠틸Guillermo Gentile이 쓴 『까놓고 말하다』*Hablemos a calzón quitado*를 알프레도 마냐스Alfredo Mañas가 스페인 상연을 위해 개작한 1976년판을 검토해보라고 충고했다.

스페인 무대에서 지금까지 상연된 가장 성공적인 남미 연극 가운데 하나인 『까놓고 말하다』는 마드리드에서 600회 이상 공연되고 나서 순회 공연에 들어갔다. 주인공 역을 맡은 저자가 그 공연을 연출했다. 따라서 우리는 젠틸이 마냐스의 내재적 번역을 수용했다고 짐작할 수 있다. 마냐스는 "you"에 해당하는 아르헨티나 말인 vos와 pibe(kid)같은 지방어의 사용을 가급적 삼가했다. 그는 다른 예상가능한 대안도 세웠다. 유럽에서 돌아온다는 대목을 마이애미 해변에서 돌아오는 것으로 바꾸었다. 더 놀라운 것은 분명 마드리드 관객의 기대에 부응할 만한 맹세의 말과 노골적인 언어의 도입이었다. 스페인 공연을 위한 대본에서 대사의 길이는 불경스러운 말 때문에 원문보다 훨씬 길어진 것으로 드러났다.[9]

스페인어로 번역하는 번역가에게 할 수 있는 충고는 분명해진다. 그 번역이 스페인어권 나라를 통틀어 기꺼이 받아들여질 것이라고 가정하지 말라. 여기에 일상적, 현실적 언어를 광범위하게 사용된다면 더욱 그러하다. 웰워쓰는 비-시적 텍스트의 번역은 "한 언어의 일상적 관용어에서 다른 언어의 일상적 관용어로의 이행"을 내포한다고 강조한다(웰워쓰, 1981: 144). 링크는 "비-시적 언어에 관한 한 그것이 덜 양식화되어 있을수록 더 빨리 바꿀 수 있다"(링크, 1980: 28)고 우리에게 말한다. 그리고 그것을 지역적으로 더 많이 변화시킬 수 있다.

20세기 스페인의 가장 위대한 극작가 - 가르시아 로르카Garcia Lorca와 바예 잉클란Valle-Inclan - 가 쓴 원작은 특별한 수정 없이 아메리카의 스페인어권 전역에 걸쳐 공연되었지만, 번역가들은 자주 그런 종류의 보편성을 부정할 것이다. 1998, 1999년 동안, 레자의『아트』는, 그 공연을 연출했으며 세 명의 등장인물 중 한 역을 맡은 호세 마리아 후로테츠Josep Maria Flotats가 한 번역으로 마드리드에서 폭발적인 인기를 얻었다. 후로테츠는 수년간 프랑스에서 배우로 활동했고 배우 겸 연출가로서 국제적 명성을 누리고 있으며, 그가『아트』를 번역한 즉시 출간되었다는 사실을 밝힐 필요가 있다. 그런데도 불구하고, 2002, 2003년에 한 아르헨티나 극단이『아트』를 마드리드에서 다시 상연하여 성공을 거두었을 때(루이스 르메로 연출), 그들은 F. 마슬로렌스F. Masllorens와 E. 곤잘레즈 델 피노E. Gonzalez del Pino가 한 다른 번역을 채택하였다. 우리는 그 아르헨티나인의 번역이 마드리드에서 유효했다면 왜 스페인인의 번역이 부에노스 아이레스에서 똑같이 유효하지 않았는지 자문해 볼 수 있을 것이다.

영미 번역가들은 이런 종류의 긴장을 잘 인식하고 있다. 텔레비전 연속물과 영화는 상대적으로 쉽게 넘나들지만, 극을 하는 사람들은 대서양 반대편에서 공연하려면 같은 극의 다른 대본이 필요하다고 자주 느껴왔다. 따라서 우리는 장 폴 사르트르Jean-Paul Sartre가 쓴 극이 같은 해에 같은 곳에서 다른 제목으로 출판되는 사태에서처럼 번역 간의 경쟁을 볼 수 있다.『출구없는 방』Huis Clos은 *In Camera*(1946)와 *No Exit*(1947)로,『더럽혀진 손』Les Mains Sales은 영국에서는 *Crime Passionnel*(1949)로, 미국에서는 *Dirty Hands*(1949)로 알려져 있다. 알베르트 라이너 글랩Albert-Reiner Glapp은 작가 브라이언 클라크Brian Clark가『어쨌든 그건 누구의 삶이지?』*Whose Life Is*

It Anyway?(1978)를 런던에서 브로드웨이로 옮겨갈 때, 영국 영어가 미국 관객에게 이해될 수 있었음에도 대본에 변화를 준 것에 대해 논한다. 클라크는 "미국과 영국은 같은 수동적 어휘를 쓰지만, 능동적 어휘는 매우 다르다"라고 설명했다(글랩, 1989: 222 재인용).

나는 능동적 어휘의 그와 같은 차이가 현대의 일상어와 관련되지만, 안토니오 부예로 바예호Antonio Buero-Vallejo가 쓴 화가 프란시스코 데 고야에 관한 역사극인 『이성의 잠』*The Sleep of Reason*에는 영향을 미치지 않으리라고 본다. 부예로의 극의 배경은 19세기 초로 설정되어 있고 대사는 방언과 속어를 자유롭게 넘나든다. 미국인 번역가 마리온 P. 홀트는 역사극을 번역하는 데 대한 자신의 입장을 솔직히 표명했다. "만약 원작자가 극에서 19세기 어조를 사용했다면, 당신을 그것을 그런 식으로 유지해야 할 것이다"(보이드 & 보이드, 1987: 5). 홀트의 번역본 『이성의 잠』은 성공적이어서 미국에서 여러 차례 상연 요청을 받았고, 1991년 테사 슈나이더만Tessa Schneiderman의 연출로 런던에서 상연되었다. 스페인의 연극 잡지에 실릴 런던 상연에 관한 리뷰에서 데이비드 존스톤은 고야를 "헐리우드 배우"처럼 보이도록 만들어 놓은 "미국인의 특색들"을 이유로 그 영어 번역본을 비난했다.

고야를 "헐리우드 배우"처럼 보이게 만든 사람이 번역가인가 런던의 공연자인가 하는 문제는 논란의 여지가 있다. 이 말은 쓰여진 대사의 질보다는 연기 양식에 문제가 있음을 드러낸다. 1997년에, 내가 번역한 알론소 데 산토스의 『바례까스의 담배장수』(바리오의 인질들)*La estanquera de Vallecas*(*Hostages in Barrio*)를 마이애미 해변에서 무대낭독 했을 때, 이어지는 토론에서 관객 가운데 열성적인 한 사람이, 저자가 얼마나 자주 플로리다 남부에서 지냈는지 물었다. 그녀는 작가가 근처 하이얼리어에 사는 쿠바 이민노동계급의 어조를 충실히 포착했다고 느꼈다. 내가 알기로는 저자는 플로리다를 방문한 적이 전혀 없고, 영어 텍스트는 그가 아니라 내가 쓴 것이었다. 그와 더불어, 대사를 창조적으로 살리고 대사에 그런 특별한 지역적 특색을 부여한 것은 배우들 - 특히 토코 역할을 한 매니 페르난데즈Manny Fernandez - 이다.

한 번역가가 주요 관객들에게 한 텍스트 번역으로 인해 신임을 얻거나 비난을 받게 될 지라도, 사실 번역가의 통제를 넘어서는 많은 요소들이 공연에 관련되어 있다. 사비나 버만Sabina Berman에 대한 통찰력 있는 연구에서, 프랜신 아네스Francine Aness는 미국과 캐나다에서 비평가나 관객이 이 멕시코 극작가의 『판초 빌라와 벌거벗은 여인 사이에서』Between Pancho Villa and a Naked Woman를 어떻게 수용하는가를 분석한다. 버만이 참여한 영어 공연에서 저자는 "자신이 동의했던 판초 빌라를 지켜보기만 했다"고 아네스는 적고 있다(아네스, 2001: 228). 멕시코 밖으로 나온 그 역사적 인물은 "의미가 지워지고, 멕시코인에게 의미하는 바라고 '미국이 만들어낸' 풍자적인 '미국표' 상징으로 재의미화 되었다"(아네스 2001: 236). 버만의 극은 외국의 극단과 관객에 의해 전유된 것이다.

> 한 극이 본래 이해되었던 문화를 넘어서 (시간 그리고/혹은 공간적으로) 옮겨질 때, 그것은 그 텍스트를 수용하고 해석하는 다른 가치와 문화적 추측, 기억과 연상작용을 지닌 새로운 해석 공동체가 된다.
>
> (아네스, 2001: 227)

아네스는 극을 번역하는 누구라도 "경계 불안"이 있음을 알아차렸다. 버만의 『판초 빌라와 벌거벗은 여인 사이에서』가 처음으로 미국에서 공

연된 것은 그 공연을 연출하고 한 배역을 맡은 루벤 가르피아Ruben Garfia
가 각색한 것을 바탕으로 했다. 가르피아는 배경을 멕시코에서 로스엔젤
레스로 바꾸고 인물들을 멕시코계 미국인으로 바꾸었다. 그 극이 버만의
공식 번역가인 셸리 테퍼만Shelly Tepperman이 한 보다 충실한 번역으로 공
연되었을 때도, 무대 위의 판초 빌라는 여전히 "총을 찬 민족 영웅", 즉
"전형적인 남미의 마초맨"으로 인식되었다(칼가리의 리뷰, 아네스, 2001:
232 재인용).

　지금쯤 독자들은 극 번역가가 변함없이 어려운 상황에 처해 있는 존재
라고 생각하게 될 것이다. 또한 확실한 매조키스트가 아니면 과연 누가
극을 번역하고자 할지 의아해 할 것이다. 좌절과 갈등에도 불구하고, 상
연을 위한 번역은 충분히 흡족함을 준다. 다음 장에서, 우리는 여러 나라
에서 선택한 극 번역가들에게 보낸 질문지에 대한 답변을 볼 것이다.[10]
다른 종류의 텍스트를 번역해 온 사람들이 답한 비교가능한 논평도 실려
있다. 데이비드 볼David Ball은 보통 시를 번역하지만, 극 『위뷔왕』Ubu
Roi(Ubu the King)과 관련하여, "내가 해왔던 그 어떤 것보다도 자리Jarry의
극을 번역하는 것을 즐겼다"고 회상한다. 앤 앨리스 바린드Anne Alice Barlind
는 기술적 번역은 밥벌이가 되기는 하지만 지루하다고 지적한다. 욘 캠
브리랭Jörn Cambreleng은 대조적으로, 소설 번역은 장거리 경주라는 것을 안
다. 홀트는 비슷하게 산문 번역의 경험이 그에게 "비-극적 글쓰기를 향
한 열정(그리고 인내)"가 부족하다는 것을 알려주었다고 말한다. 어떤 번
역가들에게, 극과 시 혹은 극과 소설 번역 사이의 유사성이 차이를 능가
할 수도 있지만, 그러나 많은 극 번역가들은 온전히 극에 전념한다.

―주

1) 코보스 카스트로Cobos Castro(1995: 51).
2) 독일 프라이부르크대학의 영어학 교수인 프란츠 링크Franz Link는 연극의 전단지나 나레이터의 설명이 문화적 간극을 메울 수 있을지 의문스러워 한다. 울만의 이 말에서 나는 그러한 전략이 미국보다는 독일에서 더 잘 통하는 게 아닌가 생각한다.
3) 미국의 언어학자 노엄 촘스키(b. 1928)는 아주 영향력 있는 생성문법과 변형규칙 이론을 세웠다.
4) 별다른 언급이 없는 이 책의 모든 번역은 나의 것이다.
5) 로렌스 베누티는 그의 번역사 책인 『보이지 않는 번역가』The Translator's Invisibility(1995)의 제목에서 특히 이 점을 부각시키고 있다.
6) 『극연구』Theatre Survey의 편집자는 여기 실을 내 논문에서 롱드레의 연구에 대한 부분을 갱신해 달라고 요청했다. 나는 TCG 극단에서 1996-1997 회기부터 1998-1999 회기까지 세 회기에 걸쳐 분석했다.
7) 영국에서 극 상연을 위한 번역의 비율은 출판을 위한 비율보다 훨씬 높다. 헤일과 업톤에 의해 보고된 수치에 의하면, 미국에서처럼, 영국에서도 출판을 위한 번역 비율이 약 2%에 불과하다. 그들이 보고한 다른 나라의 수치는 다음과 같다. 독일, 14%; 프랑스, 18%; 스페인, 24%; 이탈리아, 26%(헤일 & 업톤, 2000: 1).
8) 내가 관찰한 다른 결점은 19, 20세기 스페인의 산문소설에 관한 데이비드 칼라한David Callahan의 선집에서 모든 여성 작가들이 빠져있다는 것이다. 나는 2002년 11월 8일에 있었던 미국번역가협회의 연례모임의 패널 토론에서 『영문학 번역을 위한 옥스퍼드 지침서』에 대한 분석을 발표했다.
9) 여기 극단적인 예가 있다.
　　젠틸의 원본:
Claro que me enojo! Terminen de hacerse los payasos! Hasta ahora me callé la boca porque creí que era major no decir nada.
　　스페인 공연을 위한 마나스의 번역:
¡No, si no me cabreo! Digo, qué coño, claro que sí que me cabreo ¡Faltaría más! ¡C'est fini! ¡Stop! ¡Basta! ¿Vamos a terminar de hacer los payasos de una puñeterísima vez . . . ? ¡Jesús! Hasta ahora he tenido mis habios sellados porque he creíconveniente no decir ni pío. . .
10) 질문지에 관한 보다 구체적인 정보는 다음 장에서 제공된다. 질문지는 부록에 실려 있다.

References

Aaltonen, Sirkku. *Time-Sharing on Stage. Drama Translation in Theatre and Society.* Clevedon, Buffalo, Toronto and Sydney: Multilingual Matters, Topics in Translation 17, 2000.

Alonso de Santos, José Luis. *Going Down to Marrakesh.* Trans. Phyllis Zatlin. In Patricia W. O'Connor, ed. *Plays of the New Democratic Spain* (1975–1990). Lanham, MD and London: University Press of America, 1992. 313–79.

_____. *Hostages in the Barrio.* Trans. Phyllis Zatlin. Staged reading directed by Steve Wise. The Bridge Theater, Miami Beach Women's Club. 24 October 1997.

A'ness, Francine. "The Production of a National Playwright: Sabina Berman, Her Audience, and the Changing Mexico City Stage." Ph.D. Dissertation. University of California, Berkeley, 2001.

Benavente, Jacinto. *The Bonds of Interest.* Translated with a preface by John Garrett Underhill. New York: Charles Scribner's Sons, 1929.

Boo, Juan Vicente. "El teatro hispano conquista el gran Manhattan" and "'Entre tinieblas', de Pedro Almodóvar, sube a los escenarios". *ABC* 6 May 1996: 105.

Boyd, Lois A. and George N. Boyd. "The Translator's Voice: An Interview with Marion Peter Holt." *Translation Review* 23 (1987): 3–7.

Bruckner, D. J. R. Review of *Lady Strass,* by Eduardo Manet. *The New York Times* 14 October 1996: C16.

Caballero, Ernesto. "Una traición leal: los límites de la representación calderoniana." In Pedro Calderón de la Barca, *El monstruo de los jardines.* Ed. Juan Mayorga. Madrid: Fundamentos/Clásicos RESAD, 2001. 67–73.

Cobos Castro, Esperanza. *Teatro y traducción en el siglo XIX: El papel evaluador de la crítica teatral. Estudios de Investigación Franco-Española* 12 (1995): 11–52.

Corrigan, Robert W. "Translating for Actors." In *The Craft & Context of Translation.* Ed. William Arrowsmith & Roger Shattuck. Austin: University of Texas Press (for Humanities Research Center), 1961. 95‒106.

Críticas Copenhague. E‒mail from copenhagueteatro @copenhagueteatro. com. 15 May 2003.

Cuadernos de Teatro Clásico 16. *La Compañía Nacional de Teatro Clásico 1986‒2002*. Madrid: Compañía de Teatro Clásico, 2002.

Déclaration finale. Colloque "Écriture et traduction théâtrales." Projet de l'Union Européenne "Ariane Literary Network." 2‒4 January 1998. Château de Seneffe, Belgium.

Del Moral, Ignacio. Personal interview. 6 March 2003.

Díaz, Jorge. Personal interview. 22 May 1987.

Djordjadze, Timur. "Directing Paloma Pedrero." In Paloma Pedrero's *Parting Gestures with A Night in the Subway*. Trans. Phyllis Zatlin. Rev. ed. New Brunswick, NJ: ESTRENO Plays, Estreno Contemporary Spanish Plays 6, 1999. 55‒57.

French, Peter, ed. *The Oxford Guide to Literature in English Translation*. Oxford and New York: Oxford University Press, 2000.

García, William. Review of three one‒act plays by Paloma Pedrero. Dir. Timur Djordjadze. *Gestos* 8.15 (April 1993): 155‒57.

Gentile, Guillermo. *Hablemos a calzón quitado*. Argentine edition. No date.

_____. *Hablemos a calzón quitado*. Version by Alfredo Mañas. Unpublished manuscript.

Gilbert, Sandra M. and Susan Gubar. *The Madwoman in the Attic. The Woman Writer and the Nineteenth‒Century Literary Imagination*. New Haven and London: Yale University Press, 1979.

Glapp, Albert‒Reiner. "*Whose Life is it Anyway?* in London and on Broadway: a contrastive analysis of the British and American versions of Brian Clark's play." In Hanna Scolnicov and Peter Holland, ed. *The Play Out of Context. Transferring Plays from Culture to Culture.* 214‒23.

Gostand, Reba. "Verbal and Non‒Verbal Communication: Drama as Translation." In Ortrun Zuber, ed. *The Languages of Theatre. Problems in the Translation and Transposition of Drama.* 1‒9.

Hale, Terry and Carole-Anne Upton. "Introduction." In Carole-Anne Upton, ed. *Moving Target. Theatre Translation and Cultural Relocation.* 1–13.

Harrison, Tony. "Phaedra Britannica." In Rosanna Warren, ed. *The Art of Translation. Voices from the Field.* 101–19.

Hite, Rick. "'Speak the speech, I pray you...' Translating for Actors and Audience." In *Entre Actos: Diálogos sobre teatro español entre siglos.* Ed. Martha T. Halsey and Phyllis Zatlin. University Park, PA: ESTRENO, 1999. 303–07.

Johnston, David. "Buero en Londres." *El Público* 88 (Jan.–Feb. 1992): 108–09.

_____. "Valle-Inclán: The Mirroring of Esperpento." *Modern Drama* 41.1 (Spring 1998): 30–48.

Kelly, Louis G. *The True Interpreter. A History of Translation Theory and Practice in the West.* Oxford: Blackwell, 1979.

Landers Clifford E. *Literary Translation. A Practical Guide.* Clevedon, Buffalo, Toronto, Sydney: Multilingual Matters, Topics in Translation 22, 2001.

Leri, Damien. E-mail to ESTRENO Plays, for babelguides.com. 2 August 2003.

Link, Franz H. "Translation, Adaptation and Interpretation of Dramatic Texts." In Ortrun Zuber, ed. *The Languages of Theatre. Problems in the Translation and Transposition of Drama.* 24–50.

Londré, Felicia Hardison. "Exposing the Translation Gap." *American Theatre* 5.2 (1988): 48–50.

Meech, Anthony. "The Irrepressible in Pursuit of the Impossible: Translating the Theatre of the GDR." In *Moving Target. Theatre Translation and Cultural Relocation.* Ed. Carole-Anne Upton. 127–37.

Pavis, Patrice. "Problems of translation for the stage: interculturalism and post-modern theatre." Trans. Loren Kruger. In Hanna Scolnicov and Peter Holland, ed. *The Play Out of Context. Transferring Plays from Culture to Culture.* 25–44.

Pedrero, Paloma. *First Star and The Railing.* Trans. Rick Hite. New Brunswick, NJ: ESTRENO Plays, 2001.

Rose, Marilyn Gaddis. Personal letter. 13 november 2002.

Schmidt, Paul. "Translating Chekhov All Over Again." *Dramatists Guild Quarterly*. 33.4 (Winter 1997): 18–23.

Scolnicov, Hanna and Peter Holland, ed. *The Play Out of Context. Transferring Plays from Culture to Culture*. Cambridge: Cambridge University Press, 1989.

Svich, Caridad. E–mail. 8 September 2002.

Thomas, Alan. "Introduction." *Modern Drama* 41.1 (Spring 1998). Special Issue: Translations. Ed. Alan Thomas and David Blostein. 1–5.

Ulmann, Geneviève. Personal interview. 5 May 2003.

Upton, Carole–Anne, ed. *Moving Target. Theatre Translation and Cultural Relocation*. Manchester, UK & Northampton, MA: St. Jerome Publishing, 2000.

Venuti, Lawrence. *The Translator's Invisibility: A History of Translation*. London: Routledge, 1995.

Warren, Rosanna, ed. *The Art of Translation. Voices from the Field*. Boston: Northeastern University Press, 1989.

Wellwarth, George E. "Special Considerations in Drama Translation." *Translation Spectrum. Essays in Theory and Practice*. Ed. Marilyn Gaddis Rose. Albany: State University of New York Press, 1981. 140–46.

www.babelguides.com (literary website for world literature)

www.ncac.org/issues/corpuschristi.html (website of the National Coalition Against Censorship)

Zatlin, Phyllis. "Twentieth–Century Spanish Theatre on the American Stage." *Theatre Survey* 42:1 (May 2001): 69–84.

Zuber, Ortrun. *The Languages of Theatre. Problems in the Translation and Transposition of Drama*. Oxford and New York: Pergamon Press, 1980.

2.

그림자 밖으로 : 번역가는 스스로 말한다

『가디언』 2003년 3월 판에 실린 '번역가들의 전쟁'에 관한 한 기사는 "어쨌든 그것은 누구의 극인가?"라고 질문을 던진다(로건, 2003). 브라이언 로건Brian Logan은 이 주제에 대한 특집 기사에서 최고의 극 번역가는 '보이지 않는다'라는 오랜 전통을 지닌 믿음을 인용하고 있다. 즉, 번역가들이 원작에 충실하면 할수록 더욱 더 그림자로 남아 있게 된다는 것이다. 영국 연극 관객들은 몰리에르, 체홉 그리고 가르시아 로르카 같은 위대한 외국의 극작가들을 이미 잘 알고 있지만, 전통적으로 그들이 듣고 있는 작품이 누구의 번역인지에 대해서는 아는 바가 없었다. 그러한 상황은 이제 영국에서, 그리고 좀더 미약하지만 미국에서도 변해가고 있는 중이다. 이는 로건이 "최근 논쟁이 되고 있는, 극작가-번역가로 인한 학자-번

역가의 쇠퇴"[1]라고 칭한 사태들 때문이다. 그것이 의미하는 바는 극작가
-번역가가 보이지 않는다거나 충실한 번역이 사라져 간다는 것이 아니
다. 대중들에게 인기있는 한 사람의 이름이 작품을 파는 데 도움이 되리
라는 생각에서 한 작가가 '각색'을 해달라는 의뢰를 받게 된다. 종종 그
작가가 원작의 언어를 모르는 경우도 있지만, 그/그녀의 창작 작업의 출
발점으로서 다른 누군가가 한 '직역'을 제공받는다. 초벌 번역을 생산하
는 그러한 번역가는 이제 이중으로 보이지 않게 되었다. 즉, 일반적으로
극 프로그램 목록에서 빠질 뿐만 아니라, 극이 인기를 끌 때 로열티 배분
에서도 빠져 정액 보수만 받는 것이다.

　로건은 그 논쟁의 양편에 선 영국 내의 많은 사람들을 인터뷰했다. 그
가 전하는 필립 르 므완Philippe Le Moine의 대답은 놀라울 정도다. 영국 국립
극단의 번역 프로젝트를 담당하고 있는 르 므완은 외국어 지식이 없는
극작가들을 장려하면서 성실한 번역가들을 반대하는 쪽에서 인용된다.[2]
로건은 르 므완이 "상업적인 압력" 때문에 그렇게 하는 것이라고 적고
있다. 분명 관객들은 몇 세기 동안 보이지 않는 번역가를 거부하지 않았
지만 이제는 유명한 각색가를 요구하고 있다는 것이다. 이러한 금전적인
해명은 핵심적인 문제를 회피하는 것으로, 로건의 응답자들 중 어느 누
구도 '학자'(나쁜) 번역가와 '극작가'(좋은) 번역가 사이에 놓인 숨겨진 이
분법에 대해 강력하게 이의를 제기하지 않는다. 과연 극작가처럼 되지
않고서는 상연할 만한 극본을 생산하는 것이 불가능한가? 극적인 통찰력
을 갖기 위해서는 극작가가 되어야만 하는가? 원어original language를 아는
것은 좋은 번역물을 생산하는 데 필수적이지 않은가? 극작가이면서 진정
한 번역가가 되는 것, 즉 원천 언어source language를 알면서도 원본에 섬세
하게 반응하는 사람이 가능하지 않은가? 그리고, 우리가 학자와 극 종사

자간의 차이를 인정한다면 극 전공 교수는 어디에 위치시킬 것인가?

현대 영어 희곡을 왕성하게 번역하는 일본인 번역가 코지 오다시마 Koshi Odashima는 최근 한 인터뷰에서 농담조이기는 하지만 이 문제에 대한 의견을 밝힌다. 다니엘 J. 웹스터Daniel J. Webster가 그에게 "일본에서 '예술 적' 극번역가와 학자들 사이에 큰 마찰이" 있는지 물었다. 오다시마는 "옛날엔 그랬지만 지금은 더 이상 없습니다. 요즘은 공연을 위해 번역하는 이들과 학문을 위해 번역하는 이들과의 관계가 훨씬 나아졌어요. 왜 냐하면 학자들도 마침내 실제로 극장에 가기 시작했거든요!" 라고 대답 했다(웹스터 2002: 4 재인용). 오다시마는 한 대학의 영문학과 교수이자 학자이다. 그는 또한 셰익스피어를 일본인들에게 대중화시키는 데 공헌 한 번역가의 아들이기도 하다.

1980년대 후반, 내가 번역가가 되고 번역연구를 가르치기 시작했을 때 나는 좋은 번역에서 나쁜 번역까지의 범위 내에서 생각했지, 질적인 측 면을 극단적으로 중요시하며 번역하는 사람의 범주에 속하지는 않았다. 내가 처음으로 번역한 스페인 희곡 중에 바르톨로메 데 라스 카사스 Bartolomé de las Casas에 관한 브레히트적인 드라마인 제이미 살롬Jaime Salom의 『동틀녘의 화톳불』Bonfire at Dawn이 있다. 살롬은 1992년 5월에 내가 파리에 서 며칠 지낸다는 것을 들었을 때 내가 마그리트 시알티엘Marguerite Scialtiel 국제문학사무국에 가서 자신의 프랑스 대리인인 쥬느비에브 울만Genevieve Ulmann과 그녀의 남편을 만나도록 주선했다. 나는 그것을 단지 의례적인 초청이라고 여기고 있던 터라, 피에르 울만Pierre Ulmann이 대화 중에 나에 게 두세 차례 "당신은 전혀 교수답지 않습니다Vous n'avez rien de professeur." 라는 말을 하자 다소 당황했다. 그 말은 무슨 뜻이었을까? 나의 캐주얼 차림새와 긴 꽁지머리 때문에 한 말이었을까? 내 프랑스어에 실수가 많았던 걸까? 이어서 그는 내가 스페인어 극뿐만 아니라 프랑스어 극을 번역했는지 물었고, 장 폴 도마Jean-Paul Daumas의 운문 회비극인 『코끼리 무덤』*The Elephant Graveyard*에 관해 이야기하기 시작했다. 그 극은 이후에 내가 그들을 위해 번역한 바 있다. 울만 부부의 설명에 따르면 교수들은 지독하게 지루하고 그들의 번역은 단조롭다고 알려져 있지만, 나는 유머감각이 있어서 교수처럼 보이지 않았다는 것이다. 그들은 모든 단조로운 번역이 학자 번역가들이 한 것은 아니며, 이제 학자도 "눈이 번쩍 뜨이게 하는" 번역을 할 가능성이 있다는 데 기꺼이 수긍한다고 서둘러 덧붙였다.

물론, 지금 우리가 다루는 것은 전형적인 유형들이다. 번역을 하는 교수들은 책에 둘러싸여 시간을 보내고 다른 것에는 관심이 없는 것으로 여겨진다. 하지만 교육자에게도 배울 만한 것이 있을 것이다. 니콜 테브닌Nicole Thévenin은 이탈리아 극 번역가로 상당한 성공을 거두었다. 그녀가 공동 번역한 루이지 루나리Luigi Lunari의 『잘못된 주소』*Fausse adresse*는 프랑스어권 전역에서 공연되었고, 몰리에르상의 외국극 부문 최고 각색상 후보에 올랐으며, 저명한 프랑스 극 저널인 『라방신 테아트르』*L'Avant-Scène Théâtre*에서 출판하도록 선정되었다. 그렇지만 그녀는 극 전문가가 아닌 교육자로서 극작품 번역을 하게 된 것이다. "나는 30년간의 교직생활 후 번역을 시작하게 되었다. 이탈리아어를 사랑했고, 무엇보다도 내 모국어 프랑스어를 사랑했기 때문이다. 외국 작가의 사상과 작품을 자신의 모국어로 옮기는 일은 진정한 즐거움을 준다"(질문지에 대한 답변).

내 생각에, 학자-번역가들이 오직 출판만을 생각할 뿐 공연에 대해 생각지 않기 때문에 지루한 텍스트를 만들어낸다는 것은 잘못된 가정인 것 같다. 은퇴한 스페인어 교수이자 극 교수인 마리온 피터 홀트는 다음과 같이 단언한다.

> 내가 번역한 모든 극의 최고 목표는 공연가능성performability이었다. 그래서 나는 그것이 공연된다면(혹은 공연될 수 있다면) 출판할 수 있다고 생각했다. 나는 '공연가능성 대 출판가능성'이란 낡은 구도가 19세기의 관행에 뿌리를 두고 있다고 생각한다. 다시 말해, 어떤 학계의 전문가들이 다양한 고전 작품을 번역, 출판했고(코르네이유, 라신, 칼드론, 로페 등), 그 출판물은 거의 공연된 적이 없다. 오늘날 그것은 다소 무의미하게 보인다. 단지 소수의 학구적 고립주의자academic isolationist만이 오로지 극을 책으로 엮기 위해서만 번역할 생각을 할 것이다(혹은 내 생각에 그렇다). 요컨대, 그것이 21세기에는 그다지 의미있는 논쟁으로는 보이지 않는다.
>
> (홀트, 사적인 대화, 2002)

수많은 독일 극을 카탈로니아어로 번역해 온 배우 겸 연출가인 펠리유 포르모사Feliu Formosa는 과거의 학문적 전문가들에 대해 비슷한 말을 한다. 그는 젊은 배우였을 때 그로 하여금 번역가가 되도록 자극한 부적절한 번역물들을 발견했다. 공연을 등한시하는 이러한 번역 출판물들은 "언어 문헌학의 기준에 맞춰 만들어진 고대와 현대의 고전 텍스트물"이었다(포르모사, 2002: 43).

홀트의 견해와는 반대로, 논쟁은 계속되고 있다. 영국 극작가 팸 젬스 Pam Gems는 맨체스터 로얄 익스체인지Manchester Royal Exchange를 위해 직역 번역의 도움을 받아 가르시아 로르카García Lorca의 『예르마』Yerma를 각색했다. 그녀는 학문적 번역이 "희곡이라고 할 수 없었다. 그것은 너무 충실하고 지루하고 한마디로 쓰-레-기였다. 그건 극적 기교가 어떤 가치를 가지고 있다는 개념을 완전히 부인하는 것이었다"라고 단언한다. 또한 그녀는 1980년대에 창조적 작품을 만들기 위해 극작가에게 의뢰하는 방식이 시작됐을 때 번역가들이 분개한 이유는 "자신들의 생계수단을 잃어가고 있었기 때문이다"라는 의견을 피력한다(로건, 2003 재인용).

적어도 로건의 인용에 따르면, 젬스는 확실히 하나의 허수아비를 창조해낸 셈이다.[3] 현실 속에서 극 번역가들은 일반적으로 극 번역을 주요 수입원으로 삼지 않는다. 그리고 그들이 비록 극작가는 아니더라도 극적 기교를 매우 진지하게 받아들인다. 또한 비록 극작가일지라도 원어에 대한 지식을 필수조건으로 여긴다. 나는 2002-2003년에 몇몇 나라에서 선발된 극 번역가들에게 질문지를 배포했다.[4] 여기서 나는 미국(11), 프랑스(9), 영국(7), 독일(4), 스페인(4), 그리고 이탈리아(1) 등에서 응답지를 받았다. 이들 중 몇몇은 여러 언어를 아는데, 응답한 번역가들이 번역하는 언어는 각각 스페인어(17), 프랑스어(11), 영어(8), 포르투갈어(6), 카탈로니아어(5), 독일어(5), 이탈리아어(4), 러시아어(4), 히브리어(2), 폴란드어(1), 루마니아어(1), 그리고 스웨덴어(1)이었다.[5] 제 1언어로 번역하기도 하고 제 1언어에서 외국어로 번역하기도 하는 2명을 포함한 36명의 응답자들이 번역하는 목표 언어는 각각 영어(18), 프랑스어(9), 독일어(4), 스페인어(3), 카탈로니아어(1), 이탈리아어(1), 폴란드어(1), 그리고 스웨덴어(1)이었다. 이 번역가들은 각종각색의 집단으로서 학자뿐 아니라 극작가와 다른 극 전문가들이 모두 포함되어 있었지만, 스페인 극작가 페르민 카발Fermín Cabal을 제외하고는 한 목소리로 자기 스스로 원본 언어를 알아야 할 필요가 있다고 말했다. 또한 그들 대다수는 '각색'이 아니라 번역을 훨씬 더 선호한다고 했다.

"당신은 항상 당신이 잘 알고 있는 언어를 직접 번역하는가?"라는 내 질문에 응답자들은 대체로 그렇다고 답했다. 하지만 몇 명은 나의 그 다음 질문에 자극 받아 자신의 의견을 덧붙였다. 그 질문은 "만약 당신이 원본 극에서가 아니라 다른 사람의 번역을 거쳐 작업한 적이 있다면, 관련 텍스트와 그 작업이 얼마나 잘 진행되었다고 생각하는지 밝혀 주시기 바랍니다."였다. 몇몇은 두 번째 질문에 "결코 없다"라고 답함으로써 첫 번째 질문에 그렇다고 답한 대답을 강조했다. 프랑스의 번역가 겸 비평가인 앙드레 캉프André Camp는 원어를 잘 아는 것이 훨씬 더 낫다고 주장했다. 이탈리아 극작가 겸 번역가 귀도 나훔Guido Nahum은 흥미가 떨어진다는 이유로 다른 사람의 번역을 거쳐 작업하는 데 반대했다. 테브닌은 그녀가 프랑스어로 번역한 이탈리아 극작가들 중 나훔도 포함되어 있는데, 그런 간접 번역은 단순한 결과물일 뿐 심오한 문학작품일 수는 없다고 주장한다. 독일 극을 번역하는 영국 번역가 데이빗 터싱햄David Tushingham은 세르보 크로아티아어를 독일어로 번역한 것을 다시 영어로 번역한 적이 한번 있었다. "번역을 번역하는 것은 사실 아주 쉬운 일이었습니다. 내 생각에 이는 번역이 원작보다 다소 협소한 범위의 언어를 사용하는 경향이 있다는 증거인 것 같습니다."

내가 각색에 대한 질문의 초안을 작성했을 때만 해도 유명한 극작가가 차후에 각색하는 데 활용되는 직역에 대한 그러한 논쟁을 염두에 두지는 않았다. 내가 생각한 것은 번역가들이 관객이 텍스트를 이해하기 쉽게 하기 위해 어떤 종류의 변화를, 다양한 정도에 따라 주어야 한다고 느끼지 않는가였다. "당신의 극 번역물이 무대에서 성공을 거두기 위해서는 어느 정도까지 목표 관객을 위해 각색될 필요가 있다고 생각합니까? (달리 말해서, 목표 관객은 원천 텍스트의 문화에 얼마나 익숙할까요?)" 사실 국제적으로 배포될 질문지에 담긴 내 아이디어는 어느 대화에서 떠오른 것이다. 그것은 번역가 휴고 파비오Hugo Paviot와 처음에는 이메일로, 그리고 나중에는 2002년 6월 파리에서 만나 이루어진 대화였다. 파비오는 호세 루이스 알론소 데 산토스가 쓴 텍스트를 번역하면서 노래 하나를 스페인어로 그대로 두었는데, 아마 나였다면 미국관객들을 위해 다소 유사한 의미를 가진 등가어로 바꾸기 위해 고심했을 것이다. 어떻게 그는 그렇게 쉬운 방식을 취할 수가 있었을까? 나는 물어 보았다. 그의 대답은 분명했다. 몇몇 스페인어 노래는 프랑스에서 잘 알려져 있어서 전혀 각색할 필요가 없다, 다른 노래들의 의미는 맥락을 통해 이해될 수 있다는 것이다.[6] 그와 나는 같은 극을 번역했을 수도 있지만, 우리의 환경은 달랐고 따라서 각색에 대한 요구도 달랐다. 일단 한 나라 혹은 한 언어 조합의 관점에서 극 번역의 원칙을 일반화하는 것이 얼마나 문제가 많을지를 깨닫고 나서 나는 도처의 번역가들과 의논해 보기로 했다.

이 응답자들 중 몇몇은 내가 처음에 인식했던 대로 각색 문제에 대해 사려 깊고 상세한 답변을 주었다. 다른 몇몇은 자신들은 결코 각색하지 않는다는 사실을 강조했는데, 이는 분명 로건이 짚은 논쟁의 흐름에 들어맞는다. 스웨덴어를 불어로, 불어를 스웨덴어로 번역하는 앤 알리스 발린Anne Alice Barlind은 자기는 일반적으로 각색을 미심쩍어하며, '번역'이라는 단어를 훨씬 선호한다고 진술하고 있다. 이러한 번역가들의 목표는, 불어를 영어로 번역하는 데이빗 브래드비David Bradby가 표현한 바처럼, "가능한 한 원작에 가깝게 남아있는 것"이거나, 주로 스페인어에서 영어로 번역하는 마리아 델가도Maria Delgado가 주장하듯이 "확실한 원작의 묘미를 살리는 것"이다. 욘 켐브리랭은 스스로를 독일에서 프랑스로 문화를 전달하는 하나의 통로로 여기지만, 예를 들어 스튜트가르트에서 툴루즈로 배경을 옮기는 식의 어떤 각색도 거부한다. 영어 텍스트의 불어 번역가인 엘리쉐바 마르시아노Elishéva Marciano도 이에 동의하면서 문화적 특수성을 보존하기를 원한다. 브라질극을 독일어로 번역하는 헨리 소로우 Henry Thoreau는 청중이 새로운 경험을 하기를 원한다. 독립한 극작가이기 도 한 존 클리포드John Clifford와 클로드 데마리니Claude Demarighy, 그리고 파비오 같은 번역가들은 각색에 반대한다. 클리포드는 한 사람의 번역가로 서 각색은 하지 않는다고 말한다. 데마리니는 라틴 아메리카 작품에 대해 프랑스 관객들의 호기심을 불러일으키고자 애쓰기 때문에 광범위한 각색을 하지는 않는다. 파비오는 그의 프랑스어 번역에서 스페인식 이름 에 손대지 않은 채로 두었다. "만약 내가 후안 도밍게즈를 장 도밍게즈로 번역한다면, 그것은 더 이상 같은 인물이 아니다. . . . 프랑스 사람(관객) 은 전형적인 (스페인식) 무대장치가 없더라도 단지 스페인식 이름만 들 어도 스페인으로 옮겨가진다." 왕립극단을 위해 러시아 극을 번역하는 사샤 더그달Sasha Dugdale도 마찬가지로 원작 극본에 충실한 것을 선호한다. "충실성은 우리를 그런 다른 문화들에 노출시켜 우리의 이해력을 넓혀준 다. 각색은 경험을 한정시킬 뿐이다."

나는 이러한 대답들을 '공연가능성이 있는 각색'의 초석으로 '직역'을 활용하는 데 반대하는 일군의 번역가들의 집단적 항의로 해석한다. 연극 과 교수인 델가도는 그러한 관행이 극 번역가들이 그들의 작품을 무대에 올리는 데 방해가 된다고 생각한다.

> 극단들은 덜 알려진 편인 외국 극의 새 작품을 팔기 위해서는 '명성'이 필 요하다. 한 작가를 프로젝트에 참여시키는 것이 마케팅에 도움이 된다. 번역가들은 단지 작가가 나중에 고치게 될 초고를 제공하는 데 너무 빈번 히 봉사한다.

홀트 역시 비슷한 말을 한다.

영국에서 그리고 어느 정도는 미국에서도, 극 회사들은 공연을 위해 새로운 번역을 의뢰할 것을 고집한다. 그리고 안타깝게도 이런 것들은 모두 너무 자주, 극작가나 감독이 이른바 '직역'을 각색한 것이다.

샤론 카닉Sharon Carnicke은 극 종사자로, 그녀의 체홉 번역물은 미국 내 여러 극장에서 상연되어 호평을 받았다. 현대극인 부라브스키의 『러시아어 교사』*The Russian Teacher*에 대한 그녀의 번역은 작가가 사우스 코스트 레퍼토리 South Coast Repertory와 독점 계약을 체결하는 바람에 상연할 수 없게 되었다. "그 극단은 러시아 원어민에게 의뢰하여 만든 '직역'을 미국의 현지 극작가가 각색한 버전을 더 선호했다." 카닉은 결과물로 나온 "각색이 작품이 탄생한 러시아의 문화 환경에 더 둔감했기" 때문에 공연에서 실패했을 것이라고 추측한다. 우리는 또한 그 러시아 원어민이 직역은 물론이고 영어로 번역할 자격을 얻었더라면 어땠을까 물을 수도 있을 것이다.

극작가-각색물은 어떻든 현대작품이나 알려지지 않은 작품에 국한되지 않으며, 그 관행은 분명히 국제적인 반향을 일으킨다. 러시아어를 모르는 오다시마는 영어본를 통해 체홉의 『재채기』*The Sneeze*를 번역했다. 번역물을 다시 번역하는 문제에 대한 웹스터의 질문에, 오다시마는 사실 그렇게 한 것이 아니라고 대답했다. "체홉 옴니버스는 특별한 경우였다. 왜냐하면 그것이 순수 번역작품이라기보다 정말이지 마이클 프라이언이 한 체홉 각색물 그 이상이었기 때문이다. 그래서, 어떤 의미에서 그것은 실제로 프라이언이 쓴 셈이었다"(웹스트 2002: 10 재인용). 영국의 뛰어난 극작가인 프라이언은 러시아어를 잘 알고 러시아어를 직접 번역한다.

그는 『재채기』에 몇몇 단편 텍스트를 수록했고 오다시마는 이것들을 개별적으로 찬찬히 보고 일어 번역물로 출간했다. 『재채기』는 전형적이지 않은 상황을 나타낸다. 그럼에도 오다시마의 말은 한 언어에서의 자유로운 각색이 다른 언어 버전을 위한 기반이 될 수 있고 원작이 번역의 번역 속에서 상실될 수도 있는 가능성을 제시한다.

조셉 파렐Joseph Farrell이 1994년 런던의 한 회의 석상에서 지적했듯이, 이 문제에서 중요한 지점은 직역이라는 것의 정의이다. 이탈리아 출신의 번역가인 파렐은 이와 같은 예비 텍스트를 마련하는 일을 거부해 왔다.

> 나는 정말이지 직역이 정확히 무엇을 의미하는지 잘 모르겠다. 왜냐하면 우리는 각각의 지점에서마다 해석을 해야만 하기 때문이다. 이것이 그 말이 의미하는 바가 맞는지, 이것이 극의 전체 맥락에 어울리는 의미인지, 우리가 이 사람의 전반적인 사상에 관해 무엇을 알고 있는지, 그리고 언어 그 자체로부터 무엇을 이끌어 낼 지를 생각하면서, 우리는 애매한 지점을 결정해 가야 하는 것이다. (파렐, 1996: 284)

그런 지점을 고려하지 않는 번역은 어떤 것이라도 결함이 있게 될 것이고, 그러한 결점들이 나중에 극작가-각색가의 창작의 일부가 될 것이다. 번역가 케빈 할리웰Kevin Halliwell은 이 과정을 거치게 되면서 청중들이 "원본에서 멀어지게 된다"고 주장한다(로건, 2003 재인용). 입센 전문 번역가인 마이클 메이어Michael Meyer는 아마 모호한 언어인 경우라면 일리가 있겠지만, 다른 누군가가 영어로 옮긴 직역을 사용하는 것은 "세계 주요 언어 중의 하나에서 다른 하나로 번역하기 위한 도구에 불과하다는 점에서 변명의 여지가 없다"라고 지적했다(웰워스, 1981: 142 재인용).

이 점에 관련해서, 영어에서 카탈로니아어로 작업하는 번역가인 에바

에스파사Eva Espasa가 쓴 글이 있다. 그녀에 따르면 영국 이론가 수잔 바스 넷Susan Bassnett이 공연성에 반대하는 주장을 펼치기 시작했는데 그 이유는, "'공연성'이라는 개념이 번역의 위상을 극 집필보다 낮은 것으로 간주하 는 현실에 대한 핑계로 사용되어 왔다'는 점 때문이었다(에스파사, 2000: 57). 다시, 문제는 직역을 의뢰하고, 그런 후에 '진짜' 작가를 고용하게 되 면서 번역가는 옆으로 밀려날지도 모른다는 것이다.

내 질문지에 응답한 사람들은 '직역'에 기반한 각색에 강하게 반대하고 있긴 하지만 다른 사람의 번역을 참고해야 할 적법한 이유도 확인시켜준 다. 카닉은 이전에 나온 영어본을 확인하지 않고, 『갈매기』, 『세 자매』 그리고 『벚꽃동산』 같은 체홉의 극을 번역했다. 그녀의 초고가 완성된 뒤 그녀는 출판된 번역물들을 훑어보았다. 독일 소설과 극을 번역한 유 명한 스페인 번역가 미구엘 사엔즈Miguel Sáenz는 직접 원문으로 작업했지 만, 때때로 자신의 번역 결정과 불어, 영어, 이탈리아어 번역본을 비교해 보는 과정이 유용하다는 사실을 깨달았다. 알무스 프리케Almuth Fricke는 마 리아 아이어린 포네스María Irene Fornés의 『페푸와 그녀의 친구들』*Fefu y sus amigas*을 독일어로 번역했을 때, 영어 버전 또한 분명히 참조했다. 그 스페 인어 극은 그녀가 쓴 원본 영어 극 『페푸와 그녀의 친구들』을 쿠바계 미 국인 극작가인 포네스가 직접 번역한 것이었다.

직역을 각색하는 일시적 유행이 원본의 충실한 번역이라는 개념을 저 버리는 것으로 비치는 반면, 이와 관련된 어떤 전략은 정치적 상황 때문 에 때로 정반대의 목적으로 활용되곤 했다. 프랑코 치하의 25년간 스페 인에서는 베르톨트 브레히트Bertolt Brecht 극의 출판과 상연이 모두 공식적 으로 금지되었다. 스페인에서 동독으로 여행하는 것도 제한받았는데, 동 독은 이 공산주의자 극작가가 거주하는 곳이라는 이유에서였다. 1965년 검열이 완화되면서 브레히트의 몇몇 극이 곧바로 상연되었다. 그것은 그들이 이 금지된 텍스트들을 완전히 잘 알고 있었음을 암시해 준다. 어떻게 하여 스페인 극 전문가들은 검열에도 불구하고 이 작품들을 알고 있었을까? 어디서 상연할 만한 스페인어 텍스트들을 그렇게 빨리 구했을까?

나는 그 해답을 찾기 위해 1986년에 여러 번역가들과 사적인 전화 인터뷰를 시도했다. 그리고 아르헨티나와 프랑스의 번역물이 그 오랜 침묵의 기간 내내 스페인에서 비밀리에 유통되었다는 사실을 알아냈다. 몇몇 극 관계자들은 베를린 앙상블 상연을 보기 위해 파리로 갔고, 페드로 라인 엔트랄고Pedro Laín Entralgo, 리카드 살바트Ricard Salvat 그리고 호세 루이스 고메즈José Luis Gómez 같은 소수의 스페인 번역가들과 연출가들은 실제로 독일어를 잘 알고 있었다는 사실도 확인했다.

어떤 측면에서, 20세기 스페인에서 가장 존경 받는 극작가 중의 한 사람인 안토니오 부예로 바예호가 알려지지 않은 누군가의 직역에 기반하여 『억척 어멈』을 자신의 버전으로 창작한 것은 사실이다. 하지만, 그의 진정한 목적은 분명 역동적인 등가어를 달성하는 것이었다. 부예로는 브레히트의 그 반군국주의적, 반자본주의적인 작품이 초연된 1949년부터 그 극에 관해 알고 있었다. 그는 상당히 흥분하면서 그것을 프랑스 번역본으로 읽었다. 『억척 어멈』의 스페인어 버전에 착수했을 때 부예로 바예호는 독일어에서 직역한 번역을 요청했다. 그 뒤 그는 2개 국어 사전을 손에 들고 힘겹게 독일어 원본을 번역했고, 동시에 스페인어로 된 직역과 불어 번역본을 끊임없이 참조했다(부예로 바예호, 전화 인터뷰, 1986). 필립 보엠Philip Boehm은 극 번역에 관한 글에서 그 과정을 "사랑의 노동"이라고 일컬으면서 "원작에 반하는 사소한 혹은 중대한 반역의 사례"가 아니라 "열정의 죄"라고 말한다(보엠, 2001: 27). 확실히 부예로가 브레히트의 대작을 헌신적으로 번역한 것은 사랑의 노동이었다.

1986년의 내 취재원 몇몇이 나에게 주지시켰듯이, 브레히트의 의중에 충실하지 못한 것보다 더 큰 위험은 너무 지나친 충성이었다. 스페인의 연극계 인사들은 브레히트의 이론을 잘 알고 있었고 진지하게 브레히트의 공연 사진과 그것에 관한 자료를 검토해 왔었다. 그들은 너무 열중해서 이 독일 극작가에 대한 깊은 존경심으로 1960년대에 그들의 창의성을 모두 희생하는 위험마저 감수했다. 부예로의 『억척 어멈』이 성공적으로 초연되고 난 20년 후 루이스 파스쿠알Lluís Pasqual은 마리아 구에레로 국립극단에서 이 극을 재상연하였다. 그는 그때까지 고전적인 번역으로 자리잡은 부예로의 번역본을 사용했지만 노래는 빼기로 했다. 부예로와 다른 많은 극 전문가들은 파스쿠알이 브레히트의 극 개념에 충실하지 못하다고 분개했다.

극작가 겸 연출가로 활동해 온 카발은 30년이 넘게 충실한 번역에서 의역까지 전 영역을 섭렵해왔다. 스페인에서 그는 현대 미국극에 가장 능통한 극 전문가로 알려져 있다. 그가 번역해서 무대에 올린 미국과 영국 작가들의 작품으로는 크리스토퍼 듀랑Christopher Durang, 데이비드 마멧David Mamet, 셸라 딜레니Shelagh Delaney, 데이비드 아이브스David Ives, 해롤드 핀터Harold Pinter의 극이 있다. 카발은 이들 앵글로색슨 작가들의 스타일에 특별한 친화력을 느끼며, 그들의 작품을 사랑한다.

> 그들은 내가 존경하고 여러 면에서 동질감을 느끼는 작가들이다. 마치 그들이 내 가족인 것 같다. 나는 그들의 작품을 번역하는 데 아무런 어려움이 없다. 그리고, 가장 중요한 것은, 내가 이들 텍스트 중 어느 것도 창작 버전을 만들지 않았다는 점이다. 그 번역들은 모두 순수한 번역이다.

카발은 영어뿐 아니라 로망스도 번역하지만 원래 독일어나 러시아어, 그리스어, 라틴어로 쓰인 작품을 각색하기를 주저하지는 않았다. 그는 브레히트의 『두 개의 센터보스 오페라』*La opera de dos centavos* 번역을 준비하면서, '전문 번역가'와 긴밀히 협력했다. 러시아 작가 알렉산더 갈린Alexander Galin이 쓴 극을 각색할 때는 직접 원문의 저자와 조율하면서 공동작업을 하였다. 카발은 그것이 제 역할을 했다고 생각한다.

몰리에르에 정통한 영국 번역가 랜지 볼트Ranjit Bolt는 현대의 관객에게 다가가기 위해 그 프랑스 고전희극들을 마음대로 바꿨지만, "만약 작가가 살아 있다면" 문제가 있었을 것이라는 점을 인정한다(로건, 2003 재인용). 카발은 그런 문제점을 몸소 겪었다. 1970년대 후반 그는 다리오 포Dario Fo의 『돈 내지 맙시다』*Non si paga*를 『저녁은 기장수프』*Sopa de mijo para*라는 제목으로 각색했고, 배경을 이탈리아에서 스페인으로 옮겼다. 초기에 포는 스페인 정치상황에 맞추기 위한 이 변화들을 수용했다. 하지만 그 뒤 포는 그 프로젝트에서 손을 뗐고 그 극은 '공동 창작'으로 무대에 올려졌다. 카발이 1999년 새로운 공연을 위해 그 텍스트를 수정했을 때, 포는 상연을 막으려고 소송을 제기했다. 그 이탈리아 극작가는 소송에서 패했다.

극이 번역물이든 아니든 모든 극의 상연은 새로운 환경에 맞춰 어느 정도는 각색을 하게 된다. 보엠은 말한다.

> 모든 번역은 공연하는 동안 관객에 맞춰 각색된다. 번역가가 주어진 공연에 더 익숙할수록, 그 번역은 착수할 지점에 더 정교하게 들어맞게 될 것이다. 이것은 더 나은 입지에서 리허설을 시작할 기회를 제공하며, 이렇게 하여 리허설 시간을 늘리고 수정을 더 적게 해도 되게 한다.

역동적인 등가어와 유사한 것을 주장하는 로렌스 센드로위치Laurence Sendrowicz가 "모든 것은 각색된다"고 단언할 때 이는 보엠의 입장을 반향하고 있다. 번역이란 "새로운 언어 맥락에서 어떤 것을 각색하는 것"이라고 정의하는 터싱햄은 현대작가들이 작품을 심하게 각색하는 것을 경계한다.

> 나는 특정 사건이나 인물에 변화가 필요한 극은 피하려고 한다. 만약 생존한 작가의 극이 개작을 필요로 한다면, 나는 그것이 할만한 가치가 있는 일인지 확신할 수 없다. 더군다나, 내가 그 일을 하는 것이 적절한지 확신할 수 없다.

정확히 그런 류의 각색을 떠맡아 온 번역가 로버트 리마Robert Lima와 로렌조 만Lorenzo Mans은 그들이 수정할 필요하다고 느끼는 부분에 대해 그들이 존경하는 작가들이 보인 반응을 대해 글을 썼다. 리마는 스페인 극작가 호세 마틴 레쿠에르다José Martín Recuerda의 『이집트 성 메리 수녀원의 수감자들』The Inmates of the Convent of Saint Mary Egyptian을 보다 짧게 그리고 보다 작은 무대에 적합하도록 각색해야 했다. 그것은 1980년 펜실베니아 주립대학교에서 상연될 예정이었다. 연출가 마뉴엘 듀케Manuel Duque는 몸소 수정된 텍스트를 가지고 작가와 의논하러 스페인으로 갔다. "듀케가 돌아왔을 때 그는 그 작품에 대한 우리의 생각을 수용한 극작가와 그의 관대함을 크게 칭찬하였다"고 리마는 회상한다(리마, 2007: 7). 인타르INTAR의 예술감독인 막스 페라Max Ferrá는 페르난도 아라발Fernando Arrabal의 『보디빌더의 사랑』The Body-Builder's Book of Love의 1990년 제작에서 연출가인 톰 오호건Tom O'Horgan과 만이 변화를 주기를 원하는 부분을 상의하기 위해 파리에 회의를 소집했다. 만이 회상하기를 아라발은 "창조적일 수 있는 유일한 방법"은 연출가와 번역가에게 완전한 예술의 자유를 주는 것이라는 의견에 동의했다고 한다. 그랬을 지라도, 만은 아라발과 그의 아내 루스가 뉴욕 초연에서 "소동에 가까운 거침없는 열광"의 반응을 보이는 것을 보고서야 안도하였다(만, 2001: 46).

극 번역가들은 대부분 그들이 다른 사람의 번역물을 통해 작업할 지도 모른다는 작은 암시에도 신경이 곤두서지만, 공동으로 작업하거나 필요한 도움을 받는 것에 대해서는 아무런 거리낌이 없다. 테브닌은 11년간 이탈리아 원어민과 함께 작업했다. 그녀는 상호보완적 언어능력 덕분에 그들이 많은 오류를 피하게 되었다고 생각한다. 영국 번역가 델가도는 혼자 스페인어를 번역한다. 하지만 프랑스 극을 번역할 때는 유창한 불어 사용자와 공동으로 작업하기를 선호한다. 예를 들어, 그녀와 브레드비는 베르나르 마리 콜테스Bernard-Marie Koltès의 『개와의 난투극』Black Battles with Dogs을 함께 번역했다. 이 텍스트는 애틀란타의 세븐 스테이지(미국)에서 상연되어 왔고 메튜엔에서 출판되었다. 1972년부터 불어, 이탈리아어, 그리고 영어로 된 30편이 넘는 극을 카탈로니아어로 번역한 자우미 멜렌드레스Jaume Melendres는 영어 텍스트의 난점에 관해 조언을 얻고자 계속해서 "나보다 [그 언어를] 더 잘 아는 사람"에게 자문을 구했다. 홀트는 카탈로니아어를 처음 번역하기 시작했을 때, 자신이 사전을 참조하고 이메일을 활용하고 극작가에게 자주 질문하고 있음을 깨달았다. 파스칼 포강Pascale Paugam은 스페인어는 수월하게 번역하지만, 이탈리아어나 독일어로 된 서사 텍스트를 극으로 각색할 때는 공동 작업을 해왔다.

포강은 배우에서 번역가로 넘어온 몇 명의 질문지 응답자 중 한 명이다. 그녀는 넘겨받은 아르투어 슈니츨러Arthur Schnitzler의 『라 롱데』 대본이 만족스럽지 않아, 독일어로 된 원본과 서로 다른 네 편의 번역본을 읽기로 마음먹었다. 그녀는 극의 한 부분을 연기하기 위해 그것을 철저하게 이해할 필요가 있으며 번역가로서 자신의 작업은 배우로서의 그녀의 연기를 풍성하게 한다고 말한다. 번역가로서 포강은 자신이 진행중인 대본을 배우들에게 준다. 그들이 그녀에게 그것이 어떻게 들리는지 말해주고 피상적 의미나 내포된 의미, 즉 "특정한 소리나 단어, 구절, 대답, 대화 등은 어떤 인상을 남기는지"에 대해 의견을 제시할 수 있게 하기 위해서이다. 비슷한 경우로, 카닉은 당시 사용되던 체홉의 『세 자매』 출판본보다 더 배우–친화적인 번역을 할 수 있겠다는 판단이 들었을 때 번역에 착수했다. 또 다른 배우–번역가로는 발린, 센드로비치, 욘 캠브리랭이 있다. 프랑스의 어떤 극단에서 공동연출가로 활동하는 발린은 스웨덴에서 아역배우로 경력을 쌓기 시작했다. 그녀는 스웨덴 및 프랑스의 텔레비전과 무대에서 연기하고 있고, 고정적으로 프랑스 내의 대행사 두 곳에서 영화 더빙 일을 하고 있다. 센드로비치는 1979-1988년까지 이스라엘에서 활동한 여배우로, 1983년부터 극작가가 되었고 1990년부터는 번역가로 일하고 있다. 파리와 프랑스의 다른 도시들에 있는 주요 극단에서 연기해 온 캠브리랭은 1986년부터 연기를 시작했고, 10년 뒤 번역으로 진로를 바꿨다.

"이 분야에서 일을 시작하려는 극 번역가에게 해줄 짧은 충고는?"이라는 내 질문에 응답자 대다수는 똑같이 기본적인 대답을 했다. 먼저 극단과 관계를 맺으라는 것이었다. 연기를 배우거나 극단 사람들과 친구가 되거나, 아니면 적어도 지방 극단을 방문해서 문학 담당자, 연출가, 배우나 극 비평가들과 대화하라는 것이다. 카닉은 특히 연기수업과 극 리허설에 참석하라고 조언한다. 홀트는 장 지로두Jean Giraudoux의 『파리의 백작 부인』*The Madwoman of Chaillot*에 대한 모리스 발렌시Maurice Valency의 번역본이나

야즈미나 레자의 『아트』*Art*에 대한 크리스토퍼 햄튼의 아주 유명한 번역본과 같은 훌륭한 번역본들을 분석하되, 가능하면 불어 원본을 비교하면서 보라는 제안을 한다. 카발은 실제 무대 경험이 최고의 선생이 될 수 있기에 번역가는 먼저 자신의 극을 쓰라고 제안한다. 이와 유사한 맥락에서, 파비오는 극작가가 되는 것이 대사 번역을 수월하게 한다고 생각하며, 데마리니는 자신이 극작가이기 때문에 번역할 때 원작자에게 더 큰 도움이 될 수 있다고 확신한다(데마리니, 사적인 인터뷰, 2003). 캉프는 시를 번역하기 위해서는 반드시 시인이 되어야 하며, 극작품을 번역하기 위해서는 반드시 극작가나 극 전문가가 되어야 한다고 강조한다. 마찬가지로 터싱햄은 먼저 연출가나 극작가, 드라마투르그, 배우, 무대 디자이너로서 극을 만들어보라고 제안한다. 그는 번역은 하나의 기술이지 경력이 아니며, 번역은 이러한 다른 활동들과 결부되어야 잘 된다고 생각한다. 소로우는 번역하고 번역하고 또 번역하면서 번역하는 법을 익히게 된다고 힘주어 말한다.

한편, 몇몇은 번역가에게 고무적일 수 있는 충고를 공란으로 남겨두거나, 다만 번역가 자신이 진정으로 아낄만한 극을 찾으라고, 특히 그들이 선호하는 잘 아는 작가의 작품을 찾으라고 촉구했다. 카탈로니아어를 번역하는 미국인 학자인 샤론 펠드먼Sharon Feldman은 다음과 같이 설명한다.

> 어떤 극을 번역하기 위해서는 해당 극작가의 그 작품과 그/그녀의 창작
> 행로, 영향들, 모델 등에 관해 충분히 파악하고 심도 깊은 지식을 가지고
> 있어야 한다. . . . 하나의 극을 잘 아는 것만으로는 충분하지 않다.

유일하게 마르가리타 바르가스Margarita Vargas만이 공연을 드러나게 경시한

다. 스페인계 미국인 여성작가들이 쓴 7편의 연극을 묶은 그녀의 유명한 공동 번역 선집은 한 미국 대학출판사에서 간행된 바 있다. 바르가스는 극 상연을 목표로 할 것이 아니라, 번역 과정에 애착을 가지고 번역하라고 충고한다. 물론, 그녀의 입장은 은퇴한 극 전공 교수인 릭 하이트와 같은 극 관계자들의 입장과 정면으로 대치된다. 하이트는 "극작품 번역물은 항상 관객에게 상연될 것을 염두에 두어야 한다"고 주장한다. 미국 극작가 겸 번역가인 카리다드 스빅Caridad Svitch은 가르시아 로르카의 극과 시에 정신적 유대감을 느낀다. 그녀는 "로르카와 같은 거장인 극작가와 함께 하는 공동작업의 즐거움"에 대해 말하면서, 드라마의 맥락 속에서 작가-번역가 관계에 대해 완벽한 정의를 내려 준다.

> 번역은 무엇보다 지면 위의, 예술가의 마음 속에서 벌어지는 활발한, 상상적 대화이며, 텍스트를 구현하는 배우와 그것을 체험하는 관객이 그 증인이 된다.

많은 응답자들은 상연이 가지고 있는 상호작용적인 성격 때문에 리허설에 참여했고 그것이 유익할 뿐만 아니라 필수적인 과정이라는 사실을 알게 되었다. 응답자들 중 몇 명의 학문적 번역가는 한번도 이런 경험을 한 적이 없었다고 하고 소수의 응답자는 텍스트를 알맞게 조정하는 연출자가 작가의 작품과 마찬가지로 번역가의 작품에 허용되지 않는 수정을 가한다고 말한다. 하지만 대부분은 많이 협력할수록 더 낫다고 한 카발의 말에 동의할 것이다. 번역가들은 리허설 과정에서 드라마투르그 역할을 할 수 있을 것이다. 배우들을 위해 연극 해석을 명확히 해주면서 동시에 텍스트의 표현력을 어떻게 향상시킬지 배우들에게 배울 수도 있다.

하이드런 아들러Heidrun Adler는 아무리 훌륭한 번역이라 할지라도 "배우들이 텍스트에 끌리지 않으면 그 번역은 결코 잘 먹혀들지 않는다"는 사실을 리허설을 통해서 배웠다. 카닉은 연극을 "문학으로 끝나는 작품이 아니라, 배우들이 해석적 선택을 할 수 있는 애매한 지점이 남아있는 공연을 위한 출발점"으로 여긴다. 나훔은 극이 자신의 작품이든 번역이든 간에 항상 리허설에 참석한다고 말했다. "그것은 이 과정에서 가장 매력적인 부분이다. 나는 뭐라고 입을 대지는 않지만, 이 독특한 순간을 경험하는 것을 좋아한다."

내가 극 번역가에게 고무적일 만한 충고를 해달라고 요청한 것은 나역시 <에스트레노 플레이즈>의 편집자로서 자주 그런 부탁을 종종 받았기 때문이다. 너무나 빈번하게, 이 질문을 제기하는 사람은 극에 관한 배경지식이 없거나, 그 텍스트가 그 혹은 그녀의 목표 관객에게 적합한 지고려하지 않거나, 극 번역물을 상연하거나 출판하는 일이 어렵다는 사실을 인식하지 못하고 있다.[7] 어떤 극에 대해 열렬한 관심을 가지고서 아마추어로 연기나 연출에 경험이 있는 사람들마저 이미 존재하는 번역물의 이용가능성에 대해 무지하거나 저작권의 문제를 조사해 보지 않는다. 때로 초보 번역가들이 그들이 번역대금이나 원고료를 얼마나 받아야 하는지 나에게 묻는 것으로 질문을 시작하기도 했다. 경험 있는 번역가들이라면 대부분 그 질문이 우습다고 여길 것이다. 조금씩 다르긴 하지만, 내 응답자 중 많은 이들은 존 런던John London과 생각이 같다. 런던은 로망스어군의 여섯 가지 언어들과 독일어 및 히브리어를 번역하고 런던의 왕립극단과 정기적으로 공동작업을 하는 극 번역가로서의 대단한 성공에도 불구하고, "더 나은 직업을 구하라"고 간명하게 주장한다. 여러 나라에서 그리고 다양한 경험 속에서, 알무스 프리케와 주잔네 하르트비히Susanne

Hartwig, 미구엘 사엔즈, 니콜 테브닌도 마찬가지로 극문학 번역이 돈벌이가 되지 않는다고 꼬집으며 경고한다. 이 직업으로는 생계유지가 어렵다는 것이다. 포강은 극 번역가들 대부분이 주 직업은 교수나 배우, 연출가 혹은 다른 극 전문가들이라는 점을 알려준다.

보엠은 희곡 번역의 난관에 대한 한 통찰력있는 출판물에서 "대체로 원저자의 수입지분에서 나오는 인세에서" 받게 되는 소액의 번역료를 거론한다. 더군다나 "일반적으로 수입은, 적어도 미국에서는 아주 빈약하다. 미국에서는 연극 대부분이 겨우 수지를 맞추는 비영리기관에서 상연되기 때문이다"(보엠, 2001: 28). 프랑스의 작가 및 극작가협회(SACD)와 스페인의 작가와 편집자협회(SGAE)에서 발행한 계약서에 따르면, 저작권배분 표준 비율은 작가 60%, 번역가40%이다. 쥬느비에브 울만에 따르면, 독일에서는 번역가에게 돌아가는 비율이 20%까지 하락했는데, 그녀는 이러한 경향이 책 번역물의 급증 때문이라고 생각한다(울만, 사적인 인터뷰, 2003). SACD와 SGAE 같은 협회는 회원들에게 돌아갈 저작권료를 끌어오기 위해 공동으로 노력하고 있지만, 미국 극작가와 번역가에게는 상대편에 대한 감시제도counterpart watchdog가 없다. 라틴 아메리카극을 번역하는 미국 극작가인 커스튼 니그로Kirsten Nigro는 그녀가 저작권료를 생각해 본 적도 없다고 말했을 때 프랑스의 한 셰익스피어 번역가가 놀라워하던 것을 기억한다(니그로, 2000: 120). 작은 대학 극단이나 지역사회의 극단 또는 오프-오프브로드웨이의 시범 공연 ― 미국 내에서 현대 번역극 공연물의 대부분을 차지 ― 에서 하는 단기 공연은 많은 수익을 낼 성싶지 않다.

대조적으로, 프랑스나 그 외 나라에서 고전작가를 번역하는 입증된 번역가는, 특히 주요 극장에서 일을 의뢰받는 사람은 실제로 돈을 잘 번다.

하버드대학에서 러시아어로 박사학위를 받은 미국 극작가인 폴 슈미트는 자신의 극을 창작하는 대신 체홉의 작품을 번역하면서 몇 년을 보냈다고 회상한다. 그는 『계간-극작가 조합』에 쓴 글에서, 약간 익살스럽게 그 이유를 설명한다. "나는 내 작품을 쓰는 것보다 다른 사람의 극을 번역해서 돈을 더 잘 번다. 물론 변화를 원하지만, 지금까지는 극장들이 나보다는 체홉을 상연하는 것을 더 선호한다"(슈미트, 1997: 18).[8]

극단들이 현재 대중적인 지지를 받고 있는 작가에게 체홉이 쓴 극의 새 번역을 의뢰하게 되면, 체홉을 번역하는 다른 모든 번역가들은 관심 밖으로 밀려난다는 사실에 주목해야 할 것이다. 1997년 미국 대학 극 페스티벌에서 『갈매기』로 번역상을 받은 샤론 카닉은 왜 극단들이 "원작을 읽지 않은 극작가가 번역한 동일한 극의 최신 번역물을 그토록 많이 양산해 낼 필요가 있는지" 의아해 한다(카닉, 2002). 그녀는 체홉을 '번역한 사람의 리스트가 '극작가 후즈후who's who[유명인새]'인 것처럼 보인다고 지적한다. 여기에는 미국 출신으로는 클리포드 오데츠Clifford Odets, 테네시 윌리엄스, 랜포드 윌슨Lanford Wilson, 데이비드 마멧, 그리고 영국 출신으로는 팸 젬스, 톰 스토파드Tom Stoppard, 마이클 프라이언이 포함된다. 이들 가운데 오직 프라이언만 러시아어를 안다. 보엠은 극단들이 만약 "유명한 극을 재번역하지 않고 반대로 알려지지 않은 작품들의 새 번역을 의뢰"한다면 참 좋을 것이라고 생각한다(보엠, 2001: 28).

어느 나라에서든지 유명 극단에서 장기공연 하거나 아마추어 극단을 포함한 많은 소극단에서 상연하는 극은, 번역가의 권리가 적절히 보호되는 한, 극작가와 번역가 모두에게 주요수입이 될 수 있다. 앙드레 캉프와 클로드 데마리니는 연출가 피에르 샤베르의 요청으로 호세 산치스 시니스테라José Sanchis Sinisterra의 『아, 카멜라』¡Ay, Carmela!를 스페인어에서 불어로 공동번역하면서 저작권료에 관한 불만을 전혀 품지 않았다. 그 작품은 700회 이상 상연되었기 때문이다. 내가 1987년 처음으로 캉프를 만났을 때 그가 설명한 바에 따르면, SACD가 특정한 극에 대해 공식 번역을 인정하는 계약서를 쓰고 나면, 연출가가 새로운 번역을 의뢰하거나 연출가자신이 번역을 하더라도 원래 번역가는 이후의 공연에 대해서도 저작권료를 받는다고 한다.[9]

캉프가 설명한 이상적인 경우처럼 스페인에도 번역가를 배려하는 정책이 있었더라면, 라구엘 메리노 알바레즈Raquel Merino Álvarez가 스페인 무대의 표절 관행을 파헤치지 않았을지도 모른다. 메리노 알바레즈는 40년 동안 자기 나라에서 나온 영어권 극의 "새 번역물"을 분석하면서, 그 가운데 대부분이 순전히 그리고 간단하게 초기 번역물을 표절했다고 설득력있게 입증했다(메리노 알바레즈, 1995: 75). 이 결론에 다다르기 전에 그녀는 스페인은 물론 아르헨티나에서 나온 "번역물의 연쇄"에 관해 연구했고, 스페인어 번역물과 영국이나 미국 원문을 구절구절 꼼꼼하게 비교했다. 그녀가 명시한 표절의 주범 가운데 호세 루이스 알론소 같은 인사들을 포함하여 연출가들이 두드러지게 포함되어 있다는 사실이 드러났다.

연출가가 지켜야 할 것에 대한 모범으로서, 우리는 2002년 9월 뉴저지의 셰익스피어 극단이 진행한 피란델로의 『엔리코 IV』 프로그램을 살펴볼 수 있다. 극단예술감독 겸 이 공연의 연출가인 보니 J. 몽트Bonnie J. Monte는 이 이탈리아 극을 "에드워드 스토어Edward Storer의 1992년 번역에 바탕한" 그녀 자신의 새 번역 작품이라고 규정하고 있다. 어쨌거나 몽트는 이탈리아어를 잘 안다.

원래 번역가에게 이 같은 적절하고도 공개적인 권리를 부여하지 못하는 문제는 불행히도 스페인에 국한되지 않으며, SACD가 있긴 하지만 프랑스에서도 일어날 수 있다. "일반적으로 극 번역가에게 번역물이 상연되는 데 방해가 되는 요소는 무엇인가?"라는 내 질문에 대한 응답으로, 프랑스 번역가 욘 캠브리랭은 표절과 유사표절을 언급한다. "그 극의 언어를 모르는 연출가들은 현존하는 번역물 네 가지를 조합해서 자신의 번역물로 등록한다." 알론소의 작품들은 번역가를 위한 저작권료가 예산상 크게 문제가 되지 않는 주류 극단들에서 상연되어 왔지만, 재정적으로 어려운 극단의 연출가들은 돈을 절약하려고 진짜 번역가를 제외시키고 번역가의 저작권료를 공연비용으로 쓰려는 유혹에 빠질 위험이 있다.

미국에서도 번역가와 극작가가 모두 무시되곤 하는데, 이는 뉴욕에서 최근에 상연된 두 편의 현대 스페인 극에서 명백하게 드러났다. 2000년 가을에 <에스트레노 플레이즈>가 세바스찬 훈옌트Sebastian Junyent의 『과거 정리하기』Hay que deshacer la casa에 대한 아나 멘구엘Ana Mengual의 공인된 번역물인 『과거 정리하기』Packing Up the Past를 출판했을 때, 훈옌트는 많은 극단에 이 번역본을 보냈다. 여기에는 2개 언어를 쓰는 오프브로드웨이 미리엄 콜론Miriam Colón의 로단테 푸에르토리퀘뇨 극단도 포함되어 있었다. 콜론은 그 극을 읽어 볼 것이라고 대답해 왔고, 훈옌트는 끈기있게 그녀의 반응을 기다렸다. 그가 기다리는 동안 콜론은 작가가 인정하지 않은, 아마도 다른 번역물로서 제목을 직역해서 이상해 보이는 『철거되어야 할 집』The House Must Be Dismantled으로 2001년 4월 18일 초연을 계획하고 있었다. 그녀는 훈옌트의 승인없이 그렇게 했을 뿐 아니라 그에게 알리지도 않았다. 훈옌트는 <에스트레노>의 자문위원회를 통해 4월 14일 진행 중인 공연소식을 처음 들었다(훈옌트, 사적인 대화, 2001). 훈옌트는 SGAE를 통해서 항의서를 제출했지만, 그 공연은 취소되지 않았다.

SGAE 뉴욕본부가 임박한 그 공연에 관해 알고 있었더라도, 문제삼지 않고 상연을 수락했을 수도 있다. 2002년 9월 한 오프-오프브로드웨이 극장에서 잠시 상연했던 데이비드 가드David Garrd가 각색한 팔로마 페드 레로의 『늑대 키스』Wolf Kisses의 경우에서 그랬던 것처럼 말이다. 가드는 극의 배경을 스페인에서 캐리비안으로 옮겼고 페드레로의 극에서 은유 적으로 쓰인 기차를 버스로 대체했지만, 사전에 이 중요한 변화에 대해 극작가의 양해를 구한 적이 없다. 가드가 SGAE에 영어로 된 극본을 제 출했지만, 페드레로는 영어를 읽을 줄 몰랐고, 시간의 제약 때문에 다른 사람이 가드의 번역본을 읽고 비평을 내놓기 전에 가드는 SGAE와의 계 약서에 서명했다. 가드는 상연 후 <에스트레노 플레이즈> 쪽의 합작자 와의 대담에서 자신의 각색이 영국 왕립극단의 록사나 실버트Roxana Silbert 가 펴낸 영국의 번역본에 기반한 것이라고 말했다(라마티나-렌즈, 사적 인 대화, 2002). 그 프로그램에서 그는 출처를 밝히지 않았다.

마드리드에 있는 SAGE는 번역가를 비롯한 그들의 회원을 보호하려고 노력하고 있지만, 뉴욕본부는 항상 제 역할을 해내고 있는 것은 아니다. 2002년 11월의 오프-오프브로드웨이 극장에서 재상연될 계획이었던 부 예로 바예호의 『토대』The Foundation는 지역 대표자의 경직된 태도로 인해 실행되지 못했다. 번역가였던 홀트는 "뉴욕 SGAE가 뉴욕 공연의 기본적 인 사항을 분명하게 파악하지 못한 탓에 최종계약이 불필요하게 복잡해 졌다"고 보고한다.

극 번역가들에게 SACD와 SGAE, 그리고 영국에서 그에 해당하는 작 가협회나 스코틀랜드 극작가협회에 회원으로 있는 것이 얼마나 도움이 될까?[10] 프랑스에서는 한 명을 제외하고 모든 응답자가 SACD회원이었 다. 작고한 앙드레 캉프는 1962년부터 2004년 3월 그가 죽을 때까지 40

년 넘게 SACD의 회원이었다. 번역가들은 일반적으로 SACD의 기능이 그들의 저작권료를 받아주는 정도로 국한되어 있다고 여긴다. 테브닌은 그들이 법적 분쟁에 있을 때 소송을 도와준다고 덧붙인다. 이탈리아에 거주하는 귀도 나훔도 SACD의 회원인데, 그 협회에서 그의 로열티를 지불하지만 지불 시기가 상당히 늦다고 말한다. 미국 번역가 겸 연극과 교수인 펄리샤 롱드레 또한 SACD가 굼뜨다고 불평하는데, 작품을 번역할 저작권을 따는 것에 관련된 응답이 늦다는 것이다. SGAE가 나에게 스페인에 있는 번역가들을 알아보라고 했기에, 스페인의 응답자 전부가 그 협회에 소속되어 있었다. SACD처럼, SGAE의 기본적인 역할은 번역가의 관점에서 볼 때 로열티를 받아주는 것이다. 사엔즈는 SGAE가 그 기능을 잘 수행하고 있다고 단언한다. 일단 번역물이 상연되고 나면 그 성과에 따라 로열티는 정기적으로 배당된다. 한편, 자우미 멜렌드레스는 홀트가 제기한 것과 무관하지 않은 문제를 제기한다. 멜렌드레스는 SGAE의 직원이 "예컨대 스트린드베리가 대중적 인지도가 있는 작가라는 것도 모를 정도로 자격미달인 사람들도 되는 경향이 있다"는 점을 알게 되었다.

영국의 응답자들 중에는 유일하게 데이비드 브래드비만이 작가 협회의 회원이라고 인정했다. 그렇지만 에든버러 대학의 연극 및 창작 교수로 활동하는 존 클리포드는 스코틀랜드 극작가 협회에 큰 만족감을 표했다. 그는 협회가 정신적 지원을 해 주고 "분쟁 소송을 뒷받침"해 줄 뿐만 아니라, 극작가들을 위해 영국에서 극작가에게 제공되는 것 이상의 기본 배분율 협상도 해왔다고 밝혔다. 클리포드가 극작가 겸 번역가이기에, 그는 이중적인 회원자격을 지닌다.

미국에서는, 내가 극작가조합Dramatists Guild과 관련된 것으로 파악하고 있던 열 명의 응답자 중 네 명이 소속되어 있었다. 극작가 겸 번역가인 카리다드 스빅은 조합의 월간지 『극작가』의 정기 기고가이다. 롱드레는 확실히 그 저널이 주는 자극 때문에 참여하고 있다. 카르니크는 체홉의 『세 자매』에 대한 그녀의 번역이 전문적으로 공연되는 데 성공했기 때문에 1979년에 참여하도록 초청되었다. SACD나 SGAE와 달리 극작가조합은 그들의 회원을 위해 저작권료를 받아내지는 않지만, 진지한 번역가들이 거기에 가입하고자 하는 많은 이유들을 홀트가 설명해준다.

> 극이 (일급 공연으로 알려진) 브로드웨이에서 선택되고 나면, 그 계약은 조합의 변호사가 재검토하고 승인할 것 이다. 그리고, 내 경우에는 이런 일이 자금 부족으로 상연되지 못했던 로페즈 루비오López Rubio의 『눈가리개』 The Blindfold에서 실제로 일어났다. 조합은 그 극이 법적 분쟁과 무관하다는 점을 마드리드의 SGAE본부에서 받은 어떤 문서들에서 일일이 열거했다. 또한 조합은 다른 수준의 계약들, 즉 오프브로드웨이, 오프-오프브로드웨이, 지역극장연맹(LORT) . . . 등과 관련된 계약에 대해서도 조언해 줄 것이다. 조합의 출판관계자는 저작권, 권리 획득 등에 관한 유용한 정보를 제공한다. 조합회원 자격에는 두 가지 등급이 있다. 준회원 자격획득은 두 세편의 대본을 전편 완성한 번역가가 신청서를 내면 가능하다. 정회원 자격은 극이나 번역 한 작품이 오프브로드웨이나 지역의 주요 지역극장연맹에서 상연된 후에 가능하다. 나는 1985년 부예로의 『이성의 잠』이 볼티모어 센터 스테이지에서 상연된 후에 정회원 자격이 되었지만, 1999년 스카르메타의 『불타오르는 끈기』가 애틀랜타 앨리언스에서 상연될 때까지 지원하지 않았다.

몇몇 신참 번역가들은 자신들의 작품을 취급할 저작권 대리인을 구하는 것에 관해서도 물어왔다. 아마 내 응답자들 중 대부분은 이런 질문이 우습다고 여길 것이다. 무엇보다 대리인은 돈 때문에 존재하는 것이고,

보엠이 밝힌 것처럼 극 번역가의 소득은 "정말 약소"하다. 한 번역가는 자기 나라의 대리인들은 미국이나 영국과는 달리 부차적 역할을 한다고 생각한다. 그런 생각 역시 웃음을 자아낼 수 있다. 브래드비는 영국에 대리인을 두고 있었지만, "몇 년 전부터 대리인은 더 이상 그의 책들에 나를 끼워줄 수 없다고 결정했다 (아마도 내가 그에게 돈벌이가 되기에 좋은 조건이 아니었기 때문일 것이다)."라고 말했다. 터싱햄의 경험도 이와 유사하다. "나는 그들에게 충분한 수익을 창출하지 못하며 그들도 내가 직접 일을 따오는 것 이상으로 나에게 일을 가져다주지 않는다." 영국인 응답자들 중에서 오직 마리아 델가도만이 대리인을 두고 있고, 그녀의 대리인은 공연이 아닌 출판물을 협상한다. 미국에서는 단지 홀트만이 대리인을 두고 있다. 사실, 그는 두 명의 대리인을 두고 있다. 한 사람은 칠레 극작가인 안토니오 스카르메타Antonio Skármeta를 대리해서 홀트가 번역한 『불타오르는 끈기』가 20여 회나 상연되도록 보장했으며, 다른 한 사람은 그가 번역한 스페인 극작가들의 번역물을 담당한다. 두 번째 대리인은 한번도 직접 공연을 성사시킨 적은 없고, 그보다는 홀트의 계약서나 그의 출판 번역물에 대한 문의에 기반하여 협정을 맺어왔다. 사실, 극작가 조합에 등록된 그의 대리인 명부에는 "번역물 없음"이라고 명시되어 있다.

1991년 2월에 나는 쿠바계 프랑스 극작가 에두아르도 마네Eduardo Manet의 재촉으로 뉴욕에 있는 거대 대행사인 윌리엄 모리스사의 에스더 셔먼 Esther Sherman에게 편지를 썼다. 마네의 『수녀들』The Nuns(로버트 발딕Robert Baldick 번역)이 오프–오프브로드웨이에서 막 재공연될 때였다. 1969년 파리에서 초연한 이 특별한 극은 21개 언어로 번역되고 전세계에서 상연되었다. 마네의 『수녀들』의 뉴욕 공연 연출가인 빌 헌트의 격려로, 나는 이

제 막 마네의 『스트라스 부인』을 번역하려 하고 있었고, 당시 호세 루이스 알론소 데 산토스의 히트작 『처녀 길들이기』(『마라케쉬로의 하행』)를 포함하여 미국에서 성공하리라 예상되는 스페인어 극 몇 편의 번역을 마친 뒤였다. 『처녀 길들이기』는 마드리드에서 2년간 공연되었고, 스페인 텔레비전에서 방송되고 영화로도 만들어졌다. 나는 순진하게도 대행사들이 미국인 번역가로 꼭 나를 쓰지 않더라도 마네와 알론소 데 산토스 같은 정평이 난 극작가들을 다루는 데 큰 관심을 가질 거라고 생각했다. 1991년 4월에, 편지에 응답이 없어서 나는 전화로 확인해 보았다. 에스더 셔만은 대화 중에 "상업적인"이란 말을 강조했다. 그녀는 윌리엄 모리스사만이 번역가가 아닌 극작가들을 다룬다고 하면서, 극은 종종 "영역이 제한되어 있어서 금전적 보상이 충분하지 않다"고 설명했다. 대리인들은 "영화나 다른 돈벌이가 될 것 같은" 극에만 관심이 있다. 따라서 『마라케쉬로의 하행』이 이미 영화로 만들어졌다는 사실이 대행사에게는 매력이 떨어지는 것으로 비치게 했던 것이다. 그녀는 나에게 계속나 자신이 대리인 역할을 해나가는 게 좋겠다고 조언했다.[11]

몇몇 응답자들은 그들 자신이 대리인 역할을 하거나 때때로 출판업자들이 유사 대리인처럼 역할을 하고 있다고 밝힌다. 예컨대, 터싱햄은 영국의 닉헌Nick Hern 출판사가 그들이 출판한 극의 아마추어 판권을 처리하고 있다고 말한다. 포강만이 그녀의 대리인인 쥬느비에브 울만에 대해 찬사를 섞어 말한다. 극에 대한 포강의 깊은 이해와 애정에 자극 받은 울만은, 우리가 이 주제를 다룰 다음 장에서 그녀도 포함되어 있는 네트워킹에서 뛰어난 촉매로 활동한다.

번역가에 닥치는 재정적인 문제가 모두 약소한 임금이나 '각색가'에게 일거리를 빼앗기는 데 국한되는 것은 아니다. 그래서 나는 "극을 번역하기 위해 판권을 얻는 데 어려움을 겪은 적이 있는지 또는 극 번역물을 출판하거나 상연하기 위한 판권 획득에 어려움이 있었는지" 물었다. 폴란드어로 번역하고 폴란드어를 번역하는 보엠은 독특한 답변을 했다. 그의 보고에 따르면, 어느 시기 동안 미국 극작가 쪽의 대리인들이 "즐로티 화폐가 통용되지 않았던 때라서, 즐로티로 저작권료를 지불하는" 폴란드에서 상연 허가를 내지 않았다고 한다. 더 전형적인 불만은 상속인의 불합리한 요구와 관련이 있다. 카닉은 한 미국 출판업자가 그들이 출판했던 번역극의 저자인 한 러시아 작가의 "장기간 소식이 끊어졌던 친척"에 의해 유럽에서 저작권 소송을 당한 이야기를 들려준다. 그것은 "번역가가 그 작가에게 허가를 받긴 했지만, 작가가 너무 일찍 작고해 버렸기 때문이었다." 출판사는 그 가족의 거주지를 알아내려 애썼지만 실패하고, "책이 출판된 이후에야 찾을 수 있었다." 1979년 카발이 번역한 브레히트의 『서푼짜리 오페라』는 "상속인과의 경제적 불일치" 때문에 상연되지 못했다.

클리포드, 홀트, 소로우도 상속인과 관련된 어려움을 토로한다. 『베르나르다 알바의 저택』The House of Bernarda Alba이라는 클리포드의 번역물에 대해, 로르카의 재산권자는 그가 "그 번역에 대한 그들의 저작권을 표준 소멸시효 이상, 무기한으로, 전 세계에 걸쳐 확장하는 조항에 서명하기"를 원했다. 거기에 서명하기를 거부했지만 결국 허가를 얻어낸 클리포드는 이러한 조항이 로르카 번역물에서는 통상적인 관행이라는 것을 듣게 되었다. 그는 그런 관행이 "번역물 대부분이 그렇게 저급한 이유를 말해준다"고 생각을 밝힌다. 홀트는 알레한드로 카소나Alejandro Casona의 상속자들이 1970년에 『현대 스페인 무대: 네 편의 연극』의 출판을 거의 막을 뻔했다고 말한다. 그들은 힐앤왕Hill and Wang 출판사가 책으로 출판할 수 있는 기간에 시간 제한을 부과하려고 했기 때문이었다. 홀트는 그 책에 포함된 다른 극작가에게 도움을 구했고, "오직 호세 로페즈 루비오José López Rubio가 개인적으로 끈질기게 중재를 하고서야 이 [문제]는 해결될 수 있었다." 테브닌이 "극작가들은 해외에 알려지면 아주 좋아한다"라고 말할 때 이 말은 일반적인 경우를 반영할지 모르지만, 소로우가 미망인과 다른 상속자들은 "정해진 기간(대체로 아주 짧은 기간)동안 더 많은 돈을 받고 판권을 주기"를 원한다고 단언할 때도 분명 마찬가지로 핵심을 찌르고 있다.

미구엘 사엔즈는 번역이 상연되지 못하게 방해하는 세 가지 요인이 있는데, 그것은 "돈, 돈, 그리고 돈"이라고 강조한다. 돈이 취소된 모든 극이나 번역가들이 외국 극에 관심을 갖는 연출가들을 구하지 못한 모든 실패의 근원은 아니겠지만, 확실히 중요한 요인이다. 이런 이유로, 많은 유명한 번역가들은 자신들의 영역을 오직 부탁받거나, 의뢰받은 번역으로 국한시킨다. 터싱햄은 "나는 번역료를 지불받고 있는 연극만 번역하는 것을 나의 원칙으로 삼았다"고 말한다. 그러나 이처럼 조심스러운 접근을 한다 해도 그 작품의 상연이 보장되는 것은 아니다. 독일의 하이드런 아들러와 영국의 브래드비는 유명한 작가들의 극과 관련된 부탁받은 공연계획이 자금부족으로 인해 수포로 돌아간 사례를 보고한다(각각, 카를로스 푸엔테스와 콜테스). 프랑스의 발린과 데마리니는 예정된 자금지원이 이뤄지지 않은 사례를 넌지시 암시한다. 여러 응답자들은 종종 자금 혹은 자금부족이 번역가들이 극단들로 하여금 자신들의 번역을 고려하게 하는 데 어려움을 겪는 이유가 된다고 지적한다. 카닉은 최근 미국에서는 연극을 위해 돈을 마련하기가 점차 어려워지고 있다고 전한다. 뉴욕의 인타르 히스패닉 아메리칸 예술센터INTAR Hispanic American Arts Center

에서 문학 책임자/드라마투르그로 활동 중인 로렌조 만은 "현재의 자금 사정으로 인해 우리의 선택 범위는 상당히 제한된다. 특정한 극에 지원하기 위해 남아있는 얼마 안 되는 보조금은 새로운 미국 극에만 쓸 수 있다고 명시되어 있다'고 진술한다(만, 사적인 편지, 1998). 롱드레와 보엠도 경제적인 위험부담에 대해 말한다. 보엠이 분명하게 밝힌 바로는, "대부분의 극단들은 자신들이 자금부족으로 곤란에 빠졌다고 생각한다. 이러한 요즘의 분위기에서는 새 작품, 특히 위험부담이 있어 보이는 '외국' 극을 좋아하지 않는다."

앤소니 미치Anthony Meech는 동독 드라마에 관한 한 기사에서 동일한 입장을 표명했다. 그는 동독의 극이 웨스트 앤드나 브로드웨이에서 받아들여지기 위해 해야 할 일이 무엇인가라고 묻고 나서, 영미의 주류 극단이 모두 영리 단체이기 때문에 문화적, 전략적인 문제가 아주 많다는 결론을 내린다. "이런 회사들은 재정적 요건에 압박감을 느껴, 관객들에게 낯선 작품들을 소개하려고 시도하기보다는 상연가치가 높은 확실하게 검증된 고전극과 뮤지컬 제작에 의존하게 된다"(미치, 2000: 135).

카발은 스페인의 경우는 좀 다르다고 본다. 스페인에는 어떤 관객이나 제작자도 외국 극을 거부하지 않기 때문에 번역극을 상영하는 데 아무런 문제도 없다는 것이다. 반면에, 영국, 미국, 독일의 응답자들은 심한 거부감을 발견한다.

클리포드는 새로운 것에 대한 영국문화의 편협함과 영국극단의 두려움을 거론한다. 사샤 더그달은 "영국 대중의 길들여진 취향"을 한탄한다. 홀트에 의하면 미국에서 지속되는 하나의 장애물은 "'외국' 극에 대한 전반적인 의혹"이다. 그는 야심이 있는 번역가라면 "한두 편의 극에만 집중하고" 절대로 "스페인 극"에 대한 말을 하지 말라고 권한다. "중요한 것은 극과 극작가이다. 특정 영역에 작품을 국한시키지 것을 피하라.” 미국에서 부딪치는 난관은 남미 극에 개방적인 관객도 여전히 스페인 극은 거부할 수도 있다는 사실로 인해 심각해진다. 만이 애틀란타에서 공동각색으로 베나벤테의 『사기의 기술』을 상연했을 때 알게 되었듯이 말이다. 일부 애틀란타 사람들은 저자가 스페인인이고, 인간의 결점에 대한 베나벤테의 풍자가 라틴계 사람들에 대해 긍정적인 이미지를 심어주지 못한 것에 실망했다고 한다(만, 전화 인터뷰, 1997). 보엠 역시 “독일극은 너무 철학적이라서 지루하다”는 식으로 어떤 문화에 대해 전형화하는 것을 경계하라고 하면서 특정 영역을 경계한다. 패트리샤 오코너Patricia O'connor는 미국관객이 문화적으로 외국 극에 관심이 없으며, 연출가는 관객을 만족시켜야만 한다고 말한다. 릭 하이트는 번역극이 부딪치는 어려움과 신진 극작가들이 감수해야 하는 어려움을 비교하면서 이렇게 말한다. “극단은 대중적이고 유명한 작가가 쓴 극을 선호한다. 무명 극작가가 쓴 희곡은 관객을 끌지 못한다.”

프랑스의 극작가이자 번역가인 휴고 파비오는 하이트와 의견이 같다. 파비오는 현대극에 대해 전반적인 “무관심과 냉소”가 퍼져있다고 본다. “프랑스에서 문제점은 생존 작가의 작품은 상연되지 않고, 카타란스를 제외하고는 스페인 작가들이 거의 알려져 있지 않다는 것이다.” 히브리어를 불어로 번역하는 로렌스 센드로비치Laurence Sendrowicz는 소수언어로 글을 쓰는 무명작자의 특수한 난관을 알게 되었다. 독일의 하르트비히는 극 번역 시장이 영어와 불어작품을 선호하고, 연극제를 제외하면 스페인어권 국가의 연극에는 거의 관심을 보이지 않는다고 생각한다. 프리케도 역시 번역은 주변적 활동이며, 독일 관객은 심지어 아르헨티나와 칠레의 문화에 대해 아는 것보다 파라과이나 볼리비아와 같은 라틴아메리카 국가의 문화에 관해서 더 잘 모른다는 사실을 알아챘다.[12] 하지만 아들러는 정치적 이유로 예를 들자면 쿠바극 같은 외국극이 가끔 상연된다고 적고 있다.

관객뿐만 아니라 극 전문가들도 외국문화에 대한 지식과 관심이 부족한 듯하다. 보엠은 미국에 관련해서 다음과 같이 말한다. "다른 언어를 읽을 줄 모르는 드라마투르그, 문학 책임자, 예술 연출가들의 수는 유감스러울 정도이다. 다른 문화를 탐색하고 국제적인 프로젝트를 진행시키는 데 성실히 임하는 사람들은 극히 드물고, 그런 사람은 종종 소규모 극단에 있다." 내가 인용한 번역가들은 파리에 살고 있는 러시아 번역가인 이리나 프록호로바Irina Prokhorova를 어찌나 부러워하는지 모른다. 그녀는 러시아에서 잘 통할 것으로 보이는 극을 프랑스에서 발견했을 때, 그것을 번역하여 거기에 있는 그녀의 극단 담당자에게 보내고, 그 연극은 틀림없이 상연된다(프록호로바, 전화 인터뷰, 2003).

"번역극이 상연될 때 극 번역가를 힘들게 하는 요인은 무엇인가?"라는 나의 질문에 대한 답변 가운데 일부는 앞에서 말한, 포부가 큰 극 번역가들에게 했던 충고와 겹친다. 번역이 딱딱하거나, 번역이나 원문이 진부하거나, 번역가가 자국 무대의 극문화를 이해하지 못한다면, 그 번역은 실패하게 되어 있다. 데이비드 조지David George는 "목표 언어에 해당하는 나라에서 관심을 가지지 않는 작가의 작품을 번역하는 것은 좋은 결실을 맺지 못하는 것 같다"고 말한다.

터싱햄은 극 번역가의 성공이나 실패 요인이 되는 것이 무엇인지를 유용하고 자세하게 설명한다. 그가 이 목록에서 부정적 요인으로 본 것은 다음과 같다.

연극이 어떻게 제작되는지, 연극 제작자들의 관심사가 무엇인지에 대한 경험이 없음. 텍스트 오독, 극 매체의 가능성을 아주 제한되게 혹은 문자 그대로 이해함. 극이 기여할 만한 새로움이나 독창적인 점이 있어서가 아니라 번역하기에 적당한 언어여서 그 극에 관심을 가짐.

긍정적인 요인으로 터싱햄은 번역가는 글을 잘 써야 하며, 극이 공연 시 어떻게 기능하는지 이해해야 하며, 걸맞는 극, 즉 "연극을 만드는 사람들이 영감을 얻을 수 있는 극"을 번역해야 한다고 말한다. 긍정적인 요인과 관련된 터싱햄의 말과 관련해서, 번역가가 세계 연극에 익숙해야 한다는 점은 다양한 이유에서 필수적이다. 여기에는 다른 나라의 작품에 영향을 받은 것이 분명하고, 따라서 새롭거나 독창적인 것으로 기여할 수 없어 보이는 것을 재빨리 파악하는 것도 포함된다.

선정된 텍스트의 장점과 번역가의 작업 이외에도 항상 운에 따르는 요소가 있기 마련이며, 런던과 소로우, 그리고 다른 이들의 말을 빌린다면, 교류하고, 교류하고, 또 교류하는 것도 늘 필요하다. 스스로 텍스트를 선정하고 또한 스스로 저작권 대행자 역할까지 하는 번역가들에게 델가도의 조언은 안성맞춤이다. "극에 대한 열정을 가져라. . . . 상연되거나 출판되기까지 비교적 긴 여정이 될 수도 있다."

포부가 큰 극 번역가라면 이와 같은 무수한 말들로 인해 완전히 낙담하지 않도록 유의하는 게 좋을 것이다. 우리 응답자들, 특히 유럽의 응답자들 가운데는 그들의 번역이 주류극단에서 상연된 이들도 몇몇 있고, 외국 극을 가장 심하게 거부하는 국가인 미국에서도 번역가로 성공한 이들이 있다. 존 런던의 말대로 번역가는 운과 교류와 더불어 인내도 필요하다.

출판은 어떤가? 번역된 극을 책이나 저널에 게재하는 것은 무대에 올리는 것보다 쉬운가 아니면 더 어려운가? 그 대답은 상당히 다양한데, 번역가의 국적, 번역되는 작품의 원저자가 차지하고 있는 지위, 그리고 이전에 출판된 동일한 극의 번역물에 따라 좌우된다. 경우에 따라서 극에만 전력하는 출판사나 저널이 있다. 다른 한편, 저자나 번역가들이 스스로 만든 극 선집이 있다. 일반적으로 극이 가시적인 공연으로 제작된 이후 극작품을 출판하기가 더 쉽지만, 상연된 극이 출판으로 연결되거나 출판된 극이 상연되거나 하는 것은 상황의 문제로 보인다.

내 질문지의 응답자 36명 가운데, 오직 4명만이 아직 자신의 극 번역물을 출판하지 못했다. 이들 중 2명은 극 출판이 특히 어려운 미국에 산다.[13] 데이비드 볼David Ball은 불어와 비교문학을 가르쳤던 퇴직 교수로, 시와 산문 번역에서 뛰어난 업적을 가지고 있으며, 현대언어학회MLA가 뛰어난 문학작품 번역에 대해 수여하는 권위있는 스카질리언상Scagilione Prize의 수상자이고, 현재 미국문학번역가 협회의 회장으로도 활동하고 있다. 그는 단지 두 연극만 번역했는데 – 각각 피카소와 자리가 쓴 프랑스 작품들 – 이 두 극 모두 상연된 바 있다. 데이비드 볼은 "아무리 형편없을지라도 이전 번역물의 존재"는 출판에 방해가 될 수 있다고 추측한다. 카닉은 1980년대에 체홉의 번역극을 출판하려고 했지만 실패한 상황을 다음과 같이 정리한다.

출판사마다 자신들의 번역물 세트를 가지고 있을 뿐만 아니라, 어떤 출판사가 나의 번역 가운데 하나를 심의해 보기로 결정할 때마다, 두 가지 일 중 하나가 발생하곤 한다. 편집장이 내게 번역을 '소설처럼 만들어서' 독서용으로 더 적합하게 만들어 달라고 요구하거나(맙소사! 나는 내 번역이 상연될 정도여서 유난히 독특하다고 생각했건만), 아니면 러시아어는 모르지만 유명한 한 극작가가 자신의 버전을 제출하여 내 번역이 고려대상에서 빠지게 될 것이다.

응답자 중 영국인 7명의 극 번역가들은 주로 두 곳 출판사로 인해 큰 성공을 거두었다고 전한다. 이 중 메튜엔은 외국 극 번역에 특히 관심을 보이고 있으며, 닉헌은 기존의 극단에서 상연된 연극 극본을 정기적으로 심의한다. 브래드비, 델가도, 조지, 그리고 런던은 메튜엔에서 극 번역물을 출판했다. 클리포드, 더그달, 런던, 그리고 터싱햄은, 간혹 왕립극단과 연계되어 있기도 해서, 닉헌에서 출판해왔다. 클리포드의 목록에서 한번 이상 언급된 다른 출판사로는 뉴시어터 출판사New Theatre Publications와 지금은 존재하지 않는 미국 저널 『현대 세계 희곡』Modern International Drama이 있다.

독일에서 응답해온 4명의 번역가들도 모두 자신들의 극을 출판한 사람들이다. 아들러와 프리케가 속해 있으며, 라틴아메리카 극을 장려하는 단체인 라틴아메리카 연극과 매체협회Theater-und Mediengesellschaft Lateinamerika는 프랑크푸르트에 있는 베르부에르트 출판사와 협력한다. 그들은 여성 작가들의 책과 망명한 라틴아메리카계 저자의 책뿐만 아니라, 나라별(멕시코, 브라질, 아르헨티나, 쿠바, 칠레)로 서문이 포함된 선집 시리즈를 내고 있다. 아들러는 한마디로, 그가 속한 단체가 많은 극들을 번역해서 선집으로 묶어내고 있으며, 독일에서 이 작품들이 상연되는 걸 거의 보지 못한다 하더라도 그 일을 계속할 것이라고 말한다.[14] 아들러도 로볼트Rowohlt와 헨스켈Henschel에서 펴낸 번역들이 있는데, 이들 출판사는 영국의 닉헌과 같이 극작품을 전문으로 다룬다. 하르트비히는 스페인어를 주로 번역하는 비교적 신진 번역가인데, 로드리고 가르시아Rodrigo García의 극을 헨스켈 출판사에 제안해서 받아들여졌다. 과거 20년간 소로우는 15편의 브라질극을 번역해왔고, 그 작품들은 모두 출판되었다. 그는 프랑크푸르트의 출판사인 베르라그 데어 오토렌Verlag der Autoren을 소유하고 있는 작가와 번역가 단체의 일원인데, 여기서 그의 번역 10편을 펴냈다. 소로우는 또한 여러 곳 가운데 헨스켈에서도 출판했다.

스페인에서 응답한 4명의 번역가들은 모두 작품 출판에 성공했고, 극 저널은 중요한 출구가 되었다. 프랑스극을 번역한 페르난도 고메즈 그란데Fernando Gómez Grandé의 27편의 출판 번역물 가운데 3편이 『에세나』(바르셀로나)에 실렸고, 5편은 극작가 에드아르도 퀼레스Eduardo Quiles가 편집장으로 있는 단편극 전문인 『아트 테트랄』(발렌시아)에 실렸으며, 또 5편은 스페인 극연출가협회 저널인 『ADE 테아트로』(마드리드)나 그 협회가 관계한 다른 연극 시리즈에 실렸다. 자우메 메렌드레스Jaume Melendres는 『ADE 테아트로』에 번역 3편이, 『에세나』에는 한편이 실렸다. 고메즈 그란데는 발렌시아에 살고 있는데, 그의 출판된 번역물 대부분은 발렌시아 대학의 주요 모음집인 <테아트로 시그로 ⅩⅩ>와 같은 그곳 출판사에서 간행되었다. 바르셀로나에 거주하면서 그 도시의 극협회와 연계하고 있는 메렌드레스는, 그 협회의 극작품집에 7편을 게재했다. 미구엘 사엔즈는 독일어를 번역하는 탁월한 번역가로서, 그가 받은 많은 상 가운데에는 살라만카 대학에서 통·번역으로 받은 명예박사학위와 1992년 자신의 작품 모음집으로 받은 국가번역상이 있다. 사엔즈가 종종 소설을 번역하고 주요 극작가에게 관심을 집중하고 있다는 점을 감안한다면 그의 번역물이 극 전문 출판사에 한정되지 않고 출판되는 것은 놀라운 일이 아니다. 그는 알리안자 에디토리얼Alianza Editoria(베르톨트 브레히트 극의 거의 전부), 히루Hiru(토마스 베르나드의 여러 극작품들), 그리고 스페인에 있는 괴테학회(다양한 저자들)에서 자신의 번역본을 출판해왔다. 카 발은 자신의 극이 속속 출판되고 15편의 번역물과 각색물이 제작된 사람 인데도 단지 4편의 번역물만 출판되었을 뿐이다. 그러나 이것들은 모두 주요 출판사에서 이루어졌으며, 그 중 두 편은 극 전문 출판사인 MK 에 디시오네즈MK Ediciones와 푼다멘토스Fundamentos에서 간행되었다.

테베닌에 의하면, "프랑스의 많은 관객들은 극본을 읽거나 재독하기를 좋아한다." 만약 연극이 유명한 연출가가 상연하거나 주류 극단에서 상 연할 경우, 그 극은 『라방신 테아트르』L'avant-Scène Théâtre, 에디시옹 테아트 랄Éditions Théâtrales, 에디시옹 뒤라쿠엣Éditions du Laquet 등 극 전문 출판사에 서 간행될 것이다. 프랑스 관객들에게는 상연 중인 극을 구매할 기회가 종종 생긴다. 프랑스의 응답자 9명 가운데 8명은 인쇄되어 실린 번역물 을 확인한다고 했다. 테베닌은 이탈리아어에서 옮긴 그녀의 번역물을 공 동으로 혹은 단독으로 저널『라방신』과 라쿠엣에서 다수 출판했다. 포강 과 파비오 두 사람도 스페인 극을 번역하여 라쿠엣에서 출판했다. 센드 로비치는 하녹 레빈Hanokh Levin이 히브리어로 쓴 것을 번역한 두 권의 연 극집을 에디시옹 테아트랄에서 간행하였다. 이곳은 캠브리랭이 독일어를 옮긴 번역물을 출판한 출판부이다. 캉프가『라방신』과 긴밀한 협력을 시 작한 시기는 수십 년 전, 이 저널의 창간 시기까지 거슬러 올라가는데 그 는 여기서 스페인어를 번역한 많은 번역물을 출판했을 뿐 아니라 이 품 격있는 저널이 히스패닉 연극계의 소식과 텍스트에 개방되도록 기초를 닦았다. 캉프는 또한 리브레르 테아트랄Librarie Théâtrale 시리즈에도 다양한 번역물을 실었다. 데마리니는『라방신』은 물론, 상연된 극을 곧잘 간행 하는 또 다른 출판부인 악테 쉬드 파피에Actes Sud Papier, 그리고 유네스코 가 간행한 라틴아메리카 극 선집에도 번역물을 실었다. 발린의 번역은 에디시옹 트레 토Éditions Très-Tôt와 레콜 데 루아지르l'École des Loisirs에 실렸다.

미국의 번역가들은 스페인과 영국, 혹은 다른 나라의 번역가들보다 그들의 작품을 출판하면서 더 힘든 시간을 보낸다. 미국에서 사무엘 프렌치Samuel French와 극작가 연극 서비스Dramatists Play Service는 닉헌과 동등한 역할을 해왔지만 외국작품의 수용도는 더 낮다. 홀트는 그의 대리인이 극작가 연극 서비스에 그의 상연된 번역에 대해 문의했을 때 부정적 반응을 보였다고 전한다. 홀트가 번역한 부예로 바예호의『이성의 잠』이 볼티모어, 필라델피아, 런던, 시카고의 주요 전문 극단들에서 상연되어 오고 있고 부예로의『토대』가 뉴욕에서 시범공연을 했지만, 그 대리인이 들었던 말은 홀트가 번역해온 부예로와 다른 작가들이 인지도가 부족하다는 것이었다(홀트, 전화 인터뷰, 1999).[15]

간혹 미국에 거주하는 번역가들은 다른 나라에서 출판을 하거나, 보엠의 경우 영어가 아닌 다른 언어로 출판하기도 한다. 샤론 펠드만Sharon Feldman의 두 편의 번역작품은 둘 다 영국의 메튜엔에서 출판된 카탈란 극 선집에 실렸다. 인쇄되거나 출판된 오코너의 19편의 극 번역물 가운데 15편은 스페인에서 출간된 선집에 영어로 실리거나 2개 언어로 실렸다. 하이트의 번역물 중 한 편도 스페인에서 출간된 선집에 실렸다. 연출가이자 극작가인 보엠이 번역한 샘 셰퍼드Sam Shepard의『매장된 아이』Buried Child는 폴란드에서 출판되었다.

극단과 연결된 번역가조차도 자신의 작품이 출판되는 것을 쉽게 볼 수 없다. 저명한 드라마투르그이자 자신의 극이 상연되는 극작가인 롱드레는 11편의 연극(불어 6편, 스페인 2편, 러시아 3편)을 번역했고, 그 중 6편은 상연되었다. 그러나 단 한 편만이 우부 레퍼토리가 내는 선집에 실렸다. 우부 레퍼토리는 그들이 상연한 작품을 정기적으로 출판하는, 프랑스 극와 불어로 된 극을 다루는 뉴욕의 극단이다. 카리다드 스빅은 자신이 유명한 극작가이며, 스페인어로 된 12편의 극을 번역했고, 그 대부분은 뉴욕의 인타르 그리고/혹은 다른 전문 극단에서 상연되었다. 하지만 지금까지 출판된 그녀의 번역은 스미스와 크라우스 선집에 실린 가르시아 로르카의 실험극 5편에 불과하다. 드라마투르그이자 극작가인 만은 뉴욕에 있는 인타르나 애틀란타에 있는 앨리언스 극단에서 아주 빈번하게 나오는 주요 스페인 극작가의 작품 3편을 번역했다. 하지만 아라벌이 쓴 한 편만이 <에스트레노 플레이즈>에 실렸다. 하이트는 연기와 연출을 해본 경험이 있는 사람으로 스페인어 극 15편을 번역했다. 하지만 미국에서 출판된 번역이라고는 <에스트레노 플레이즈> 시리즈 세 권에 실린 것들뿐이다.

1992년 마르다 T. 할세이Martha T. Halsey가 펜실베니아 주립대학에서 창간한 <에스트레노 플레이즈>는 현대 스페인극 번역에서 주요한 돌파구이다. 우리의 응답자 중 오코너와 홀트 역시 그곳에서 출판했다.[16) 오코너의 번역 두 편은 또한 『현대 세계 희곡』에 실렸고, 그녀가 미국대학출판부를 위해 엮은 현대 스페인 연극 선집에도 한 편이 실렸다. 홀트의 다른 번역 출판물은 그가 힐앤왕 출판사를 위해 편집했던 선집(1970)과, 공연예술저널 출판사를 위해 편집 혹은 공동편집 했던 스페인과 라틴아메리카 극 선집(1985, 1986)에도 포함되어 있다. 그리고 나중에 중단된 시리즈인, 트리니티 대학출판사에서 스페인의 황금시대극과 현대극에 있어서 중요한 시리즈로 추가되어 나온 부예로의 극총서(1985, 1987)뿐만 아니라 부예로 바예호의 3편의 극을 실은 선집에도 포함되어 있다. 미국 출판계에서 10년 혹은 그 이상의 오랜 침묵 끝에 반가운 소식이 두 가지 있다.

오코너의 두 편의 번역물은『유럽의 현대 여성 극작가』선집에 선정되어 재수록되었고(바르, 2001), 2004년에 제이미 살롬Jaime Salom이 편집한 극 선집이 콜로라도 대학출판부에서 출판되었다(라츠, 2004). 이 선집은 새로운 번역극 시리즈로 시작할 가능성이 있다.

영국의 닉헌이나 프랑스의『라방신 테아트르』에서 두드러지는 패턴은 우선 상연에 성공을 거두고, 그 다음에 출판하는 식이다. 이것이 다른 식으로 이뤄지기도 하는가? 가끔은 그렇다. 마르가리타 바르가스의 라틴아메리카 여성작가 선집에서 7편의 공동번역된 극 가운데 2편이 상연되었다. 관심을 둔 연출가가 바르가스에게 연락을 취했던 것이다. 오코너의『새로운 민주적 스페인의 연극(1975-1990)』Plays of the New Democratic Spain(1975-1990) 선집에 실린 6편 가운데 적어도 2편이 나중에 상연되었는데, 이는 몇몇 관심있는 사람들(작가나 번역가나 동료)이 특정 텍스트를 극장에 널리 알렸기 때문이다. 번역극을 찾으러 도서관으로 가는 연출자는 드물다. 그러나, 콜게이트 대학의 애틀리 스프룰Atlee Sproul은 그렇게 했다. 애틀리 스프룰은 오랜 경력에도 불구하고 스페인 극을 한 번도 연출하지 않았다는 것을 깨닫고는, 스페인극을 연출하기로 마음먹었다. 애틀리 스프룰은『현대 스페인 극의 걸작들』Masterpieces of the Modern Spanish Theatre(코리건, 1967) 선집에서 레오나르드 C. 프론코Leonard C. Pronko가 번역한 알폰소 사스트레Alfonso Sastre의『데쓰 트러스트』Death Trust를 선정했고, 1989년 11월에 그것을 상연했다.

하지만, 스프룰의 출발은 예외적인 것이었다. 번역가들이 연출가에게 접근할 때는 한 국가의 극이 아니라 한두 편의 특별한 극을 연출가에게 '팔아야' 한다는 홀트의 조언은 분명히 맞는 말이다. 또한 홀트는 잠재적인 연출가들에게 극을 팔기 위해서는 무겁고 값비싼 선집이 효과적이지 않다고 생각한다. 어떤 특정한 극이 많이 상연되게 하는 데 도움이 되었던 편집은 - 극작가 연극 서비스, 닉헌, 그리고 리브레리 테아트랄이 출판한 것처럼 - 잠재적 연출가가 자켓 주머니나 가방에 넣어 다니며 지하철에서 읽을 수 있을 정도로 충분히 작은 크기이다. 홀트의 영향으로, <에스트레노 플레이즈>는 가볍고 저렴한 텍스트가 되도록 디자인되었다.

미국에서 극 번역 출판에 관한 이야기는 자기홍보와 네트워킹이라는 두 가지 주제로 반복된다. 전자에 해당하는 극단적인 경우로는, 49편의 라틴아메리카 극을 번역해온 찰스 필립 토마스Charles Philip Thomas가 있는데, 그는 그 번역물들을 4권의 책으로 출판했으며, 스스로를 번역가일 뿐만 아니라 저작권대리인이라고 규정한다. 그가 최초의 선집을 출판할 출판사를 찾지 못했을 때 스스로 그 프로젝트의 자금을 충당했다. 그는 혼자서 독일의 라틴아메리카 연극과 매체협회의 집단적 결과에 상응하는 몫을 혼자 해내는 사람으로 보인다.[17] 홀트는 MLA 학회에서 힐앤왕 출판사의 대표자와 대화를 나눈 후 그 출판사와 계약을 했다. 트리니티 대학 출판사와 한 그의 첫 계약은 "한 동료(필리스 재틀린)의 추천을 통해" 이루어졌다. 콜로라도 대학출판사가 기획한 최근의 프로젝트에는 홀트, 라츠, 그리고 재틀린의 번역물이 포함되어 있는데, 이 기획은 라츠가 그 출판사의 관리자에게 연락을 취해서 성사되었다.[18] 번역가에게 도움을 주는 번역가들의 주제는 다음 장에 포함되어 있으며, 다음 장에서는 다양한 종류의 네트워킹을 다룰 것이다.

1) 최근 로건의 기사 주제는 새로운 것이 아니다. 메리노 알바레즈는 표절한 '번역'에 관한 연구에서, 누군가의 번역을 도용하는 것과 그에 따른 행위 규범을 다루고 있는 영국의 초기 기사 3편을 인용한다. 1980년 1월 27일『선데이 타임즈』에 실린「말의 전쟁」, 1985년 5월 11일『월간 언어』에 실린「극 번역과 각색을 위한 규범」, 1990년 8월 9일『인디펜던트』에 실린「번역에서 취할 수 있는 것」(메리노, 1995: 82).

2) 다음 장에서 살펴보게 되겠지만, 르 므완 프로젝트인 채널Channels은 번역가들을 엿먹이는 수단이 아니라, 프랑스와 영국 극작가 간의 문화교류를 향상시키기 위한 방안으로서 시작되었다.

3) 나는 팸 젬스와 교류가 없었으므로 로건의 기사에 인용된 그녀의 말을 확인해 보지 않았다.

4) 내가 독창적인 질문지를 만드는 데 사우스캘리포니아대학의 연극학교 부학장인 샤론 카닉의 안내가 도움이 되었다. 영어 질문지는 스페인어와 불어로 번역되었고, 후자의 경우는 불어 번역가이자 극작가인 휴고 파비오의 도움을 받았다. 미국을 제외한 지역에 질문지를 배포하면서, 독일에서는 빌프리트 플룈의 도움으로 인해 수월했다. 그가 나의 요청을 라틴아메리카 연극과 매체협회의 창립멤버인 하이드런 아들러에게 전했다. 스페인에서는 작가와 편집자 총연합의 알프레도 카리온이, 영국에서는 마리아 델가도와 왕립극단의 라민 그레이가, 프랑스의 몽펠리에에서는 메종 앙트완 비테-국제 극 번역 센터가 도움을 주었고, 파리에서는 쥬느비에브 울만이 불어에서 번역하거나 다른 여러 언어에서 불어로 번역하는 번역가들의 이름을 제공해 주었다.

5) 나는 질문지를 완성하거나, 경력서를 보내거나, 대부분의 경우 둘 다를 보내주면서 내 요청에 응했던 다음 번역가들에게 감사를 표하고 싶다. 하이드런 아들러(독일), 데이비드 볼(미국), 앤 앨리스 바린드(프랑스), 필립 보엠(미국), 데이비드 브래드비(미국), 페르민 카발(스페인), 욘 캠브리랭(프랑스), 앙드레 캉프(프랑스), 샤론 카닉(미국), 존 클리포드(영국), 마리아 델가도(영국), 클로드 데마리니(프랑스), 사샤 더그달(영국), 샤론 펠드만(미국), 알무스 프리케(독일), 데이비드 조지(영국), 페르난도 고메즈 그란데(스페인; 경력서만), 주잔네 하르트비히(독일), 릭 하이트(미국), 마리온 피터 홀트(미국), 존 런던(영국), 펄리샤 롱드레(미국), 로렌조 만(미국; 만은 이 질문지에 대해서 특별히 응답하지는 않았지만 이전에 나에게 많은 해당 정보를 제공했다), 엘리세바 마르치아노(프랑스), 자우메 메렌드레스(스페인), 귀도 나훔(이탈리아), 패트리샤 오코너(미국), 파스칼 포강(프랑스), 휴고 파비오(프랑스), 미구엘 사엔즈(스페인), 로렌스 센드로비치(프랑스), 카리다드 스빅(미국), 니콜 테베닌(프랑스), 헨리 소

로우(독일), 데이빗 터싱햄(영국) 그리고 마르가리타 바르가스(미국). 다른 출처가 제시되지 않았을 경우, 번역가의 경험과 견해에 대한 언급은 그들의 응답에서 가져온 것이다. 그들의 응답은 모두 내가 번역했다.

6) 파비오는 친절하게도 이 장의 초고를 훑어보고 그의 불어 번역에서 스페인 노래를 그대로 놔둔 것에 관해 더 분명하게 설명해 주었다. 파리의 테아트르 뒤 롱퐁에서 2003년 11월에 상연된 알론소 데 산토스의 『가족 앨범』과 관련하여, 파비오는 관객들이 그 노래들을 실제로 알지 못하면서도, 러브송인지 군가인지를 구별할 수 있었다고 확신한다. 후자의 경우, 관객들은 그 노래가 공화주의자 것인지 프랑코주의자 것인지를 맥락과 노래 부르는 사람을 통해서 알게 된다(파비오, 사적인 대화, 2004). 비록 내가 이전 토론에서 파비오의 핵심을 분명 오해했더라도, 내가 내린 결론은 여전히 타당할 것이다. 즉, 프랑스 관객은 미국관객보다 현대 스페인 역사에 대해 더 잘 알 것이고 따라서 특정 노래가 피레네 산맥을 넘었거나 넘지 않았거나 간에 상관없이 더 쉽게 그 맥락을 파악할 것이다.

7) 포부가 큰 극작가들은 또한 순진하게 열정적일 수 있다. 테베닌의 말에 의하면, 젊은 이탈리아 극작가들은 그들의 동료와 교류를 하며, 일단 그들의 극이 번역되면 번역가는 프랑스에서 그 극을 쉽게 상연할 수 있다고 생각한다. 나는 스페인과 스페인계 미국인 극작가들에게서 이러한 성질의 요구를 받은 적이 있다. 그들은 비슷하게 번역물만 있으면 미국 무대에서 명성과 운을 얻으리라고 생각하는 듯했다.

8) 슈미트는 브레히트뿐만 아니라 다른 많은 러시아 작가와 고전 프랑스 작가의 극도 번역해왔다.

9) 내가 SACD를 통해 얻어 낸 계약은 웨스트 엔드 상연을 위해 제의받았던 에두아르도 마네의 『스트라스 부인』에 대한 나의 번역을 명시하고 있었다. 영국의 연출가들은, 그들의 계획이 수포로 돌아가기 전에, 계약을 위반하고 '새로운' 번역물, 즉, 그들이 선정한 사람이 내 번역물에서 여러 군데 말을 바꾸고 그의 이름을 원고에 넣는 번역물을 만들고자 했다. 마네는 연출가에게 그 원고를 받자마자 나에게 '새로운' 번역의 1막을 보냈다. 나는 곧 런던에서 그 연출가들을 만나, 잠재적인 영국관객을 고려하면서 그들과 텍스트를 놓고 토론했고, 결국 미국에 있는 영국 태생의 번역가인 카리스 에반스 코랄의 도움을 얻어 내가 개작하게 되었다. 나는 이런 식의 타협이 번역가를 보호하고 연출가의 이해관계에 부응하는 유용한 사례라고 제안하고 싶다.

번역가를 보호하는 계약의 문제는 또한 저자의 관점에서도 고려되어야 한다. 울만은 독일에서 서명한 계약에 대해 말해주었다. 그 계약은 어리석게도 특정 번역에 영원히 독점권을 주었다. 만약 그 번역이 부적당하다면, 그 극작가의 작품은 결코 그 나라에서 상연되지 못할 것이다. 나는 캉프가 극작가나 그의 상속인과 번역가간의 상대적으로 장기간에 걸친 특정한 종류의 계약을 설명하고 있다고 생각하는 반면, 출판 계약에는 보통 특정한 지리적 시간적 제한이 있다. 『스트라스 부인』을 위한 SACD 계약은 1년 동안 웨스트 엔드 상연을 위해 연출가들에게 독점권을 주는 선택권이 있었다.

10) 영어로 된 나의 처음 조사에서는 영국에서 불리는 이름인 작가협회Society of Authors를 특정하게 거론하지 않고 극작가조합에 대해 말하였다. 초기 응답자 중 한 명이 정확한 명칭을 알려주었고, 그 이후에 나는 그 이름을 조상에 추가했다. 하지만 이 질문에 대해 '아니오'라고 말했던 답변 모두가 정확히 비회원임을 가리키는 것은 아니다. 독일의 경우, SGAE나 이와 비슷한 조직을 지칭하면서 스페인어로 된 질문지를 배포했을 때, 어느 누구도 그런 협회의 회원이라고 내세우지 않았다. 대부분 다른 종류의 협회를 언급했다

11) 본인을 위한 대리인이 되기란 쉽지 않다. 극작가조합 명부나 다른 자료집에 이름이 올라 있는 많은 미국 극단들은 대리인이 제시한 극에만 관심을 가진다고 명시하고 있다. 1991년에 나는 내가 번역한 마네의 『스트라스 부인』을 뉴욕에 있는 우부 레퍼토리 극단의 예술감독인 프랑스와 쿠릴스키에게 보냈다. 당시 나는 전화상으로 그녀의 조수에게 말했으며, 그들은 그 프로젝트에 관심이 없다는 것을 알게 되었다. 여러 해 뒤에, 쿠릴스키는 파리에서 마네를 만났고, 그의 연극 중 한 편을 상연하기로 결정했다. 그녀는 내가 번역한 『스트라스 부인』을 SACD에 요청했고, 1996년에 상연을 알리는 전화를 걸어 나를 놀라게 했다. 그 상연은 10월에 앙드레 에르노트의 연출 아래 진행되었다.

12) 아들러, 프릭, 그리고 하르트비히는 독일에서 상연된 스페인어 극을 그들이 번역하는 데 있어서 큰 어려움이 있었다고 전한다. 다른 정보원들은 독일에서 몇몇 스페인 극작가, 특히 대리인이 있는 극작가들이 상대적으로 성공적이라고 알려준다. 1996-1997년에, 마빈 칼슨은 카탈로니아의 작가 세르지 베르벨이 쓴 세 편의 극이 독일상연을 했다고 확인했다. 스타츠테아트르 카셀에서 『애무』(2월), 드레스덴 스타츠슈피겔(9월)과 타트테아트르 콘스탄츠(6월)에서 『비온 후』가 그것이다. 희극인 『비온 후』의 상연은 베르벨이 같은 극(Apr s la Pluie)으로 파리에서 1999년 몰리에르 상을 받기 이전이다. 2003년 3월 마드리드에서, 나는 여러 작가들로부터 독일무대에 관한 긍정적인 정보를 확인했다. 호세 마리아 로드리게스 멘데스는 나에게 다가올 『가을꽃』 상연을 위해 대리인인 펠릭스 블로흐 에르벤과 한 계약서를 보여주었다. 제이미 살롬은 독일에서 많은 그의 극이 상연되어온 것을 재확인했다. 호세 루이스 알론소 데 산토스는 독일에 대리인을 두고 있으며 거기서 상연된 그의 극에 대한 연간 보고와 번역료를 받는다고 말했다. 독일에서 오는 대금을 처리하는

SGAE의 직원이 내게 말한 바에 의하면, 베르벨과 J. M. 베넷 이 조르넷이 거기에 대리인을 두고 있으며, 그들이 그들의 작품을 적극적으로, 성공적으로 홍보하고 있다고 한다. 그 직원은 SGAE가 독일로부터 가장 많은 저작권료를 받는 스페인 극작가는 끊임없이 다수의 경쾌한 희극을 쓴 작가인 알폰조 파소(1921-1978)라고 덧붙였다.

13) 다른 사람들은 이탈리아 극작가 귀도 나홈과 단지 4년 전에 극을 번역하기 시작했으며 출판사와 교류를 트기 위해 메종 앙트완느 비테의 도움을 기대하고 있는 마르치아노 엘리쉐바가 있다.

14) 라틴 아메리카 극을 번역하는 독일 번역가들은 그들의 극이 무대에서 상연되는 것을 거의 보지 못할 지라도, 라디오 방송용으로 각색되어 성공한다고 아들러는 말한다. 라디오 방송은 또한 프랑스와 영국에서 해외연극을 위한 중요한 표현수단이다.

15) 사무엘 프렌치는 20세기 초 몇 십년 동안 여러 스페인 작가들의 극을 다루었지만 최근에는 그렇지 않았다(재틀린, 2001).

16) 나는 질문지를 배포하면서 에스트레노 극 번역가들의 참여를 제한했다. 1992년 2004년 동안 출판된 26권에 실린 15명의 번역가들 가운데, 나는 극에 대한 다양한 경력을 가지고 있거나 어디서라도 출판된 많은 번역물을 가지고 있는 4명을 선정했다. 나는 1998년 후반에 이 시리즈의 편집장을 맡았다.

17) 내가 2003년 4월 2-5일에 캔사스대학에서 열린 라틴 아메리카 극 학회 기간에 토마스와 간략하게 말했지만, 그는 나의 질문에 대답하지 않았다. 그의 출판물에 관한 자료는 헤더 맥케이의 웹사이트 www.intranslation.com.ar.에서 가져온 것이다.

18) 이 살롬 선집뿐만 아니라 출판된 나의 다른 극 번역물도 몇몇 응답자들이 말한 것과 관련된 경로를 따르고 있다. 세 편은 <에스트레노 플레이즈>에 실리고, 오코너가 편집한 선집에 한 편, 불어를 번역한 두 편은 모두 『현대 세계 희곡』에 실렸다. 뒤에서 언급한 두 편 가운데 하나는 또한 개정판으로 우부 레퍼토리가 편집한 책에 실렸다.

References

Alonso de Santos, José Luis. Personal interview. 12 March 2003.

Boehm, Philip. "Some Pitfalls of Translating Drama." *Translation Review* 62 (2001): 27-29.

Buero-Vallejo, Antonio. Telephone interview. 24 May 1986.

Camp, André. Personal interview. 12 May 1987.

Carlson, Marvin. "The Upcoming Season in Selected German Theatres." *Western European Stages* 8.3 (1996): 49-52.

Carnicke, Sharon. "The Nasty Habit of Adapting Chekhov's Plays." Talk delivered at the American Literary Translators Association convention, Chicago, 17 October 2002.

Demarigny, Claude. Personal interview. 6 May 2003.

Enrico IV, by Luigi Pirandello. Dir. Bonnie J. Monte. Program for production, 3-29 September 2002. New Jersey Shakespeare Festival, Madison, NJ, USA.

Espasa, Eva. "Performability in Translation: Speakability? Playability? Or just Saleability?" In Carole-Anne Upton, ed. *Moving Target. Theatre Translation and Cultural Relocation.* 49-62.

Farrell, Joseph. Participant in "Round Table on Translation" (Gate Theatre, London, December 1994). In David Johnston, ed. *Stages of Translation.* London: Absolute Classics, 1996. 281-94.

Formosa, Feliu. "Teatro y traducción." *Quimera* 213 (March 2002): 41-50.

Holt, Marion Peter. Telephone interview, 7 February 1999.

_____. E-mail to Megan French Fuller, 7 September 2002.

Junyent, Sebastián. E-mail, 14 April 2001.

Lamatina-Lens, Iride. E-mail, 27 September 2002.

Lima, Robert. "Homenaje a José Martín Recuerda y memorias de una colaboración a distancia." *Estreno* 26.2 (2000): 5-7.

Logan, Brian. "Whose play is it anyway?" *The Guardian* 11 March 2003. Downloaded from the Internet by Caridad Svich and forwarded by e-mail, 13 March 2003.

Mans, Lorenzo. Telephone interview. 29 January 1997.

_____. Personal letter. 18 June 1998.

_____. "The New York Staging of Arrabal's *The Body-Builder's Book of Love*." *Estreno* 27.2 (2001): 45-46.

Meech, Anthony. "The Irrepressible in Pursuit of the Impossible: Translating the Theatre of the GDR." In Carole-Anne Upton, ed. *Moving Target. Theatre Translation and Cultural Relocation*. 127-37.

Merino Álvarez, Raquel. "La traducción del teatro inglés en España: cuarenta años de plagios." In *Perspectivas de la traducción inglés/español*. 3er Curso Superior de Traducción, coord. Purificación Fernández Nistal and José Mª Bravo Gozalo. Valladolid: Universidad de Valladolid, 1995. 75-89.

Nigro, Kirsten. "Getting the Word Out: Issues in the Translation of Latin American Theatre for U.S. Audiences." In Carole-Anne Upton, ed. *Moving Target. Theatre Translation and Cultural Relocation*. 115-25.

Paviot, Hugo. Personal interview. 5 June 2002.

_____. E-mail. 2 January 2004.

Prokhorova, Irina. Telephone interview. 16 May 2003.

Rodríguez Méndez, José María. Personal interview. 6 March 2003.

Salom, Jaime. Telephone interview. 11 March 2003.

Schmidt, Paul. "Translating Chekhov All Over Again." *Dramatists Guild Quarterly* 33.4

(1997): 18-23.

Sherman, Esther. Telephone interview. 11 April 1991.

Sociedad General de Autores y Editores. Telephone inquiry to office of international royalties. 6 March 2003.

Thomas, Charles Philip. Personal interview. 4 April 2003.

Ulmann, Geneviève and Pierre. 18 May 1992.

_____. Personal interview. 5 May 2003.

Upton, Carole-Anne, ed. *Moving Target. Theatre Translation and Cultural Relocation.* Manchester, UK & Northampton, MA: St. Jerome Publishing, 2000.

Webster, Daniel J. "Rendering Modern English-Language Drama into Living Japanese: An Interview with Koshi Odashima." *Translation Review* 64 (2002): 3-10.

Wellwarth, George E. "Special Considerations in Drama Translation." *Translation Spectrum. Essays in Theory and Practice.* Ed. Marilyn Gaddis Rose. Albany: State University of New York Press, 1981.

www.intranslation.com.ar (Website, maintained by Heather McKay, includes extensive list of theatrical translators working from Spanish to English.)

Zatlin, Phyllis. "Brecht in Spain." *Theatre History Studies* 10 (1990): 56-66.

_____. "Twentieth-Century Spanish Theatre on the American Stage." *Theatre Survey* 42.1 (2001): 69-84.

3.

네트워크: 공동 작업

파스칼 포강은 쥬느비에브 울만을 대행자로 두고 있는 자신은 운이 좋다고 생각하는데, 참으로 그러하다. 왜냐하면 세계 어디서나 극소수의 극번역가만이 대행자를 두고 있으며, 그 중에서 울만처럼 효과적으로 국제적인 매개를 위한 촉매 역할을 하는 대행자는 거의 없기 때문이다. 포강은 파리사람인 그녀의 대행자와의 협력관계가 시간이 지나면서 신뢰와 우정을 바탕으로 한 관계가 되었다고 말한다. "그녀는 내 작품을 읽고, 교정할 것과 수정할 것을 제안하고, 특정한 선택에 관해서 물어본다."[1] 울만은 포강에게 새로운 방향과 새로운 작가, 특히 젊은 스페인 극작가를 검토하도록 이끌었다. 그녀는 또한 포강에게 다양한 친분을 쌓도록했다. "그녀는 저자들, 각색가들, 연출가들, 배우들, 제작자들, 출판사들

사이에서 완벽하고, 전문적인 네트워크를 조성했다."

내 경험에 비추어 나는 포강의 논평이 정확하다고 확신한다. 극작가 제이미 살롬이 10년 전에 울만에게 나를 소개해준 이후로, 나는 스스로 울만의 네트워크의 일부라고 생각한다. 그건 단지 포강과 내가 동일한 스페인극 몇 편을 그녀는 불어로, 나는 영어로 번역했다거나, 이 책에서 내가 인용한 수많은 번역가들이 울만과 아는 사이라는 것만을 의미하지는 않는다. 이 번역가들은 울만 자신이 수많은 유럽 국가들과의 유대를 지속시키는 것처럼 다양한 언어로 번역한다. 나는 그녀를 통해 프랑스뿐만 아니라 독일, 이탈리아, 스칸디나비아 국가 그리고 영국의 연극계에 관해 그 동안 많은 것을 배웠다. 하나의 극을 상연할 가치가 있게 만드는 것에 관해 그녀가 한 조언은 번역할 텍스트를 선정하거나 번역을 평가할 때 자주 떠오른다.

또한, 다른 이유에서도 극 번역을 위한 네트워킹에 대한 이 장이 프랑스에서 시작되는 것이 적절할 것이다. 여러 주요 프로젝트가 프랑스에 있을 뿐만 아니라, 그 프로젝트들은 내가 미국, 영국, 혹은 그 밖의 다른 지역에 있다고 알고 있는 그 어떤 것보다도 더 극 번역을 증진하는 데 훌륭한 도전이 될 것 같다. 간략하지만 여기서 이 프로젝트들을 언급함으로써 몇몇 관심있는 번역가들이 이 프로젝트들에 접촉하는 게 가능하게 될 것이고, 또 일부는 자기 나라에서 새로운 활동의 모델로 그것들을 활용하도록 고무될 것이다.

1980년대 말에 내가 스페인과 프랑스 무대간의 비교문화적 연계cross-cultural connections에 관한 연구를 시작했을 때, 나는 프랑스에서 상연된 외국극에 관한 탁월한 정보가 담긴 『라방신 테아트르』의 몇 해 분량을 훑어보았다. 이 잡지를 검토해보면 누구나 비평가이자 번역가인 앙드레 캉프가 스페인극을 장려하는 데 깊이 관여하고 있다는 사실을 알게 될 것이다. 그는 1950년부터 『라방신』과 협력해왔고 그의 아버지인 장 캉프Jean Camp 역시 스페인 극작가에 관한 한 영향력이 있는 번역가였다. 앙드레 캉프는 친절하게 내 편지의 질문에 응답했고, 내가 파리에 머물고 있을 때 나를 초청했다. 그는 클로드 데마리니에게 나를 소개했고, 이 두 번역가들은 나에게 이베랄Ibéral, 즉 그들이 프랑스에서 히스패닉극을 증진할 목적으로 최근에 형성한 단체에 관해 말했다.

이베랄의 창립 구성원 가운데 프랑스 무대에서 큰 명성을 얻었고 명예회장으로 임명된 스페인 여배우 마리아 카사레즈Maria Casarèes, 스페인 태생의 극작가 호세 마르틴 엘리존도José Martín Elizondo와 카를로스 셈프런 마우라Carlos Semprun-Maura, 아르헨티나 태생으로 프랑스 무대의 유명한 연출가인 조르쥬 라벨리Jorge Lavelli, 그리고 스페인 이민자의 아들이자 초기 이베랄의 행사가 개최되었던 파리의 테아트르 에사이옹Théâtre Essaïon의 연출가인 호세 발베르데José Valverde가 있었다. 또한 여타의 저명한 작가, 학자, 번역가, 그리고 문화계, 언론계 사람들이 창립 구성원으로 포함되었다. 그 단체는 중요한 히스패닉 텍스트를 선정하고, 그들의 번역을 정리하고, 출판과 상연을 활성화시킬 것을 제안했다. 히스패닉극이 프랑스 청중에게 미치는 영향을 파악하기 위해, 그들은 스페인계 미국 작품들의 번역물을 정리하기 위해 테아트로테크Théâtrothèque를 위한 전용 데이터베이스를 구축했다. 그들은 또한 파리의 히스패닉극 축제와 히스패닉 극작가들의 프랑스 방문을 후원했다.

이베랄의 최초의 중요한 시도는 1989년 3-4월 파리에서 이뤄졌다. 그 시도는 세 국가(아르헨티나, 칠레, 스페인)에서 온 7편의 극을 무대낭독하고, 한 편의 스페인극을 상연하고, 초청 작가들과 토론하고, 스페인의 텍스트 2편을 『라방신 테아트르』에 특집으로 실었다. 대부분의 번역은 캉프나 데마리니 혹은 이 두 사람의 협력으로 이루어졌다. 2003년 10월 3일, 이베랄은 셸시Celcit(Centro Latinoamericano de Creación e Investigación Teatral)와 공동으로 프랑스 수도에서 9번째 라틴아메리카와 이베리언극 축제를 후원했다(데마리니, 사적인 대화, 2003). 이 장기적인 행사를 위한 예비 프로그램은 7개국(아르헨티나, 브라질, 칠레, 콜롬비아, 멕시코, 우루과이, 베네주엘라)을 대표한 16편의 극 혹은 상연작품을 리스트에 올렸고, 10명의 번역가들이 관여했다. 콜롬비아 작가 페드로 파블로 나라뇨Pedro Pablo Naranjo가 쓴 두 편의 극을 번역했던 자크 제이Jacques Jay가 리스트에 두 번 올라간 유일한 번역가이다. 2004년 2월 11일, 이베랄과 셸시는 다른 이벤트를 발표했다. 이번에는 라틴아메리카뿐만 아니라 프랑스(데마리니가 쓴 라틴아메리카를 주제로 한 작품)와 스페인극을 포함하여, 9편의 극에서 선별한 부분 낭독이 그것이다(데마리니, 사적인 대화, 2004).

이베랄은 계속 활발하게 활동하는 단체이며 더욱 더 많은 사람들을 아우르기 위해 그들의 통신망을 더 광범위하게 확대하고 있다. 셸시의 프랑스 대표인 데마리니는 셸시의 웹사이트 www.celcit.org.ar가 현재 온라인에서 라틴아메리카와 스페인의 극을 발행하고 있다고 만족스럽게 말한다(데마리니, 사적인 인터뷰, 2003).[2] 셸시 사이트에는 활용가능한 번역이 올라와 있지는 않지만 텍스트에 대한 접근가능성은 이베랄의 작업을 수월하게 한다.

레자나크로니크Les Anachroniques 또한 프랑스에서 히스패닉극을 활성화시키는 데 기여한다. 이 프로젝트는 1988년에 모니크 마르티네즈 토마스Monique Martinez Thomas와 안토니오 페르난데즈 페레즈Antonio Fernández Pérez에 의해 툴루즈 미레이 대학에 설립되었다. 이 프로젝트는 이따금씩 스페인

극을 스페인어로 상연하는 대학극단으로 시작했지만, 그 이후 테아트르 데 라 디구에Théâtre de la Digue와 세르반테스 학회와 협력사업을 포괄하게 되면서 확장되었다. 또한 1998년 이후로 이 그룹은 스페인극을 불어로 번역하여 공연하고, 번역워크숍을 창설하고, 그리고 1999년에 시작한 2개 언어(프랑스어-스페인어)로 된 극작품 시리즈 출판에 착수했다. 2000년에 이 그룹은 최초의 연례 극 페스티벌과 심포지움(현대 히스패닉극과의 만남)을 주도했다. 그들의 15주년 축하행사의 일부는 2004년 3월에 호세 산치스 시니스테라José Sanchis Sinisterra의 『상그레 루나』Sangre lunar의 세계적 초연이었고, 이 극은 스페인어로 상연했고 불어 자막을 넣었다.

마르티네즈는 레자나크로니크의 대표이자 툴루즈 대학의 관련 연구단체의 의장인 매티우 푸제Matthieu Pouget와 몇몇 상연을 공동 연출했을 뿐만 아니라, 현대 히스패닉극에 헌신하는 국가 연구단체인 로즈위타Roswita에 활발하게 관여하고 있다. 이런 다양한 활동에 대한 정보는 www. espana31.com에서 찾아볼 수 있다.

또한, 레자나크로니크의 관심 분야는 현재 스페인만이 아니라 중남미 지역으로 확대되고 있으며, 프랑스에서 독일극을 활성화시키려는 그들의 맞수인 라 비에이 담므La Vieille Dame가 툴루즈에서 조직되도록 고무했다.[3] 장기집권한 프랑코 체제 기간에 툴루즈는 스페인 망명자들을 위한 비공식적인 수도였다. 툴루즈에서 2개 언어, 이중문화를 가진 많은 교수진과 학생들이, 독일어와 영어권 국가의 연극이 무대에 많이 올려지게 되는 프랑스에서 현대 스페인극을 보다 잘 알리는 데 관심을 가지는 것은 당연하다. 그럼에도 불구하고, 라 비에이 담므의 힐다 인더윌디Hilda Inderwildi와 캐더린 그륀벡Catherine Grünbeck은 독일극에 대한 프랑스의 지식은 하이너 뮐러Heiner Müller(1929-1996) 정도일 뿐이며, 보다 젊은 극작가의 작품은 번역되거나 상연되지 않는다고 전한다. 이런 상황에 대한 대응으로, 그들의 기획초점은 생존 작가들에게 맞춰진다.

레자나크로니크의 두드러진 특징은 후원 조직에 두루 걸친 그들만의 독특한 협력 수준이다. 1998년 이후 이 단체는 툴루즈-미하일 대학과 툴루즈의 세르반테스 학회, (테아트르 데 라 디구에에 자리잡은) 남부 피레네 극협회Theatre Association of Midi Pyrenées와 공식적인 계약관계를 맺어왔다. 레자나크로니크는 상연을 위한 공간을 테아트르 데 라 디구에에 의존할 수 있게 되었으며, 또 중요한 극 도서관의 전당인 그 건물에서 워크샵과 모임을 열 수 있게 되었다. 툴루즈에서 초창기에는 상연이 단기간으로 제한되었던 반면, 최근 들어 그들의 공연은 프랑스의 다른 도시들과 스페인으로 순회공연이 이루어지게 되었다.

레자나크로니크는 1998년에 조금은 우연하게 불어 번역을 그들의 레퍼토리에 추가시켰다. 이 극단은 로드리고 가르시아가 쓴 『요리법 I』*Notas de cocian I*을 작업하고 있었다. 마르첼로 로베라Marcelo Lobera는 몇몇 배우들이 어려운 스페인 텍스트를 충분히 이해하지 못한다는 것을 알게 되었고, 그들이 미묘한 의미를 놓치지 않도록 그는 그것을 불어로 번역했다. 스페인어 극이 계획대로 테아트르 데 라 디구에에서 그해 2월에 상연되었지만, 불어 번역극은 그해 11월에 파리의 한 극 페스티벌에서 상연되었고 결국 2개 언어 시리즈판의 첫 번째 책이 되었다(『헤스페리즈 극선집』 *Collection Hespérides Théâtre*, 이후에 『새로운 히스패닉의 극 장면들』*Nouvelles Scènes Hispaniques*로 제목이 바뀌었다). 이 시리즈는 매년 두 권 정도 출판되며 미하일 대학출판부에서 출판된다.

레자나크로니크는 행정, 예술, 번역의 세 분과로 구성되어 있다. 그곳의 번역가들은 공연하게 될 예술분과의 동료들이 종종 최종번역본의 질에 상당히 기여한다는 것을 알고 있다. 연출가인 푸제와 마르티네즈는 대사에서 리듬을 중요시한다. 이 극단을 위한 대본 몇 편은 개인 번역가들이 준비한 반면, 다른 대본은 두 사람으로 구성된 팀이나, 2003년 호세 산치즈 시니스테라의 『일탈』Pervertimiento의 경우가 그랬듯이, 공동의 워크샵 프로젝트에 의해 마련된다. 번역가들은 전문가로 대우받고 적절한 비용을 받는다. 툴루즈에서 일하는 극 번역가들은 다른 번역가들과 상호 영향을 주고받을 뿐 아니라, 텍스트 선정에서부터 상연과 출판에 이르기까지 제작에 참여할 기회를 얻는 행운을 누린다.

툴루즈에서 극단들은 외국극을 프랑스로 가져오는 데 관심을 둔다. 반대로 작가 및 극작가 협회Société des Auteurs et Compositeurs Dramatiques는 불어극을 해외에서 활성화시키는 노선을 따른다. SACD와 관련된 웹사이트는 특히 불어를 다른 언어로 번역한 극에 무게를 둔다. 사빈느 보산Sabine Bossan은 SACD의 새로운 2개 언어(프랑스어-영어) 웹사이트를 알리면서, 작가(La moisson des auteurs)와 번역가(La moisson des traductions) 모두의 데이트베이스를 강조한다. 번역가들에 대해서는 풍성한 수확이 있었다. 2003년 12월 1일 업데이트까지, 그 사이트는 본래 불어로 쓴 9000편의 현대극 번역을 언급했다. 보산은 1997년에 시작된 데이터베이스는 복잡한 법적, 기술 문제 때문에 이제 웹사이트에 접근할 수가 없다고 말한다(보산, 2003: 5). 적어도 임시적이지만 더 나은 정보를 위해 SACD에 직접 연락할 필요가 있다.

프랑스에서 다양한 언어로 일하는 극 번역가들은 몽펠리에에 자리잡은 메종 앙트완느 비테-국제 극 번역 센터에서 많은 혜택을 입을 수 있다. 이 단체의 사무국장인 도로시 수아레즈Dorothée Suarez에 의하면, 그 센터에는 많은 전문 번역가들이 소속되어 있으며, 이들은 사용 언어가 "20

개 언어 이상이며, 최종적으로 번역지원금 확보를 목표로 하면서 외국 현대극의 상연목록을 검토한다"(수아레즈, 사적인 대화, 2003).[4] 내 질문서의 응답자들 가운데 이곳의 회원들은 이 번역 센터에 대해 긍정적으로 말한다. 독일어를 번역하는 욘 캠브리랭은 출판업자와의 맺은 초기 계약이 메종 안트완느 비테를 매개로 이뤄졌다고 말한다. 그는 또한 2000년 SACD의 보마르쉐 기금Baumarchais Foundation에서 그 센터와 협력한다는 조건으로 번역지원금을 받았다고 말했다. 영어를 번역하는 엘리쉐바 마르치아노Elishéva Marciano는 그 센터가 대행자를 대신하는 역할을 하며, 의욕적인 번역가들에게 불어로 번역하여서 회원이 되라고 조언한다. 로렌스 센드로비치는 하녹 레빈Hanokh Levin이 히브리어로 쓴 극작품 두 권을 번역하여 출판하는 문제를 해결한 메종 앙트완느 비테를 신뢰하고 있다.

센느 나시오날 도를레앙Scène Nationale d'Orléans에서 자크 르 니Jacques le Ny의 사업이 초점을 두고 있는 두 가지는 극작가와 번역가 모두이다. 비록 그 이름이 유럽번역워크샵Atelier Européen de la Traduction이지만 말이다. 1997-1998년에 창립된 AET의 활동범위는 국제적이다. 이 워크샵은 절반의 기금을 유럽연합에서, 나머지 절반은 다양한 국가에서 협력하는 극단들에서 확보했다. 이 워크샵은 이탈리아, 그리스, 프랑스, 스페인, 포르투갈, 아일랜드, 슬로바키아, 루마니아 협회와 교류하며 2003년 초반까지 선별된 약 50편의 현대극을 다루는 번역 프로젝트를 조성했다. 처음부터, 개별 극은 목표 언어인 불어, 그리스어, 이탈리아어, 스페인어 4개 가운데 적어도 세 언어로 번역되었다. AET의 웹사이트 www.atelier-traduction. com에 의하면, 2003/2004년 동안 목표 언어의 목록은 영어, 포르투갈어, 루마니아어를 포괄하게 되면서 확대되었다. 이 워크샵이 주로 유럽 프로젝트임에도 불구하고, 미국 극작가 호세 리베라José Rivera가 쓴 영어 텍스트를 포함시켰고 스페인어 번역을 스페인뿐만 아니라 라틴 아메리카까지 보급시켰다. 그 워크샵의 독특한 면은 텍스트를 공동으로 논의하기 위해 몇몇 번역가와 함께 작가도 참석시켰다는 점이다. 이 네트워킹 과정은 모든 관계자들에게 분명 희망적이었다.

스페인의 극작가인 후안 마요르가Juan Mayorga의 『블루멤베르크의 번역가』*El traductor de Blumenberg*는 선정된 텍스트 중 하나였고, 르 니의 번역 워크샵의 존재에 대해 나에게 처음으로 깨닫게 해 준 것도 마요르가였다. 우리가 2개 언어 극에 관한 장에서 상세하게 논하게 될 마요르가의 극은 어느 정도 제한된 불어 사용과 함께, 스페인어와 독일어로 쓰였다는 점에서 특별한 어려움을 제기한다. 마요르가와 불어, 이탈리아어, 그리스어 번역가들의 만남은 마드리드에서 거의 4일간 지속되었으며, 다양한 차원에서 교정이 이뤄졌다. 번역가들은 마요르가가 사용하는 독일어에서 사소한 실수를 찾아냈지만, 다른 문제들이 더 중요했다. 원문에서, 독일어를 하는 파시스트 작가인 블루멤베르크는 그의 스페인어 번역가인 칼데온과 기차로 여행을 하지만, 처음에 변장한 블루멤베르크는 프랑스인인 체 한다. 마요르가는 그의 번역가들과 함께, 번역가 역할이 관객의 나라에서 온 사람이어야 하며, 성(姓)도 적절하게 바뀌어야 한다고 결정했다. 칼데온 역할이 프랑스인이면, 개막 장면에서 블루멤베르크는 영국인인 체 해야 한다. 프랑스의 번역가 데마리니는 언어 자체가 이 복잡한 극의 주인공이라고 지적했다.[5] 이러한 지적 때문에 이 그룹은 블루멤베르크가 모국어와 제2언어를 모두 사용한 특색있는 화법을 구사하는 이유와 더불어 칼데온의 동기를 명확히 할 필요를 토의하게 되었다. (왜 칼데온은 독일어로 말하기를 꺼려하는가? 블루멤베르크의 서툰 독일어가 이해하기 어려운가?) 마요르가는 이 워크샵이 유익하다는 것을 알았고, 작가는 자신의 텍스트에 대한 변경 요구에 융통성을 발휘해야 한다고 생각하며, 이 사례에 관해 그가 받은 질문에 사실대로 말했다(마요르가, 사적인 대화, 2003).

AET의 조정자인 자크 르 니에 의하면, 관객들은 형편없는 영화를 보고도 여전히 영화를 보러 가지만, 형편없는 연극은 관객의 극에 대한 흥미를 잃어버리게 할 수 있다. AET를 위한 극 선정은 상당한 주의를 요한다. 르 니가 생각하기로는 극 번역의 긴 전통을 가지고 있고, 국가 전체에 걸쳐 문화적 중심이 있는 프랑스가 이 국제적인 워크샵을 진행하기에 적절한 장소라는 것이다. 비록 다른 나라들처럼 프랑스에서 연극계 사람들과 학계 사람들 간에 약간의 마찰이 있지만, AET는 워크샵 프로젝트에서 대학을 포함시키려고 노력해왔다. 매 프로젝트마다 상연이라는 결과가 나온다는 보장은 없지만, 최소한 무대 낭독의 차원에서라도 모든 번역물을 상연하고 그것을 좋은 책으로 출판하려는 노력이 이뤄지고 있다(르 니, 사적인 인터뷰, 2003).

독일의 경우, 라틴아메리카 연극과 매체 협회Theatre und Mediengesellschaft Lateinamerika의 설립목적은 프랑스의 이베랄과 유사하다. 이 극단은 이베랄과 같은 시기인 1988년 슈투트가르트에 설립되었다. 하이드런 아들러와 알무스 프리케가 이미 말한 바처럼 이 단체는 번역, 출판 그리고 극 페스티벌과의 연계를 통하여 라틴 아메리카 극을 활성화한다. 라틴아메리카 연극과 매체 협회는 2003년 11월에 인터넷 사이트 www.tmg-online.org 재정비 작업을 하였다. 라틴아메리카 연극의 독일어 번역판을 실은 이곳의 새로운 카탈로그에는 180여 개의 작품이 수록되어 있는데, 원본의 국가와 그 나라의 작가들을 알파벳 순으로 명시해 놓았다. 한 달에 한 번씩 갱신하는 이 목록은 이 단체 내부의 선집에만 국한된 것이 아니며, 출판된 텍스트와 출판되지 않은 텍스트를 모두 거론한다. 여기서는 스페인어가 배제되지만 포르투갈어에서 독일어로 번역되어 왔던 브라질의 텍스트는 포함한다.

미국이나 스페인에서 생산된 스페인어로 쓰여진 출간 혹은 미출간의 영어 번역본에 대하여 그에 비견할 만한 온라인 카탈로그가 하나 더 있다. 히더 맥케이가 편성한 www.intranslation.com.ar은 작가 별로 번역극이 정리되어 있을 뿐 아니라, 번역된 연극에 대한 정보를 제공하는 광범위한 번역가들의 명단과 그 연극이 출판되거나 공연된 장소, 해당 번역가의 특별 관심사까지 포함하고 있다. 현재 온라인상으로 몇몇 번역된 연극을 볼 수 있으며 앞으로 작품은 더 추가될 것이다. 이 사이트는 2002년 10월 마드리드의 까사 데 아메리까Casa de América에서 열린 극 번역 회의가 성장한 결과 만들어졌으며 번역가, 극작가, 극단 관계자들, 저작권 중개인과 기타 희곡에 관심이 있는 사람들을 위한 연계를 마련하여 상호 문화적인 소통을 육성해나갈 것을 의도한다. 관련된 기구들과 극단들 사이의 이러한 연결은 분명히 이 사이트가 번역가들이 서로 연락을 취하는 장소라는 사실을 의미한다. 맥케이는 정기적인 번역가들의 정보 갱신 이외에도 이 사이트에 극의 개요와 등장인물의 분류, 번역극의 미리 보기를 포함시키면서 확장해 나갈 계획이다(맥케이, 사적인 인터뷰, 2004). 이 번역 사이트는 스페인 극과 무대에 올랐던 당대의 연극에 제한되어 있는 <에스트레노 플레이즈> 사이트보다 더 많은 내용을 담고 있다. www.rci.rutgers.edu/~estrplay/webpage.html에서는 <에스트레노 플레이즈>에서 출간한 번역물들을 집중조명하면서 또한 다른 번역물의 목록도 열거해 보인다.

카리다드 스빅은 맥케이의 인터넷 사이트와 다소 관련된 맥락에서 미국 극 번역가 자료 모음을 개발하는 중이다. 그녀는 이 프로젝트를 뉴욕의 인트라 히스패닉 아메리칸 아트센터에서 씨어트 커뮤니케이션 그룹 일반 객원 예술가TCG/Pew Resident Artist로 근무하면서 시작하였다. 아직 진행형인 이 프로젝트를 하는 동안 스빅은 온라인 번역 연수과정에 참가할 신입 번역가들을 모집하였다. 그녀는 인터넷을 통해 공동 글쓰기를 했던 이전의 경험을 되살려 2003년 8월 연수 참가 회원들이 공동 작품을 만들 것을 제안하였고, 여기에 번역활동을 중심 주제로 내세우는 '번역으로 살아가기Living in Translation'라는 임시 이름을 붙였다. 총 아홉 명의 참여자와, 조정자/책임자/편집자이자 헌신적인 작가 역할을 맡은 스빅은 함께 매주의 활동을 통해 최종적으로 '종잡을 수 없는 혀Wandering Tongues'라고 다시 이름 지은 그 작품을 한 문장 한 문장, 한 구절 한 구절 완성시켜 나갔다.

2004년 늦은 봄, 홉스츠라 대학교의 로이스턴 코패너는 미국 극 번역 프로젝트 www.drmrpc@hofstra.edu를 발표했다. 이러한 프로젝트는 시놉시스를 포함하여 영어로 이용가능한 미출간 번역물 및 절판된 번역물에 대한 정보를 검색할 수 있는 자료가 될 것이다.

영국의 <채널>Channels 프로젝트는 르 니의 AET와는 다른 접근법을 사용하지만 몇몇 목표와 방법은 공유하고 있다. 2000년 영국 의회와 프랑스 대사관 그리고 런던의 프랑카이즈 학회로부터 특별 기금을 받은 왕립 극단 스튜디오에서 시작된 채널은 이 스튜디오의 국제 기획 매니저인 필립 르 무안이 감독하였다. 이 스튜디오는 1984년 이래로 영국의 젊은 극작가를 발굴하는 중심지로 자리잡아 왔다. 프랑스인인 르 무안은 영국인들이 장 폴 샤르트르(1905-1980)와 장 주네(1910-1986) 이후의 프랑스의 극작가들에 대해 아는 바가 없다는 사실을 알고 나자 이러한 "외국 극에 대한 지식의 엄청난 결핍"이 마음 아파 무언가 하기로 결심하였다(국립극단, 2002). 그 결론은 야심적인 교환 프로그램이었다. 이것은 공연가능한 번역을 장려하기 위한 목적으로 이 스튜디오의 극작가와 다른 나라의 극작가를 짝지어 주는 프로그램이었다.

그 첫 번째 활동으로, 채널은 5편의 프랑스 연극을 영어로 번역하고 3편의 영국 연극을 프랑스어로 번역 제작하였다. 프랑스의 작품들은 2002년 국립극단 변혁 시즌의 일부로서 무대 낭송으로 선보였고, 오베론 출판사에서 책으로 출판했는데 이는 이 작품들이 완성된 연극으로 무대에 올려진 적인 없다는 사실을 감안할 때 상당히 이례적인 일이었다. 그 다음으로 채널은 아르헨티나와 발칸반도에서 교환 프로그램을 시행하였다. 2003년의 아르헨티나 프로젝트는 3개 국어가 관련이 되었다. 2편의 영국 연극과 2편의 프랑스 연극을 스페인어로, 2편의 아르헨티나 연극을 영어로, 그리고 2편의 아르헨티나 연극은 불어로 옮겼다. 르 무안은 아르헨티나에서 행한 인터뷰 중에 외국 연극의 공연에 전념하는 런던의 작은 극단인 게이트와 맺었던 관계에 대해 거론하였다. 현재 몸담고 있는 스튜디오에 자리가 나리라고 예상하기 전에 그가 거기서 마지막으로 만들었던 작품은 어느 아르헨티나 연극이었다(르 무안, 2003b: 3).

번역가들의 관점에서 볼 때 르 무안의 프로젝트에서 논란이 되는 점은 직역자의 도움을 받아야 할 정도로 외국어 능력에 한계가 있는 극작가를 번역가로 이용한다는 점이다. 르 무안은 영국에는 톰 스토파드, 마틴 크림프Martin Crimp, 크리스토퍼 햄튼을 비롯하여 극작가-번역가의 빛나는 전통이 있다고 주장한다(무안, 2003a: 135). 일단 무안이 프랑스 연극을 선택하고 나자 스튜디오 측은 두 가지 목적을 위해 주석이 달린 직역을 할 권한을 그에게 부여하였다. 그 목적의 하나는 각본 책임자인 잭 브래들리와 국립극단스튜디오의 관장인 수 히기슨이 원문을 잘 이해하도록 하는 것이고, 다른 하나는 극작가-번역가에게 도움을 주는 것이다. 르 무안은 영국에서는 프랑스와는 달리 "번역작업이 전통적으로 극작가의 영역이었다"고 강조한다. 이곳에는 극 번역 센터가 있으며 "'네 개의 손을 위한 작업work for four hands' 같은 것은 매우 드문 일이고 번역가들의 비웃음을 산다"(르 무안, 2003a: 135, 139). 영국 연극들을 프랑스어로 옮기면서 메이슨 안토네 바츠는 채널과 공동작업을 하였다. 이러한 공동작업에도 불구하고, 르 무안은 2003년 3월호 『가디언』에 실린 브라이언 로건의 기사에 나온 말을 반복하며 번역가에 대한 경멸을 다음과 같이 표현한다. "다른 언어로 번역된 연극에서 번역의 질은 항상 가장 취약한 부분이다"(무안, 2003b: 2).

채널의 핵심 요소는 한 쌍의 극작가들이 함께 번역 각본에 집중 작업을 할 수 있도록 체류 프로그램을 사용한다는 점이다. 번역가는 이러한 직접적인 접촉을 통해 작가의 태도와 문화에 대해 완전히 이해할 수 있게 된다. 르 무안에 따르면, "번역가와 작가의 짝짓기는 결혼과 같다. 쉽게 틀어질 수 있기 때문이다"(국립극단, 2002). 프랑스 작가와 영국 극작가-번역가로 구성된 처음 네 쌍 중에 세 쌍은 성공적이었다. 무안은 이것이 칭찬할 만한 성공률이라고 본다. "네 쌍 중 단지 한 쌍만 결혼에 실패했으니 우리는 아직 전체 평균보다 낮지 않은가!"(르 무안, 2003a: 137).

현실적으로 이러한 결혼은 사실상 '3인조 가정ménages à trois'인 셈인데 직역 번역자가 그 체류에 포함되기 때문이다. 르 무안은 이 프로젝트에 대한 글에서 그러한 '3인조 파트너쉽threesome'을 구체적으로 거론하면서 여기에 번역가의 이름도 포함시킨다. 필립 미냐나(프랑스 극작가), 스티브 월터(극작가-번역가) 그리고 크리스토퍼 캠벨(번역가) 팀과 마리 엔디

아예(프랑스 극작가), 사라 우즈(극작가-번역가) 그리고 레이첼 맥길(번역가) 팀이다(무안, 2003a: 137). 번역가들의 기여에 대한 이러한 열린 인정은 중요한 의미를 띤다. 한편, 캠벨과 맥길의 이름은 2002년 6월 12일의 극작가와 번역가, 연출가가 함께 한 모임과 책 시사회 발표에는 등장하지 않았다. 번역가들의 작업은 일단 그러한 체류가 끝나면 보이지 않게 되는 것 같다.

체류 기간 동안 그 3인조 팀들은 미냐나Minyana의 『거주지』Habitations에 실린 프랑스의 수많은 지방 이름들을 어떻게 다룰지, 혹은, 장-폴 웬젤 Jean-Paul Wenzel의 『멍들게 하다』Faire Bleu의 활동 장소를 영국 북부지방으로 바꾸어 놓을 것인지 말 것인지 등의 세세한 문제를 결정해야 했다. 뿐만 아니라 두 연극의 언어 사이에 존재하는 일반적인 차이점들도 처리해야 했다. 르 무안은 다음과 같은 확신을 피력한다.

> 불어는 중립적인 쓰기를 허용하는 반면 영어는 지역적이고 계층적인 억양에 사로잡혀 있다. 후자는 언어를 어떤 컨텍스트나 목소리 내의 정확한 지점에 '배치'할 것을 강요한다. 그리고 연출가의 역할의 본질로까지 확대되는, 극작가와 연출가의 관계 속에서 생기는 차이가 글쓰기 자체에 영향을 미친다. 연출가의 역할은 프랑스에서는 전반적이며 영국에서는 텍스트 중심적이다. 장면 지시문의 사용과 필요에서 두드러진 대비가 존재한다. (르 무안, 2003a: 137)

르 무안은 언어 장벽에도 불구하고 극작가와 극작가-번역가 짝이 결국 서로를 이해하게 되는 것을 목격한다. 직역 번역 작가 또한 이들의 대화를 풍성하게 하는 연계 해석자로서 봉사한다고 추측할 수 있을 것이다. 그러나 AET의 경우는 그 반대로 극작가와 번역가 사이의 소통이 직접적으로 이루어진다. 번역가가 극작가의 언어를 잘 알고 있기 때문이다.

적어도 채널이 제작한 첫 번째 번역 번역물은 완성극으로 만들어져 아주 빨리 런던의 무대에 오를 수 있었다. 국립극단의 무대 낭독이 있은 6개월 뒤인 2002년 12월, 필립 미냐나의 『거주지』(스티브 워터스 번역)가 게이트Gate 극단에서 제작되었다. 게이트 극단이 현존하는 작가가 쓴 프랑스 연극을 수용한 것은 놀라운 일이 아니다. 이 극단은 무엇보다 국제적인 면을 중점으로 삼기 때문이다. 더 나아가, 이 극단의 예술 감독인 에리카 화이먼은 게이트는 "상상과 연극성, 그리고 아이디어가 풍부한 일을 개척하는 것"을 좋아한다고 말한다(화이먼, 사적인 인터뷰, 2003). 화이먼은 세 가지 이야기를 짜넣은 미냐나의 희곡을 마술적인 콜라주라고 묘사한다. 게이트는 관객 – 그리고 극작품 비평가 – 들이 새로운 경험에 맞닥뜨리게 한다. 스테판 달드리가 게이트에 합류하였을 때 그는 거기서 스페인의 황금시대의 연극 시리즈물을 연출하였다.[6]

노팅힐게이트에 위치한 게이트 극단은 단지 70개의 좌석만을 갖춘 아주 작고도 유연한 공간이다. 이 극단은 작은 규모에도 불구하고 창작성이 높은 곳이라는 이유로 오프웨스트엔드Off West End에 들었다. 극 번역을 장려하기 위하여 게이트는 이제 한 해씩 걸러 번역상을 수여한다. 가장 최근의 제출 회기는 2003년 10월-2004년 2월이었다. 영국에서 공연된 적이 없는 연극이라면 어떤 종류의 번역극이든 환영받는다. 원고는 저명한 심사위원단이 검토하게 된다. 게이트 극단에 공연하기에 적절하지 않아 보이는 뛰어난 원고라면 소수의 최종 후보 명단에 오를 수 있을 것이다. 게이트 번역물 시리즈는 메튜엔이나 오버론 출판사에서 출간해오고 있다.

2002년 게이트 번역상 수상자는 케빈 할리웰이 번역한 세실리아 파케트Cecilia Parkert의 『증인』Witness이다. 파케트의 독백들은 과거 유고슬라비아 전쟁에서 생존한 사람들이 증언하는 끔찍한 고문담에 초점을 맞춘 것으로 1990년대 후반에 가장 호평을 받고 있는 스웨덴 연극들 중의 하나이다. 할리웰은 유럽연합에서 일하는 전문 번역가이다.

게이트 극단의 철학은 번역가들의 극 참여를 유도하는 점 등에서 채널과 차이가 나며 또한 모든 종류의 연극에 개방적이라는 점에서 왕립극단의 철학과도 차이가 난다. 게이트의 화이먼은 영국의 왕립극단에서 만든 연극은 영국 극이든 외국 극이든 "자연스럽다"고 특징짓는다. 이와 유사한 맥락에서 극 분야 교수이자 번역가인 마리아 델가도는 왕립극단이 외국 극에 대해 "식민화하는 태도"를 가지고 있다는 의견을 말한다(델가도, 사적인 인터뷰, 2003). 만약 런던에 사는 극단 사람들의 이러한 평가가 정확하다면, 왕립극단은 채널이나 게이트보다 미냐나의 작품 같은 '마술적인 콜라주'에 덜 호응할 것이다.

왕립극단의 국제 협력 부문에서 일하는 라민 그레이는 브라질, 쿠바, 인도, 팔레스타인, 러시아, 우간다 그리고 다른 12개 국가에서의 런던극단 연극개발프로젝트에 대해 말할 때 델가도의 입장에 반대하지 않는다. 그레이는 런던극단에 도착하는 미청탁 원고 대부분이 연극으로 적당하지 않다며 유감을 표시한다. 그는 왕립극단에서 개최하는 런던 체류 프로그램이나 해외의 워크숍에 참가하는 작가들은 왕립극단이 가치를 두는 점을 의식해야 한다는 입장을 분명히 밝힌다. 그들에게 역사적이고 전기적인 주제를 피하라고 주문한다. 대신에 그들은 "지금 현재 우리가 살고 있는 세계를 기술"해야 한다(그레이, 사적인 인터뷰, 2003).

아르헨티나에서, 무안은 채널이 남미에 온 것은 그곳 작가들에게 작품을 어떻게 써야 하는가를 말해주기 위해서가 아니라고 진술한다. "이것은 워크숍이 아니라 경험의 교류이다"(무안, 2003b: 4). 왕립극단의 입장은 어떤 면에서 이와 정반대인데, 기반이 잡힌 극작가를 찾지 않기 때문이다. 왕립극단의 국제부 부장인 일리스 도슨Elyse Dodgson은 2002년 인터뷰에서 이 점을 명확히 밝혔다. 어떤 프로젝트가 제작자로서의 그녀의 경력에 최대의 만족을 주었냐는 질문에 도슨은 다음과 같이 대답했다. "나는 항상 연극 개발 일을 가장 사랑했다. 많은 다른 나라의 신진 극작가들과 함께 장기간의 공동 작업을 하면서 수년간에 걸쳐 그들이 성숙해지고 발전하는 것을 지켜보는 일이다"(도슨, 2002: 2). 『가디언』지는 그녀에게 "지칠 줄 모르는 국제 협력의 챔피언"(도슨, 2002: 1)이라는 이름을 붙였다.

왕립극단의 국제적 면모는 1956년까지 거슬러 올라간다. 이 극단의 인터넷 사이트는 왕립극단의 초창기 상연 목록에는 브레히트와 프리시 같은 독일 작가들과 주네와 이오네스코와 같은 프랑스 작가들의 새 연극이 포함되었다는 사실을 강조한다. 1989년에 이 극단은 신진 작가와 감독을 위한 4주간의 런던 체류 연수를 시작한다. 1996년 초반 즈음에 현재의 국제부가 창설되었고, 그 몇 년 후 왕립극단은 외국에서 연극 개발 프로그램들을 운영하기 시작하였다. 이 프로그램들에서 실시한 국제 프로젝트에 영국의회와 다른 수많은 사적인 기구들과 후원자들이 자금을 지원하였다.

왕립극단의 국제부에 제출된 연극은 먼저 원어로 읽혀지지만, 런던에서 행해지는 워크숍참여자들은 따로 통역자가 없으므로 영어에 숙달할 것으로 기대된다. 채널과 달리 왕립극단은 극작가-번역가가 한 의역과 상반되는 번역을 지지한다. 왕립극단에서 번역 자격을 얻으려는 사람은 반드시 원천 언어에 능숙해야 한다(그레이). 이는 왕립극단이 반드시 그들의 프로젝트에 유명한 번역가를 채용한다는 의미는 아니다. 이 극단은 번역가로서 연기자와 감독을 채용하는 관례를 '개척'해 왔으며 번역가는 연극 개발과 리허설 과정에 통합적인 일부가 된다(www.royalcourttheatre. com/rc_international: 3).

슬론광장Sloane Square에 위치하며 런던의 상업적인 웨스트엔드 극단의 일부로 분류되는 왕립극단은 두 개의 공연 장소를 가지고 있다. 아래층 에는 좌석 400개의 강당이, 위층에는 더 작은, 좌석 80~90개의 공간이 있 다. 번역극이 더 많이 공연되는 곳은 작은 강당이다. 왕립극단에서 위탁 한 번역물이나 해외에서 개발된 연극이 완전한 공연이 되리라는 보장은 없지만, 번역물들 중 많은 수가 출판되어 왔다.

지금까지 살펴봤듯이, 런던에서는 한 무리의 주요 극단들이 영국 무대 의 상연을 위하여 외국 극의 개발 및 번역을 활발히 진행하고 있다. 프랑 스에서는 번역가와 극작가 사이를 연결시켜 주기 위한 몇몇 기관이 존재 한다. 독일에서는 그리고 국제적으로, 히스패닉 극 번역가들 사이의 연결 망을 구축하고 번역극의 무대화를 장려하기 위한 특별 프로젝트가 행해 지고 있다. 이러한 주도적 움직임의 대부분은 비교적 최근에, 20세기의 마지막 10년 이후부터 시작되었다. 이 프로젝트들이 앞으로 번영해갈 뿐 만 아니라 번역가와 극작가, 그리고 다른 극 실무자들 집단 사이에 소통 을 증진시키려는 다른 노력들을 고무시켜줄 것이라는 나의 희망을 표현 할 때 나는 분명 많은 극 번역가들을 대신해서 말하는 것이다.

1) 별다른 설명이 없는 한, 번역가들에 대해 붙인 의견은 내 질문지에 대한 그들의 응답에서 의거한 것이다.

2) 2003년 12월 14일 현재, 이용 가능한 라틴 아메리카와 스페인 연극 텍스트는 140개이다.

3) 나는 모니크 마르티네스 토마스가 2003년 5월 13-15일간 나의 툴루즈 행을 환영해 주고 바쁜 일정에도 3일씩이나 시간을 내어 나를 만나준 것, 그리고 많은 질문에 대답해준 데에 감사한다. 5월 15일 그녀는 디그 극장의 번역 워크숍에서 나를 위한 세션을 마련해 주었다. 나는 거기서 독일 그룹의 두 대표뿐만 아니라 레자니크로니크 Les Anachroniques(시대에 뒤떨어진 자들) 협회의 참여자 몇 명을 만나는 멋진 기회를 가졌다. 나와 나눈 그들의 모든 경험과 식견에 대해 감사한다.

4) 내가 알기로는 메이슨 안토네 바이츠는 웹사이트가 없다. 정보를 얻고 싶으면 그들의 이메일 주소로 연락해 보시라. maison-antoine-vitez@easyconnect.fr. 나는 번역가들이 흥미를 가질 만한 다른 두 개의 협회도 알고 있다. 파리의 롱푸엥 극장에 자리 잡고 있는 에크리뱅 극단 협회Écrivains Associés du Théâtre(eatinfo@wanadoo.fr)와 레지던스 드 트라딕퇴르, 라트 드 라 샤르트레즈(Avignon Cedex 04 90 15 24 24)이다. 아인디빌디와 그륀벡은 2003년 5월 15일 샤르트레즈에서 상주한 것이 번역가의 기술을 연마하는 데 큰 도움이 되었으며, 특히 "각본을 연기자들을 입에 달라붙게" 만드는 데 유용했다고 말했다.

5) 독자들은 네트워킹에 대한 이 장이 네트워킹의 실천 사례를 포함한다는 사실을 쉽게 눈치챘을 것이다. 마요르가가 자신의 프랑스 번역가 이름을 명시한 덕분에 나는 나의 오랜 친구인 데마리니에게 연락해서 르 니와 연락하는 걸 도와달라고 부탁할 수 있었다. 아직 나는 데마리니의 답장 받지 못했다.

6) 영화각색에 대한 장에 나오듯이, 달드리는 영화 『디 아워즈』*The Hours*의 감독이다.

References

Anachroniques, Les. Special meeting with group. 15 May 2003.

Atelier Européen de la Traduction. Program. Commission Éducation et Culture de l'Union Européenne. Scène Nationale d'Orléans. Temporada 2002/2003 — janvier/février/mars.

Bossan, Sabine, ed. "Editorial." Entr/Actes. Actes du théâtre. Bilingual publication 17. SACD (May—November 2003). 4–7.

celcit.org.ar (Website includes on—line Latin American/Spanish play texts.)

Delgado, Maria. Telephone interview. 2 May 2003.

Demarigny, Claude. Personal interview. 6 May 2003.

_____. E—mail. 17 September 2003.

_____. E—mail. 19 January 2004.

Dodgson, Elyse. Interview. "Special report: Who's who in new British theatre." 6 July 2002. <www.guardian.co.uk/arts/ britishtheatre/ story/0,12195,748697,00.html> 5pp.

Gray, Ramin. Personal interview. 30 April 2003.

http://entractes.sacd.fr (Website for the Société des Auteurs et Compositeurs Dramatiques; has reference to database of translations.)

Le Moine, Philippe. "Channels (France)." *Entr/Actes. Actes du théâtre.* Bilingual publication 16. SACD (November 2002—April 2003). 135–39.

_____. Interview with Andrew Graham—Yooll. <www/pagina12.com.ar> 23 April 2003. 4pp.

le Ny, Jacques. Personal interview. 5 May 2003.

Logan, Brian. "Whose play is it anyway?" *The Guardian* 11 March 2003. Downloaded from the Internet by Caridad Svich and forwarded by e—mail, 13 March 2003.

Mayorga, Juan. Personal interview. 3 March 2003.

McKay, Heather L. E-mail. 12 January 2004.

_____. E-mail. 5 February 2004.

National Theatre. *News04*. Summer 2002.

Suarez, Dorothée. Secrétaire générale de la Maison Antoione Vitez. Personal letter. 4 February 2003.

Svitch, Caridad. E-mail to translation workshop participants. 13 August 2003.

Whyman, Erica. Personal interview. 25 April 2003.

www.atelier-traduction.com (Website for the Atelier Européen de la Traduction, Scène Nationale d'Orléans)

www.espana31.com (Website for Groupe de recherche toulousain sur l'Espagne contemporain de l'université Toulouse II; has information on Les Anachroniques and Roswita.)

www.intranslation.com.ar (Website lists translators of Spanish-language plays working into English and provides information on where the texts have been published and staged; includes several complete scripts.)

www.mynottinghill.co.uk/nottinghilltv/theatre.htm

www.rci.rutgers.edu/~estrplay/webpage.html (Website for ESTRENO Plays includes descriptions of English translations of plays from Spain published by ESTRENO and elsewhere. Also has links to other translation and theatre sites.)

www.royalcourttheatre.com/rc_international

www.tmg-online.org (Website of the Theater-und Mediengesellschaft Lateinamerika / Sociedad de Teatro y Medios de Latinoamérica; has list of German translations of Latin American plays.)

4.

극 번역하기의 실용적인 접근법

연극 번역을 결정하기 전에 저작권을 조사하고 허가를 받아내는 일은 실용적인 관심사 중에서 가장 우선적인 일이다(2장 참고). 번역의 저작권을 확보하는 일에 덧붙여 원문의 적절한 판본을 알아내는 것도 중요하다. 현대의 극작가들과 작업하는 우리는 때때로 작가 또한 연극의 창조 과정에 속한다는 사실을 의식한다. 만일 우리가 받은 초판을 번역한다면 작가의 재수정에 보조를 맞추기 위해 이후 다시 재번역하게 될 것이다. 나는 제이미 살롬의 『또 다른 윌리엄』을 네 번에 걸쳐 번역한 뒤에 그런 경험을 반복하지 않으리라고 결심하였고 다른 사람들에게도 그런 일을 피하라고 조언하였다.[1)]

적절한 판본을 식별하는 문제는 연극이 이미 성공적으로 상연된 후라 할지라도 사라지지 않는다. 오트룬 주버는 베르톨트 피어텔이 윌리엄스의 『욕망이라는 이름의 전차』 첫 독일어 번역을 할 때 사용한 원문이 무엇인지 알아내려고 시도하면서 발생한 복잡성에 대해 자세히 말해준다. 그녀는 제작 전 판본(1947)과, 개정판(1950), 그리고 제작 후 판본(1953)을 발견하였다. 상세한 무대지시문을 포함하고 있는 제작 후 판본은 연기 판본으로 생각할 수 있겠는데, 이전의 독서용 판본과는 상이하게 다르며 성격 묘사에 대한 유용한 정보를 담고 있다.

극 번역가들은 연극의 공연용과 독서용 판본에서 각각 그 형식이 달라진다는 사실을 염두에 두어야 한다. 만약 가능성 있는 연출가에게 원고를 보낼 예정이라면 인물의 이름이 페이지의 중앙에 오게 하는 공연 대본 양식에 엄격히 따라야 한다. (데이비드 스펜서의 『극작가들』에 실린 아주 유용한 2003년의 논문을 보라.) 출판을 위한 독서용 판본에서는 인물의 이름이 보통 왼쪽으로 나란히 있고 대사들은 그 아래 이어지는 행부터 들여쓰기로 되어있다. (이 들여쓰기를 위해 절대로 탭 키를 사용하지는 마라. 들여쓰기 지정을 사용하면 어떤 수정 과정을 거치더라도 몇 시간 동안의 노고를 절감시켜 줄 것이다.)

번역가 스스로는 목표 언어의 기술용어와 무대 지시문의 문체에 익숙해질 필요가 있다. 번역가들은 무대 위와 무대 아래의 용어를 알아 볼 수 있어야 하며, '전경foreground'이나 '원경background'처럼 원전 언어의 번역투가 아니라 국어 식 표현을 사용해야 한다. 불어 coté cour(직역하면, 뜰 쪽)과 côté jardin(정원 쪽)은 실제로는 각각 무대 왼쪽과 오른쪽을 뜻한다. 스페인어에서는 왼쪽과 오른쪽이라는 말을 사용하긴 하지만 그렇다고 문제점들이 제거되는 것은 아니다. 미국 극단의 관습은 배우의 시각에서 무대의 오른쪽과 왼쪽을 지시한다. 스페인의 공연은 안토니오 부에로 바예호가 대개 그의 무대 지시문에서 명기하고 있듯이, 관객의 시각에서 오른쪽과 왼쪽을 바라본다. 이러한 경우들에서 번역가의 일에는 별 언급 없이 오른쪽을 왼쪽으로, 왼쪽을 오른쪽으로 옮기는 것이 포함된다. 부예로의 설명은 번역하지 않고 빼야 할 것이다. 미숙한 번역자들에게서 흔히 볼 수 있듯이, 만일 그 설명이 삽입된다면, 이는 미국인 연출가들에게 싸움을 거는 형국일 것이다.

브리짓 슐츠Brigitte Schultze는 극 번역이 "오직 극장만을 위한 번역으로 귀결되고, 그 결과 독자들만이 수용할 수 있는 희곡의 영역이 소멸될" 것을 애석해 하였다(슐츠, 1998: 180). 나는 책을 팔고 싶어 하는 편집자로서, 더 많은 사람들이 연극을 읽기를 원하는 슐츠와 같은 바램을 가지고 있다. 하지만 그녀의 관점은 만약 번역의 목적이 연극을 무대에 올리는 것이라면 무시해야 할 학구적인 생각이다. 그러한 목적에서 볼 때, 이상적인 독자는 문학 감독, 연출가, 배우, 무대 감독이다. 마리온 P. 홀트는 한 저작권 대리인이 극단을 위한 각본 준비를 어떻게 해야 하는지 조언해준 내용을 수년간 기억하였다. 그가 번역한 부예로 바예호의 『이성의 잠』은 1983년 처음으로 상연된 바 있다. "그는 나를 앉혀 놓고 만약 내가 부정적인 인상을 주는 걸 피하고 싶다면 연극대본 형식을 사용하기 시작하라고 요구했다. 내가 사용할 형식은 극단의 독자들에게서 가져올 수 있었다"(홀트, 사적인 대화, 1995). 홀트는 『이성의 잠』의 번역 초안을 다시 쳤다. 오늘날의 번역가들은 워드 프로세서에서 매크로 지정을 이용하기 때문에 하나의 양식에서 다른 양식으로 전환하는 일을 한 두 시간 만에 할 수 있을 것이다.

양식은 언제든지 변할 수 있다. 그러므로 하나의 양식을 선택하는 것은 다음과 같은 핵심 질문에 답하는 것만큼 중대하지 않다. 그 질문은

'연극의 연기는 원전의 설정대로 남아 있어야 할 것인가, 아니면 대상 관객에게 좀 더 가깝게 변형되어야 할 것인가?'이다. 우리는 지리적 설정에 관련된 문제에 우선적으로 초점을 맞출 것이긴 하겠지만, 거리감은 또한 시대와 스타일(문체)을 지칭하기도 할 터이다. 언어 내적 번역과 언어간 번역 양쪽 모두에 걸리는 고전 작품의 현대화 과정은 종종 연극을 산문으로 전환할 지 아니면 원전의 운문 형식을 보존할지에 대한 결정이 부수적으로 요구된다. 운문 희곡을 운문 희곡으로 성공적으로 번역하기 위해서는 시적인 재능이 단연코 필수적이라는 사실 말고는 다른 어떤 정답도 있을 수 없다. 마이클 맥가하는 현명하게도 스페인 황금시대 희곡의 번역가는 시인이어야 한다고 주장한다(맥가하, 1989: 80). 스페인 고전 작품을 영어 운문으로 번역한 데이비드 기트리즈는 "리듬과 운율의 복잡한 거미줄을 짜는 노동"(기트리즈, 1989: 45)에 자신이 중독되었다고 고백한다. 호주의 독일어 번역가인 루이스 노우라Louise Nowra는 연극을 운문으로 번역하는 것에 대하여 반대하는 완고한 원칙을 피력한다. "만일 클라이스트에 견줄만한 시적인 천재가 아니라면 결국 그 사람에게 남는 것이라고는 저질의 시일뿐일 것이다"(노우라, 1984: 18).

몇몇은 시로 되어 있고 몇몇은 산문으로 된 몰리에르의 영어 번역에 대한 비평에서 데이비드 에드니David Edney는 17세기 프랑스에서는 오늘날과 달리 압운시가 극 대사의 관례였음을 알아내었다. "영어에서 압운시는 연극을 현실의 삶과 동떨어지게 하며, 실제성을 희생한 비용으로 우아함과 기지, 유머를 강조한다"(에드니, 1998: 64). 에드니에게 있어 원문을 갱신하는 것은 곧 "우리가 사는 세상과 극작가들의 세상 사이에 대화를 나누려는 시도"이다(에드니, 1998: 68). 그러나 그는 아직 어떤 관객들은 고전극을 그들의 경험에 가깝게 불러오는 현대화 시도들에 실망을 느낄 수도 있다고 믿는다. 왜냐하면 "다른 시대와 장소로 이동되는 기쁨은 참으로 커다란 극의 매력이기도 하기 때문이다"(에드니, 1998: 67).

연출가나 관객이 현대적 무대와는 거리가 멀거나 이국적인 설정을 환영하든 거부하든 이는 의문의 여지가 있다. 게르손 삭키드ᴳᵉʳˢᵒⁿ ˢʰᵃᵏᵉᵈ는 우리가 우리와 다른 사람에 대해 의심을 품기 때문에 이국의 문화를 우리 문화와 동일한 것으로 판명될 것이라는 희망에서 "낯선 세계와 낯선 문화를 우리 세계의 언어로" 번역한다고 주장한다(삭키드, 1989: 14). 그러나 우리는 분명히 그 반대의 현상이 발생했다고 기록할 수 있다. 즉, 충분히 익숙해 보이는 설정들은 고의적으로 이국적인 어떤 것으로 변경되었다. 이는 폴 슈미트의 견해에 의하면 "번역은 결코, 우연히라도, 낯섦을 통합해서는 안 된다. 그렇지 않으면 원전 속에 머무르지 못할 것이다"(슈미트, 1997: 23).

연출가들은 종종 이러한 원칙을 무시한다. 프랑스와 미국 양국에서는 스페인 극을 안달루시아[스페인 남부의 지방, 옛 무어 문명의 중심지 – 역자 주]의 이미지에 맞추려는 욕망이 두드러지게 나타난다. 이러한 시도는 고향인 스페인 남부 지방에 작품의 뿌리를 둔 가르시아 로르카와는 잘 맞았으나, 스페인 북서 해안이나 마드리드를 작품의 배경으로 삼은 바예 잉클란과는 잘 맞지 않았다. 바예 잉클란의 『성스러운 꽃』이 1946년에 처음으로 파리의 무대에 올랐을 때, 그의 고향인 갈리시아의 차가운 안개는 스페인 남부의 눈부시는 태양과 숨막히는 더위로 전환되었다. 갈리시아는 원래 프랑스 북서 해안에 비견될 만큼 별반 다르지 않은 지방이다. 팔로마 페드레로의 『이별의 몸짓』은 1991년에 뉴욕의 파스ᴾᵃᶜᵉ 대학에서 상연되었는데, 이 극단은 전형적인 안달루시아 건물을 배경으로 등장하는 멋진 포스터를 제작하였다. 문제는 페드레로가 마드리드 출신이며, 거기서는 그러한 건축물을 찾아볼 수 없다는 점이었다.

체홉의 연극은 그의 세계의 기발한 해석들에 열려 있다. 슈미트는 "러시아 찻집의 문지기"처럼 옷을 쫙 입은 군인 인물들이 나오는 체홉의 『세 자매』공연을 환기시킨다. 그들은 심지어 코사크 댄스까지 추었던 것이다. 슈미트는 한 러시아 공연에서 오닐의 『밤으로의 긴 여로』에 서부식 복장을 차려 입은 남성 인물들이 나오는 식이라고 기막힌 비유를 사용한다(슈미트, 1997: 21-23). 로저 펄버스Roger Pulvers는 호주에서 일본 연극을 상연하길 꺼리는 상황에 대하여 유사한 관심을 가진다. 한 연출가가 펄버스에게 "우리는 눈을 가늘게 뜨고, 내내 절을 하고, 우스꽝스런 일본식 억양으로 말해야 할 것이다"라고 말했다. 하지만 펄버스는 바로 그 연출가가 입센을 무대에 올릴 때 "그는 배우들에게 노르웨이식 억양으로 대사를 말하도록 주문할 것이다"라고 의심한다(펄버스, 1984: 23).

공연을 하다 보면 무대설정과 의상 그리고 연기에서 과도함이 발생한다. 제작에 관여하지 않는 번역가는 이를 예방할 수 없지만 아마 쓰여진 텍스트에 부여된 이질성을 피함으로써 미리 경고할 수는 있을 것이다. 연극은 장소를 강조하지 않기 때문에 번역가는 무대설정에 대한 스쳐 지나가는 언급들을 축소번역(일반화)할지 말지를 결정할 수 있다. 『욕망이라는 이름의 전차』의 무대는 반드시 뉴올리언즈여야 한다. 화가 고야를 다루는 역사적인 희곡인 『이성의 잠』은 반드시 그 무대가 19세기 초 마드리드여야 한다. 그러나 어떤 연극들은 미미한 변화를 주면서 그 무대를 어떤 곳으로 정해도 문제가 되지 않을 것이다.

이는 내가 장 폴 도마의 『꼬끼리 무덤』와 호세 루이스 알론소 데 산토스의 『바리오의 인질들』[2]을 번역하면서 작가들과 협의한 후에 선택한 입장이다. 도마는 니스에 살고 있는데 그가 이 작품을 쓸 때 그 도시를 마음에 두고 있었다. 나는 무대 배경을 다른 곳으로 옮기려는 시도는 하지 않았지만 프랑스나 프랑스 문화에 대한 거론들을 축소시켰다. 나는 햇살이 잘 드는 해변의 휴양지를 찾는 외롭고 겁먹은 노인들에 대한 이야기는 어떤 도시와 나라에서도 일어날 수 있다고 느꼈다. 알론소 데 산토스는 마드리드에 산다. 이 공연의 원래 제목은 『바레까스의 담배장수』로 수도권 주변지역의 노동자 계급에게 관심을 집중시킨다. 이 연극이 스페인 언어권의 다른 나라에서 상연되었을 때, 바레까스는 심상하게 그 지방의 어느 지역으로 대체되었다. 내가 보기에 등장인물들은 더 따스하고 우애가 깊은 지역에서 도시로 이민 온 히스패닉계 사람들일 것 같았다. 안달루시아에서 마드리드로 온 것보다는 푸에르토리코에서 브롱크스 ― 마이애미의 브릿지 극단의 무대 낭독에서 우리가 목격한 것처럼 ― 혹은 쿠바에서 하이얼리어로 온 사람들에 더 가까울 것이다. 내가 바꾼 『바리오의 인질들』이라는 제목은 지리적 특성을 제거하고 대신 인간적인 상황을 강조한 것이다.

만일 연극의 연기가 명확히 원전에 나오는 나라에서 발생하는 것이고 번역가가 그 장소를 그대로 두기로 결정한다면, 어떤 축소 혹은 확대 번역을 권장할 만하다.[3] 프란츠 링크는 관객을 특별한 역사적 사건으로부터 더 멀리 떨어뜨려 놓을수록 관객은 그와 관련된 세부 정보를 더 적게 제공받는다는 점을 우리에게 환기시킨다. 작가는 관객이 알고 있는 바를 말하지 않지만, "텍스트는 행위와 행위의 동기를 이해하는 데 필요한 모든 정보를 제공할 것으로 가정된다"(링크, 1980: 31). 또한 링크는 암시는 중요하지 않을 경우 제거될 수 있다는 점을 깨달았다(링크, 1980: 32). 호세 로페즈 루비오는 『어느 세일즈맨의 죽음』을 번역하면서 이 개념을 실천하였다. 그의 *La muerte de un viajante*(1952)은 아서 밀러의 이 위대한 비극에 대한 스페인의 고전적인 번역으로 남아있다. 뉴욕의 어느 호텔과 미국의 업무상의 점심에 대해 슬며시 언급하는 윌리 로먼의 대사는 로페즈 루비오의 번역본에서는 완전히 빠져버렸다.

> 알래스카의 모든 부가 코모도 호텔의 점심 테이블 위를 거쳐갔다. 그건 경이로움, 이 나라의 경이로움이다. 여기서 한 사나이는 다른 사람들이 부러워하는 식으로 다이아몬드를 품고 생을 마감할 수가 있다!
>
> (밀러, 1976: 86)

> 알라스카의 부는 모두 그의 발아래 놓이게 될 수도 있어. 그건 이 나라의 경이로움이지. 한 사나이는 그가 원하는 곳은 어디든 갈 수 있다. Toda la riqueza de Alaska puede venir a sus pies. Eso es lo maravilloso de este país, el que un hombre pueda llegar a donde quiera . . .   (밀러, 1983: 66)

역사에 대한 링크의 조언은 지리나 다른 문화적 언급에도 마찬가지로 적용할 수 있다. 릭 하이트가 관찰한 바처럼, "문화적 문제가 지나치게 동질화되거나 보편화되어 완전히 상실되지 않으면서도 미국 관객들에게 무의미한 현재의 소재가 되지 않도록 신중한 균형을 유지할 필요가 있다."[4]

프로그램에서 용어풀이집을 첨가하여 어떤 언급들의 의미를 알려주는 방식 – 내가 극 번역에 대한 논문들을 읽다가 드문드문 발견한 제안 – 은 실용적인 해결책이 아니다. 관객은 공연을 보기 위해 극장에 가는 것이지 공연에 관한 긴 설명을 읽으러 가는 것이 아니며, 감독은 재빨리 각주가 필요한 대본을 던져버릴 것이다. 우테 페네베르크Ute Venneberg는 1970년 마인츠에서 시각효과와 영화적인 해결책을 사용했던 숀 오케이시의

『주노와 공작』의 상연에 대해 논한다. 독일의 관객들에게 이 아일랜드 연극에 대한 준비를 시키기 위해 그 공연은 영사기로 1922년부터 1970년까지의 사건을 보여주는 것으로 시작했다(페네베르크, 1980: 126). 이러한 요법은 관객들에게는 잘 먹혔을지 모르지만 잠재적 감독들에게는 이런 방법이 가치가 있음을 설득하기가 어렵다.

하이트는 최근에 페르민 카발이 쓴 *Tejas Verdes*라는 극의 제목이 야기하는 문제에 직면하였다. 이 이름은 칠레 산티아고의 특정 지역을 지칭하는 것으로 피노체트의 폭압 통치가 기간에 발생하는 사건을 다룬다. 하이트는 자유롭게 고유명사를 바꿀 수 없었다. 하지만 그는 상이한 제목을 선택할 수 있었고 그렇게 했다. 그것은 『어떤 것이 신성하다면』*If Anything Is Sacred*이었다. 주잔네 하르트비히는 독일의 관객이 '엘 코르테 잉그레스'가 스페인의 큰 백화점 체인점 이름이라는 사실을 알아 챌 수 있을 것 같지 않다고 말한다. 그래서 그녀는 자신의 번역을 위해 그 이름을 각색해야만 했다.

내가 알론소 데 산토스의 『마라케쉬로의 하행』을 번역할 때, 나는 마드리드라는 배경을 바꾸지 않았다. 그 제목은 북 아프리카에서 마약을 가져 오는 것을 암시하는 속어 표현이었고 그 연극은 민주정의 스페인에서 발생하는 변화들을 중심으로 전개되었다. 연극의 배경을 다른 곳으로 이동시키는 것은 텍스트를 전부 다시 쓰는 것을 요구하는 것이었다. 나는 그와 같은 대대적인 수정을 거부하고 남아있는 소소한 문제들에 대하여 다른 해결책들을 찾아내었다.

시마고Simago라는 이름은 본문에 단 한번 등장한다 "그녀는 알부배라 거리에 있는 그곳, 시마고에서 일했지. Trabajaba ella en Simago, alli en la Aenida de la Albufera"(알론소 데 산토스, 1985: 62). 그 가게와 위치에 대한 암시가 그리 중요하지 않았기 때문에 나는 축소번역과 삭제를 번갈아 사용하는 방법을 채택했다. 그래서 "그녀는 할인점에서 일했다"(알론소 데 산토스, 1992: 342)로 번역했다. 반대로, 나는 아토차Atocha[마드리드의 유명한 기차역 – 역자 쥐에 대한 언급은 무시하지 말아야 한다고 느꼈다. 이 이름은 노련한 마약상인 추사와 새로운 조직원인 엘레나 사이의 대화에서 7번이나 반복되며 후반부 장면들에서 다시 언급된다. 그러한 반복적 사용은 반드시 희극적 효과를 내야 한다. 나는 '역'이라는 말을 넣어 처음 언급할 때 약간의 확대번역을 하였다. 나는 미국인 배우나 관객 중에 아토차를 아는 사람이 거의 없을 것이라고 추측했으나, 이 이름이 충분히 발음하기 쉽고 기억하기도 쉬워서 반복 초기부터 웃음을 자아내곤 했고 이후의 언급들은 더욱 분명한 의미를 띠게 되었다. 물론, 어떤 연극에서 역사적 맥락은 바뀔 수 있다. 2004년 3월 11일 마드리드에서 발생한 테러 공격 이후로 아토차라는 이름은 희극적이기보다는 비극적 함축을 띠고 전세계에 알려졌다.

내가 보기에 이 동일한 희극에 대한 불어 번역은 극적이라기보다는 학문적인 것인 듯하다. 여기서 시마고에 대한 언급은 주석을 첨가하여 직역으로 옮겨졌다. "그녀는 말이야, 시마고에서 일했어, 그곳, 알부배라 거리에 있는. Elle, elle travaillait a Simago, la-bas, avenue de l'Albufera"(알론소 데 산토스, 1997b: 58). 당연히 아토차에 대한 반복된 암시도 그대로 유지되었다. 해설적인 주석과 함께.

어느 노선을 선택하든 시마고와 아토차의 문제는 바예 잉클란의 『보헤미아의 빛』Luces de Bohemia에 나오는 깔레 알바래서 가또Calle Alvareza Gato의 대중적 이름인 까례혼 델 가또Callejon del Gato에 대한 언급과 간단히 비교된다. 1920년대 마드리드에서 살았던 바예 잉클란의 이상적인 관객이라면 마드리드 구시가지의 좁은 길과 오목 거울처럼 보이는 창문을 쉽사리 연결 지을 수 있을 것이다. 데이비드 존스톤은 이 연극의 몇몇 출판된 번역물 중에서 존 라이언의 번역을 높이 평가한다. 라이언은 특정한 거리 이름을 없애고 대신, "형체를 일그러뜨리는 거울이 있는 방"(존스톤, 1998: 34–35)이라는 번역으로 그러한 연상을 나타냈다.

번역가는 또한 등장인물의 이름 문제로 고심해야 한다. 만약 배경 설정을 바꾼다면, 원래 이름도 번역해야 하는가? 만약 원래의 설정을 고수한다면, 등장인물의 모든 이름을 그대로 유지해야 하는가, 아니면 발음이나 이해가 용이하도록 일부를 바꾸어야 하는가?

이러한 질문들 중 첫 번째에 대해서는 역시 하나의 정답이란 없다. 에드니에 의하면, 미국의 몰리에르 번역가들이 원작의 프랑스 이름을 그대로 쓰는 반면 영국의 번역가들은 일부 영국식으로 수정한 이름을 쓰는 경향이 있다고 한다(에드니, 1998: 66). 만약 외국의 이름이 목표 언어로 발음하기가 불가능하거나 불쾌한 의미를 내포한다면, 확실히 바꿀 필요가 있다. 로페즈 루비오는 밀러의 『어느 세일즈맨의 죽음』을 번역하면서 원작 이름을 유지하였다. 그러나 스페인 공연 시 Uncle Ben은 Tio Fred로 고쳐졌는데, 이는 분명 Ben과 발음이 같은, 명령조의 '이리와'라는 의미를 가진 말과의 혼동을 피하기 위한 것으로 보인다.

나는 『코끼리의 무덤』을 번역하면서 이름에 관련된 기본적인 몇 가지 문제에 직면하였다. 도마의 이 연극에는 한 여성 등장인물이 나오는데, 그녀의 극중 이름은 '루드빈 데스포레Ludivine Desforets'이다. '루드빈 데스포레'를 정확히 발음하면 약간 과장된 느낌이 들긴 하지만 소리가 좋다. 만일 부정확하게 발음하게 되면, 이 이름은 시적인 느낌보다는 우스꽝스러운 느낌을 줄 수 있다. 나는 이를 작가의 승인 하에 '마들린 델라포렛

Madeline Delaforet'으로 바꾸었다. 이 새 이름은 불어를 전혀 배운 적이 없는 사람에게도 문제가 되지 않았고 원작의 이름이 잘못 발음될 경우 생기는 산만함을 일으키지 않았다. 다소 다른 또 하나의 문제는 어느 복장도착 자의 이름에서 발생했다. 원래 이름이 '페르낭Fernand'인 남자가 고인이 된 자기 부인의 옷을 입기 시작한 뒤로 스스로를 '페르낭드Fernande'라고 부르기 시작했다. 나는 미국 배우들이 아마도 Fernand의 마지막 자음이 묵음이라는 사실을 모를 거라고 추측했다. 남성 이름과 여성이름이 동일하게 발음 될 수 있고, 그러면 그 의미를 잃게 될 것이다. 나의 해결책은 폴/폴라Paul/Paula라는 한 쌍의 이름이었다.

사극은 유연성이 더 적다. 1992년 콜롬부스 미대륙 도착의 500주년 기념제 준비 기간에 펜실베니아 주의 연출가 마뉴엘 듀크가 나에게 살롬의 연극『동틀녘의 화톳불』을 번역해 달라며 초청하였다. 그것은 바르톨로메 데 라스 카사스에 대한 극이었는데 이후에 연극부서에서 이 대본을 거부했다. 부분적인 원인은 세 명의 등장인물(이들은 모두 역사적 실존인물이다)의 이름이 '페드로'라는 점 때문이었다. 번역자는 역사책을 뒤져서 수용될 만한 번역 이름을 찾아야 하지만, 원저자가 그렇게 하길 원하지 않는다면 역사를 다시 쓸 수는 없다. 미국 혁명에 대한 연극이라면 이 세 인물의 이름을 손쉽게 '조오지'라고 하면 된다는 사실을 알 수 있을 것이다.

또 다른 관심거리는 목표 언어에서 불쾌한 함의를 가진 이름들이다. 『마라케쉬로의 하행』에서 한 등장인물의 이름이 야이미Jaime의 애칭인 야이미토Jaimito이다. 정확히 발음할 때, Jaime는 유태적인 함의를 가진 이름인 '하이미Hymie'와 아주 비슷하다. 작가는 스페인에서 야이미토 이름이 들어간 진부한 농담이 있어서 그 이름을 선택했다고 밝혔다. 미국에도 페피토Pepito가 들어간 진부한 농담이 있어서 우리는 이 이름을 대신 쓰기로 합의했다. 나는 관객들이 그와 관련된 농담을 알건 모르건 Pepito의 음이 재미있게 들릴 거라고 확신하였다. 아나 멘구엘이 <에스트레노 플레이즈>를 세바스찬 훈옌트Webastian Junyent의 『과거 정리하기』 *Hay que deshacer la casa*를 번역할 때, 그녀는 무대에 등장하는 않는 인물인 호르헤를 거론할 때마다 의도치 않은 웃음을 자아낼 것이라고 생각했다. 그래서 훈옌트의 승인을 얻어 그 이름을 카를로스로 바꾸었다.

정중한 호칭도 고유명사 못지않게 문제가 될 수 있다. 수잔 바스넷은 얼마나 프랑스인들이 프랑스 식을 고집하는 지에 대한 로버트 아담스의 비아냥 섞인 말을 인용하고 있다. "우리의 주인공은 피에르 여야지 피터가 아니에요." 그러나 그 주인공이 "마담, 저는 반해 버렸습니다"라고 말한다면 우스울 것이라고 지적한다(바스넷-맥과이어, 1980: 119 재인용). 그 같은 좋은 충고를 마음에 새겨 두었던 나는 도마의 연극에 나오는 여자들의 예의 바른 대화에서 '마담'이라는 호칭을 제거하였다. 불어와 달리 영어에서는 이런 식의 정중한 칭호를 잘 사용하지 않는다. 에드니는 '마담'이나 '므슈'가 발음하기 어렵기 때문에 사용하기를 꺼린다고 말한다. 만일 대화 중에 그 사용이 불가피하다면, '마담'과 '선생님'을 사용하라고 그는 권한다. 친한 친구끼리의 대화라면, 호칭을 모두 없애고 이름으로 바꿀 것을 권한다(에드니, 1998: 66). 현대가 배경인 미국식 영어에서 "Oui, madame"이나 "Sí, Señora"는 "Yes, madam"보다는 "Yes, ma'am"이 더 나을 것이다.

현대화와 시적 형식에 관한 문제들을 제외하더라도 번역 과정 중과 그 이전에 풀어야 할 문제점들이 배경 설정이나 이름 외에도 여전히 많이 있다. 번역된 대사의 한 구절 한 구절이 말하기 좋을 뿐만 아니라 또한,

배우들의 몸짓과 움직임에 들어맞도록 원전의 리듬을 반영하고 있는가? 모든 인물이 표준어로 말하는가, 아니면 특별히 변화를 주어야 될 정도의 방언이나 속어가 섞여 있는가? 비록 방언을 사용하지 않더라도 연령이나 소속 집단에 따라 번역에서 재창조해야 할 차이점들이 있는가? 관객들이 이해하기 어려운 다른 문화 혹은 역사적 언급이 있는가? 만일 있다면, 이 거리를 어떻게 메울 것인가? 무대지시문에 특정 음악에 관한 언급이 나오거나 등장인물이 노래나 시를 읊조리는가? 만약 나온다면, 이러한 상호텍스트는 어떻게 다루어야 하는가? 그 연극의 전반적 분위기는 어떠하며 어떻게 이를 유지할 수 있는가? 말놀이에 의해 특정한 문제가 발생한다면 그것은 보완책을 통해 적절하게 극복될 수 있는가? 마지막으로, 제목의 직역이 양호한 선택인가, 아니면 다른 새로운 제목이 필요한가?

한 연극은 하나의 전체로서 번역되어야 한다. 앞에서 말한 요소들은 조각그림 맞추기의 조각들과 같다. 전체적인 극의 그림을 완성하기 위해서는 그것들을 모두 제 위치에 놓아야 한다. 극 언어의 질은 그 퍼즐의 윤곽을 그려주어 그 그림을 완성시킬 수 있도록 도와주는 가장자리 조각에 비견될 수 있다. 번역된 극은 정확한 번역이 완전히 이루어진 후에 교정 작업 단계에서 반드시 원천 텍스트를 내려놓고 듣기만 하면서 수정해 보아야 한다. 효과적인 연극 번역은 꼭 원천 텍스트처럼 들려야 한다. 매 구절은 그것이 내는 효과에 샅샅이 관심을 기울이면서 크게 소리 내어 읽어보아야 한다. 조오지 웰워쓰는 "한 문장에서 과도한 마찰음이나 거북한 자음의 무리"를 피하라고 충고한다(웰워쓰, 1981: 141). 번역가는 배우들을 모아 텍스트를 읽어 보게 하거나, 혼자 작업하면서 다양한 목소리들 – 그 말을 할 때 취하는 행동과 함께 – 을 '듣는' 법을 배워야만

한다.

무리없이 흘러가며 배우들이 쉽게 다룰 수 있는 대화를 창조하는 일은 시 번역에 유사한 언어적 감수성을 필요로 한다. 그러나 공연에서 바람직한 리듬을 유지해야 할 필요 때문에 극 번역에서 더욱 더 요구되는 것이다. 하이드런 아들러가 지적하다시피, "만약 배우가 그 텍스트로 연기할 수 없다면" 번역은 쓸모가 없다. 이와 관련하여 론 크리스트는 자신인 마누엘 푸익Manuel Puig의 극에 나오는 구절들의 리듬을 성공적으로 재창조할 수 있었던 것은 그가 그 아르헨티나 작가와 함께 번역본을 몇 번이나 검토해 보았기 때문이라고 말한다. 엔젤 루이스 푸헨테Angel-Luis Pujante는 엘리자베스 왕조 시대의 시가 스페인어로 번역되었을 때조차도 얼마나 그 리듬이 잘 유지될 수 있는가에 대한 한 사례로, 그가 1988년에 번역한 셰익스피어의 『베니스의 상인』을 제시한다(푸헨테, 1989: 145-46).

원본과 번역본의 리듬을 비교할 때 고려해야 할 두 가지 사항이 있다. 원작의 문화와 목표 문화의 배우들이 말하는 속도에서 두드러진 차이가 나는가? 둘 중 한 언어가 다른 언어보다 더 장황한 경향이 있는가? 로버트 W. 코리건은 "무대에서 말하기의 지속은 본래 그 의미의 일부이며, 무대의 시간은 호흡에 기반하고 있다"며 적절히 지적한다(코리건, 1961: 106). 이 마지막 충고는, 적어도 어떤 언어 조합에 대해서는, 이런 문제의 복잡성을 관통하고 있다.

첫 번째 질문으로 돌아가서 볼 때, 스페인 배우들은 미국인 배우들보다 훨씬 빨리 말한다. 특히 코미디 극에서는 더욱 그렇다. 실제로 스페인의 어떤 코미디 연기 스타일은 직접적으로 속도와 관련이 있다. 스페인은 같은 뜻을 지닌 영어 문장보다 평균적으로 25% 정도 더 긴 문장을 만들어 내는 것으로 알려져 있다. 이는 스페인어에서는 한 음절로 된 단어가 더 적으며, 영어에서 단일 형용사가 쓰일 자리에 종종 전치사구를 사용하기 때문이다. (예를 들어 '내 아들의 개'는 세 음절; 'el perro de mi hijo'는 여섯 음절, mi는 hi가 따라오면 정확히 생략된다.) 스페인어에서 영어로 옮길 때 발생하는 단어나 음절 수의 자동적인 축소는 보통 미국 배우들의 더 느린 발음을 상쇄할 만큼 충분한 양이 되지 못한다

희곡에서는 가지치기 또한 필요하다. 왜냐하면 지중해 국가들(스페인, 이탈리아, 그리스)에서는, 그 각각의 언어들처럼, 연기 스타일이 북유럽이나 미국에서보다 훨씬 열정적이기 때문이다. 이러한 이유에서 웰워쓰는 대화가 지나치게 현란해 보이는 것을 방지하기 위하여 이들 로망스어의 자연적 감정을 약화시키라고 제안한다(웰워쓰, 1981: 144).

이런 요인들과는 별개로 스페인, 미국, 그리고 다른 나라들의 현대극에서는 연극의 길이를 줄이려는 경향이 나타난다. 종래 세 막으로 구성되었던 더 오래된 작품들은 이제 단지 한 번의 막간만 두고 줄여서 공연한다. 영화 상영에 발맞춰서 많은 연극들이 막간 하나 없이 상연되는 실정이다. 필립 보헴Philip Boehm은 "공연에 맞추기 위해 종종 행과 장면, 인물들이 송두리째 잘리고 대화는 재구성된다"(보헴, 2001: 27)고 말한다. 한편 슐츠는 실용적 관점이 아니라 학문적 관점에서, 독일과 오스트리아의 선호 추세에 맞추기 위해 연극이 두 시간 혹은 두 시간 반으로 축소되는 것에 대해 당혹감을 표현한다(슐츠, 1998: 186). 동일 언어 내의 현대화와 번역 양 쪽에서 연극은 거의 모든 곳에서 잘려 나가고 있다.

내가 스페인어와 영어의 비교에 공을 들인 이유는 이들이 내가 아는 한 최고의 극 언어 쌍이기 때문이다. 그러나 번역가들은 다른 언어 조합에서도 비슷한 문제에 부딪힐 것이다. 페네베르크는 독일어의 특성을 고려하면서 "하나의 번역물은 원작의 길이보다 더 길어져서는 안된다"고

우리에게 경고한다(페네베르크, 1980: 123). 더 나아가 그녀는 "연극의 상징, 대화, 연기 사이의 다양하고도 신중하게 짜인 관계를 고려해야한다"고 인지시킨다(1980: 125). 주버는 『욕망이라는 이름의 전차』의 독일어판을 분석하면서 페네베르크와 같은 결론에 도달한다. 만약 목표 언어에서의 말이 원작의 말보다 더 길다면 공연에 참가하는 이들은 그에 부합하는 연기의 속도를 늦출 것인지, 추가적인 행동이나 동작을 첨가시킬 것인지, 아니면 작품의 길이를 줄일 것인지를 결정해야 할 것이다(주버, 1980: 96). 페네베르크와 주버가 한 이러한 말들은 광범위한 의미를 띤다.

툴루즈의 미레이 대학 출판사가 출간한 양면 편집의 2개 언어 희곡 판은 우리가 두 텍스트의 각 페이지 길이를 비교해 볼 수 있는 기회를 제공한다. 기본적으로 많은 페이지가 불어와 스페인어에서 같았다. 다른 곳에는 불어가 항상 더 길었다.[5] 스페인의 연기 스타일이 불어보다 더 빠르다는 사실을 제외하면, 인쇄된 페이지에서 보이는 차이는 불어의 묵음을 고려할 때 공연 시 그다지 문제가 되지 않는다. 그러나 불어 대사가 더 길 경우, 일부를 축약하는 것이 바람직할 것이다.

영어와 독일어의 경우는 더 분명하다. 만약 영어와 독일어의 대사가 비슷한 속도로 말해진다고 가정한다면 – 이 두 언어는 일반적으로 스페인어만큼 음절의 생략이 많지 않다 – 영어의 독일어 번역은 배우의 동작에 주의 깊게 맞추어 짜여져야 한다. 독일어 문장은 보통 영어 문장보다 길다. 영어에서는 주어 바로 다음에 동사가 따라 오지만 독일어는 동사가 문장 마지막에 온다는 사실도 이러한 점에 영향을 미칠 것이다. 레바 고스탠드가 말하듯이 "독일어의 사례에서처럼 문장 안에서 단어가 차지하는 위치는 원문의 의미에 미묘하게 영향을 주거나 혹은 단어 자체의 표면적인 의미에 다른 부가적인 의미를 부여하므로 인물 묘사에 치명적일 수 있다"(고스탠드, 1980: 2). 일스 윈터는 독일어에서 문장 끝에 놓이는, 문법적으로 바른 동사의 위치는 만일 번역가가 어떤 방책을 찾지 못할 경우, "극적인 말의 효과를 약화시킬 수 있다"는 의견을 피력한다. 일스는 『햄릿』에서 그 사례를 찾아 제시한다.

> 호레이쇼, 하늘과 땅에는 자네의 철학으로는
> 꿈꿀 수 없는 것들이 더 많다네.

> There are more things in heaven and earth, Horatio,
> Than are dreamt of in your philosophy.

"나는 행의 끝에 놓인 'philosophy'가 실제로 햄릿의 핵심적인 메시지를 전달한다고 생각하는 편이다. 독일어라면 '꿈꾸다träumen'의 동사 변형 중 하나가 맨 마지막에 놓일 것이다. 그렇게 되면 영어에서와 같은 효과가 나타나지 않는다"(윈터, 사적인 대화, 2004).

이 책의 앞에서 내가 '다양한 목소리들'에 대해 말한 것은 아주 숙고한 결과였다. 어떤 연극은 비슷하게 들리는 여러 등장인물을 요구할 지 모르지만 대부분은 그렇지 않다. 실력 있는 극작가는 각각의 인물에게 그/그녀만의 목소리를 내게 한다. 훌륭한 번역에는 그러한 구별짓기 differentiation가 나타나 있다. 그리고 실력있는 번역가는 극작가가 목소리의 차이화를 효과적으로 달성하지 못했다면 이러한 구별짓기를 강화시킬 수 있을 것이다. 그렇게 해서 좋은 자질을 지닌 한 연극이 오히려 더 공연 가치가 높은 번역 텍스트로 탈바꿈한다. 펄버스는 번역가는 반드시 작품이 어떻게 연출될 지에 대해 명확한 생각이 있어야 한다고 믿는다. "연극을 번역할 때는 한편으로 번역을 하면서 다른 한 편으로 머리속에서 그것을 연출해야 한다. 번역된 언어는 납득할 수 있는 것이어야 하며, 등장인물들은 뚜렷한 언어적 성향을 가지고 있어야 한다"(펄버스, 1984: 24).

내가 장 부쇼Jean Bouchaud의 『왜 그렇게 했니?』*C'était comment déjà*를 번역할 때 각각 다른 세대인 세 명의 여성 인물을 다루어야 했다. 노년의 여성이 사용하는 사투리는 내가 기억하고 있는 어머니의 말투를 적용하였다. 중년 여성의 목소리는 나의 것이었으며, 젊은 여성에게서는 내 딸의 말투를 듣는 듯했다. 나는 활동하는 모든 극 번역가들이 이와 비슷하게 분명히 여러 가지 목소리들을 들으면서 자신들이 번역하는 부분을 만들어간다고 생각한다. 그 목소리는 가족이나 친구, 혹은 길거리나 텔레비전에서 말하는 걸 들었던 사람들의 것일 수도 있고, 그 역할에 적합해 보이거나 연기 스타일이 마음에 와 닿았던 배우의 목소리일 수도 있다.

이처럼 필수적인 등장 인물간의 구별짓기 때문에 세심한 번역가들은 단순한 편집자들로 인해 쉽게 조바심을 친다. 이안 리드Ian Reid는 번역가와 제작자가 "한 텍스트를 표면적으로만 땜질하는 것은 – 아무리 좋은 의도를 갖고 수정한 것일지라도 – 심각한 결과를 낳을 수 있다는 사실을 책임감있게 의식할 필요가 있다"(리드, 1980: 82)고 현명한 조언을 한다. 이러한 조언은 편집자들에게도 유효하다.

나는 알론소 데 산토스의 『마라케쉬로의 하행』을 번역하면서 중산층 대학생인 엘레나가 사회의 주변인으로 사는 추사보다 더 정제된 언어를 구사한다는 사실을 발견하였다. 내 번역의 편집자 교정본에서는 추사의 대사를 걸러내어 두 여성의 대사를 엇비슷하게 만들어 버려 나는 이를 거부하였다. 엔리크 예페스가 발렌시아 저널 『예술극』의 특별판을 위해 랜포드 윌슨의 『유키아』를 번역할 때, 그는 주인공인 켄터키 출신의 정신지체 마굿간지기 소년의 어눌한 말투를 손질하여 특정한 지역 사투리를 조심스럽게 피해갔다. 나는 이 발행물의 공동 편집자로서 그 스페인판 편집자가 소년의 문법을 바로잡으려는 잘못된 열정을 쏟는 것에서 손을 떼도록 할 수 있었다.

카탈로니아어 번역가 펠리유 포르모사는 매우 좋은 지적을 한다. 번역가는 때때로 인물의 말투를 포착하기 위하여, 특히 원본의 것과 비견될 만한 개성적인 오류를 첨가할 때 부정확한 언어를 사용해야 한다는 것이다.(포르모사, 2002: 50). 욘 캠브리랭은 한 특정한 예로 파스빈더의 『쓰레기, 도시 그리고 죽음』에서 '대중적인' 것으로 보이는 매춘부의 말투를 예로 든다. 캠브리랭은 그의 불어 번역인 *Les Ordures la ville et la mort*에서 "훌륭한 불어"처럼 들리는 "더 나은 대사"로 윤색하고 싶은 유혹에 저항하였다. 그는 번역가들은 때때로 '훌륭한 아름다운 불어'를 손상시켜야 한다는 결론을 내린다.

『유키아』의 배경이 그대로 켄터키로 유지되었으며 그 『예술극』의 판이 루이스빌의 액터스씨어터에 나온 10분 극 중 12개의 번역 ‒ 각색이 아니라 ‒ 으로 구성되었다는 사실은 우리의 논의와 연관이 있다. 때로는 어떤 연극의 무대를 대상 관객에게 좀 더 친숙한 배경으로 바꾸는 것이 적절할 수도 있다. 유키아의 이름을 바꾸고 그를 스페인의 교육받지 못한 시골 노동자로 바꾸었을 수도 있을 것이다. 그러면서도 그 기본적인 이야기는 같을 수 있었을 것이다. 그러나 이 특별판의 목적은 『예술극』의 독자들이 미국의 당대 단편극과 친해지게 하기 위함이었고, 그래서 미국식 배경과 인물들은 고스란히 유지되었다.[6]

번역과 각색의 다른 점은 무엇인가? J. C. 산토요는 한 세부적인 유형론에서 방대한 영역을 자세히 설명했다. 그는 '번역'을 다른 언어로 옮기는 충실하고 문학적인 번역 솜씨로(산토요, 1989: 103), '개작version'을 공연의 필수사항을 고려한 번역으로(1989: 102), 그리고 '각색'을 "텍스트와 무대 위에서 이해받기 어려운 모든 양식을 조작"한다는 의미로 사용되어 온 용어로(1989: 103) 정의한다.

본문의 변화가 거의 없는 것까지 포함되는 각색은 한 연극의 기본적인 의미를 근본적으로 변경해 버리기도 한다. 리드는 장 아누이Jean Anouilh의 『안티고네』를 불어에서 영어로 번역한 루이스 갈란티에르Lewis Galantière의 두 번역본을 비교하였다. 1946년 뉴욕에서 공연되었던 첫 판본의 서두는 "이제 크레온이 왕이다. 공포시대가 시작되었다 And now Creon is King. A reign of terror has begun"이다. 1949년 런던에서 상연된 개정판에서는 "이제 테베는 평화를 맞았다. 크레온이 왕이다 Now Thebes is at peace and Creon is King"(리드, 1980: 86)고 말한다. 리드는 뒤의 번역이 원문에 충실한 것이며 미국 관객들은 다른 연극을 본 것이라는 결론을 내린다 (리드, 1980: 90).

산토요는 각색의 목적은 대상 관객에게 원문에 상응하는 효과를 달성하기 위해 원문을 자연화 혹은 국내화시키는 것일 거라고 말한다(산토요, 1989: 104). 테리 헤일과 캐롤 앤 업톤Carole-Anne Upton에 따르면, "원문의 외국화 혹은 국내화에 따르는 딜레마는 모든 문학 번역가들이 공유하는 딜레마이다. 비록 재설정에 대한 결정이 개인적인 독서용으로 기획된 텍스트보다 공연용 텍스트에 실질적으로 더 당연한 귀결이더라도 말이다" (헤일 & 업톤, 2000: 7).

산토요의 척도에서 기술된 두 가지 극단적인 대영제국에 대한 묘사는 그윈 에드워즈와 데이비드 존스톤이 각각 페데리코 가르시아 로르카 (1898-1936)와 라몽 델 바예 잉클란에 대해 택한 접근법과 맞먹는다.

에드워즈는 가르시아 로르카의 영국 공연에 대해 논평하는 중에 상대적으로 문학적인 번역에 대한 자신의 선호를 드러내면서 그 적절한 사례로 1987년 메사추세츠 상연을 위한 그의 『피의 결혼식』을 제시한다. 당시 에드워즈는 "그 연극의 스페인적인 정수"를 가능한 정확하게 전달하기를 바랬다(에드워즈, 1988: 344). 그는 로르카의 특별한 세상을 "구성하는 음식, 의상, 집, 기후, 꽃, 식물, 풍경, 관습 및 다른 사물들에 대한 정확한 번역"(1988: 345)을 추구하였다. 그런 연유에서 에드워즈는 '에스파르토'[아프리카 수염새 – 역자 주]라는 단어가 드물게 사용됨에도 불구하고 "에스파르토의 즐거운 추수"라는 자신의 문학적 번역이 제임스 그래함 루한과 리처드 L. 오코넬의 1945년 번역판에 사용한 표현인 '대마 수확hemp harvest'보다 더 낫다고 말한다(에드워즈, 1988: 355).

내가 2004년 봄에 고급번역 반에서 이 구절을 시험해 보았을 때, 내 학생들은 '대마 수확'이란 말에 웃음을 터트렸는데, 그들에게 '대마 수확'이란 마리화나를 의미하기 때문이었다. 오늘날 이 1945년 번역판으로 공연하는 사람이라면 현재 일반적으로 사용되는 그 단어의 의미를 감안해야 할 터이다. 학생들은 '에스파르토'가 무엇을 의미하는지 전혀 몰랐다. 알란 토마스Alan Thomas가 지적하다시피, "실제로 직역을 시도하면 투명성이 아니라 불투명성을 만들어낸다"(토마스, 1998: 4). 식물군이나 동물군에 대한 특정한 용어를 쓰게 되면, 극을 보는 관객은 그들과 거리가 있는 한 작가의 특별한 세계를 조망하는 데 완전히 실패할지도 모른다.

존스톤은 바예 잉클란의 몇몇 극들을 각색하면서 에드워드와는 반대되는 입장을 취한다. 존스톤은 극에서 연기 등장인물을 아일랜드 식으로 옮긴다. 그는 다음과 같이 설명한다.

아일랜드 식의 어조가 바예의 극 속에 나오는, 섹스와 원죄, 범죄, 그리고 구원에 사로잡힌 시골지방 갈리시아에 대한 생생한 문화적 등가어를 제공했을 뿐만 아니라, 마드리드의 관객들이 원래의 극을 볼 때 느꼈을 언어적 경험을 동일하게 재창조하리라는 생각이 들었다.[7] (존스톤, 1998: 41)

존스톤은 『성스러운 꽃』과 『보헤미아의 빛』을 BBC 라디오4에서 방송하기 위한 각색작업에서 이러한 변화를 시도하였다. 그는 『보헤미아의 빛』의 배경을 1915년 더블린으로 옮겼고 등장인물에 아일랜드 식 이름을 붙였다. 돈 라티노는 스위니가, 피카 라가르토스는 멀리건이 되었다. 그리고 바예 잉클란의 주요 개념인 에스페르펜토esperpento를 명확히 하는 문제를 해결했다. 그는 그저 이 단어가 가진 그로테스크한 암시를 강조하기 위하여 그럴싸하게 꾸미거나 과잉번역하며 심미적으로 변형시키는 데 그치지 않고, 아일랜드 게일어 '에인리오치탄ainriochtan'을 사용하였다. 그리하여 스위니는 말한다. "에인리오치탄, 멀리간 씨. 에인리오치탄. 그로테스한 것, 바로 그거야. Ainriochtan, Mr Mulligan. Ainriochtan. A groteskery, that's what it is"(존스톤, 1998: 44). 이것이야말로 온전히 에드워드가 찾으려고 했던 그 '스페인적인 것'이다.

각색이란 다양한 형태를 지니는 단골 전략이다. 프란츠 링크는 종류가 다른 극장에서 극을 공연하기 위해 무대지시문을 바꾸는 것에 대해 말한다. 예를 들어, 현대의 극장에서 그리스 비극을 상연하는 것도 일종의 각색이다(링크, 1980: 34).[8] 리드는 상당한 삭제와 첨가를 행한 극은 어떤 것이나 각색에 해당된다고 본다(리드, 1980: 82). 파스칼 포강은 1990년 당시 10년 전에 쓰여진 팔로마 페드레로의 『로렌의 라마다』를 불어로 번역하면서 아내가 바깥일을 하는 것에 대한 남편의 반대를 아내가 대학을 먼저 마치기를 바라는 남편의 바램이라는 설정으로 바꾸었다고 말한다. 포강의 각색은 민주화된 스페인의 새로운 사회적 패턴을 반영한 것이었다. 미구엘 사엔즈는 마드리드에서 완전히 멕시코 식으로 각색된 하인리히 폰 클라이스트의 19세기 초기 극인 『깨어진 항아리』에 대해, "텍스트와 배우, 그리고 방향설정의 질"에서 그 각색은 놀랍도록 잘 이루어졌다고 이야기한다.

때때로 각색은 한 특정한 연극의 유일한 행로가 될 수도 있다. 그 독일 연극의 멕시코 버전은 이례적인 것이었지만 이브 엔슬러Eve Ensler의 『버자이너 모놀로그』의 경우는 각색이 상례로 되어왔다. 이 연극의 대사들은 속어와 지역의 명칭들로 가득 차 있기 때문이다. 국제적인 성공을 거둔 이 연극은 2002년에 마드리드와 파리, 두 곳 모두에서 두 번째 공연 시즌을 맞았다. 빅터 크레머Victor Cremer의 스페인 버전은 영리한 개작의 표본을 무수히 담고 있다. 그레이트 넥, 웨체스터, 뉴저지는 이곳들에서 쓰는 버자이너에 해당하는 구어적인 특징들과 더불어 스페인의 다양한 지역명으로 변환되었다. 스페인에서 버자이너를 지칭하는 대표적인 속어인 '코노cono'는 남자들만큼이나 여자들 사이에서도 많이 쓰이는, 일반화되고 상대적으로 순화된 비속어인데, 그것은 영어의 '컨트cunt' 보다 더 광범위한 코믹한 뉘앙스를 제공한다. 크레머의 번역본은 그러한 가능성을 풍부하게 이용하고 있으며, 배우들은 한 스페인 공연 중 가장 우스꽝스런 순간에 '코노'의 두 음절을 리드미컬하게 부르면서 관객들을 참여시켰다. 루이스 폰 플로토Luise Von Flotow가 지적하듯 불어에서 '콘con'은 그 원래의 의미를 잃어버리고 이제는 '약한 남자'를 지칭한다. 프랑스 페미니스트들은 원래 여성의 생식기를 지시하는 그 말의 뜻을 되찾아 주어야 한다고 주장한다(본 플로토, 1997: 18-19). 『버자이너 모놀로그』는 이것들을 가능케 하는 단초를 제공했다.

번역 대 각색에 관한 최근 논의는 탈식민주의로부터 영감을 얻어 어떻게 서구의 작가들이 다른 나라의 신화를 전유해 왔는지, 또 그 나라 작가들은 서구의 고전에 얼마나 동화되었는지에 초점을 맞추고 있다. 이러한 문화 간 교류 활동의 일부는 어떤 구체적인 필요들에 대한 의도적인 반응일 수도 있는데, 여성들의 극에서 종종 그러하다. 줄리 홀리지Julie Holledge와 조안 톰킨스Joanne Tompkins는 유럽의 텍스트가 어떻게 "일본, 중국, 이란, 아르헨티나 여성들의 정치적 투쟁에 기여했는지"를 탐구한다. "이러한 텍스트들은 미학적인 이유에서뿐만 아니라 명백히 사회 정치적인 이유로 번역되거나 각색되거나 완전히 개작되었다"고 말한다(홀리지 & 톰킨스, 2000: 19).

때때로 한편으론 원본에 대한 상대적 충실성을, 다른 한편으론 상대적으로 자유로운 각색을 옹호할 수도 있지만, 이 장에서 권장하는 구체적 번역물의 대부분은 산토요의 스펙트럼에서 중심을 이루는 공연 가능성에 역점을 둔 것들이다. 반세기도 더 전에 프랑스에서 — '각색'이라는 용어가 2장에서 논의된 극작가–번역가 신드롬과 연관되기 전에 — 에드먼드 캐리는 성공적인 극 번역물이 대개의 경우 어떻게 중간지점을 택하게 되는지에 대해 날카롭게 지적했다. 한 연극이 동서고금을 초월하여 공명을 일으킬 수 있는 방식을 고려하면서 캐리는 다음과 같이 주장한다:

> 극 번역은 . . . 주어진 시간, 주어진 공간에서 피와 살을 가진 관객 앞에서 공연하기 위한 것으로 간주된다. 그것은 하나의 살아있는 작품이거나, 아니면 간단히 그 반대이다. 그런 연유로 극 번역은 자주 각색이라는 딱지를 더 선호한다. 그 각색이 겸손하고도 매우 정중한 태도로 원작에 접

근하는 것으로 드러날 때조차도 말이다. 직관적으로, 극 번역가는 고전 텍스트를 다루는 학문적 번역가와 반대되는 태도를 취한다.

(캐리, 1986: 53)

번역가들이 가능한 한 원본에 충실하고 싶어함에도 불구하고, 번역에는 창의적인 각색이 요구되는 언어적 요소들이 무수히 존재한다. 몇몇 번역가들이 내 질문지에 대해 대답한 바처럼, 번역에서 고난위도의 문제 중 하나는 사투리이다.[9] 사투리는 또한 『예술극』 프로젝트의 관심사이기도 했다. 스페인어로 번역할 십여 개의 미국 단막극 중 네 편의 작품이 특히 사투리(언어적 차원에서)나 개인어(개인 발화의 차원에서)라는 주요 문제를 노출하였다.

우리는 앞서 윌슨의 『유키아』를 언급했는데, 예페스가 이 작품의 비표준적인 미국의 지역 영어를 지리적으로 중성적인 스페인어로 세심히 바꾸었다. 마고 리베라Margot Revera는 린 노타지Lynn Mottage의 『휙!』에서 두 흑인 여성 인물의 사투리를 재창조하면서 유사한 방법을 선택했다. 제인 앤더슨Jane Anderson의 『새벽 3시의 르네』를 번역하면서 프란시스코 올리베로Francisco Olivero는 약간 다른 접근법을 사용해야 했다. 앤더슨 극의 세 인물 중 하나는 푸에르토리칸인데, 그는 말하는 중에 아무 스페인어 단어나 스페인어 이름을 끼워 넣으며, 그의 영어 문장 구조는 순 엉터리다. 올리베로는 푸에르토 리칸을 보면서 원천 텍스트에서 라틴 아메리카계 등장인물로 추정되는 사람의 언어 패턴이 잘못되었다는 사실을 발견했다. 그는 에스타반으로 표기된 이름의 철자를 고쳤을 뿐만 아니라, 에스테반의 스페인어 구사가 그의 민족성을 더 진정하게 반영하도록 다듬었다. 그는 에스테반이 때때로 영어로 언어변환을 하게 함으로써 앤더슨의

2개언어 극을 보완했다. (2개언어 극의 변주에 관해서는 5장에서 큰 비중을 두고 다룰 것이다.)

영국을 배경으로 하는 리차드 드레서Richard Dresser의 『숙소』는 전형적인 영국 영어를 쓰는 그 건물의 영국인 주인과 구어체를 쓰는 미국인 커플을 함께 등장시킨다. 번역가 카르멘 페레로Carmen Ferrero가 이런 서로 다른 악센트의 문제를 해결한 방법은 단지 무대지시문에서 악센트와 어조를 언급함으로써 미래의 배우들의 협력에 기대는 것이었다.

마뉴엘라 페르테겔라Manuela Perteghella는 에드워드 본드와 조지 버나드 쇼의 연극들을 독일어와 이탈리아어로 옮긴 번역물들에 대한 분석을 시발점으로, 방언과 속어를 바꿔 넣는 실현 가능한 전략에 대하여 다섯 가지의 유용한 정의를 개발했다. 이 정의들에는 방언 편집dialect compilation, 유사 방언 번역pseudo-dialect translation, 평행적 방언 번역parallel dialect translation, 방언 지역화dialect localization, 표준화standardization가 속한다(페르테겔라, 2002: 50 -51).

페르테겔라의 분류에 따르면, 방언 편집은 극의 원래 설정과 배경은 유지하지만 목표 방언target dialect이나 관용구를 섞어 짜 넣는다. 그녀는 그 결과 번역이 너무 지나치게 지역적이어서 넓은 관객층에 가 닿기 힘들지도 모른다는 단서를 단다. 유사 방언 번역에서는 이름과 문화적 지시어들이 유지되며, 번역가는 널리 받아들여질 만한 허구적이면서 비특정적인 방언을 만들어 낸다. 공연에서 배우들은 지방 악센트를 쓴다. 앞서 살펴 본 예들 가운데, 『유키아』와 『휙!』의 번역이 이 두 번째 범주에 속한다.

평행적 방언 번역 역시 원본의 이름과 문화적 지시어들을 그대로 유지하지만 이 번역은 특정한 목표 방언, 보통 원본의 방언과 유사한 함축을 지닌 것을 의도적으로 사용한다. 배우들은 자신들의 지방 악센트로 말을 할 것이다. 페르타겔라는 이러한 번역극이 모호하게 관객들의 문화에 속한 것으로 인식될 가능성이 있다고 본다. 링크가 "극은 항상 관객이 사는 그 나라의 일부에서 비슷한 처지의 사회집단이 쓰는 것으로 인식되는 방언으로 번역되어야만 한다"(링크, 1980: 29)라고 말할 때 그는 평행적 방언 번역을 염두에 두고 있다. 이런 번역에서 지역적 지시어는 처지에 부합되는 변경을 필요로 할 것이다.

올리베로가 연출한 『새벽 3시의 르네』는 평행적 방언 번역의 특수한 경우로 보인다. 2개 국어 사용자인 푸에르토 리칸이라는 등장인물은 영어와 스페인어의 사용 세계에서 똑같이 잘 지낼 수 있다. 그는 카리브 지역에서 스페인으로 유입해 들어온 이민자들과 함께, 뉴욕에서 사는 것만큼이나 편안하게 마드리드에서 살아간다. 페테르겔라가 평행적 방언 번역의 더 전형적인 사례로 드는 것은 빌 핀들레이가 캐나다 불어 텍스트를 스코틀랜드의 관객용으로 번역하면서 행한 실험들이다. 핀들레이는 스코틀랜드가 잉글랜드보다 사투리로 번역하는 데 훨씬 우호적인 분위기를 제공한다는 주장을 설득력 있게 펼친다(핀들레이, 1996: 202). 그리고 스코틀랜드의 수많은 사투리는 균질화된 본토 영어와 달리 캐나다 불어의 다양한 악센트에 대한 등가어를 제공한다는 것이다(1996: 206).

페르테겔라의 네 번째 전략인 방언 지역화에는 자국화domestication 또는 문화적 변용acculturating이 포함된다. 이는 이름과 배경을 목표 문화에 해당하는 것으로 변화시키는데, 존스톤이 각색한 바예 잉클란의 『보헤미아의 빛』에서 잘 드러난다. 이러한 종류의 각색의 반대편에 표준화가 있다. 표준화는 경우에 따라 구어체주의를 적용하지만 기본적으로는 방언의 완전한 사용을 고려하지 않는다. 페테르겔라는 이 전략이 학문적 번역에서는 소용이 있을지 모르지만, 공연의 경우 "인물화가 힘을 잃고 대사는 본래의 음악성과 색채를 일부 잃게 될 것이다"고 경고한다(페테르겔라, 2002: 51).

페레로의 번역 『숙소』는 표준화의 관점에서 볼 수 있을 터이다. 그녀는 영국 영어와 미국 영어를 카스틸리아어와 라틴계 스페인어의 변형으로 대체하고 싶은 유혹에 저항한다. 대신 그녀는 배우들에게 의지하여 인물의 출신지 차이를 전달하게 한다. 그녀의 해결책은 바예 잉클란의 『성스러운 꽃』에서 마리아 델가도가 취한 방법과 비슷하다. 델가도는 표준 영어를 쓰지만 자신의 번역본에서 해당 부분을 아일랜드 배우가 연기해야 한다고 권장한다(존스톤, 1996: 40 재인용).

비록 핀들레이는 방언 번역에서 스코틀랜드가 잉글랜드보다 더 개방적이라고 믿고 있지만, 보헴은 미국에서보다 영국에서 지역주의가 더 잘 보장된다는 점을 지적한다. 정말로 "영국에는 진정한 사투리가 아주 많기 때문"(보헴, 2001: 28)이라는 것이다. 또한 보헴은 영국식 영어는 계급적으로 코드화 돼 있어서 체홉 같은 극작가를 번역할 때 미국 영어보다 이점을 가지고 있다고 설명한다. "대서양 이편의 극단들[영국 극단들]은 흔히 영국의 일반 무대 관행에 따라 가짜 귀족 악센트를 흉내 내며 계급성을 전달하려고 하는데, 그건 딱 들어맞는데 아니라 오히려 역효과를 내는 전략에 가깝다."(2001: 28).

번역가는 사투리 문제를 해결하기 위해 어떤 전략을 취할지를 결정할 때, 이종문화간 번역intercultural translation에 관한 파트리스 파비스의 보다 일반적인 논의를 염두에 두는 게 좋다. 번역가는 원천 문화와 목표 문화간의 거리를 산정해야 하며, "원천 문화를 유지하려고 너무 애쓰는 것"은 텍스트를 읽기 어렵게 하고 그렇다고 너무 무난하게 하는 것은 원전을 알 수 없게 만들 수 있다는 점을 깨달아야 한다(파비스, 1989: 37). 파비스는 "전적으로 목표 문화에 맞게 각색하는 것은 원천 텍스트와 원천 문화에 대한 겸손한 자세를 저버리게 할 수 있다"고 주의를 주면서 다시 한번 중도를 지키라고 권고한다(1989: 38). 시르쿠 알토넨은 번역이란 외래의 것에 대한 싸움을 의미한다고 역설한다. "이러한 이유로, 완전한 번역은 언제나 원천 텍스트의 반영이라기보다 문화 수용의 반영일 것이다"(알토넨, 2000: 114).

속어라는 광범위한 영역을 다루는 전략은 사투리를 다루는 전략과 매우 밀접하게 관련된다. 페르테겔라는 그녀의 연구에서 이 두 가지 언어적 문제들을 결합한다. 이 두 언어 모두 특정한 지리적 공간의 문제이지만, 속어는 다루기가 더 어렵다. 홀트는 다른 언어간의 결합에서도 마찬가지로 적용되는 유용한 제안을 한다.

> 속어 번역은 까다로운 점이 있다. 왜냐하면 스페인어 표현을 영어로 바꾸게 되면 스페인이 아닌 다른 배경에서 나온 연극처럼 들리는 지엽적인 속어를 만들어 낼 위험을 무릅써야 하기 때문이다. 다시 말해, 그 연극이 스페인이나 혹은 다른 나라에서 만들어졌다면, 뉴욕시의 속어를 사용하면 어색해질 수 있다. 또한 속어는 끊임없이 진화하기 때문에 시기성에 민감한 번역작업의 일부가 될 수 있는 것이다.

나는 이미 1장에서 이 문제에 대해 암시한 바 있다. 내가『마라케쉬로의 하행』에서 사용한 속어가 미국의 다른 어떤 지역에서 공연할 경우보다 뉴욕 지역에서 더 잘 통한다는 점을 인정한다.

등장인물이 극 중 내내 길거리 언어나 속어로 말할 때 번역가는 재빠르게 그 점을 알아채 문제를 해결하는 작업에 착수한다. 몇몇 속어 표현

들이 눈치도 못 챌 정도로 흘러나오는 경우는 더 위험하다. 이때 요구되
는 전략은 다른 관용어와 구어에 대한 대처와 동일하다. 의도한 의미를
정확히 알아내기 위해 텍스트를 극도로 주의하며 검토해야 한다. 샤론
카르니크는 부라프스키Burasky의 『러시아어 교사』에서 그 사례를 보여준
다. "주인공은 '하얀 표'(직역)를 잡아당긴다. 그건 그가 군입대에 부적합
판정을 받았으며, 즉 '4F'라는 의미였다." 카르니크는 목표 언어에서 적절
한 구어적 표현을 정확하게 찾아냈다. 다음은 욜란다 팔린Yolanda Pallin의
『신혼여행』Luna de miel의 시작 장면에서 신랑이 신부에게 하는 말이다. 신
부를 안고 문지방을 넘어 간 순간, "¿Te quieres quedar conmigo?"라고 말
한다. 직역하면 "나와 함께 있고 싶어요?"인데, 그 상황에서는 전혀 뜬금
없는 소리이다. 그가 정작 하려던 말은, 그녀가 그 전에 한 말에 대한 대
답으로, "장난해?"였다.[10]

  직역한 표현이 맥락상 무의미한 것일 때는 언제나 그것이 표면적으로
말해지고 있는 것을 의미하지 않을 가능성이 많다. 그런 어휘들은 전체
적인 맥락 속에서 관용구를 이룰 것이다. 즉, 단어는 일대일로 번역되지
않는다.[11] 번역가는 속어 사전에 투자하고 구어체에 대한 감각을 잃지 않
고 있는 원어민과 원천 언어에 대해 상담하는 것이 좋다.

  따로 떨어진 구어체 표현을 오역할 가능성은 모든 번역에 존재한다.
그래서 항상 적당한 전문적 식견을 가진 사람이라도 한 작품을 반복해서
읽도록 하는 것이 현명하다. 현존하는 작가와 같이 읽고 의문점을 해결
할 수 있다면 더욱 좋다. 1991년, 나는 페이스 대학 공연을 앞두고 팔로
마 페드레로의 단막극 3편을 번역하고 있을 당시, 페드레로와 2개 국어
사용자인 그녀의 친구를 만날 기회가 있었다. 팔로마가 스페인어로 한
줄을 읽고 나면 내가 같은 줄의 내 번역을 읽었다. 그때 팔로마와 친구가

양쪽 모두 웃음을 터뜨리면 우리는 계속 진행했다. 만일 한쪽에서 웃는데 다른 쪽에서 웃지 않으면 우리는 멈추고 무엇이 잘못됐는지 찾아냈다. 그 유용한 만남에서 나는 처음으로 구어인 'quedarse con alguien'[누구와 함께 머물다―역자 주]의 스페인어 의미를 알게 되었다.

한번도 관용구를 오독하지 않고 그로 인해 터무니없는 실수도 저지르지 않는 번역가가 과연 존재할까? 그럴 수 없다고 본다. 번역의 오류는 불가피한 만큼 유감스러운 것이긴 하나, 그 오류는 확실히 글로 읽을 때보다 공연에서 훨씬 더 두드러지고 당혹스럽게 느껴진다. 독자 개개인은 오류를 그냥 지나치거나 빨리 잊어버릴지 모르지만, 무대 위에서 의도하지 않게 저지른 몹쓸 실수는 모든 관객들 앞에 동시에 드러난다. 이러한 예가 바로 2003년 9월 기센 시의 시립극장에서 에르네스토 카발레로의 『오토』를 초연한 『승천』*Aufgefahren*이다. 이 연극의 제작은 기센 시의 대학이 후원하는 현대 스페인극을 위한 대회의에 맞춘 것이었고 그 자리에 작가도 참석하였다.

이 스페인어 작품은 현대판 '성찬신비극'(성찬극)이었다. 네 명의 등장인물은 자동차 사고로 막 죽었는데, 그들은 자신이 죽었다는 사실을 깨닫지 못한다. 극이 끝나갈 무렵, 긴 침묵이 있은 후에 "ha pasado un ángel"라는 관용구에 대한 다섯 줄의 대사가 이어진다(카발레로, 1994: 32). 이 말을 문자 그대로 옮기면 '천사가 지나간다'라는 의미이지만, 유창한 스페인어 원어민이나 2개 국어에 박식한 사람이라면 이 표현이 대화 중의 침묵을 의미한다는 것을 알아챘을 것이다. 게다가 이 표현을 쓴 인물은 바로 자기의 남편에게 그것은 "una frase hecha"라는 관용구라고 분명히 밝혔다. 『오토』의 문맥 안에서 "ha pasado un . . . ángel"은 제목이 암시하듯, 하나의 차원 이상의 기능을 한다. 불행히도 번역가는 이 문제를 깨닫지 못했다. 영어와 마찬가지로 독일어로 있는 그대로 번역하자 기본적 의미는 사라지고 실제 천사의 존재를 가리키는 것처럼 보였다. 이 번역을 그대로 취했던 연출가는 그 단어에 생명을 불어넣기 위한 시도로 다섯 번째 등장인물을 끼워 넣었다. 그건 바로 상자tray를 들고 가는 사신(死神)이었는데, 그는 나중에 무대인사 때 다른 배우들과 함께 나오기도 했다. 관용구의 원래 의미를 놓쳤다는 것은 차치하고라도, 천사의 형상은 저승세계에서 등장인물들을 기다리는 자로 원작에서 그려진 것보다 훨씬 구체적으로 묘사되었다. 작가를 비롯해 원작을 알고 있었던 관객들은 어리둥절해 했다.

텍스트 안에서 문자적 지시어literary references는, 구어 표현에서와 마찬가지로, 번역가가 눈치 채지 못한 채 스쳐 지나갈 수도 있다. 그 결과 번역가는 그것이 암시하는 바를 적절히 옮기지 못한다. 원작자가 상호텍스트를 의도적으로 잘못 인용하지 않는 한, 번역가는 인용 구문을 구별해서 원래의 표현을 사용하거나, 혹은, 목표 언어에 맞는 번역어가 있다면 그것을 사용해야 한다. 가능한 한 번역된 부분은 번역하지 않아야 한다. (인용된 구문이 여전히 저작권에 묶여 있다면 그 극을 상연하는 극단이나 출판하는 출판업자는 저작권 사용 허가를 받아야 한다.) 내가 윌리엄 셰익스피어의 이름이 달린 극들의 실제 작가에 대해 다루고 있는 살롬의 희극『또 다른 윌리엄』을 번역할 때, 주인공의 유명한 대사는 그대로 유지해야 한다는 원칙이 제시되었다.[12] 살롬은 그의 모든 셰익스피어 인용과 참고자료를 적어 놓은 목록을 나에게 주어 내 작업을 용이하게 해주었다. 원전의 대사를 따라 내려가는 것은 쉬웠다. 반대로, 홀트는 산치스 시니스테라의 『고용된 독자』 El lector por horas의 번역이 그가 마주친 가장 어려운 난관이 될 것이라고 생각했다.

[그 작품은] 미국과 영국(포크너, 콘래드), 프랑스(플로베르), 그리고 이탈리아(라페두사)의 문학에서 따온 구절들을 담고 있다. 이러한 원작의 구절들을 배치하는 일은, 번역작업이 흔히 그렇듯이, 소모적이고 좀체 완성되지 않는 일이었다. 원래 영어로 된 작품에서 인용하는 건 상대적으로 쉬운 일이다. 하지만, 스페인어 연극에서 나타나는 이탈리아 인용이라면 어떤가? 스페인어로 된 것을 번역해야 하는가, 아니면 이탈리아 원전을 번역해야 하는가?

실제로 인용이 아니고 분명히 문자적인 지시어는 아마 더 어려울 터이다. 1998년 애틀란타에서 상연한 브레히트의 『도시의 정글 속에서』를 번역한 보햄은, 랜포드 윌슨 같은 극작가의 구어체를 번역하는 일은 "랭보를 다시-쓰기 하는 브레히트의 등장인물을 번역하는 것보다" 더 쉽다고 말한다. 문제는 독일어로 프랑스 시인의 어조를 재창조하려는 브레히트의 노력을, 영어로 재창조하는 일이다.

　미국 관객들은 아마 랭보는 시대에 동떨어졌다고 생각할지 모르겠다. 리 블레싱Lee Blessing의 『차가운 물』에는 알렉산더 포프에 대한 참고문헌이 길게 달려있다. 『예술극』 프로젝트를 위한 텍스트를 번역한 스페인의 조안 토레스 푸Joan Torres-Pou는 스페인 관객들이 포프에 대해 전혀 아는 바가 없을 것임을 확신하면서도 이 참고자료를 그대로 두었다. 그는 당시 '생동감 있는 등가성'dynamic equivalence 개념을 따르고 있었다고 설명했다. 블레싱의 주인공은 자신의 문학 수업반 학생들이 포프에 대해서 아무것도 모르며 그 주제에 대해 아무 관심이 없다고 불평한다. 18세기의 한 주요 영국 시인에 대한 그들의 무지는 어김없이 스페인 관객들에게도 투사될 것이고, 미국 관객들의 경우도 마찬가지이다.

　도마의 『코끼리 무덤』Le Cimetière des elephants에는 세 가지의 이차적인 문학 참조가 포함되는데, 이것들 각각은 다른 방식의 해결책이 필요하다. 두 노파 중 한 명이 눈이 멀어가는 다른 노파에게 책을 읽어준다. 그녀가 읽는 코믹하고 괴기스러운 소설은 도마 자신의 창작품으로, 번역가는 그것을 하나의 독창적 은유로서 충실하게 옮겨야 한다.[13] 또 다른 인물은 한때 유명한 여배우였는데 그녀의 등장은 매번 극적이다. 연극적인 어조와 몸짓을 취하며, 대화와 연관되는 시 구절들을 암송한다. 그녀가 첫 번째로 암송한 시는 폴 발레리의 시 <해변의 묘지>의 두 행이다. 비록 양쪽 언어의 관중들이 원작이 뭔지 알지 못한다 하더라도, 한 무덤과 또 다른 무덤 간의 연결성은 명백히 드러난다. 나는 C. 데이 루이스C. Day Lewis가 번역한 발레리의 번역 출판본을 이용하여 원본 연극의 패턴을 고수하며 텍스트 속에 그의 번역을 엮어 넣었다. 여기서 진짜 문제는 이 인물이 라신의 『페드르』에 나오는 시귀들을 반복해서 사용한다는 점이었다. 그녀를 유명해지게 만들었던 바로 그 비극적 역할이었다.

프랑스 관객들은 라신의 문체와 『페드르』에 대해 알고 있을 것이다. 미국 관객들이 극중극에 대해 이에 맞먹는 지식을 가지고 있기를 기대할 수는 없는 일이다. 마리보의 『사랑의 승리』를 번역해 널리 호평을 받은 제임스 맥루더James Magruder는 라신은 번역불가능하다고 말하곤 했다. 루이스 노우라는 잘 된 라신 번역은 "크리켓 경기에서 레그 스피너만큼이나 드물다"(1984: 15)고 확신한다. 그들의 언급이 맞든 아니든, 내 견해로는, 폭 넓은 호평을 받는 『페드르』 영역본은 아직 없다. 만일 그 액자이야기에 대한 상호텍스트성을 인식하는 관객들의 능력을 무시하고 라신을 그대로 둔다면, 도마 극의 어떤 정수가 영어권 세계에서는 사라져버릴지도 모른다. 나는 연관이 있는 다른 텍스트를 찾기로 결심했다. 라신은 프랑스의 위대한 고전 비극 작가인 반면, 영어권 세계에서 그에 비견되는 인물은 셰익스피어다.

도마는 『페드르』의 시행들을 그의 극 세 부분에 끼워 넣었다. 이 상호 텍스트는 주인공의 고뇌가 보답 없는 사랑과 그녀의 죽음에의 열망으로 인한 것임을 강조한다. 이러한 죽음의 양상은 또한 액자 이야기 속의 나이 든 인물들의 일반적인 상황을 암시해 준다. 나는 작가의 허락을 얻어 『안토니와 클레오파트라』로 라신의 『페드르』를 대신했다. 페드르처럼, 클레오파트라는 불행한 애정사건으로 고통 받고 자살한다. 셰익스피어로부터 가져온 행들은 유사한 함축을 포함하며 도마의 대사에 자연스럽게 엮여 들어갔다.

로저 펄버스는 왜 그가 급진적인 해결책을 택해 이노우에 히사시Inoue Hisashi의 『도겐의 모험』의 대화 속에 수많은 영어 작품들을 엮어 넣었는지에 대해 설명한다.

> 카네히라는 한 연설에서 도겐에 대해 설명하는데 이는 고전적인 다른 문학적 참조들 투성이이다. 이 효과는 매우 희극적이다. 일본 관객들은 이것을 알아챈다. 그러나 우리는 그렇게 하지 못한다. 따라서 이 효과는 맥락의 이동을 통해서 유지시킬 수밖에 없다. 여기에 누군가 '일본적인 것'이 사라졌다고 이의를 제기한다면, 이는 그가 그 진짜 진의를 알지 못하거나, 아니면 극의 요점을 놓치고 있다는 뜻이다. (펄버스, 1984: 25)

극 번역에는 까다로운 문제에 대해 창의적인 해답을 찾는 재능이 필요하다. 클리포드 랜더스의 말처럼, "연극의 유머와 서스펜스, 풍자 혹은 압도적인 다른 여러 효과들을 유지하는 것은 필수적인 충족 조건이다. 이 일이 아무리 많은 원문의 수정을 야기한다 할지라도 말이다"(랜더스, 2001: 105). 펄버스는 히사시가 쓴 책 이름들이 원래의 관객들에게 일으켰던 것과 마찬가지로 자신의 목표관객에게 친숙하고 그래서 웃길 수 있는 이름으로 대체하면서 이와 같은 생각을 따랐던 것이다.

번역가들이 실제로 존재하는 문학작품 인용과 작가가 직접 지어 낸 인용을 구분할 필요가 있는 것처럼, 그들은 독창적인 것과 대별되는 상투적인 은유, 속담, 격언 등을 식별해야 한다. 어떤 표현이 작가가 직접 만들어낸 것일 때 번역가는 원작자의 저작권을 인정해야 한다. 고정된 표현을 번역하는 표준적인 방법은 목표 언어 안에서 그와 등가성을 지닌 표현을 찾는 것이다. 텍스트에서는 *entre la espada y la fared*(직역하자면, 칼과 벽 사이)라고 말하고 있지만, 우리는 "악마와 깊고 푸른 바다 사이"나 "바위와 거친 땅 사이"라고 쓸 것이다. 보통 이러한 접근이 잘 통한다. (실제로, 『오토』의 독일 버전에서 보았듯이, 숨겨진 뜻을 찾지 못하면 뜬금없이 무대 옆에서 천사가 등장한다.) 그래서 셰익스피어의 『끝이 좋으면 다 좋다』의 스페인 번역본은 제목을 직역하는 대신 "끝이 좋으면 시작이 나쁠 리 없다A buen fin no hay mal principio"라는 격언을 채택한다.

때때로 격언 대 격언 식으로 번역하는 것은 극문학 텍스트의 중요한 요소를 놓칠 우려가 있다. 산드라 메신저 싸이패스Sandra Messinger Cypess는 기호로서의 연극 제목에 관한 연구에서 하나의 고정된 표현은 그것의 등가적 의미를 초월하는 함의를 가질 수 있다고 지적했다. 그녀는 엘레나 가로Elena Garro의 *Andarse por las ramas*를 예로 드는데, 그 제목은 학계에서는 『변죽 울리다』*To Beat About the Bush*로 번역되었다. 가로의 연극에서 한 등장인물은 말 그대로 나무의 가지들 위로 걸어다닌다. '변죽 울리다'는 그러한 시각적 이미지를 전혀 잡아내지 못한다(싸이패스, 1985: 100-102). 번역가는 텍스트를 전체적으로 검토해서 작가가 어떤 표현을 비유적인 의미와 문자적 의미 둘 다를 염두에 두고 썼는지 알아내야 한다. 대상 언어에서 등가의 비유적 표현이 이 두 가지 기능을 만족시키지 못할 때는 적합한 새로운 표현을 만들어 낼 필요가 있다.

작가들 역시 '격언'을 만들 수 있다. 데이비드 조지는 카탈로니아 작가 조안 브로사Joan Brossa의 연극을 번역하는 것이 문제가 있었다고 회상한다. 이 이유는 바로 "속담이나 경구처럼 들리지만 사실은 지어낸 것이었으며, 진부한 대사와 강렬한 이미지 사이의 혼합은 당혹스러운" 표현들을 사용했기 때문이었단다.

자신이 시적 재능이 부족하다고 느끼고, 그래서 운문 연극verse plays들을 피하려고 애쓰는 번역가라 할지라도 여전히 평범한 대사들이 놓일 자리에 시 구절들이 산재해 있는 것을 발견할 것이다.[14] 홀트는 부예로 바예호의 『시녀들』에서 다음과 같은 짧은 풍자시를 맞닥뜨렸다.

Ya el pueblo doliente
Ilega a sospechar
no le echen gabelas
por el respirar. (부예로 바예호, 1997: 182)

그는 압운을 만들었고 약간 수정했지만 − 숨쉬는 데가 아니라 죽는 데 돈 − 등가의 효과를 낸다.

보는 데도 돈, 사는 데도 돈,
이젠 죽는 데도 돈을 내야겠네.

A tax to see, a tax to buy,
And soon we'll pay a tax to die. (부예로 바예호, 1987: 65)

노래 가사는 여기저기 흩어져 있는 시 구절보다 잠재적으로 더 큰 혼란을 일으킨다. 브라질 연극을 독일어로 옮기는 번역가인 헨리 소로우는 아우구스토 보알Augusto Boal의 『무지개를 찾아서』가, 대개는 노래들 때문에, 그가 다뤄온 텍스트 중 가장 어렵다고 말한다. 한편, 휴고 파비오는 노래 가사가 그 극의 연기에 아무런 효과를 갖지 못할 때는 노래를 불어로 옮기지 않는다. 관객들이 그 상징적 가치를 추측할 수만 있다면 배경음악은 문제거리가 되지 않는다. 문제는 대사 속에 섞여 있는 노래들이다.

가사가 중요한 부분일 때, 번역가는 원곡을 고수할 지, 아니면 다른 노래로 대체할 지 결정을 내려야 한다. 이때 대체물은 원천 문화에서 나온 것이지만 목표 관객들에게 더 잘 알려진 것이 될 수도 있다. 혹은, 목표 문화에서 나온 것으로 유사한 가치를 담고 있을 수도 있다. 자장가가 그런 예이다. 나는 세 가지 경로를 활용해 대체 음악을 찾는다. 내가 수집한 노래책, 지역 도서관에 비치된 노래책, 그리고 간접적으로는, 직업 가수이자 피아노 연주자로서 오랜 경력을 쌓은 내 여동생 헬렌 준이 소유한 대중가요 악보집이다. 원곡을 그대로 유지한다면, 가사는 원래 언어로 써야 할까, 아니면 번역해야 할까? 목표 국가에서 번역극을 연출할 미래의 감독이 그 음악을 이해할 수 있을까? 미래의 배우들은 그것을 부를 수 있을까? 노래가 이미 번역되었다면, 목표 언어의 가사가 원 가사와 같은 기능을 할 수 있을까? 노래의 저작권은 여전히 유효한가? 번역된 버전의 저작권은? 출판된 텍스트에서 몇몇 행을 인용하는 것은 법에 위배되지 않겠지만, 허가를 받지 않고 극장에서 똑같은 행을 부르는 것은 위법일 수도 있을 것이다.

알론소 데 산토스의 『바레까스의 담배장수』는 세심하게 공연 텍스트에 노래를 결합시킨 경우이다. 가사는 상호텍스트적으로 연기를 지시하며, 때때로 대사 속에 삽입되었다. 그러나 내 생각에, 그 원곡들이 미국의 관객들에게는 효과가 없었을 것이다. 작가는 '생일 파티' 장면에서 'His Master's Voice'[EMI의 전신 – 역자 주] 라벨이 찍힌 레코드들과 <에스파냐의 비탄>Suspiros de Espana이라는 노래를 일일이 거론한다. 이 노래가 대다수의 미국인들에게 잘 알려져 있지 않았기 때문에 내 번역본인 『바리오의 인질』에서는 스페인의 다른 춤곡으로 대체했다. 그 노래는 수 십 년 전 미국에서 빅터Victor 라벨의 <발렌시아>를 통해 대중화된 곡이다. 이 노래는 일자리를 찾아 도시로 떠나는 노동자들이 뒤에 남겨 두고 온 따뜻한 고향에 관한, 하나의 향수 어린 음악이라 할 수 있다. 스페인의 역사적, 정치적 현실에 대한 아이러니한 논평이라기보다는 말이다. 연극의 마지막쯤 나오는 두 번째 노래는 원래 대중적인 플라밍고 스타일의 <종을 울리는 아이들>Los campanilleros이었다. 이 곡은 스페인에서는 유명하지만 미국에서는 잘 알려져 있지 않다. 나는 보다 친숙한 <그라나다>로 대체했다. 이 대체 음악은 안달루시아 지방의 문화에 대한 함축을 유지하는 한편, 역사적으로 무어의 항복을 암시하며, 그리하여 바야흐로 패배를 인정하려 하는 우리네 미수범들의 상황을 암시한다. 더욱이, 오거스틴 라라Augustin Lara의 음악에 도로시 다드Dorothy Dodd의 영어 가사가 결합된 이 노래는 이 극의 배경이 되는 이른 아침 시간을 도드라지게 해주기까지 한다. "천상의 새벽은 한숨을 머금고 그라나다를 위해 한낮을 맞이하네." 이미 번역된 <발렌시아>와 <그라나다>의 가사는 매끄럽게 텍스트와 조화될 수 있었다. 이 친근한 노래들은 우리네 할머니들의 애창곡이 되어 왔을 정도로 충분히 오래 되었으며 따라서 공연에서 잠재된 장애들을 제거해 주었다.

뮤지컬 코미디 번역가는 훨씬 더 복잡한 문제에 직면한다. 일반적으로 노래 자체는 그대로 유지하되, 가사는 의미와 음악에 맞게 만들어야 하기 때문이다. 버나드 쇼의 『피그말리온』을 1956년에 음악적으로 각색한 러너와 로에베의 고전인 『마이 페어 레이디』는 마침내 2002년에서 2003년 사이에 마드리드 무대에 올랐고 그 시즌의 최고 히트작이 되었다. 이그나시오 아르티메Ignacio Artime와 제이미 아즈필리쿠에타Jaime Azpilicueta는 "스페인의 비는 주로 평원에서만 내린다The rain in Spain stays mainly in the plain"에서 맞닥뜨린 시험을, 비는 그대로 두고 그러나 영리하게도 엘리자의 발음 교정을 모음에서 b/v 자음 교정으로 바꿈으로써 통과했다. 그 자음들은 교육받지 못한 스페인어 사용자들에게, 발음 문제가 아니더라도 철자 문제를 일으키는 것들이다. 그리하여 "La Iluiva en España bellos valles baña."가 되었다. h는 스페인어에서 묵음이기 때문에, 그들은 "하트포드Hartford, 하버셔Havershire, 햄프셔Hampshire"의 기식음 h를 스페인어 j로 대체했다. 즉, "jardín japonés, jaula"가 된 것이다. 이 해결책은 스페인어 j가 엘리자가 끙끙대는 영어 h에 대해 꼭 상응하지 않더라도 잘 맞아 들어갔다. 1964년 영화각색한 <마이 페어 레이디>(조지 쿠커 감독)의 불어 더빙 버전에서, 비를 청명한 하늘로 바꿈으로써("Le ciel serein d'Espagne est sans une brume") 가사는 음악에 맞게 되었다. 하지만 하트포드, 하버셔, 햄프셔에 대한 문제는 영국의 지리적 명칭 그대로 남아있게 되었다. 불어는 스페인어와 마찬가지로 h가 묵음이며, 스페인어 j에 상응하는 것이 없었던 것이다.

샤론 펠드만은 성공적인 극 번역이 되기 위한 주요한 면으로서 "원작이 전달하는 언어 형태linguistic registers를 영어로 똑 같이 포착할 것"을 강조한다. 그녀의 의견은 나무랄 데 없다. 번역가는 어조나 원전의 분위기에 치밀한 관심을 가져야 한다. 극작가가 어떤 효과를 얻기 위해 표준적인 언어에서 빗나갈 때는 번역가도 그와 똑같이 해야 한다. 원래의 연극에서 관객들이 누군가가 어떤 말을 할 때 웃거나, 슬픔으로 숨이 막힌다면, 번역극을 보는 관객들도 그래야 한다.

적어도 이론적으로 볼 때, 음란한 것은 그에 상응하는 음란함으로 번역되어야 한다. 목표 언어에서 상응하는 표현을 선택하기 전에 그 언어에서 그 표현이 실질적으로 어떤 충격 효과를 일으킬지 고려하면서 말이다. 1장에서 보았듯이, 실전에서는 검열이 방해가 될 수 있는데, 대상 관객의 반응을 예상하게 되기 때문이다.

희극이나, 혹은, 진지한 텍스트 속에 가끔씩 나오는 언어유희를 번역할 때는 번역가의 유머감각이 필요하다. 말장난에는 말장난, 농담에는 농담으로 잘 살려야 한다. 일대일 번역에 기반한다면 이중적 의미와 우스운 대목을 다루는 것이 항상 가능한 일이 아니다. 따라서 번역가는 보완의 방식을 취한다. 새로운 말장난을 근접하게 고안해내어 잃어버린 것을 보충하는 것이다.[15] 앙드레 르페브르André Lefevere는 그 과정을 다음과 같이 설명한다.

> 번역가들은 그들로서는 번역이 불가능하다 싶은 말장난을 보충하기 위해 스스로 직접 만들어 끼워 넣는다. 말장난이 원전의 개성을 반영하는 중요한 요소라는 사실이 판명되었으므로 원전에서 나오는 말장난의 수를 맞추고, 대략적이나마 동일하게 번역하는 것이 타당할 것이다. 더 나아가, 말장난은 말장난으로 번역되지 않아도 여전히 그 정보 내용을 전달하며, 원작에 없었던 말장난이 말장난으로 번역되어도 정보 내용을 눈에 띄게 변화시키지 않고 단지 그 대목의 발화적 힘을 고양할 뿐이기 때문에, '새' 말장난을 끼워 넣는다고 해서 실제로 문제될 것은 없다.
>
> (르페브르, 1992: 52)

말장난이나 여타 언어유희는 모든 문학적 번역에서 엄청난 난점으로 작용하는데, 특히 극 번역에서 더욱 그러하다. 관객은 허공에서 이중의 의미를 재빨리 잡아내야 하는 것이다. 텍스트의 흐름에 적합한 언어유희의 예가 없다면, 번역가는 특별 조치를 취해 관객들이 단번에 그것을 낚아채어 다음 장면에서 마음속으로 떠올리게끔 해야 한다.

특히 유의할 것은 등장인물의 이름이나 별명이 이중적 의미를 지닐 때이다. 그 고전적인 예가 오스카 와일드의 『진지함의 중요성』으로, 이 극은 '어니스트'라는 이름을 반어적으로 다루는 기발한 희극이다. 이 제목을 평범하게 스페인어로 번역한 *La importancia de llamarse Ernesto*는 '에르네스토Ernesto'가 단지 하나의 단어가 아니라는 점을 놓치고 있다. 한편 자우미 멜렌드레스가 1983년 카탈로니아어로 번역한 *La importància de ser Frank*는 진실하다는 의미의 프랑크franc를 활용함으로써 이를 잘 잡아냈다. 팔로마 페드레로의 단막극 『헤어진 어느날 밤』*A Night Divided*에서, 여배우로 나오는 한 등장인물은 '루나 알라에즈Luna Aláez'라는 예명을 쓴다. 극의 막바지에서, 다른 등장인물이 하늘의 달을 올려다 보며, "달이야La Luna"라고 말한다. 여자가 자신에게 말을 건넨 줄 알고 대답을 하자, 관객들은 웃음을 터뜨린다. 이 이름은 변형할 필요가 있다. 알라에즈라는 이름이 발음하기 어려울 뿐 아니라, 루나-달Luna-Moon의 의미 또한 그리 선명하게 드러나지 않는다. 영어에서는 Luna나 Moon 어느 것도 이름으로 쓰이지 않는다. 나는 그 이름을 비너스 베가Venus Vega로 정했다. 페이스대학 초연과 최근 뉴저지 페퍼토리(2004년 5월 9~10일)에서, 남자 배우가 밤하늘의 별자리를 관찰하고 있었는데 여자가 "왜요?"라고 대답하자, 관객들은 폭소를 터뜨렸다.

데이비드 볼은 알프레드 자리의 『위뷔왕』을 번역하면서 첫 단어부터 재창조의 과정에 임해야 했다. 그것은 "Merdre!"(똥을 쌀!)였다. 자리는 1896년에 무대 위에서, 꼭 같지는 않지만 *merdre*(shit, 젠장)만큼 충격적인 말을 사용해 파리 관객들을 아연케 했었다. 볼은, "–re로 끝나는 단어들이 연극 내내, 하나가 끝나면 다른 하나가 이어지는 식으로, 때로는 실제 있는 단어로 때로는 고안한 단어로, 줄지어 나왔다."고 지적한다. 그는 텍스트 전체에 걸쳐 사용할 수 있는, –re접미사에 상응하는 적합한 등가어를 찾고 싶었다. 이전 번역가들은 오프닝 장면의 단어로 'Shee–yit'와 'Shite'같은 변형들을 사용했지만, 이 단어들은 다른 부분의 대사에서는 들어맞지 않았다. 한번은 볼이 오프닝의 'Merdre'를 'Shitsky'으로 했는데, 그때 그는 –sky 접미사가 작품 전반에 걸쳐 사용가능하며 재미도 있다는 사실을 발견했다(볼, 2002).

스티븐 카수토Steven Capsuto는 엔리크 자디엘 폰셀라Enrique Jardiel Poncela의 『엘로이즈는 아몬드 나무 아래에 있다』*Eloisa esta debabo de un almendro*를 번역하면서, 마지막 단어인 경멸적인 말 *pelagatos*를 어떻게 다루어야 할지에 대해 내내 고심해야 했다. 에즈퀴엘은 길 잃은 고양이를 생체실험에 사용해 왔는데, 클로틸데가 극의 마지막에 이르러 이 사실을 알게 된다. 그러자 그녀는 그를, 직역하자면 "고양이 가죽 벗기는 사람cat skinner"이라고 부른다. *pelagatos*는 일종의 경멸어로, 철면피에 속수무책인 사람을 가리킨다. 이 마지막 단어의 유머는 예상외로 말 그대로의 의미에 적용된 단어에서 흘러나왔다. 카수토는 존재하는 용어에 기반하여 존재하지 않는 경멸어를 창의적으로 고안해 내었다.

> 클로틸데: (경멸에 찬 눈으로) 너 . . . 넌 . . . 고양이 학살자kitty slitter!
> (자디엘 폰셀라, 1992: 102)[16]

번역가가 목표 언어에서 등가어를 고안해내기 위해 텍스트를 면밀히 검토하여 그 단어가 어떤 기능을 하는지 정확하게 판단할 필요가 있다. 마이클 프라이언의 『은혜 베푸는 사람』에서 콜린은 여성 백과사전을 편집하는 일을 시작한다. 다른 등장인물들은 그가 정의해야 할 F로 시작하는 단어를 떠오르는 대로 지껄인다. fornication(간음), fetishism(페티시즘), frigidity(불감증), foreplay(애무), femininity(여성성), fallopian(나팔관), father-figure(아버지상), foot fetishism(발 페티시즘)(프라이언, 1994: 18-19). 이들에 조응하는 상대 언어의 언어는 전부는 아닐지라도 대부분이 같은 철자로 시작하지 않을 터이다. 그것들을 전부 직역하면 별 효과가 없을 것이다. 번역가는 F로 시작하든 그렇지 않든 지배적인 한 글자를 선택하고 나서 사전을 훑어보면서, 같은 스펠링으로 시작하며 관련된 함의를 가지고 있는 등가어들을 찾아야 한다.

쿠바계 미국인 극작가인 마티아스 몬테스 우이도브로가 그의 1961년 작 단막극인 *El trio por la culata*(영, 『맞불』)의 마지막 장면에서 보여준 단어 게임은 비슷하게 어려우면서도 좀더 복잡한 문제를 던져준다. 한 영리한 어린 소녀가 호색한인 지주가 그녀를 자기 집에 데려가 알파벳을 가르쳐 줄 때 불리한 상황을 반전시키는 기지를 발휘한다. 그 남자는 각 글자마다 긍정적이거나 사랑의 함의를 가진 단어들을 제시한다. 가령, A는 "amigo(친구), amistad(우정), adoración . . . 그리고 amor(사랑)", B는 "bueno(좋은), bondad(친절), bello(아름다운 남자), bonito(아름다운) . . . 그리고 beso와 besito(키스)", C는 "cama(침대) 와 cariño"(몬테스 우이도브로, 1991: 146-47)하는 식이다. 우선, 영어에서 친구friend, 우정friendship, 그리고 사랑love은 A로 시작하지 않는다. 키스kiss는 B로 시작하지 않으며, 침대bed는 C로 시작하지 않는다. 번역가는 하나의 전략으로 위치 바꾸기를, 하나의 도구로서 사전을 이용해야 한다. 땅주인의 말은 다음과 같이 바꿀 수 있을 것이다. A는 "기분좋고agreeable, 상냥하고affectionate, 신성하며 adoring . . . 그리고 사랑스럽다and amorous", B는 "밝고bright, 아름답고beautiful, 은혜롭다beneficial, 그리고 가슴과bosom과 . . . 침대bed", C는 "감싸기와 애무하기covers and caress." 각 단어에 대하여, 소녀는 다른 예를 무수히 들어 보이며 상부 계급에 대한 농민들의 투쟁에 대해 강조한다. 그 중 몇몇 - 나귀와 농부들은 농사일에 혹사당한다abuse, agriculture, burro, and campesino - 은 변화 없이 옮겨도 될 것이다. 다른 것들은 지주가 쓴 표현과 마찬가지로 변형할 필요가 있다.

반복의 문제는 보통 번역지침서에서 논의되는 그런 언어유희의 변형들에 포함되지 않지만, 극에서 중요한 역할을 한다. 특히 희극에서 그러하다. 단순한 몸짓이나 과장된 몸짓, 혹은 짧은 표현이나 대사의 어느 구절에 대한 반복은 흔한 희극적 장치로서 수세기 동안 사용되어 왔다. 단어의 반복은 또한 음악적인 장치로도 기능한다. 팔린의 『신혼여행』Luna de miel의 한 단락에서 그는 "quedarse comigo"라는 특정한 표현을 선택하는데, 이는 '뭐what?'의 의미를 지닌 'que'라는 음절의 반복되는 패턴 때문이다.

ELLA. ¿Que?

EL.   ¿Que de que?

ELLA. ¿Como que de que?

EL.   ¿Te quieres quedar conmigo?

번역가에게 문제는 가능한 한 많이 'what'을 쓰는 일이다.

SHE: What?
HE:　What about what?
SHE: What do you mean, about what?
HE:　You kidding me or what?

여자: 뭐?
남자: 뭐가 뭐?
여자: 뭐가가 뭐야?
남자: 장난하는 거야, 뭐야?

　이미 몇몇 문제가 되는 극의 제목들을 살펴보았지만, 극 번역가들을 대상으로 하는 내 질문 목록에서 제목의 문제는 가장 마지막에 있었다. 제목이 가장 나중에 해결되는 문제이기도 하고, 극의 마케팅에 있어 가장 중요한 요소이기 때문이다. 극작가들은 종종 대본 작업 중에 가제들을 만든다. 따라서 극문학 번역가들이 최종 제목을 바로 정하지 않는다고 해서 놀라운 일이 아니다. 만약 밀러가 『세일즈맨의 죽음』의 제목을 원래 제목인 <그의 속마음?>으로 고집했다면 흥행에 성공했을까? 극장 입구의 차양에 쓰여진 연극의 제목을 상상해보면, 왜 소설에서보다 연극에서 제목이 더 재고의 여지가 많은지 알 수 있다. 연극의 제목이 매력적이지 않다면, 우리의 독자들은 극본의 첫 페이지를 결코 열어보지 않을 것이며, 재미없고 지리하며 어색한 제목에도 불구하고 의욕에 찬 연출가를 찾는다 하더라도 우리의 관객들은 표를 사서 극장으로 들어가려 하지 않을 것이다.
　피터 뉴마크Peter Newmark는 기술적인descriptive 제목과 암시적인allusive 제목을 구분한다. 전자는 "텍스트의 주제를 기술하는" 것이고, 반면 후자는

"주제와 일종의 참조적이거나 비유적인 관계를 지난" 것이다(뉴마크, 1988: 57). 그는 주인공의 이름을 넣는 것을 포함하여 문학작품의 제목을 기술적인 것으로 하고, 필요할 경우에만 암시적인 것으로 재작업할 것을 권한다.

대개 제목은 쉽게 옮겨진다. 스트린드베리의 『줄리 아씨』*Fröken Julie*는 스웨덴어에서 그대로 *Miss Julie, Fraulein Julie* 등 다른 언어로 번역되었다(룸, 1986: 171). 쇼의 『인간과 초인』*Man and Superman*도 별 문제없이 *Homme et surfomme, Uomo e superuomo*로 번역되었다(룸, 1986: 159). 그러나 이러한 형태의 제목들은 종종 오해를 산다. 먼저, 알론소 데 산토스의 『바레까스의 담배장수』는 오해의 여지가 있어 보이는데, 사실 이 희비극은 주요 등장인물이 없으며, 설령 있다 해도 원제를 적절하게 옮기기가 쉽지 않다. 그래서 나는 마드리드 외곽의 노동자 계급 거주지역의 담배 가게 여주인에 관한 참조사항을 다 버리고, 새로운 제목, 『바리오의 인질』을 만들어냈다. 에두아르도 갈란Eduaredo Galán과 하비에 가르지마르틴Javier Garcimartín이 쓴 소극의 황금시대에 대한 혼성모방 작품인 *La posada del Arenal*은 스페인어에서는 그럴 듯하게 들리지만, <아레날 거리의 여관>*The Inn on Arenal Street*이라고 영어로 옮기게 되면 너무 단조롭다. 번역가 레오나르도 마짜레Leonardo Mazzara는 창의적인 제목 『여관 고르기』*Inn Discretion*를 제안했다. 살롬의 *El senor de las patrañas* − 어느 르네상스기 극작가에 관한 흥겨운 연극 − 의 영어 제목은 원제와 유사한 것으로 결정되기까지 꾸준하게 연구되었다. 게리 렉츠는 *patrañas*에 대해 갈고 닦아 『허풍쟁이 남자』*Rigmaroles*로 낙점했다.

에두아르도 마네의 『스트라스 부인』을 불어에서 영어로 번역했을 때, 나는 영국인 등장인물을 가리키는 원제를 바꾸지 않고 남겨두었다. 어리

석게도 나는 그것을 아무에게도 시험해 보지 않았고, 따라서 영어 사용자들이 등장인물의 기만성에 대한 암시를 이해하지 못할지도 모른다는 사실을 알지 못했다. '스트라스'strass는 모조 보석을 뜻하는 말로, 영어 사전, 불어 사전, 혹은 영-불 사전에 나온다. 그러나 공연 의향이 있는 런던의 한 연출가가 나에게 그것은 영어에서 아주 드물게 사용된다고 알려주었다. 결국 공연되지는 않았지만, 영국 무대를 위해 그는 좀더 암시적인 제목인『꿈의 집』The House of Dreams을 대안으로 제시했다. 뉴욕의 우부 레퍼토리에서『스트라스 부인』이 공연되었을 때, 모두 불어 사용자였던 연출가와 제작 감독은 'strass'의 쓰임에 대해 묻지 않았다. 관객들이 그 암시를 잘 이해하게 하기 위해, 나는 대사를 몇 줄 덧붙여 그 단어가 가짜 보석을 의미한다고 정의해 주었다.

원칙적으로 극의 제목은 외국어로 그대로 남겨 두어서는 아니 된다. 관객들은 아마 그것의 의미를 이해하지 못할 것이고, 그 작품이 영어로 다시 만들어졌다는 사실을 깨닫지 못할 지도 모른다. 그러나 홀트는 벨라스케스에 관한 부예로 바예호의 극을 번역해 1987년에 출간할 때 제목을『라스 메니나스』Las Meninas로 유지하기를 고집했다. 그 유명한 그림은 <기다리는 여인들the ladies in waiting>이나 <왕의 시녀들the maids of honor>이 아닌 <라스 메니나스>로 국제적으로 알려져 있다(보이드, 1987: 6 재인용). 그리하여 이 제목은 예술가-주인공과 다른 등장인물을 환기시키며, 또한 그 그림을 '활인화tableau vivant'로서 무대에서 재창조하리라는 전조를 보여준다. 2000년 뉴욕시에서 이 극의 미국 초연을 실행했을 당시, 마이클 마르토라노Michael Martorano는 극의 제목을『벨라스케스』로 바꿨는데, 분명 화가의 이름이 그의 걸작보다 더 인지도가 높음을 의식했을 것이다.

문화적 지시를 담고 있는 제목은 특히 문제가 된다. 눈에 띄는 예는 로페즈 루비오의 『공기에 대한 질투』*Celos del aire*이다. 이 제목은 칼데로니안의 명성 높은 연극들을 상호텍스트적으로 지시하고 있으며, 그 다음으로는, 1950년대 희극 전성기에 이전 시기에 유명했던 한 노래를 지시한다. 그 연극은 아마도 스페인식 차양 위에다, 곧 혼외정사를 다루는 한 부르조아 희극을 보게 될 것이라고 써놓고 관객들을 꾀었을 것이다. 미국 관객들에게는 "공기에 대한 질투*jealousy of the air*"라는 말이 아무런 의미가 없다. 홀트는 그의 번역에서 『8월에 우리는 피레네 산맥을 거닌다』라는 재치 있는 제목을 제시하는데, 평범한 여름을 빗대는 흔한 표현인 "8월에 우리는 캐츠킬을 거닌다"로부터 가져온 것이다. 이 미국식 제목은 그 희극의 강한 메타연극적 경향을 보여주며, 극을 지리적으로 공간화한다. 이 희극은 미국의 다양한 지역에서 수많은 상연 요청을 받았다.

희극의 제목 또한 대대적인 각색을 요한다. 랜더스는 노르만 R. 샤피로*Norman R. Shapiro*가 조르주 페이도*Georges Feydeau*의 소극을 위해 창안했던 기민한 방안을 예로 든다(랜더스, 2001: 105). 언어유희에 숙달한 샤피로는 페이도의 『다리에 닿는 감촉』*Un Fil a la patte*을 『침대에 홀로 있지 마라』*Not by Bed Alone*로, 『그를 잠들게 할 수 있기를!』*Dormez, je le veux!*을 『무아지경에 빠지다』*Caught with His Trance Down*로 변형시켰다. 그는 유진 라비쉬*Eugène Labiche*의 소극에서도 역시 마술을 펼쳤다. 『재빠른 손』*La Main leste*은 『야단법석』*A Slap in the Farce*으로, 『등기우편』*La Lettre Chargée*은 『아내와 죽음의 문제』*A Matter of Wife and Death*로 바꿨다. 정말이지, 샤피로의 제목들은 원제들보다 더 웃음을 자아내는 것 같다.

미국의 무대는 사실주의/자연주의 쪽으로 크게 기운다. 이러한 연유로 길면서 시적인 암시적 제목은, 비록 이에 반대하는 정해진 규칙이 있는 것은 아니지만, 특별히 숙고할 필요가 있다. 극작가이자 번역가인 카리다드 스빅은 자신의 다음과 같은 제목의 연극들로 다양한 무대를 만들어 왔다. 『욕망의 연금술/망자의 블루스』, 『이피게니아는 한때 자신의 사랑이었던 네온 조개 등에 불시착한다』. 하지만 번역가 베다니 코프가 베스 에스쿠데 이 갈레스의 *El color del gos quan fuig*를 『시간 때우기』라는 새 제목으로 타협한 것은 무척이나 현명한 처사였다. 카탈로니아어 표현을 그대로 직역한 <달아나는 개의 색깔>이라고 하는 것보다 훨씬 나았다.

각색은 때로 제목에 대해서도 권고되며 종종 사투리 같은 문제를 다루는 데에도 유용하다. 그것은 2개 국어 극을 다루는 데에도 거의 언제나 필요하다. 무대 위의 2개 언어상용bilingualism이라는 복잡한 문제는 다음 장에서 논의하게 될 것이다.

---주

1) 나는 살롬의 『또 다른 윌리엄』을 1995년에 처음 번역했다. 내가 개정한 네 번째 판본은 2004년에 출간되었다. 살롬의 이 극은 무엇보다 한 여배우가 1인 3역을 하도록 요청한다. 극의 두 번째 버전에서 살롬은 등장인물 수를 늘렸고, 나는 그가 준 복사본을 신중하게 다시 번역했다. 1998년 초연 당시, 세 명의 여배우를 출연시켰는데, 그 중 한 명은 무엇보다 그 여배우의 신장 때문에 역할이 커졌다. 살롬은 새로운 버전에서 이와 관련하여 바뀐 대목을 내게 짚어 주었다. 이 버전은 연극잡지 『프리메르 악토』*Primer Acto*에 실렸다. 그러나 그는 더 수정을 한 이후의 판에 대해 나에게 알려주는 걸 잊고 말았다. 콜로라도대학 출판사의 한 기민한 독자가 푼다멘토스의 1998년 편집본과 나의 번역본 사이의 불일치점을 알아챘다. 살롬은 『프리메르 악토』

판을 푼다멘토스 판으로 대체했다고 확인해 주었다.

2) 도마와 알론소 데 산토스의 극의 번역에 대한 더 심도 깊은 논의는 『번역 서평』에 실린 내 글(재틀린, 1998, 2002)을 보라.

3) 피터 뉴마크는 과잉번역을 '보다 구체적으로 번역하는 것'(1988: 284)으로, 축소번역을 '원본보다 덜 구체적이면서 더 일반적으로 번역하는 것'(1988: 285)으로 정의했다.

4) 별다른 언급이 없는 번역가들의 의견은 내 질문지에 대한 그들의 답변에서 가져온 것이다.

5) 나는 이 2개 언어 시리즈를 네 권 가지고 있다. 여기에는 6편의 연극 전체가 실려 있고 번역가 일곱 명의 작업을 보여주는데 이 중 몇 명은 파리에서 일하고 있다. 그 일곱 명은 크리스틸라 바세로와 로지네 가르, 앙게 쉬베지, 그리고 마르첼로 로베라, 앙트완느 로드리게즈, 파트리스 파비스, 이자벨 마틴이다.

6) 이 극들 중 몇 편은 스페인과 멕시코에서 공연되어 왔다. 제수스 가르시아 살가도가 2002년에 다섯 개의 극을 모아 감독한 마드리드 제작물 『좋아, 말해봐, 단 서둘러 . . . 』*Vale, cuentamelo pero rapidito*(Okay, Tell Me About It, But Make It Quick . . .)에 대해 알고 싶으면, 『웨스턴 유러피언 스테이지』의 나의 리뷰(재틀린, 2002)를 보라.

7) 존스톤은 1998년 글에서 바예 잉클란의 연극들에 대한 자신의 판본은 번역이라고 지칭한다. 그는 이후 자신이 단행한 "아일랜드 배경의 근본적인 재배치"에 족히 일종의 "실체화transubstantiation"라고 이름을 붙일 수 있을 것이라고 밝힌다.

8) 그리스 비극의 현대 공연에 관한 논의를 보려면 마이클 이안을 참조하라. 그는 번역가는 "그리스인의 경험을 현대의 공연으로 재창조하기 위해 준비 중인 역량 있는 배우와 감독"을 도울 의무가 있다고 주장한다(이안, 1989: 122).

9) 마리아 델가도는 "매우 구어적인 아르헨티나 사투리" 문제와 부딪쳤을 때 "런던 사투리 관용구"에 의지했다고 이야기한다. 헨리 소로우는 브라질 연극들에서 흑인 등장인물의 사투리로 인해 겪은 어려움을 토로한다. 데이빗 터싱햄은 "언어유희, 말장난, 고안된 언어, 각각의 사투리들의 조합, 사회적·민족적으로 상치되는 언어 집단의 병치" 등 대면할 수 있는 문제 범위를 제시한다.

10) 나는 럿거스 뉴저지 주립대학의 번역 수업과, 미국번역가협회(2003년 11월)와 플로리다국제대학(2004년 2월)이 주최한 학술대회의 번역 워크숍에서 팔린의 연극 첫 페이지를 사용해 보았다. *quedarse con*은 스페인 본국 사람을 제외한 모든 스페인어 원어민들이 한결같이 잘못 번역했다. 마찬가지로, "누구를 놀리다to take the mickey out of somebody"라는, 콜린즈 스페인어-영어 사전에서 제공하는 영국식 번역을 미국인들은 이해하기 힘든 것일 것이다.

11) 제라르도 바스께스 아오라의 혁신적인 책 『번역 입문』*Introducion a la traductologia* (1977: 8-16)은 번역을 하기 위해 문장 나누기를 하는 예비단계로서 어휘 단위 분석에 여

러 페이지를 할애하고 있다. 피터 뉴마크(1988: 285)에 따르면 번역의 단위는 "가능한 한 작고 필요한 한 커"야 한다고 한다.

12) 셰익스피어 극의 인용과 관련된 두 가지 어이없는 실수가 생각난다. 콜로라도대학 출판부의 한 익명의 편집자는 틀림없이 『오델로』에 나오는 구절임을 알아보지 못한 탓에 내가 한 셰익스피어 인용문을 다시 써서 살롬 식의 스페인어 단어에 가깝게 만들어 버렸다. 럿거스대학의 한 석사학위 예정자는 어떤 쿠바 연극의 번역초고를 작업하면서 "인생은 단지 걸어가는 그림자와 같나나"라는 『맥베스』에서 따온 대사의 스페인어 버전을 알아보지 못하고 그것을 자신의 말로 바꾸어 버렸다.

13) 은유의 다양성과 그것에 어떻게 접근할 것인가에 관한 유용한 설명을 보려면 뉴마크(1988: 104-13)를 참조하라.

14) 현대에도 어린이 극은 종종 운문으로 쓰이며, 따라서 특별한 기술이 필요하다. 어린이 관객들을 위해 <에스트레노 플레이즈> 모음집에 두 권의 극본을 옮긴 케리스 에반스-코랄레스가 좋은 예이다.

15) 허비Hervey, 히긴스Higgins, 그리고 헤이우드Haywood는 『스페인어 번역에 대해 생각해 보기』에서 상세하게 다양한 보완 전략들에 대해 설명한다. 종류별, 장소별 보완과 통합과 분리에 의한 보완을 다룬다(허비 외, 1995: 27-32). 또한 허비와 히긴스는 불어 번역에 대해서도 공동으로 저술했다.

16) 나는 1994년 『번역 리뷰』에 실은 글(재틀린, 1994)에서 카수토가 재치 있게 번역한 "고양이 학살자kitty slitter"를 선택했다. 이 잡지의 상상력이 부족한 교정자는 자신이 오자를 찾아냈다고 생각하고 나와 상의도 없이 그 인용 문구를 "kitty litter"[고양이의 배설물을 흡수하는 모래, 상표명, 키티 리ㅡ역자 쥐라고 바꿔 버렸다. 당시 그 글을 읽고 의아해했던 독자가 있다면 여기서 바로 잡았으면 한다.

References

Aaltonen, Sirkku. *Time-Sharing on Stage. Drama Translation in Theatre and Society.* Clevedon, Buffalo, Toronto and Sydney: Multilingual Matters, Topics in Translation 17, 2000.

Alonso de Santos, José Luis. *Bajarse al moro.* Madrid: Instituto de Cooperación Iberoamericana, 1985.

_____. *Going Down to Marrakesh.* Trans. Phyllis Zatlin. In Patricia W. O'Connor, ed. *Plays of the New Democratic Spoain (1975-1990).* 313-79.

_____. *Descente au Maroc.* Trans. François Bonfils and Caroline Lepage. Tours: Presses de la Sorbonne Nouvelle, 1997.

Art Teatral (Valencia, Spain). 8 (1996). Special issue featuring twelve plays from Actors Theatre of Louisville. Guest editors: Michael Bigelow Dixon, Roger Cornish, and Phyllis Zatlin.

Aufgefahren, by Ernesto Caballero. Stadttheater Giessen. Dir. Henri Hohenemser. 21 September 2003. German translator's name not listed on program.

Ball, David. "Translating Wild and Crazy Texts: Jarry and Picasso." In session "From the Classics to the Tango: Theatrical Translation in Action." Conference of American Literary Translators Association, Chicago, 19 October 2002.

Bassnett, Susan. *Translation Studies.* 3rd ed. London and New York: Routledge, 2002.

Bassnett-McGuire, Susan. *Translation Studies.* London and New York: Methuen, 1980.

Boehm, Philip. "Some Pitfalls of Translating Drama." *Translation Review.* 62 (2001): 27-29.

Borny, Geoffrey. "The Two *Glass Menageries:* An Examination of the Effects on Meaning that Result from Directing the Reading Edition as Opposed to the Acting Edition of the Play." In Ortrun Zuber-Skerritt, ed. *Page to Stage. Theatre as Translation.* 117-36.

Boyd, Lois A. and George N. Boyd. "The Translator's Voice: An Interview with

Marion Peter Holt." *Translation Review* 23 (1987): 3-7.

Caballero, Ernesto. *Auto. Reben.* Madrid: Sociedad General de Autores de España, 1994.

Cameron, Derrick. "Tradaptation. Cultural Exchange and Black British Theatre." In Carole-Anne Upton, ed. *Moving Target. Theatre Translation and Cultural Relocation.* 17-24.

Cary, Edmond (adopted name of Cyrille Znosko-Borovski, died 1966). *Comment faut-il traduire?* Introduction Michel Ballard. Presses Universitaires de Lille, 1986.

Christ, Ron. Videotaped presentation as guest speaker in Theory and Practice of Translation class. Rutgers, The State University of New Jersey. 29 November 1990.

Corrigan, Robert W. "Translating for Actors." In William Arrowsmith & Rogert Shattuck, ed. *The Craft & Context of Translation.* Austin: University of Texas Press (for Humanities Research Center), 1961: 95-106.

Cypess, Sandra Messinger. "Titles as Signs in the Translation of Dramatic Texts." In Marilyn Gaddis Rose, ed. *Translation Perspectives II. Selected Papers, 1984-85.* Binghamton, NY: National Resource Center for Translation and Interpretation, 1985. 95-104.

Daumas, Jean-Paul. *The Elephant Graveyard.* Trans. Phyllis Zatlin. *Modern International Drama* 28.1 (1994): 5-48

Edney, David. "Molière in North America: Problems of Translation and Adaptation." *Modern Drama* 41.1 (Spring 1998): 60-76.

Edwards, Gwynne. "Lorca on the English Stage: Problems of Production and Translation." *New Theatre Quarterly* 4.16 (November 1988): 344-55.

Ewans, Michael. "Aischylos: For Actors, in the Round." In Rosanna Warren, ed. *The Art of Translation. Voices from the Field.*

Findlay, Bill. "Translating Into Dialect." In David Johnston, ed. *Stages of Translation.* 199-217.

Formosa, Feliu. "Teatro y traducción." *Quimera* 213 (March 2002): 41-50.

Frayn, Michael. *Plays: Two. Benefactors. Balmoral. Wild Honey.* 2nd ed. London: Methuen, 1994.

García Lorenzo, Luciano, ed. *Traducir a los clásicos.* Cuadernos de Teatro Clasico 4. Madrid: Ministerio de Cultura, Instituto Nacional de los Artes Escénicos y de la Música, 1989.

Gitlitz, David. "Confesiones de un traductor." In Luciano García Lorenzo, ed. *Traducir a los clásicos.* 45-52.

Gostand, Reba. "Verbal and Non-Verbal Communication: Drama as Translation." In Ortrun Zuber, ed. *The Languages of Theatre. Problems in the Translation and Transposition of Drama.* 1-9.

Hale, Terry and Carole-Anne Upton. Introduction to Upton, Carole-Anne, ed. *Moving Target. Theatre Translation and Cultural Relocation.* 1-13

Hervey, Sándor, Ian Higgins and Louise M. Haywood. *Thinking Spanish Translation. A Course in Translation Method: Spanish to English.* London and New York: Routledge, 1995.

Holledge, Julie and Joanne Tompkins. *Women's Intercultural Performance.* London and New York: Routledge, 2000.

Holt, Marion P. Personal letter. 4 December 1995.

Jardiel Poncela, Enrique. *Eloise Is Under an Almond Tree.* Trans. Steven Mark Capsuto. In Patricia W. O'Connor, ed. *Plays of the New Democratic Spoain (1975-1990).* 1-102.

Johnston, David, ed. *Stages of Translation.* Bath, England: Absolute Classics, 1996.

_____. "Valle-Inclán: The Mirroring of Esperpento." *Modern Drama* 41.1 (Spring 1998): 30-48.

_____. "Valle-Inclán: The Meaning of Form." In Carole-Anne Upton, ed. *Moving Target. Theatre Translation and Cultural Relocation.* 85-99.

Landers, Clifford E. *Literary Translation. A Practical Guide.* Clevedon, Buffalo, Toronto and Sydney: Multilingual Matters, Topics in Translation 22, 2001.

Lefevere, André. *Translating Literature. Practice and Theory in a Comparative Literature*

Context. New York: The Modern Language Association, 1992.

Link, Franz H. "Translation, Adaptation and Interpretation of Dramatic Texts." In Ortrun Zuber, ed. *The Languages of Theatre. Problems in the Translation and Transposition of Drama.* 24–50.

Magruder, James. Panel discussion on translating for the theater. 22nd Annual Conference of the Ameriocan Literary Translators Association. 22 October 1999. New York City.

McGaha, Michael. "Hacia la traducción representable." In Luciano García Lorenzo, ed. *Traducir a los clásicos.* 79–86.

Miller, Arthur. *Death of a Salesman.* New York: Penguin Books, 1976.

_____. *La muerte de un viajante.* Trans. José López Rubio. Madrid: Ediciones MK, 1983.

Montes Huidobro, Matías. *El tiro por la culata. Obras en un acto.* Honolulu: Editorial Persona, 1991. 131–48.

Newmark, Peter. *A Textbook of Translation.* New York and London: Prentice Hall, 1988.

Nowra, Louis. "Translating for the Australian Stage (A Personal Viewpoint)." In Ortrun Zuber–Skerritt, ed. *Page to Stage. Theatre as Translation.* 13–21.

O'Connor, Patricia W., ed. *Plays of the New Democratic Spoain (1975–1990).* Lanham, Maryland, and London: 1992.

Oliver, Juan Manuel. *Diccionario de argot.* Madrid: Sena, 1987.

Pallín, Yolanda. *Luna de miel. Estreno* 26.1 (2000): 25–32.

Pavis, Patrice. "Problems of translation for the stage: interculturalism and post–modern theatre." Trans. Loren Kruger. In Hanna Scolnicov and Peter Holland, ed. *The Play Out of Context. Transferring Plays from Culture to Culture.* 25–44.

Perteghella, Manuela. "Language and Politics on Stage: Strategies for Translating Dialect and Slang with References to Shaw's *Pygmalion* and Bond's *Saved.*" *Translation Review* 64 (2002): 45–53.

Pujante, Ángel-Luis. "Traducir al teatro isabelino, especialmente Shakespeare." In Luciano García Lorenzo, ed. *Traducir a los clásicos*. 133–57.

Pulvers, Roger. "Moving Others: The Translation of Drama." In Ortrun Zuber-Skerritt, ed. *Page to Stage. Theatre as Translation*. 23–28.

Reid, Ian. "Hazards of Adaptation: Anouilh's *Antigone* in English." In Ortrun Zuber, ed. *The Languages of Theatre. Problems in the Translation and Transposition of Drama*. 82–91.

Santoyo, J. C. "Traducciones y adaptaciones teatrales: ensayo de tipología." In Luciano García Lorenzo, ed. *Traducir a los clásicos*. 95–112.

Schmidt, Paul. "Translating Chekhov All Over Again." *Dramatists Guild Quarterly*. 33.4 (Winter 1997): 18–23.

Schultze, Brigitte. "Highways, Byways, and Blind Alleys in Translating Drama: Historical and Systematic Aspects of a Cultural Technique." In Kurt Mueller-Vollmer & Michael Irmscher, ed. *Translating Literatures. Translating Cultures. New Vistas and Approaches in Literary Studies*. Berlin: Erich Schmidt Verlag, 1998. 177–96.

Scolnicov, Hanna and Peter Holland, ed. *The Play Out of Context. Transferring Plays from Culture to Culture*. Cambridge and New York: Cambridge University Press, 1989.

Shaked, Gershon. "The play: gateway to cultural dialogue." Trans. Jeffrey Green. In Hanna Scolnicov & Peter Holland, ed. *The Play Out of Context. Transferring Plays from Culture to Culture*. 7–24.

Spencer, David. "You Are What You Submit. Script Formatting for Competitions and Other Professional Considerations." *The Dramatist* 6.4 (March/April 2003): 20–25.

Thomas, Alan. "Introduction." *Modern Drama* 41.1 (1998): 1–6.

Upton, Carole-Anne, ed. *Moving Target. Theatre Translation and Cultural Relocation*. Manchester, UK & Northampton, MA: St. Jerome Publishing, 2000.

Vázquez-Ayora, Gerardo. *Introducción a la traductología*. Washington, D.C.: Georgetown

University Press, 1977.

Venneberg, Ute. "Problems in Translating Seon O'Casey's Drama *Juno and the Paycock* into German." In Ortrun Zuber, ed. *The Languages of Theatre. Problems in the Translation and Transposition of Drama.* 121–31.

Warren, Rosanna, ed. *The Art of Translation. Voices from the Field.* Boston: Northeastern University Press, 1989.

Wellwarth, George E. "Special Considerations in Drama Translation." *Translation Spectrum. Essays in Theory and Practice.* Ed. Marilyn Gaddis Rose. Albany: State University of New York Press, 1981. 140–46.

Winter, Ilse. E-mail. 5 April 2004.

Zatlin, Phyllis. "Observations on Theatrical Translation." Translation Review 46 (1994): 14–18.

_____. "From Vallecas to Hialeah: Translating Alonso de Santos's Spaniards into Cubans." Translation Review 56 (1998): 32–35.

_____. "On Translating Le Cimetière des éléphants by Jean-Paul Daumas." Translation Review 64 (2002): 31–35.

_____. "From Louisville to Madrid: An Anthology of Five Ten-Minute Plays." Western European Stages 14.3 (Fall 2002): 123–24.

Zuber, Ortrun, ed. *The Languages of Theatre. Problems in the Translation and Transposition of Drama.* Oxford and New York: Pergamon Press, 1980.

_____. "Problems of Propriety and Authenticity in Translating Modern Drama." In her *The Languages of Theatre. Problems in the Translation and Transposition of Drama.* 92–103.

Zuber-Skerritt, Ortrun, ed. *Page to Stage. Theatre as Translation.* Amsterdam: Rodopi, 1984.

5.

2개 언어 연극 텍스트에 관한 변주

극문학 번역은 목표 관객이 구술 텍스트를 쉽게 이해할 수 있도록 하려
는 소망 때문에 특별한 난점들이 만들어진다. 이러한 난점들은 원본이 2
개 언어bilingual나 다중 언어multilingual로 되어 있을 때 더 복잡해진다. 원작
의 관객들은 목표관객이 이해하지 못하는 제2언어second language를 이해할
수 있을 것이다. 제2언어가 영어라면, 보완 되지 않은 영어 번역본에서 2
개 언어적 요소는 사라질 것이다. 2개 언어를 활용한 연극창작에는 실로
다양한 가능성이 있으며 번역 전략 역시 다양화할 것을 요구한다. 이 스
펙트럼의 한 쪽 끝에는 텍스트가 전체적으로 관객들의 언어로 쓰여졌더
라도 분명히 다른 언어들로 말하는 등장인물들이 있는 대본들이 있다.
반대되는 다른 쪽 끝에는 관객들이 두 언어를 다 이해할 것인가를 예상

하지 않고 두 언어로 작업한 텍스트들이 있다. 이 양 극단은 번역가의 입장에서 볼 때 상대적으로 변화를 덜 주어도 될 지점인데, 이 사이에는 잠재력 있는 번역가가 상상력을 발휘하며 주의를 기울일 무수한 단계의 언어 게임이 존재한다.

2개 언어를 사용하는 등장인물이 있는 단일언어monolingual 연극의 두 가지 사례는 호세 리베라의 『라몬 이글레시아스의 저택』The House of Ramón Iglesias(1982)과 이그나시오 델 모랄의 『검은 남자의 응시』La Mirada del hombre oscuro, Dark Man's Gaze(1991)이다. 리베라의 연극에 나오는 가족은 뉴욕시 근처에 사는 푸에르토리코인들이다. 주인공 하비에는 2개 언어상용bilingualism을 비롯해 푸에르토리코의 문화적 가치를 열등하다고 거부한다.[1] 델 모랄의 작품의 한 장면은 스페인의 외딴 해변에서 벌어지는데, 희극적인 인종주의자인 스페인 가족이 한 명은 죽고 한 명은 살아 있는 상태로 해변에 휩쓸려 와 있는 두 명의 아프리카인들을 발견한다. 옴바시Ombasi는 스페인어를 겨우 몇 마디 알았고, 역시 대사가 있는 역을 갖고 있었던 그의 죽은 친구는 스페인어를 전혀 몰랐다.

리베라는 주류 미국 관객을 대상으로 작품을 썼기 때문에 무대에서 스페인어를 사용하는 것은 가급적 피했다. 하비에의 어머니만이 스페인어를 썼다. "우리는 그녀의 대사를 영어로 듣게 되지만, 스페인어를 쓰지 않는 등장인물들은 그녀의 말을 알아듣지 못한다"(리베라, 1987: 197). 다른 등장인물들은, 그녀의 말을 알아듣든 못하든 영어를 쓴다. "돌로레스Dolores가 연극 내내 스페인어를 쓴다는 사실을 분명해야 한다"(리베라, 1987: 197)는 무대 지시문은 실제로 두 언어를 사용하지 않고도 제스처나 얼굴 표정과 같은 신호를 통해 2개 언어상용의 의미를 전달해야 한다는 책임감을 배우들에게 부여한다. 번역가도, 관객도 특별한 노력이 필요치 않다. 이와 같은 상황에서, 극 번역에 대한 수잔 바스넷의 조언은 적절하다.

일단 우리가 극본written text이 공연에 필수적인 것이 아니라 단지 공연에 있어서의 한 요소라고 받아들이게 된다면, 이는 번역가가 작가처럼 그 극본이 어떻게 다른 기호 체계에 통합될 것인가를 염려할 필요는 없다는 것을 의미한다. 그것은 연출가와 배우가 해야 할 일로서, 이는 극이란 다른 기호 체계뿐만 아니라 각기 상이한 기술을 가진 다수의 상이한 사람들을 포괄하는 협동 과정이라는 사실을 재차 강조하는 데 도움이 된다.

(바스넷 & 르페브르, 1998: 99)

『검은 남자의 응시』에 대한 접근방식은 본질적으로 리베라의 방식과 동일하다. 리베라는 － 스페인어를 사용하는 거주자가 수백만 명이 되고 히스패닉이 현재 소수자 중에서 가장 큰 집단을 이루고 있는 나라에 살고 있는 2개 언어 사용자로서 － 적어도 관객들 중 일부는 사실 스페인어를 조금은 이해하고 있을 것이라 간주한 반면, 델 모랄은 스페인에서 아프리카 언어에 대한 관객의 친숙도를 그렇게 가정할 수 없었다. 따라서 다른 배우들은 옴바시의 스페인어 대사를 이해할 수 없다는 듯이 반응해야만 한다. 희극적 효과를 위해 그가 아는 스페인어 단어 하나, 이름 두 개인 "¡Viva España! ¡Butragueño!"를 가족들에게 하는 말로 행간 여기저기 흩뿌려 놓았다. 원작 텍스트에서는 옴바시의 스페인어는 이탤릭체로 도드라지며, "사악한 어조로con un acento endiablado"라고 무대지시에 표시되어서 그의 유창한 모국어와 대조를 이루게 된다(델 모랄, 1992: 15).

『검은 남자의 응시』를 번역한 자르투 톨레스의 『검은 남자의 응시』에서, 유사 2개 언어상용 문제는 쉽게 해결되었다(델 모랄, 1999). 모든 스페인어는 간단하게 모두 영어로 바뀌고 문화적으로나 언어적으로 이해가 어려운 점을 전달하는 것은 배우들의 몫이 되었다. 반면에 부트라구에뇨 Butragueño에 대한 지시대상이 문제가 되었다. 번역가는 이 축구선수를 미국인 관객에게 더 잘 알려진 스페인 테니스 선수로 바꾸는 방법을 택했다. 옴바시는 그의 괴상한 악센트로 반복해서 "산체스 비카리오Sánchez Vicario!" 라고 말한다. 아란차 산체스 비카리오는 이제 테니스계에서 은퇴했지만, 이 극을 영어로 무대에 올리는 감독은 그 이름을 당대의 가장 유명한 스페인 스포츠 스타의 이름으로 바꾸는 것이 합당하다고 느꼈을 것이다.

리베라와 델 모랄의 텍스트와는 거리가 멀지만 2개 언어를 쓰는 관객들을 대상으로 하여 특별히 쓰여진 연극들이 있다. 그 훌륭한 예가 돌로레스 프리다Dolores Prida의 『바느질하며 노래하기』Coser y cantar(1981년 초연), 『두 여자를 위한 2개 언어로 된 판타지 단막극』A One-Act Bilingual Fantasy for Two Women이다. 이 쿠바계 미국인 작가는 중요한 서문에 다음과 같이 썼다. "이 극은 실제로 하나의 긴 독백극이다. 두 여자는 한 사람이며 언어적, 감정적 핑퐁 게임을 하고 있다." 프리다는 "이 극은 결코 단 하나의 언어로만 공연되어서는 안된다"(프리다, 1991: 49)고 강력하게 주장한다. 파트리샤 곤잘레스Patricia Gonzalez에 따르면, 프리다의 주인공은 구스타보 페레즈 피르마트Gustavo Perez-Firmat가 "여기도, 저기도 아닌 두 장소에 동시에 공존하는"(곤잘레스, 2002: 84 재인용) 문화적 샴쌍둥이라고 부르는 것을 예시해준다. 곤잘레스는 『바느질하며 노래하기』가 혼종적 현실을 반영하는 최초의 극이며 "일상적인 단순함, 도식적인 상투어, 그리고 문화적 복합성을 가진 She/Elle는 반쪽짜리 삶life on the hyphen에 대한 가장 우수하고 실감나는 극적인 표본이 될 것이다"(2002: 84)라고 말한다.

본질적으로 이 2인극에서 역할들 ‒ 'ELLA, 한 여자una mujer'와 'SHE, 동일한 여자the same woman'(프리다, 1991: 49) ‒ 은 하나의 자아가 분열된 것이라기보다는 등장인물의 상호보완적인 두 반쪽들이다. 그들 각각은 선호하는 언어로 말하고 그 언어와 연관된 문화를 반영하며, 그리고 대부분의 장면들 전반에 걸쳐 다른 등장인물은 존재하지 않는 체한다. 때때로 대사는 앞서 말한 것을 다른 언어로 번역하거나 최소한 일부분이나마 그 내용을 다른 언어로 명확하게 한다.

SHE: (SHE는 화장대로 가서 앉아 종이와 펜을 집는다.) 내가 꼭 해야 할 일들 목록을 만들거야. 어디 보자. 집안에서부터 시작해야지. . . 첫째, 집을 치운다.

ELLA: (계속 먹으면서) 첫째, 집을 치운다Uno, limpiar la casa.

SHE: 둘째, 쓰레기를 내 놓는다.

ELLA: 둘째, 쓰레기를 내 놓는다Dos, sacar la basura.

SHE: 그리고 나서 바깥일을 해야지. 뛰고 난 다음, 엘 살바도르에 대해 뭔가 조치를 취해야 해.

ELLA: 구세주를 구해야 해Salvar a El Salvador. (프리다, 1991: 52)

마지막 줄은 SHE의 바로 앞 대사를 완전하게 옮긴 것이 아니라, 중앙 아메리카에 위치한 엘 살바도르라는 나라 이름의 이중적 의미를 구세주 구하기To save The Saviour로 말장난 한 것이다. 이 대사들의 완전한 의미뿐 아니라 그 유머를 영어만 사용하는 사람들은 놓치게 될 것이다.

『바느질하며 노래하기』에서 으레 한 대사와 그 뒤에 이어지는 대사간에는 아무런 연관이 없다. 극이 시작할 때의 대사에서 ELLA가 말이 중단되는 것에 대해 [스페인어로] 화를 내자 SHE가 이를 [영어로] 완전히 무시하는 것이 그 예이다.

ELLA: (분노에 차서) 왜 그러니?¿Por qué haces eso? 내가 그러는 걸 싫어하는 것 알잖아!¡Sabes que no me gusta que hagas eso! 난 누가 귀찮게 하는 거 싫어Detesto que me interrumpas así. 난 니가 바브라 스트라이샌드라고

상상할 때 널 방해하지 않았잖아¡Yo no te interrumpo cuando tú te imaginas
que eres Barbra Streisand!
SHE: (시계를 찾으며 혼잣말로) 지금 몇 시지? (시계를 발견하고) 세상
에, 열 두 시 삼 십 분이야! 하루의 반이 지났는데 아무것도 못했
네 . . .   (프리다, 1991: 51)

프리다가 초반에 강조한 말은 그녀가 의도적으로 2개 언어상용을 없
애는 번역을 인정하지 않겠다는 것을 암시한다. ELLA는 너무나 분명한
히스패닉이어서 번역이 그녀의 국가정체성을 완전히 바꿔버릴 정도로
자유롭게 된다면, 그녀를 특징짓는 스페인적인 것을 변화시키게 될 것이
다. 그러나 이 연극은 그 언어들 중 하나인 스페인어를 유지하더라도 수
많은 라틴 아메리카계 이민자가 있는 프랑스나 다른 몇몇 나라들에서 공
연하는 데는 문제가 되지 않을 것이다.[2]

프리다가 어느 정도 두 언어의 동등한 사용을 강조하는 것은 그녀의
관객이 양쪽 모두를 다 이해할 것이라는 가정에 기초해 있다. 이것은 언
어변환code-switching[상황에 따라 두 가지 이상의 언어를 사용하는 것-역자 쥐을 사용하는
미국내 많은 라틴계 연극에 해당하는 경우로, 인물들은 영어에서 스페인
어으로, 또한 그 역으로 매끄럽게 진행된다.[3] 멕시코계 미국인 극작가 로
드리고 두아르테 클라크Rodrigo Duarte Clark의 자주 공연되지만 출판되지는
않은 모노드라마 『로지타부인의 할라피뇨 부엌』Doña Rosita's Jalapeño Kitchen
(1994)에 대한 비평에서, 에두아르도 카브레라Eduardo Cabrera는 이 전략에
관한 탁월한 예를 제시한다. 개발업자가 동네를 인수하려는 데 염려를
표현하면서, 로지타부인은 자신의 레스토랑을 팔지 말지를 놓고 토론한다.
"그들은 우리에게서 살시푸에데스Salsipuedes를 빼앗아 가고 있어요. 나는
바보같이 짐을 싸고 있구요"(카브레라, 2002: 72 재인용). 그녀가 꿈에 떠

올린 천상의 이미지는 앵글로 색슨계 백인들의 공간이다. 그러나 그녀의 성 베드로는 2개 언어를 번갈아 사용한다. "Tú eres católica mujer[너는 카톨릭을 믿는 여자다. 교회에서 맺어진 남편은 영원히 너의 남편이다. 절대 재혼할 수 없다, Nunca[절대뢰]"(카브레라, 2002: 72 재인용).

『로지타부인의 할라피뇨 부엌』이 번역될 때, 스페인어로의 언어변환은 반드시 원작의 고유한 특색을 유지해야 했다. 이 점에 있어서 위에서 예시한 성 베드로의 대사는 아무런 문제도 없는 셈이다. 스페인어를 모르는 관객을 위해 변화를 고려해야 한다면, '카톨릭 교회에서는 절대 재혼 할 수 없다'처럼 두 단어를 첨가하는 것만으로도 충분히 의미를 명확히 할 수 있을 것이다. 로지타부인의 대사는 좀 더 까다롭다. 엘 살바도르와 마찬가지로, 스페인어 이름 '살시푸에데스'는 가능하다면 벗어나라는 이중적 의미를 가지고 있다. 번역가는 만약 할 수 있다면, 이 이중의 미를 전달해기 위해 어떠한 특별한 노력을 기울여야 할 지 결정해야 한다. 로지타부인이 스스로를 바보라는 의미로 'pendeja'라고 부를 때 그녀가 선택한 단어는 그녀의 멕시코계 뿌리를 반영하고 있으므로, estúpida나 tonta[각각 stupid, idiot임 - 역자 주] ─ 이 단어들이 스페인어에 취약한 관객들에게 더 쉽게 이해될 수도 있겠지만 ─ 로 대체해서는 안 된다. 멕시코계 미국인이란 정체성을 빠뜨리는 것이 대본의 다른 부분에서 보완되는 것이 아니라면 말이다.

『바느질하며 노래하기』와 『로지타부인의 할라피뇨 부엌』 같은 극에서는 대사의 상당 부분이 스페인어로 되어 있다. 대조적으로, 미구엘 곤잘레스 판도의 『위대한 미국의 정의 놀이』The Great American Justice Game(1987)에서는 영어가 우세하지만 극의 끝 무렵에 스페인어가 짧게 등장한다. 이 쿠바계 미국인 작가는 스페인어 사용을 극도로 금지하는 법을 상상해냄으로써 보수적이고 비관용적인 미국 내 영어전용운동을 풍자한다. 여기서 그는 재판을 게임 쇼 형식으로 대신한다. 십대 주인공 마리아Maria가 깨어나 그로테스크한 법정 장면이 그저 꿈이었다는 것을 깨닫고 그녀의 어머니 리버티Liberty와 언어변환으로 대화를 나눈다.

> LIBERTY: ¡Mi amor, estamos en América![애야, 우리는 미국에 있다] 그런 일은 여기에서는 절대 일어날 수 없어 . . . 그렇지? 그건 그냥 악몽일 뿐이야 . . . Ven, déjame darte un beso[자, 한번 안아보고 키스하게 해다오]. (포옹한다.) . . .
>
> MARIA: Mamá, qué bueno que somos americano[엄마, 우리가 미국인이라서 정말 좋아요]. 미국인인 것이 정말 자랑스러워요!
>
> (곤잘레스 판도, 1992: 107)

관객이 비교적 쉬운 언어를 사용하고 등장인물에 의해 의미가 적절하게 분명해지는 이 몇 줄의 대사를 이해하기 위해 스페인어를 알아야 할 필요는 없을 것이다. 번역가는 이를 스페인어로 남겨두어야 할 것이다.

프리다나 두아르테 클라크과는 달리, 스페인 극작가 후안 마요르가는 관객들이 그의 2인극 『블루멤베르크의 번역가』에 도입한 제 2언어인 독일어를 알리라고 기대하지 않는다. 그에게 있어서 이상적인 관객들은 독일어를 할 줄 모를 것이라고 그는 말한다. 칼데론 역을 맡은 배우는 그 맥락을 분명케 해주는 제스처와 연기로 블루멤베르크의 유창한 독일어 대사의 의미를 전달해야 할 책임을 맡고 있다. 그러고 나면 그 공백은 관객들이 채워야만 한다. 마요르가는 이러한 방법이 1인극에서 펼쳐지는 전화통화 상황과 유사하다고 말한다. 관객들은 대화의 한쪽만을 들을 수 있을 뿐이지만 그래도 전화 선 너머 저편에서 뭐라고 했는지 알아챌 수 있다(마요르가, 사적인 인터뷰, 2002).

『블루멤베르크의 번역가』의 원작은 1994년 3월 마드리드에서 상업적 무대낭독으로 올려졌다. 이 작품의 전체 초연은 2000년 8월까지, 부에노스 아이레스에서 수용되지 않았다.[4] 마요르가는 스페인 관객들이 독일어를 이해하지 못함에도 텍스트를 따라가는 데 어려움이 없었다고 회상한다. 스페인에서 진짜 문제가 된 것은 제대로 된 독일어 발음을 매끄럽게 전달할 수 있는 배우를 찾는 것이었다. 또한 이 배우는 스페인어에서 블루멤베르크의 억양, 즉 독일식 억양을 풍기는 아르헨티나 발음을 창조해야만 했다.

블루멤베르크라는 인물은 반유대주의, 인종차별주의 사상을 가진 철학자로서 이러한 사상은 그의 마지막 책의 유일한 독자인 히틀러에게 영향을 준 것으로 알려져 있다. 아르헨티나로 망명한 몇 년 뒤, 블루멤베르크는 유럽으로 돌아간다. 그곳은 모습을 드러내지는 않는 실레시우스가 그의 잃어버린 책을 카스틸리아 스페인어로 번역하기 위해 칼데론을 고용하고 있는 곳이다. 아르헨티나는 제2차 세계 대전을 전후하여 유대인이나 나치들 모두 피난처로 삼았던 곳으로, 스페인어-독일어 2개 언어를 사용하는 관객이 스페인에서보다 더 많다고 추측되기도 한다. 블루멤베르크 역은 독일-유대계-아르헨티나인 배우인 루벤 슈마허Ruben Schumacher가 해냈다.[5]

『블루멤베르크의 번역가』에서 마요르가는 독일어와, 보다 낮은 수위로 사용되는 프랑스어로 된 대사에 대해 세 가지 전략을 구사한다. (첫 장면에서 독일인 작가와 스페인인 번역가가 기차 안에서 만나는데, 블루멤베르크는 눈 먼 프랑스인 장난감 장수로 가장한다.) 이 낯선 언어 속 몇몇 표현들에서, 다른 등장인물은 대개 질문으로 표현되는 즉각적이고 연속적인 해석을 제공한다. 예를 들어, 블루멤베르크가 '일$_{Travail}$'이라고 하면 칼데론은 '일?$_{¿Trabajo?}$'이라고 반응한다(마요르가, 1993: 3). 블루멤베르크가 '아직도 아니야$_{Noch\ night}$'라고 하면 칼데론은 '아직도 아니야? $_{¿Todavía\ no?}$'라고 응수한다(1993:27). 다른 때에는 행동이 의미를 명확히 해준다. 기차간에서의 첫 장면이 그 예이다.

> CALDERóN: Pues no estamos con luz eléctrica pudiendo . . . (Descorre la cortina de la ventana.)
>
> BLMEMBERG: (Reaccionando al ruido de la cortina.) J'aime mieux la laisser commeça.
>
> CALDERóN: (Corriendo la cortina.) Perdon, perdon. Claro, por los ojos.
>
> (마요르가, 1993: 2)

프랑스어로 된 블루멤베르크의 대사를 이해하지 못하는 관객들은 칼데론이 커튼을 젖혀 빛이 들도록 했다고 블루멤베르크이 투덜거리자 그가 재빨리 커튼을 치는 장면을 통해 의미를 알게 될 것이다.

한편, 『블루멤베르크의 번역가』에는 독일어로 된 대사가 약간 있는데, 그것들은 독일어를 이해하지 못하는 관객들을 위해 직접적으로 명시된 적이 없다. 때때로 이 대사들은 정황을 통해 파악되지만, 블루멤베르크가 이제는 그의 마음 속에만 존재하는 책을 받아적는 순간과 같이 다른 때에는 이를 설명하려는 어떠한 노력이 이루어지지 않는다. 칼데론은 그저 계속 타자를 친다.

> BLMEMBERG: 재현에 대한 개념은 . . . 권위있는 한 인물에 . . . 의존하게 된다. (칼데론은 타자를 친다.)

BLMEMBERG: 재현은 . . . 한 인물만이 . . . 바로 . . . (칼데론은 타자를 친다.)

BLMEMBERG: . . . 권위있는 한 인물 . . . 또는 하나의 개념이 . . . (칼데 론은 타자를 친다.)   (마요르가, 1993: 35)

이 침묵이 블루멤베르크의 책의 내용은 무의미하다는 것을 뜻하지는 않는다. 이 극의 주요 주제 중 하나가 파시즘, 함축적으로는 당시의 여느 곳과 마찬가지로 스페인에도 존재했던 신나치즘의 위협이다. 수상쩍은 실레시우스는 칼데론의 번역을 통해서 블루멤베르크의 무시무시한 생각을 새로운 독자들에게 퍼뜨리려고 한다.

번역연구의 차원에서 마요르가의 텍스트의 또 다른 주요 주제는 특별히 흥미롭다. 그것은 여전히 진행 중인 작가와 번역가의 관계와 번역의 과정에 관한 논쟁거리를 제공한다. 블루멤베르크는 칼데론을 전적으로 통제하기를 원한다. 그러나 칼데론은 그 해악에 물들 수 있는 아이들을 보호하기 위해 그 텍스트를 없앨 요량으로 점차적으로 그 텍스트를 침해 한다. 번역과 관련된 대화는 이런 폭넓고, 윤리적인 문제에서 원본에 접근 하는 방법에 대한 구체적 사항에까지 이른다. 칼데론이 번역을 시작하기 전에는 책을 전체적으로 읽을 수 없다는 사실을 깨달았을 때 이 번역가가 분개하는 것도 능히 이해가 된다.

BLUMEMBERG: '적은 우리 자신의 의문이 가시화된 형상이다.' 'Der Feind ist unsere einzige Frage als Gestalt.'

CALDERóN: 뭐라고요? ¿Perdón?

BLUMEMBERG: 첫번째 문장. Der ersten Satz.

CALDERóN: 첫번째 문장이라고요? ¿La primera frase?

BLUMEMBERG: 이렇게 할 것이다. 문장 대 문장. Es wird so gemacht warden: Satz fur Satz.

CALDERON: 나는 번역 작업에 들어가기 전에 책 전체를 읽곤 합니다. Acostumbro leer el libro entero antes de traducer una pala . . .

블루멤베르크는 그의 말을 자른다. 이 번역은 작가가 기억으로부터 그의 책을 받아 적듯 문장 대 문장으로 번역될 것이다.

마요르가는 그의 극을 번역하는 어떤 번역가라도 취할 수 있는 방법을 분명하게 제시했다. 독일어는 간단한 프랑스어 구절처럼 원어로 남겨져야 한다는 것이다. 따라서 번역가의 과제는 스페인어 번역에 국한된다. 영국 관객이나 미국 관객이 아르헨티나나 스페인 관객들만큼 이러한 종류의 2개 언어 게임을 잘 받아들일지는 논쟁의 여지가 있다.

이 점에 있어서, 데이비드 에드니가 캐나다에서 진행된 20세기 후반의 2개 언어로 된 극에 대한 실험에 관해 한 논평은 흥미롭다. 번역이 언제나 필연적인 것은 아니라고 주장하는 그는 몰리에르의 『스카팽의 간계』 Les Fourberies de Scapin라는 2개 언어로 된 상연의 공동작업을 언급하면서, "그 공연에서 양쪽 언어 집단에서 온 단일언어 사용unilingual 관객들은 일부 대사들을 이해할 수 없다"고 설명했다(에드니, 1996: 234). 이와 유사하게, 데이비드 페나리오David Fennario의 『발코니가 있는 마을』Balconville에는 집들이 서로 인접한 발코니를 가지고 있는 네 명의 프랑코폰[제1언어로 불어를 사용하는 사람 - 역자 쥐]과 네 명의 앵글로폰[제1언어로 영어를 사용하는 사람 - 역자 쥐]이 등장하는데, 이 작품은 단일언어를 사용하는 사람들이 이해하기 쉬운 언어로 대사를 옮기려는 시도 없이 상연되어 왔다. 페나리오의 텍스트는 캐나다 영어사용지역English Canada과 영국에서 공연되는 동안 관객들의 불평이 없었다(에드니, 1996: 235).

1979년 이래로, 『발코니가 있는 마을』과 같은 실험극의 성공에 이어, 캐나다에 또 다른 2개 언어와 다중언어 공연이 이루어졌다고 에드니는 보고한다. "로베르 르파주Robert Lepage는 그의 작품에 프랑스와 영어뿐만 아니라, 독일어, 중국어, 모호크어까지 사용해 왔다"(에드니, 1996: 235). 그리고 영어사용이 우세한 사스카툰 시에 있는 라 트루프 뒤 쥬르La Troupe du Jour라는 극단은 다수의 2개 언어극을 무대에 올렸다. 몰리에르의 『스카팽』의 경우 언어 게임은 익살스러운 효과를 띠지만, 때로 사스카툰에 있는 극단은 진지하고 정치적인 메시지를 담아 왔다. 『로미오와 줄리엣』에서 캐퓰릿가는 프랑코폰이고 몬테규가는 앵글로폰으로, 캐나다의 이중성과 그 문화 충돌이 가진 잠재적인 비극적 결과를 반영하고 있다. 이러한 고전적 작품의 경우 우리는 극 그 자체의 번역보다는 번역과 관련하여 자유각색에 대해 논의할 수도 있을 것이다.

단일언어 극이 2개 언어 극으로 바뀐 다른 흥미로운 예는 사무엘 베케트의 『고도를 기다리며』이다. 쇼사나 웨이츠Shoshana Weitz는 1985년 5월 하이파의 시립 극장에서 초연한 이 작품의 아랍-이스라엘판 연극에 대해 논한다. 초연을 본 관객들은 대체로 양 언어를 모두 다 이해했다. 블라디미르와 에스트라공 두 사람은 아랍 건설노동자로 묘사된다. 반면 고용주 포쪼는 히브리어를 쓴다. 관객반응조사에서 아랍계 관객들은 이 극에 구체적인 정치적 의미를 부여하는 반면 유대계 관객들은 추상적인 부조리극으로 베케트의 고전적 작품을 보는 경향을 띠었다.

캐나다에서 몰리에르의 2개 언어로 된 텍스트 『스카팽』을 공연한 것과 관련해서, 에드니는 우리가 프리다의 『바느질하며 노래하기』와 마요르가의 『블루멤베르크의 번역가』에서 이미 언급했던 일련의 기교에 대해 설명한다. "언어들이 대체되어 쓰일 때, 화자는 때때로 막 내뱉어진 말에 대해 대답하고 논평하면서 그 말을 다른 언어로 다시 번역하여 반복한다"(에드니, 1996: 236). 영어로 된 설명은 심리적 사실주의에 위배되지 않게 프랑스어 원본에 삽입된다. 다음이 그 예다.

ARGANTE: (혼자만의 생각에 잠겨) 'Je voudrais savoir ce qu'ils me pourront dire sur ce beau mariage.'
SCAPIN: (방백) 우리는 이 멋진 결혼에 대해 할 말을 생각하고 있었지.
(에드니,1996: 236)

에드니는 이 극단이 또한 겹치기를 위한 '즉석 재연과 액션 루프the instant replay and the action loop'라는 두 가지 명백한 극적 기교를 발전시켰다고 설명한다(에드니, 1996: 237). 전자의 경우, 배우들은 꼼짝 않은 채로 있다가, 이전 위치로 돌아가서, 이 구절을 다른 언어로 재연한다. 후자의 경우 전략은 한결 투명하다. 배우들은 휴지 없이 자연스럽게 이전 위치로 옮겨가 다른 언어로 다시 말한다.

쿠바계 프랑스인 극작가 에두아르도 마네가 유럽에서 실험한 것은 에드니가 캐나다의 2개 언어극에 관해 정의했던 전략과 어느 정도 관련이 있다. 프리다와 마찬가지로, 쿠바에서 태어난 마네는 생의 대부분을 망명자로 살았으며, 주로 제2언어로 작품을 써왔다. 의심할 여지없이 그 자신의 분리된 정체성으로 인해, 그는 극 속에서 전형적인 이중언어적, 이중문화적 게임을 펼친다. 마요르가처럼 마네는 종종 직접적으로 번역가나 해석가의 역할에 초점을 맞춘다. 『러브스타씨와 그의 이웃』*Monsieur Lovestar et son voisin de palier*(1995)을 보면, 두 등장인물 가운데 한 명은 오만한 문학번역가이고 다른 한 명은 포르투갈인 노동자로 52페이지나 되는 러브레터를 시적인 프랑스어로 옮기는 데 도움을 구하고 있다. 원본 저자와 그의 뜻 대로 되지 않는 번역가 사이의 있음직하지 않은, 종종 우스꽝스럽기까지 한 대결은 처음에는 언어로 벌이는 논쟁대결과 폭력의 위협으로 나아간 다.

떠들썩한 브레히트적 소극 『안데스산맥 쪽으로 난 발코니』*Un Balcon sur les Andes*(1979)에서 마네는 곡예단 배우들을 창조하는데, 그들은 19세기 프랑스의 정치적 망명자들로서 라틴 아메리카로 피신해 왔다. 초반부에서 그들은 아직 스페인어를 하지 못해서 프랑스어로 연기한다. 한 관객이 자원하여 스페인어를 쓰는 관객들을 위해 동시적으로 해석을 한다. 차차 배우들은 2개 언어로 연기하게 된다. 가상적인 관객의 편의를 위해 제공된 스페인어 대사의 의미는 프랑스어를 쓰는 진짜 관객들에게 명확하게 전달되겠지만 희극적 효과를 자아낼 것이다.

마네의 다른 메타극적 소극 『또 다른 돈 주앙』*L'Autre Don Juan*(1974)에서, 프랑스 배우들은 후안 루이즈 데 알라르콘Juan Ruiz de Alarcón의 황금시대 희극 『벽에도 귀가 있다』*Las paredes oyen*의 번역 작품을 공연한다. 알라르콘이란 등장인물은 시간과 공간을 무시한 채 그 배우단과 함께 연기한다. 그는 연출자가 자신의 텍스트를 무대에 올리면서 변화를 준 것에 분노하여 대사를 원래의 스페인어로 말하기 시작한다. 이에 연출자는 필사적으로 계속해서 끼어들어 대사를 프랑스어로 동시 번역한다.

이 현대적 텍스트에 삽입된 17세기 연극은 마네 자신이 직접 프랑스어로 옮긴 것으로 충실한 번역이다. 동시에 그는 가끔 다문화적cross-cultural 상연에서 표면상 흥행을 위해 도입되는 고의적인 왜곡을 패러디한다. 그래서 그는 가상의 연출가가 과도하게 성전환자 배역과 성적인 몸짓, 황소 싸움 장면을 도입하는 것을 부각시킨다. 만약 미국인이나 영국인 번역가가 『또 다른 돈 주앙』에 시비를 건다면, 텍스트에 사용되고 있는 스페인어는 스페인어로 남겨져야 하고 프랑스어는 영어가 되어야 할 것이다. 가장 어려운 문제는 알라르콘의 황금시대 운문연극을 번역하는 것이다.

다중언어 게임이 폭넓게 사용된 또 다른 사례는 마네의 『스트라스 부인』 Lady Strass(1977)에 존재한다. 이 연극은 벨리즈를 무대로 한다. 등장인물은 세 명으로, 중년의 프랑스 남자인 베르트랑, 젊은 과테말라 남자인 마뉴엘 그리고 나이 든 영국여인 엘리안네 파킹톤 심슨이 그들이다. 두 남자는 겉보기에 버려진 것 같은 집에 침입하려고 하는데 은둔자 주인이 엽총을 꺼내들고 그들을 맞이한다. 그녀는 그들 위쪽에 위치한 발코니에 앉아 있고 그들은 규모가 더 큰 공연에서는 아마추어 배우들이 연기하던 무대 앞쪽에서 덫에 걸려 있다. 원본은 주로 프랑스어로 쓰였으나 비교적 지속적으로 영어와 스페인어 표현도 쓰였다. 스페인어는 감탄사와 외설적인 표현에서 특색있게 사용되었다.

혹자는 두아르테 클라크, 프리다 그리고 마네와 같은 2개언어 사용 작가들이 그들의 분리된 정체성을 표현하기 위한 한 방법으로 두 언어 모두를 쓰는 것이라고 이론화할지도 모른다. 카브레라는 『로지타부인의 할라피뇨 부엌』에 나온 주인공이 언어를 마음대로 빠꿔쓰는 것을 분석하면서 등장인물이 음식과 자신의 문화를 거론할 때, 그리고 "그녀의 감정상태가 변화할 때" 스페인어로 바꾼다는 사실을 지적한다(Cabrera, 2002: 73). 이러한 관점에서 마네 극의 등장인물인 마뉴엘 시에라는 작가 자신을 대변할 지도 모른다. 이 과테말라인은 프랑스어로 의사소통 해야만 하는 스페인어 사용자이다. 스페인어는 대체로 그가 당황하거나 흥분하거나 혹은 화가 났을 때 나타난다. 그 예가 첫 장면의 대사로, 두 남자가 이 괴팍한 영국여자의 집에 침입하는 장면에서이다.

VOIX DE MANUEL: Tu es là, alors saute, <u>cojones</u>. Il pleut des cordes,
je vais attraper la crève!

(아방신 극단: 10; 밑줄은 필자 강조)

혹은, 그들이 처음으로 엘리안네의 목소리를 들었을 때로, 그녀는 세 가
지 언어로 경고한다.

VOIX D'ELIANE: Don't move! Ne bougez pas! No se muevan![움직이지 매]
You are under surveillance! Estais siendo vigilados![너희
들은 독 안에 든 쥐야]
MANUEL: Qu' arrive─t'il, <u>madre de Dios</u>?   (아방신 극단: 10)

내가 가장 좋아하는 예는 베르트랑과 마뉴엘이 집안에서 덫에 걸렸다는
사실을 알게 될 때이다.

MANUEL: Puta y repute de la chingada de su madre! (아방신 극단: 14)

『스트라스 부인』의 역자로서 나는 스페인어 표현은 스페인어로 남겨두
고 프랑스어 표현은 그에 상응하는 언어 영역으로 통합시켜 넣되, 프랑
스어 원작 텍스트 속의 영어 표현이 유실되는 것을 보상하기 위해 빈도
를 약간 줄이는 경향이 있었다. 그것이 첫 번째 출판본에서 내가 취했던
접근 방법이다(마네, 1992). 그러나 뉴욕에 있는 우부 레퍼토리 극단에서
공연하기로 계획했을 때, 우부의 예술 감독인 프랑소아즈 쿠릴스키는 스
페인어와 프랑스어를 모두 없애달라고 요청했다. 지금은 존재하지 않는
우부 레퍼토리는 수년 동안 번역된 프랑스와 프랑코폰 연극을 공연해 온

것으로 유명한데, 영어만 사용한다는 확고한 방침을 가지고 있었다. 의도적으로 다중언어 텍스트로 쓴 마네의 작품에 대해서는 그러한 방침은 결국 일종의 문화적 변용_acculturation_으로 귀착되었다.[6] 나의 관점에서는 다행히도, 연출 감독 앙드레 에르노트가 마뉴엘 역을 맡은 2개 언어 사용자인 배우 로버트 히메네스의 도움을 받아 절충안을 제안했다. 나는 프랑스어를 삭제했지만, 일부 스페인어를 제자리에 되돌려놓을 수 있었다(수정된 번역, 마네, 1997을 참조). 공연에서 'puta y reputa' 대사 부분은 폭소를 터뜨리게 했고, 관객들을 희비극의 희극적인 측면에 적절한 분위기에 빠져들게 했다. 내가 알기로는, 로스엔젤레스에서 1998년 공연된 루돌프 아나야의 『어이, 친구여!』¡Ay Compadre!에 대해 마르코스 마르티네즈가 보고하고 있는 비난에 비추어 볼 때, 스페인어로 전달된 이 몇몇 표현들에 대해 뉴욕에서는 전혀 불평이 없었다(마르티네즈, 2002: 26).[7]

외국어로 된 표현이나 방언으로 된 한정된 대사의 사용은 등장인물의 정체성 확립을 위해 대체로 중요하게 사용될 뿐만 아니라 웃음을 유발하기 위한 목적으로 희극에서는 관습이 된 지 오래라는 사실을 주지해야 할 것이다. 16세기로 거슬러 올라가면, 스페인 극작가 토레스 나이로Torres Naharro와 로페 데 루에다Lope de Rueda는 희극적 효과를 위해 다른 언어와 방언을 그들의 작품에 빈번하게 집어넣었다. 이러한 장치를 사용한 연극에서는 어떤 경우에서는 화자는 의도적으로 소극의 희극적인 인물의 전형인 캐리커처로 만들어진다. 또 다른 경우, 극중 등장인물들은 화자의 말을 이해하지 못하고 관객들만 이해하게 될 때 희극적 아이러니가 발생하게 것이다. 미국의 라틴계 극단은 수십 년 동안 이와 같은 2개 언어 게임을 도입해 왔다.

스쳐지나가는 정도의 외국어 사용에도 번역가들은 골치를 앓게 된다.

특히 그 제 2언어가 번역가의 목표언어일 때 그러하다. 안토니오 부예로 바예호의『음악의 창』*Música cercana*(1989)과 로저 코니쉬Roger Cornish 의『로키 와 디에고』*Rocky and Diego*(1988)에 흥미로운 두 사례가 있다.[8] 전자의 극에서, 이 스페인인 작가는 다른 등장인물들에게는 적잖이 당황스럽게도 가끔 영어로 대사를 하는 나이 든 하인을 도입하고 있다. 후자의 역사극에서, 이 미국인 작가는 넬슨 록펠러Nelson Rockefeller가 새롭게 배운 스페인어를 멕시코의 벽화가 디에고 리베라Diego Rivera에게 시험해보는 대목을 넣었다. 마리온 피터 홀트가 부예로 바예호의 작품을 번역했을 때, 그는 번역된 영어 텍스트 안에서 원본에 있는 영어를 어떻게 할 것인가에 하는 중대 한 결정을 내려야 했다. 이와 유사하게, 안토니오 길Antonio Gil은 코니쉬의 작품을 스페인어로 번역하면서, 로키의 초급 수준의 스페인어를 보완할 방법에 대해 고민해야 했다. 그렇게 하지 않을 경우 그 인물은 극에서 스 페인어를 유창하게 구사하게 될 것이다.

『음악의 창』*The Music Window*의 경우, 홀트는 부예로 바예호가 드문드문 사용하는 영어를 스페인어로 번역하면서, 그저 두 언어를 바꿔 놓았다. 1994년에 출간된 번역의 서문에서, 홀트는 로렌자라는 인물이 "종종 혐 오감을 드러내며 영어로 된 퉁명스러운 설명이나 어휘로 그 순간을 강조 하는데, 이것은 그녀가 말을 걸고 있는 등장인물에게 이해되지 않는다" 고 명시하고 있다. 그는 "예상치 못한 영어 단어나 구절에 스페인어를 쓰 는 관객들이 반응하듯이" 영어를 사용하는 관객들도 스페인어로 된 표현 에 반응할 것이라고 예상했다(부예로 바예호, 1994: xii). 그럼에도 불구하 고 홀트는『음악의 창』의 원래 영어 대사를 텍스트 속에 괄호로 넣어 두 었는데, 연출가는 배우가 그것을 방백으로 전달하게 하는 것을 선호할 수도 있다. 책의 말미의 두 번째 역자 후기에서 그는 제안의 범위를 확대한다. "연출자는 그 표현들을 프랑스어나 다른 언어로 바꿈으로써, 혹은 단순히 영어로 방백하게 함으로써 다른 해결책을 찾는 쪽을 선호할 지도 모른다. 어쨌든 로렌자의 신랄한 감탄사는 그녀의 배역과 부예로 극의 진수를 드러내는 데 있어 필수적이다"(부예로 바예호, 1994: 64).

홀트가 제안한 방백의 용법은 리베라와 델 모랄이 취한 기법과는 다른데, 그들의 기법은 똑같은 언어가 관객들에게는 이해되지만 다른 등장인물들에게는 다르게, 혹은 불가해한 것으로 받아들여지게 한 것이다. 홀트가 『음악의 창』에서 이와 같은 전략을 구상했더라면, 극단협회뿐 아니라 저자와의 협의에서 각색을 요구했을 것이다.

홀트의 번역은 연극이 뉴욕시에서 상연되기 전에 이미 출판사에 넘겨졌다. 패티 퍼쓰Patti Firth는 1993년 11월 22일에 무대 낭독된 『음악의 창』(뉴욕시립대학교 대학원센터CUNY Graduate Center, 마이클 리베라 연출)에 관한 리뷰에서, 로렌자의 영어 대사를 스페인어로 번역한 것이 이상적인 해결책이 아니라고 홀트를 확신시킬 만한 대목을 몇 가지를 제시했다. 그러나 퍼쓰의 견해는 번역이 출판될 때까지도 발표되지 않았다.

> 원래의 텍스트에서 . . . 로렌자는 . . . 대체로 영어로 속된 말을 쓰는 습성이 있어 다른 등장인물을 즐겁게 하고 때때로 혼란스럽게도 한다. 이것은 희극적 효과를 자아낸다. 그러나 번역에서, 홀트는 로렌자로 하여금 스페인어를 쓰게 하고 그리하여 다른 등장인물들은 그들이 잘 이해하지 못했음을 영어로 표현하게 한다. 이것은 삐걱거리는 결과를 낳는데, 왜냐하면 관객들은 그 극이 스페인을 무대로 하고 있고, 거기에서는 스페인어가 통상적으로 쓰인다는 사실을 알기 때문이다. 그 결과는 번역가들이 피해가고자 한 다음의 사실이다. 번역은 지속적으로 번역 그 자체에 집중하기를 요구한다. 반면에 이상적으로는 관객은 그 사실을 잊을 수 있어야만 한다.

벨리즈를 배경으로 한 마네의『스트라스 부인』을 번역하면서, 내가 단순히 영어와 프랑스를 바꾼 것은 간단한 해결책이었다. 반면 스페인을 무대로 하는 부에로의『음악의 창』에서 영어와 스페인어를 바꾼 것은 문제를 안고 있다.

그러나 더 어려운 문제는 길이『로키와 디에고』에서 로키의 스페인어를 번역하면서 맞닥뜨린 것이다. 코니쉬의 이 텍스트에서 모든 등장인물은 영어를 쓴다. 어떤 관객들은 실제 상황에서 멕시코인 예술가와 그의 부인 프리다 칼로가 미국에서 둘이 있을 때 서로 스페인어로 대화하리라는 것을 의식적으로 깨달을지도 모른다. 극작가는 관객들이 극중 세계에서 스페인어 대신에 관습적으로 영어를 쓰는 것을 받아들이기를 기대할 것이다. 극 속에 나오는 넬슨 록펠러가 제한적으로 쓰는 초보적인 수준의 스페인어는 특별한 외국 손님에게 우호적이고 싶다는 젊은 남자의 욕망과 그가 라틴 아메리카에 대해 대체로 호의를 갖고 있음을 드러내 준다. 디에고가 그의 스페인어가 나아지고 있다고 정중하게 칭찬하자 로키는 들떠서 "앞으로 미국에서 스페인어를 쓰게 될 것을 알고 있기 때문에" 스페인어를 배우는 중이라고 말한다. 로키의 스페인어에서 보이는 의도적인 오류와 머뭇거림은 그 언어를 막 배우기 시작한 사람이란 그의 위치를 확인시켜 준다. 예를 들어, 그는 리베라가 작업 중에 있는 벽화에 대해 "아름다워Lo es muy hermoso"라고 하는데, 그가 잘못 끼워 넣은 목적격 대명사 'lo'는 영어 사용자가 스페인어에는 존재하지 않는 주격 대명사를 표현하기 위해 자주 쓰는 방식과 일치한다.

길은 코니쉬와의 공동작업에서 델 모랄이『검은 남자의 응시』에서 옴바시에 대해 사용했던 기법과 다르지 않은 방책을 찾아냈다.『로키와 디에고』를 통틀어, 스페인어를 사용하는 관객들은 연극이 미국을 배경으로 하고 있으며, 등장인물들도 대사가 스페인어로 되어 있어도 영어를 쓴다는 것을 이해할 것이다. 길은 번역서의 서문에서 밝혀두었듯이, 세 전략, 즉 문법적 오류('Mucho verdadermente' 와 'Está verdad'), 전형적인 멕시코식 표현('¡Que rebién lindo!'와 '¡Carajo!') 그리고 디에고가 로키의 발음이 얼마나 멕스코식인 지에 관해 덧붙인 논평('ya casi habla como un mexicano')을 통합함으로써 로키의 두 번째 차원의 언어를 구별한다. 길은 두 언어를 병치하기보다는 두 방언을 병치한다. 스페인 – 이 번역에서 목표국가인 – 에서의 상연에서, 이러한 방법은 리베라와 칼로의 역을 연기하는 배우가 멕시코인이거나 혹은, 적어도 멕시코 악센트를 효과적으로 전달할 수 있는 배우일 때 특히 효과적일 수 있다. 길의 해결책이 얼마나 효과가 있는지는 그의 번역이 무대에 오르기 전까지는 검증될 수 없을 것이다.

길의 해결책은 헨리 G. 쇼그트Henry G. Schogt가 체홉의 『세 자매』The Three Sisters를 프랑스어로 번역하면서 규명해 온 딜레마에 대해 가능성 있는 답을 제시한다. 이 러시아 극에서, 등장인물 중 하나인 시누이는 프랑스어를 하는 것으로 전제되어 있다. 그녀가 이 외국어를 쓴다는 것은 그녀의 사회적 야심을 나타내지만, 그녀의 언어적 오류는 그녀가 프랑스어를 자연스럽게 말할 수 있을 만큼 충분히 잘 알지 못한다는 사실을 가리킨다. 쇼그트는 이 극의 프랑스어 번역이 "결국 러시아어에 상응하는 유창한 프랑스어와 원작에 사용된 엉터리 프랑스어의 혼합이 되어버렸다"며 불만족스러워했다(쇼그트, 1988: 115). 그러나 이 방법은 배우가 과장된 프랑스어 구절의 기능을 이해하고 있다면 아주 효과가 있을 수 있다. 『로키와 디에고』에서 길이 한 것처럼, 프랑스어 번역가는 두 다른 차원의 프랑스어의 차이를 강조하기 위해 짧게 몇 마디 덧붙일 수도 있을 것이다.

헨리 제임스의 소설 『에스펀의 편지』*The Aspern Papers*를 원작으로 한 『에스펀 레터즈』*The Aspern Letters*(1996)에서, 코니쉬는 1992년 프라하를 배경으로 삼고 있다. 그는 다시 한번 제2언어로 된 표현을 도입한다. 극에서 프라하를 방문한 무명의 미국인은 2개 언어를 쓰는 티나에게 그 언어를 가르쳐달라고 청한다. 배우들을 지도하기 위해, 코니쉬는 체코어로 된 각 단어와 구절마다 영어 번역을 괄호 안에 넣었다. 문맥상 체코어 표현은 명료했고 관객들에게 쉽게 이해될 수 있었다. 예를 들어, 그가 'Dobry den좋은 낮이에요'이라 말하면, 티나는 밤하늘을 올려다보고는 'Dobry vecer 좋은 밤이에요'라고 고쳐 준다(코니쉬, 1996: 32). 그가 티나의 드레스를 칭찬하자 그녀는 'Dekuji고마워요'라고 말한다. 더 나아가 그가 'To je v poradku 천만에요'라고 대답하면 티나는 그의 발음을 교정해 준다(코니쉬, 1996: 33).

글로리아 가스통 드와이어는 『에스펀 레터즈』(코니쉬, 1997)의 번역에서 영어만 스페인어로 번역하고 체코어로 된 표현은 체코어 그대로 남겨두되 코니쉬가 사용한 체코어에서 놓친 특성들을 추가했다. 그녀는 번역서 서문에서 원천 연극의 어떤 측면은 추가적인 조사가 요구된다고 설명한다. 여행가이드인 바츨라프라는 등장인물의 경우, 코니쉬는 그를 체코어를 쓰는 원어민으로 설정했으나 그렇지 않다면 그의 유창한 영어는 오류투성이이다. 가스통 드와이어는 방언의 이러한 측면에 대해 작가와 논의했다고 말한다. 왜냐하면 그녀가 느끼기에 그녀의 번역에서 바츨라프는 '비슷한 정도로 부정확하게' 스페인어를 해야 하기 때문이다. 코니쉬는 일반적인 접근 방식을 취해왔으며, 그가 생각하기에 비영어사용자라면 누구라도 그렇게 할 법한 방식으로 등장인물이 말하게끔 했다고 그녀에게 말했다. 가스통 드와이어는 상응하는 스페인어에서 특별히 체코 억양을 추구할 필요가 있다고 느꼈다. 제2 언어로서의 영어를 다년간 가르친 경험이 있는 전문적인 언어학자로서, 그녀는 "히스패닉계 사람이 저지르는 오류가 동유럽인의 그것과 동일하지 않다"고 확신한다(코니쉬, 1997: 6). 따라서, 그녀는 바츨라프의 스페인어에서 드러나는 체코인에게 부합하는 종류의 오류를 지어내는 데 도움을 줄 유창한 체코어 사용자에게 의견을 물었다.

원천 텍스트에서 체코인 가이드가 쓰는 제2언어는 약간 과장되어 있다. 스페인어 번역에서 그는 식별 가능한 문법적 오류를 저지른다(간접목적어와 관계대명사를 빠뜨리고, 성 일치를 틀리며, 가정법을 제대로 쓰지 않는다).

> 하지만 . . . 당신은 그들을 몰라. 그리고 당신이 그들의 집에 머문다는 것을 그들이 알기를 원치도 않아. 좋아, 내가 이런 덴 전문가지.
>
> (코니쉬, 1996: 11)

> Pero . . . Ud. No conoce a ellos. Y Ud. No quiere ellos saber Ud. Viene para vivir con ellos. Ok, ok, yo soy en eso experto.   (코니쉬, 1997: 23)

산도르 허비, 이안 허긴스 그리고 루이스 M. 헤이우드는 이야기 속의 방언 구절 번역에 대한 권장사항에서 표준어를 쓰고 "갑자기 자기 지방 언어로 돌아가서 말했다"와 같은 구절을 삽입해서 문제를 해결할 수 있음을 알게 되었다(허비 외, 1995: 115). 코니쉬는 작가로서, 가스통 드와이어는 번역가로서 바츨라프가 두드러진 체코 억양으로 말한다는 무대 지시를 함으로써, 그 때문에 그 문제가 배우들에게로 넘겨짐으로써 비슷한 과정을 따르게 되었을 지도 모른다. 그러나 그들은 그렇게 하는 대신, 다른 방식으로 또 다소 다른 수위로, 배우들이 인물의 적절한 목소리를 창조하는 길로 이끄는 대사를 구성했다.

방언은 극단적인 경우에는 외국어처럼 보일지도 모른다. 에드니는 브리짓 자크Brigitte Jaque의 『엘비라 40』Elvira 40에 관한 논의에서 프랑스계 캐나다인 작가가 몰리에르의 『돈 주앙』Don Juan의 구절들을 그녀의 메타극에 삽입했다고 말한다. 농부들이 "다른 인물들이 쓰는 표준 프랑스어와 너무도 다른 사투리를 쓰기 때문에 현대의 독자들이 이해하기 위해서는 충분한 각주가 필요한"(에드니, 1996: 233) 2막의 한 부분을 포함해서 말이다. 자크가 찾은 해결책은 극중극 속의 농부들로 하여금 극중극 속의 다른 인물들이 쓰는 표준 프랑스어와 대비되도록 캐나다 악센트로 말하게 하는 것이었다.

1930년대 바르셀로나를 배경으로 하는 호세 마리아 로드리게스 멘데스의 『가을 꽃』Flor de Otoño(1972년 작)의 영어 번역가에게 문제가 되는 것은 산재해 있는 카탈로니아어이다. 작가는 카탈로니아 사람이 아니지만 바르셀로나에서 수년 간 살았고 두 언어가 어떻게 함께 기능하는 지를 잘 알고 있다. 그 결과가 바로 스페인어와 카탈로니아어 2개 언어로 된 텍스트이다. 스페인 북동부와 프랑스 일부의 지방언어인 카탈로니아어는 카스틸리아 스페인어 방언이 아니라 이와 상관없는 로망스어[라틴어에서 분파된 프랑스어, 이탈리아어, 스페인어 등 - 역자 주]이다. 이러한 이유로, 카테드라Catedra 판본은 쉽게 가늠되지 않는 표현들에 스페인어로 번역한 각주를 제공하고 있다. 카탈로니아어를 '표준' 영어와 대조되는 지방 억양을 쓴 영어로 표현하는 것은 무대를 스페인 밖으로 옮기는 것이며, 카탈로니아어가 그 도시에서 태어난 등장인물들의 모어라는 사실과도 모순된다. 원작이 스페인(1982)과 프랑스(1992)에서 상연되었을 때, 텍스트 속에 포함된 카탈로니아어는 그것을 짐작할 수 있는 관객들에게 크게 문제가 되지 않았다. 미국인과 영국인 관객들에게는, 다음과 같은 대부분의 카탈로니아어로 된 행들의 대사들은 이해하기 힘들었을 것이다.

EL SEÑOR JOROBADO: (Tose y carraspea.) ¡Ai, senyó . . . !

DOÑA NURIA: Aleshores, un Serracant, tot un Serracant, barrejat amb la gent delhampa . . .

LA SEÑORA REGORDETA: ¡Mare de Deu Santísima . . . !

EL SEÑOR GORDO: Y, es clar, els Teixits Serracant barretjats amb la gent delhampa . . .

LA SEÑORA RUBIA: (Echándose a llorar.) Ai, ai , jo em vull morirme . . . ¿Com podré anarhi al Lliceu ara? ¡Quina vergonya . . . !

(로드리게스 멘데스, 1995: 136)

번역가인 홀트의 해결책은 대부분의 카탈로니아어를 영어로 옮기되 몇몇 감탄사와 원어로 된 짧은 표현은 2개 언어로 된 공동체에 대한 인상을 심기 위해 남겨두는 것이었다.

곱사등 신사: (목을 가다듬으며) Ai, Senyor![아, 신사양반]

누리아 아가씨: 그럼, Serracant, 진실한 Serracant는 지하세계와 섞여 왔지.

통통한 부인: Mare de Deu Santísima![성모시여]

뚱뚱한 신사: 그러면 한층 분명해 지는군. Serracant 직물이 지하세계로 짜여져 있다는 말이군.

금발 부인: (울음을 터뜨리며) 세상에, 죽고 싶어요. 다시 오페라 하우스에 발을 들여놓을 수 있을까? Quina vergonya![무슨 망신이람!]

(로드리게스 멘데스, 2001: 10)

그 결과는 관객들에게 등장인물의 인종적 정체성을 상기시키기에 충분
할 정도로 스페인어를 쓰는 미국 라틴계 연극과 다르지 않다.『가을 꽃』
(영)의 2001년 번역본에서 홀트는 미래의 연출가와 배우에게 주는 지침
으로서 극에서 언급되는 인명, 장소와 제목에 대한 용어사전을 제공했다
(로드리게스 멘데스, 2001: 60-61).

　일반적으로 로드리게스 멘데스 극의 인물들은 상황에 따라서 카탈로
니아어와 카스틸리아 스페인어 둘 다 구사하지만, 문장들 사이나 문장
중간에 언어들을 바꿔 쓰지 않는다. 홀트의 해결책은 제한된 카탈로니아
어를 언어변환의 형식에 도입해 사용하는 것이었다. 에드워드 레드린스
키Edward Redlinski의 폴란드어로 된 작품『그린포인트의 기적』Cud Na Greenpoincie
을 번역한『그린포인트의 기적』Greenpoint Miracle에 관한 논의에서, 번역가 스
체스나 클라우디나 로진Szczesna Klaudyna Rozhin은 폴란드 이민자들이 말하는
방식의 영어를 재창조하는 문제를 해결하기 위해 언어변환의 변주를 고
려한다.

　현실적으로, 레드린스키는 영어로 된 명사들을 등장인물의 폴란드어와
섞는다. 로진이 처음 시도한 방법은 영어 동사, 명사, 형용사에 폴란드어
억양과 어미를 가하고, 거기에 폴란드어 전치사와 접속사, 대명사를 뿌려
두는 것이었다. 배우들이 그녀가 고안한 방언들을 잘 다루지 못하자, 그
녀는 영어 텍스트에 폴란드식 은유와 관용어를 섞어 넣었다. 그 말은 여
전히 모호했다. 그러자 그녀는 가스통 드와이어가 코니쉬의 극을 번역하
면서 취했던 체코인 가이드의 말하는 방식과 어느 정도 유사한 엉터리
영어를 시도했다. 그러나 로진은 등장인물들이 서로 유창하게 대화할 수
있어 비문법적인 영어 역시 답이 아니라고 빨리 깨달았다. 결국 그녀는
정확한 영어로 번역했고 고유명사만 폴란드어로 남겨두었다. "이민자 방

언을 보존하기 위해 몇 번 시도했다가 실패한 후에, 나는 폴란드 말과 '엉터리' 영어, 그리고 낯선 신조어도 없는 번역물을 완성했다. 나는 의심할 여지없이 이 극이 지닌 언어의 독특한 성격과 색채를 박탈함으로써 방언을 중화시켰다"(로진, 2000: 148). 내가 생각하는 바로는, 홀트의 『가을 꽃』 번역 사례는 다른 대안을 제시해 준다.

이 장에서 다룬 극들은 제2언어 사용의 범위와 영향에서 폭넓고 다양하다. 이 극들 대부분은 둘 혹은 그 이상의 언어에 능통한 작가들에 의해 쓰여졌다. 극에서 2개 언어를 쓰는 작가의 분열된 자아는 언어적으로 재현되어 번역가들에게 특수한 문제를 던져줬을지도 모른다. 그러나 극 속의 이러한 문제는 결코 번역가 혼자 완전하게 해결할 수 있는 것이 아니다. 신중한 다중언어 게임은 연출자와 배우뿐만 아니라 수용력 있는 관객들의 적극적이고 창의적인 협동을 요한다.

—주

1) 베아트리체 J. 리츠크Beatriz J. Rizk는 '2개 언어상용에 있어서 미국은 두 개의 언어를 말하는 것이 장점이 아니라, 특히 그 언어들 중 하나가 스페인어일 경우, 오점이 되는 유일한 나라일 것이다'(리츠크, 2002: 7). 그녀는 스페인어 사용이 불법이 되면 어떤 일이 벌어질지를 보여줌으로써 미국 내 영어 전용 운동을 풍자하는 연극으로, 콜롬비아 태생의 실비오 마르티네스 팔라우Silvio Martinez Palau의 『영어전용 식당』과 고인이 된 쿠바계 미국인 작가 미구엘 곤잘레스 판도의 『위대한 미국의 정의 놀이』를

인용하고 있다(리츠크, 2002: 10-11).

2) 나는 유럽여행 중에 부모들은 스페인에서 태어나고 아이들은 프랑스에서 태어난 가족들을 우연히 만났는데, 그들은 미국에서 히스패닉계 미국인 가족이 하는 것과 똑같은 방식으로 두 언어를 언어변환하여 사용하고 있었다.

3) 언어변환은 변화하는 사회적 환경에 맞추기 위해 "방언, 사회적 방언sociolects, 심지어 눈에 구별되는 특유의 언어 등을 실제 활발하게 쓰고 있는 사람들에게서 일어난다"(허비 외, 1995: 115).

4) 마요르가는 친절하게도 『블루멤베르크의 번역가』의 3판(2001년 3월자 사본)과 중간판 모두를 사용할 수 있게 해 주었다. 나는 이 극을 3판에 우선 근거해 분석했다. 텍스트 안의 페이지 수는 이 미출판 원고를 가리킨다. 이 대본은 이전의 판본보다 더 짧으며 독일어의 사용이 줄어들었다. 아르헨티나에서는 길레르모 헤라스Guillermo Heras의 연출로 세르반테스 극장에서 공연되었다.

5) 마요르가는 스페인의 괴테 연구소에서 독일어를 공부했는데, 동독에서 과정을 이수하고 발터 벤야민에 대해 박사 학위 논문을 썼다. 그가 학문적 과정을 통해 독일어에 대한 지식을 습득한 반면, 스페인에는 독일어-스페인어의 2개 언어 사용자들이 있었다. 그들은 1960년대 초반에 독일이나 스위스로 취업을 위해 이주했다가 후에 본국으로 돌아온 스페인인들의 자녀들이다.

6) 앙드레 르페브르는 베르톨트 브레히트의 극이 얼마나 문화적 변용을 거쳤는가를 관찰해왔다(바스넷 & 르페브르, 1998: 109-22). 그 과정은 언어를 더 명쾌하게 하는 것, 노래가 소외효과로서 기능을 하기보다는 뮤지컬 코메디로 바뀌는 것, 텍스트를 막/장으로 나누어서 아리스토텔레스주의적인 연극 형식으로 만드는 것, 그리고 맑스주의적 암시를 지우는 것을 포함한다. 보다 낮은 수위에서, 우리가 텍스트 속에 있는 다중언어를 경시하게 될 때 비슷한 것을 하게 된다. 그 결과는 미국 관객들의 기대치에 맞춰 원작을 평범하게 하는 것이다.

7) 마르티네즈는 아나야의 극을 라틴계 배우들을 위한 시범사례로 노스트로스 극장에서 공연했다. 그는 "그 극에 흩어져 있는 2개언어/스페인어 구절 때문에 '너무 많은 스페인어가 있다는 비난을 받았다. . . . 그것은 상업적 생존을 유지하기 위해 개인적 취향이 박탈당하게 되는 교활한 풍토였다'고 보고한다(마르티네즈, 2002: 26).

8) 『로키와 디에고』는 1988년 케네디 센터 기금에서 수여한 새로운 미국연극상을 수상했는데, 다양한 무대에서 공연되었으나 출판되지는 않고 있다. 고인이 된 로저 코니쉬는 럿거스대학의 극작과 교수로, 고맙게도 우리의 번역학 석사 후보자들과 함께 번역과 극문학과 관련된 다양한 프로젝트를 수행했다.

References

Bassnett, Susan & André Lefevere. *Constructing Cultures. Essays on Literary Translation.* Clevedon, Buffalo, Toronto & Sydney: Multilingual Matters, Topics in Translation 11, 1998.

Buero–Vallejo, Antonio. *The Music Window.* Trans. Marion Peter Holt. State College, PA: ESTRENO, ESTRENO Contemporary Spanish Plays 5, 1994.

Cabrera, Eduardo. "The Encounter of Two Cultures in the Play *Doña Rosita's Jalapeño Kitchen* (Or, the Representation of Cultural Hybridity)." In Luis A. Ramos–García, ed. *The State of Latino Theater in the United States.* 67–78.

Cornish, Roger. *Rocky and Diego.* 1988. Unpublished manuscript. Unpaginated.

_____. *Rocky y Diego.* Trans. Antonio Gil. Masters thesis. Rutgers, The State University, 1995.

_____. *The Aspern Letters.* 1996. Unpublished manuscript.

_____. *Las cartas de Aspern.* Trans. Gloria Gastón–Dwyer. Masters thesis, Rutgers, The State University, 1997.

Edney, David. "Translating (And Not Translating) in a Canadian Context." In David Johnston, ed. *Stages of Translation. Essays and Interviews on Translation for the Stage.* Bath, England: Absolute Classics, 1996. 229–38.

Firth, Patti. "Staged Reading of Buero Vallejo's *The Music Window.*" *Estreno* 22.2 (1994): 4.

González, Patricia. "Nostalgia in Cuban Theater across the Shores." In Luis A. Ramos–García, ed. *The State of Latino Theater in the United States.* 79–92.

González–Pando, Miguel. "The Great American Justice Game." In *Cuban Theater in the United States: A Critical Anthology.* Ed. and trans. Luis F. González–Cruz and Francesca M. Colecchia. Tempe, AZ: Bilingual Press/Editorial Bilingüe, 1992. 77–108.

Hervey, Sándor, Ian Higgins and Louise M. Haywood. *Thinking Spanish Translation. A*

Course in Translation Method: Spanish to English. London and New York: Routledge, 1995.

Manet, Eduardo. *L'Autre Don Juan*. Paris: Gallimard, Collection Le Manteau d'Arlequin, 1973.

_____. *Lady Strass. L'Avant-Scène Théâtre* 613 (1 July 1977): 5-31.

_____. *Un Balcon sur les Andes*. With Mendoza, *en Argentine..., Ma'Déa*. Paris: Gallimard, 1985.

_____. *Lady Strass*. Trans. Phyllis Zatlin. *Modern International Drama* 26.1 (1992): 5-35.

_____. *Monsieur Lovestar et son voisin du palier*. Paris: Actes Sud-Papiers, 1995.

_____. *Lady Strass*. Dir. André Ernotte. Ubu Repertory Theater, New York City. 1 October 1996.

_____. *Lady Strass*. Trans. Phyllis Zatlin. In *Playwrights of Exile. An International Anthology*. New York: Ubu Repertory Theater Publications, 1997. 1-80.

Martínez, Marcos. "Still Treading Water: Recent Currents in Chicano Theater." In Ramos-García, Luis A., ed. *The State of Latino Theater in the United States*. 15-29.

Mayorga, Juan. *El traductor de Blumemberg*. With Leda, by a. Lidell Zoo. Madrid: Centro Nacional Nuevas Tendencias Escénicas, Colección Nuevo Teatro Español 14, 1993.

_____. Personal interview. 5 June 2000.

_____. *El traductor de Blumemberg*. Revised version, manuscript. March 2001.

Moral, Ignacio del. *La mirada del hombre oscuro*. Madrid: SGAE, 1992.

_____. *Dark Man's Gaze*. Trans. Jartu Toles. Masters thesis. Rutgers, The State University, 1999.

Prida, Dolores. *Coser y cantar. Beautiful Señoritas & Other Plays*. Ed. Judith Weiss. Houston: Arte Publico Press, 1991. 47-67.

Ramos-García, Luis A., ed. *The State of Latino Theater in the United States. Hybridity, Transculturation, and Identity*. New York and London: Routledge, 2002.

Rivera, José. *The House of Ramon Iglesia. In On New Ground. Contemporary Hispanic-*

American Plays. Ed. Elizabeth Osborn. New York: Theatre Communications Group, 1987.

Rizk, Beatriz J. "Latino Theater in the United States: 'The Importance of Being the Other'". In Ramos—García, Luis A., ed. *The State of Latino Theater in the United States*. 1—14

Rodríguez Méndez, José María. *Flor de Otoño*. With *Bodas que fueron famosas del Pingajo y la Fandanga*. Ed. José Martín Recuerda. Madrid: Cátedra, Letras Hispánicas 104, 1995.

_____. *Autumn Flower*. Trans. Marion Peter Holt. New Brunswick, NJ: ESTRENO Plays, Estreno Contemporary Spanish Plays 20, 2001.

Rozhin, Szcze,sna Klaudyna. "Translating the Untranslatable. Edward Redlin'ski's *Cud Na Greenpoincie [Greenpoint Miracle] in English*." [Note problem of peculiar diacritics.] In Carole—Anne Upton, ed. *Moving Target. Theatre Translation and Cultural Relocation*. Manchester, UK & Northampton, MA: St. Jerome Publishing, 2000. 139—49.

Schogt, Henry G. *Linguistics, Literary Analysis, and Literary Translation*. Toronto, Buffalo & London: University of Toronto Press, 1988.

Weitz, Shoshana. "Mr. Godot will not come today." In Hanna Scolnicov & Peter Holland, ed. *The Play Out of Context. Transferring Plays from Culture to Culture*. Cambridge: Cambridge University Press, 1989. 186—98.

6.

무대와 스크린을 위한 자막처리와 더빙

카탈로니아어로 쓰여진 『E. R.』(베넷 이 조르넷, 1994; 스페인 국립연극상 수상, 1995)과 그 영화 버전(<여배우들>*Actrius*, 벤투라 폰즈 감독, 1996)은 위대한 여배우인 엠파르 리베라 밑에서 젊은 시절 연기를 배운 성숙한 세 여인을 그리고 있다.[1] 그들 중 둘은 이제는 유명한 배우들인데, 그 중 한 사람은 무대와 스크린에서 다른 한 사람은 텔레비전에서 유명하다. 세 번째인 마리아는 영화 더빙에 전념해왔으나 완전히 무명이다. 관객의 입장에서 보면, 그녀는 말 그대로 완전히 비가시적이다. 왜냐하면 그녀는 토마스 L. 로우Thomas L. Rowe가 말하는 영화 속의 지하세계cinematic netherworld, 즉 유령 배우들로 가득 찬 장소의 일부이기 때문이다(로우, 1960: 116).

극작가 조셉 M. 베넷 이 조르넷Josep M. Benet i Jornet은 원작 극과 영화

<여배우들>의 대본 둘 다를 썼다. 그는 연극 뿐 아니라 텔레비전과 영화에서 폭넓은 경험을 쌓았기 때문에, 그의 등장인물에게 공감할 뿐만 아니라 그녀의 일에 대해서도 잘 알고 있다. 게다가 마리아는 글로리아가 이탈리아에서 만든 영화의 더빙 감독으로서 그녀가 적절히 배열한 특별한 편집에 대해 글로리아에게 설명한다. 마리아는 그녀의 오랜 친구의 수고를 덜어주기 위해 4회에 걸쳐 더빙 녹음을 계획한다. 그녀는 글로리아에게 만족스럽지 않은 어떤 장면에 대해 재녹음을 요구하도록 허용한다(베넷 이 조르넷 1996: 24).

카탈로니아어는 상대적으로 적은 인구가 사용하는 소수언어다. 그래서 스페인의 2개 언어 사용지역인 카탈로니아의 영화산업은 더 많은 관객들에게 다가가기 위한 수단으로서 더빙과 자막 모두에서 풍부한 경험을 갖고 있다. <여배우들>의 오리지날 카탈로니아버전은 스페인어권 관객들을 위해 스페인어로 직접 더빙된 동시에 수출용으로 영어자막을 달고 개봉되었다.

70년 넘게 국제영화산업은 자막(스크린에 비춰지는 대화의 축약된 버전)과 더빙(교체되어 화면과 일치시킨 완전한 대사의 사운드트랙)이라는 두 가지 형태의 번역을 발전시켜왔다. 줄리안 하우스Juliane House의 유형학에 따르면 자막은 명백히 드러나는 번역인 반면, 제2의 원본이기를 꾀하는 더빙은 숨겨진 것이다(하우스, 1977: 188-89). 헨릭 고틀리브Henrik Gottlieb는 더 나아가 자막은 단편적인 것이지만 더빙은 완전한 번역이라고 말한다(고틀리브, 1994: 102).

오늘날 디지털 기술 덕분에 자막과 더빙된 사운드트랙을 영화의 DVD판에 쉽게 이용할 수 있다. 고틀리브의 용어로는, 이러한 DVD들이 수직 자막(같은 언어 - 청각장애자용)이나 사선 자막(다른 언어)에 해당하는 선택권을 제공한다(고틀리브, 1994: 104). 또한 이것들은 하나 이상의 다른 언어로 된 사운드트랙을 제공한다. 선택권의 다양성은 나라마다 달라진다. 미국에서 소비자는 두 가지 선택권과 영어, 스페인어, 프랑스어 중 택할 수 있는 영화를 쉽게 구할 수 있다. 스페인과 프랑스, 독일에서 DVD는 대체로 언어 선택권은 달라도 옵션의 양적 측면에서는 미국식과 유사하다. 크리스토퍼 맥Christopher Mack에 의하면 프랑스에서는 특히 대중적인 영화에 대해서는 8~9개의 언어를 더 넣을 수 있다고 한다(맥, 사적인 대화, 2003). 독일에서는 터키가 주요 무역 상대국임을 인식하면서, 터키어가 자막에 포함되는 경우가 종종 있으며, 때때로 사운드트랙도 있다. 영국에서는 사운드트랙은 일반적으로 영어와 프랑스어, 이탈리어로 편집되어 있고, 자막은 아랍어, 불가리아어, 네덜란드어, 독일어, 포르투갈어, 로마어, 스페인어 그리고 그 정도는 덜하지만 체코어, 덴마크어, 핀란드어, 그리스어, 히브리어, 헝가리어, 아이슬랜드어, 노르웨이어, 폴란드어, 그리고 스웨덴어까지 확대된다.[2]

그러나 디지털 혁명이 일어난 것은 최근의 일이다. 무성영화 시대로 거슬러 올라가면, 헐리우드 스튜디오는 "그저 영화에 적합한 언어로 자막을 제공함으로써" 해외 시장에 진출했다(홀트, 1980: 19). 유성영화의 출현과 함께 해외시장에서 수지를 남기기 위해서는 더 많은 노력이 필요했다. 마리온 P. 홀트는 RKO 영화사가 1929년 <리오 리타>Rio Rita를 스페인어로 더빙하여 이 새로운 상황에 즉각 대응했다고 여긴다. 그로부터 몇 년 후 더빙기술은 널리 퍼지게 되었다.[3]

극 번역의 하위분야로서 자막과 더빙은 꾸준한 수입을 낼 실질적인 가능성을 제공하며, 머지않아 전문가에 대한 수요가 세계적으로 계속 증가하게 될 것이다. 자막과 더빙을 영화에 적용하는 것은 관객들이 얼마나 빨리 자막을 읽고 이해하는지에 대한 실질적인 연구를 비롯해 상당한 논평의 주제가 되어왔다. 최근 몇 년간은 상응하는 방법이 무대 공연에 적용되어 왔다. 연극무대에서 사용되는 언어를 쓰지 않는 청중에게 다가가기 위해 극단들은 관객이 볼 수 있는 개방형 캡션open captioning이나 헤드셋을 통해 '동시통역'을 제공한다. 그러나 무대를 위한 자막과 더빙의 적용에 관한 출판된 연구물은 여전히 부족하다.

개인적 차원에서 그리고 국가적 차원에서, 영화 번역의 두 가지 방법 중 하나를 선호한다는 것을 우리는 알 수 있다. 번역 잡지 『바벨』Babel의 1960년 영화전용 특집호에서 편집자 P.-F. 카이유P.-F. Caillé는 영어로 된 영화의 프랑스어 스크립트 작가로 활동한 자신의 경험을 이야기하며 더빙에 더 무게를 두었다. 그는 스크린에서 자막이 관객들의 시야를 가리는 데다가 너무 빨리 지나가기 때문에 관객들이 그것을 읽기가 불가능하다고 주장했다. 게다가 누가 두 시간 동안이나 외국어를 듣고 싶어 하겠냐고 의문을 표했다(카이유, 1960:104). 한 때 프랑스에서는 더빙이 자막보다 훨씬 더 일반적이었다. 고틀리브는 1998년 자막에 대한 리뷰에서 프랑스어, 독일어, 이탈리아어, 그리고 스페인어를 쓰는 나라들에서 더빙이 선호된다고 말하고 있다.

카이유가 영화에 있어는 더빙이 더 낫다고 주장한 것과 유사하게 마크 허먼Mark Herman과 로니 엡터Ronnie Apter도 오페라 대본libretto의 번역가로서 더빙을 지지한다. 그들은 영화 자막에 사용되고 영어 자막으로 투사되는 고도로 단축된 번역을 거부한다. 그러한 번역은 잘 된 경우라 하더라도 원작 언어의 부드러움이 아니라 희미한 감만 제공할 뿐이라는 것이다(허먼 & 엡터 1991: 102).[4] 게다가 자막은 산만하다. 제이 보이어Jay Boyar는 자막으로는 시청자가 "영화 프레임 아래를 가로지르는 희미한 스크립트"

를 읽는 동안 영상 이미지를 동시에 보아야 된다고 지적한다(1986). 데이빗 윌스David Wills는 그러한 희미한 글자들 때문에 영상의 손실이 생긴다며 "스크린 아랫부분에 나타나기 때문에 스크린 아랫부분이 틀어진다"고 말한다(윌스, 1998: 149).

이러한 경고에도 불구하고 자막은 계속 광범위하게 사용되고 있다. 더빙보다는 자막이 유럽과 비유럽권의 작은 나라들에서 영화와 TV, 그리고 영미 국가들이 수입하는 외국예술영화를 장악하고 있다(고틀리브, 1998: 244). 덴마크에서 어린이 TV 프로그램은 더빙을 고수하고 있다(고틀리브, 1994: 102). 어린 시청자들은 자막을 읽기 어려우므로 더빙이 선호되는 것이다. 더크 델라바스티타Dirk Delabastita는 자막을 선호하는 곳으로 2개언어국인 벨기에와 네덜란드를 특별히 언급한다(델라바스티타, 1989: 207). 잉그리드 커즈Ingrid Kurz에 의하면 네덜란드의 TV시청자들에게 행한 설문조사 결과 성인 응답자의 64%가 더빙 대신 자막을 선택한 것으로 드러났다(커즈, 1990: 168). 리차드 킬본Richard Kilborn에 따르면, 설문조사 대상자의 숫자가 더 높아지면, 이 나라에서 82%의 시청자가 외국 TV 프로그램 시청 시에 자막을 선호한다고 전한다(킬본 1989: 429). 장 에밀 베이트Jan Emil Tveit는 더빙된 미국 TV 시리즈물을 3주간 실험 방송한 결과, 노르웨이 시청자의 85%가 자막을 선택했다고 말한다(베이트, 1998: 368).[5]

카이유는 더빙이 "하나의 환상에 대한 환상the illusion of an illusion"을 만들어 내고자한다는 사실을 인정한다(카이유, 1960: 108). 스크린 상의 배우의 입술 움직임이 외국어로 된 소리와 아무리 잘 맞아떨어진다 하더라도 그 환상은 결점을 갖기 마련이다. 베이트는 우디 알렌Woody Allen이 독일어로, 레오나르도 디카프리오Leonardo DiCaprio가 불어로 '말하는' 것을 듣고

"그들은 완벽한 환상처럼 소리내는 것 근처에도 못갔다"고 주장했다(베이트, 1998: 368). 반면 맥은 프랑스에서 몇몇 배우들은 계속해서 특정 헐리우드 유명인사들의 목소리를 낸다고 말한다. 그래서 "프랑스 사람 대다수가 다양한 미국 인기 영화배우들을 프랑스인의 목소리만으로 알아보며 '진짜real thing'를 들었을 때 충격받는다"(맥, 사적인 대화, 2004). 원래 목소리의 유지와 함께, 자막을 위한 한 가지 논리적 전제는 "그 정직성"이다(고틀리브, 1994: 102).

이러한 구분이 일정정도 국가마다 다르게 나타나는 것은 경제적인 요인 때문이다. 영화에 더빙을 하는 것이 자막을 넣는 것보다 비용이 열다섯 배는 더 든다(모나 베이커Mona Baker & 호켈 브라노Hochel Brano 1998b: 75; 고틀리브, 1994: 118). 헐리우드 영화는 2류 영화라 하더라도 수많은 외국의 관객들에게 인기가 있는 반면에, 미국 내에서 외국영화는, 가끔 예외는 있지만, 상대적으로 관객을 끌지 못한다. 결과적으로 미국 영화에 수백만 명이 쓰는 언어로 더빙하는 것이 비용을 절감하지만 흔하지 않은 언어를 쓰는 영화나 미국으로 수입된 영화에는 자막을 쓰는 것이 수지가 맞다. 자막보다 비용이 적게 드는 것으로 한 사람의 나레이터가 영화의 장면을 관객들에게 해석해주는 방법이 있는데, 이는 러시아와 폴란드에서 사용되어 왔다(고틀리브, 1998: 244). 캄보디아에서는 스크린 옆에 위치한 부스에서 배우가 실시간으로 연기를 한다(로우, 1960: 117).

좀 더 작은 국가들에서 자막을 주로 사용하는 것은 경제적인 요인에 한정되지 않는다. 베이트에 의하면 스칸디나비아 국가들에서 상대적으로 싼 비용 때문에 더빙 대신 자막을 사용하는데, 그렇게 하면서 대개는 영어지만, 원작의 대사에 접하는 것이 교육적 가치를 지닌다는 사실을 입증해왔다(베이트, 2000: 43). 1987년 베이트는 유럽의 9개 국가에서 온

4200명의 영어사용자 학생들을 데리고 연구를 진행했다. "특기할 만한 결과 중 하나는 '자막사용국가'에서 온 학생들보다 '더빙사용국가'에서 온 학생들이 청해를 훨씬 더 어려운 것으로 인식한다는 사실이다'(베이트, 1998: 366). 케이 달러럽Cay Dollerup은 덴마크의 관객들은 자막을 원하는데 그것으로 원천 언어를 듣고 언어능력을 키운다고 말한다(달러럽, 1974: 197). 반대로 1980년대 후반 킬본은 영국인들이 더빙을 선호하는 것은 사실 "외국어의 실용적 지식을 습득하는 데 대한 국가적 저항"과 "독특한 섬나라 근성"과 관계있다고 주장한다(킬본, 1989: 430).

미국의 상황을 보면, 보이어는 영화를 좋아하는 사람들은 더빙이나 보이스-오버 번역보다 자막을 나은 것으로 간주한다고 말한다. 그의 의견은 의심할 바 없이 소수적인 견해이다. 뉴욕과 몇몇 다른 대도시, 그리고 곳곳에서 열리는 외국영화페스티벌 이외에 미국에서 오리지널 버전이 상영되는 것을 찾아보기란 힘든 일이다. 이탈리아 영화 <인생은 아름다워>*Life Is Beautiful*(1998, 로베르토 베니니 감독)와 같은 널리 알려진 오스카 외국영화상 수상작도 더빙 버전이 없었다면 많은 관객을 끌지 못했을 것이다(타츠야 후쿠시마 & 데이비드 L. 메이저, 2002: 74). 대신 미국의 외국영화 팬들은 대학이나 시립 도서관 혹은 세르반테스 연구나 괴테 연구소와 같은 국립문화연구소의 비디오(혹은 시간이 흐르면 DVD) 소장품에서 찾아야 한다. 헐리우드가 정확히 자막을 제거할 목적으로 대중적인 프랑스 영화를 리메이크하는 경향이 있다는 윌스의 주장은 놀라운 것이 아니다(윌스, 1998: 148). 헐리우드는 미국 배우를 기용하여 외국영화를 리메이크하고 또한 장면을 좀 더 친숙한 공간으로 바꾼다. "리메이크는 외국 영화의 타자성을 중화시키는데, 일반적으로 자막을 삭제하는 것만큼 확실한 방법은 없다'(윌스, 1998: 149-50).

정해진 주에, 『타임아웃 뉴욕』은 뉴욕시에서 볼 수 있는 자막버전의 외국영화목록을 제공한다. 애니메이션을 제외하고 더빙버전 목록은 없는데, 홀트에 의하면 이는 "뉴욕 관객들이 그것을 참아내지 못하"기 때문이다(홀트, 사적인 대화, 2003). 그렇지만 미국의 대도시 중심부 바깥에 있는 극장에서 자막이 나오는 외국영화를 발견하기란 얼마나 어려운가? 『선데이 스타-렛져』*The Sunday Star-Ledger*의 영화 목록은 2개 언어를 쓰며 대학교육을 받은 사람들이 대다수인 뉴저지주 전역에 배포된다. 2003년 6월 22일자 『뉴악신문』*The Newark Paper*의 영화 목록은 총 106개의 극장이 있는 이 주의 21개 카운티 중 16개 카운티를 포괄하는데, 그 극장들 대부분이 복합상영관이다. 그 날의 영화리뷰에서 밥 캠벨Bob Campbell과 스티븐 위티Stephen Whitty는 자막이 있는 외국 영화 5편과 스페인어 자막의 영어영화 한 편을 포함해 43편의 최근 영화를 평가했다. 약 14%로 그들이 리뷰한 자막 영화의 상영이 미국에서는 상대적으로 높은 편이지만, 이들 특정 영화들이 관객들에게 얼마나 다가갔을까? 그 영화들 중 하나인 <에스파냐 여인숙>*L' Auberge espagnole*은 "프랑스가 코메디를 강타하다"라는 홍보와 함께 몽클레어, 릿지우드 그리고 로키 힐에 있는 3개 극장에 상영되었다. 프린스턴에서 멀지 않은 로키 힐의 몽고메리 시네마는 외국 영화를 상영하기로 유명한 곳이다. 이 극장은 <에스파냐 여인숙> 외에도 <기차 위의 남자>*The Man on the Train*(프랑스어)와 <아프리카 어디에도 없는>*Nowhere in Africa*(독일어, 스와힐리어, 영어)도 상영하고 있었다. 이 마지막 영화는 몽클레어의 다른 극장에서도 상영되었다. <신의 도시>*City of God*(브라질어, 포르투갈어)는 노스버겐의 한 극장에서 상영되었다. 리뷰가 된 6편(이 영화들 모두 별점 두 개와 네 개에 살짝 못 미친 세 개 반 사이를 기록했다) 중 다른 2편에 관심 있는 영화광들은 맨하탄까지 가야했다.

시카고 교외는 자막 처리된 외국영화에 대해 뉴저지에 비해 더 포용적일까? 한 가지 관점에서 이것을 말하기는 어렵다. 『시카고 트리뷴』의 주말 연예섹션에서는 영화의 자막 유무와 영화의 원국가를 표기하지 않는다. 레지나 로빈슨Regina Robinson은 2003년 6월 21일 '영화 캡슐'이라는 편집물에서 <에스파냐 여인숙>과 <기차 위의 남자> 그리고 몇 개의 다른 오리지널 버전 영화를 다루었지만, 잠재적 관객들이 그녀가 매긴 등급을 보고 그것을 찾지는 않을 것이다. 다운타운 혹은 니어 노스 그리고 노스 근교의 다섯 개 극장에서 뉴저지 신문에서 자막이 있는 것으로 확인된 영화를 한두 편, 혹은 3편까지 상영했지만, 단 한 곳만이 관객들에게 그 영화정보를 알려주었다(<에스파냐 여인숙>을 상영한 에반스톤의 한 극장).

시카고에서 일리노이의 서쪽으로 갈수록 외국영화의 존재는 사라진다. 2003년 6월 23일자 엘진의 『데일리 헤럴드』Daily Herald의 '영화 맛보기Movies at a Glance' 코너에서는 40편의 영화 리뷰 중 단 편만이 외국영화였다. <디아이>The Eye(칸토네어, 중국어, 타이어)는 자막 있는 영화로 신중하게 표기되었으나 관심 있는 독자들은 영화를 보기 위해서는 멀리 노스 근교로 나가야했다. 이 서부의 지방 신문 영화코너에 올라온 외국영화 목록은 없었다. 뉴욕시와 인접한 뉴저지, 대도시 시카고 외곽의 일리노이에서 외국영화가 드물다면, 자막이 실린 영화의 오리지널 버전이 이 나라의 다른 지역에서는 더 찾아보기 힘들다는 결론을 내려도 무방할 것이다.

자막이나 더빙 둘 다 복잡하고 어려운 극 번역의 변주로 생각될지도 모른다. 카이유는 더빙은 음성학에, 자막은 의미론에 각각 강조점을 둔다고 말한다(카이유 1960: 109). 자막을 준비하는 과정은 무대공연 번역에서 필요로 하는 것과 동일한 기술을 요구하며, 거기에 필수적으로 간결

함의 문제가 덧붙여진다. 때때로 자막에 대한 부정적인 비판이 향하는 지점은 실수가 아니라 생략이다. 게다가 자막은 장면과 맞아 떨어져야 하고 스크린 위의 글자는 이미지와 일치해야 한다. 다행히도 베이트가 지적한대로 최첨단의 자막 작업 장비는 과거에 비해 훨씬 더 쉽게 정확한 자막 신호를 만들어왔다(베이트, 1998: 367). 더빙의 경우 영상과 음성의 동조가 계속해서 중요한 문제가 되고 있다. 무대극 번역가와는 달리 더빙 스크립트 작가는 목표 언어에서 대사를 자연스럽게 만들기 위해 텍스트를 재조정할 자유를 누리지 못한다. 대신 그들은 영화의 고정된 이미지를 따라가야 한다. 클로즈업 장면에서는 더빙 스크립트는 말을 배우의 입모양에 맞도록 구성해야 한다. 로우는 이 과정을 다소 장난스럽게 "립싱크의 십자말 맞추기"라고 요약한다(로우 1960: 117).

에드먼드 캐리Edmond Cary는 더빙이 번역 피라미드에서 최우선 문제로 간주되어야 한다고 주장하는데, 그 이유는 더빙이 문자 텍스트뿐만 아니라 언어의 삶과 영혼까지 고려해야 하기 때문이다. 번역가가 고려해야 하는 언어의 다양한 측면 가운데는 발음과 제스처가 있다(캐리, 1960: 112). 이런 문제는 광범위한 제스처가 있는 언어와 "제스처의 범위가 훨씬 더 제한된"(킬본, 1989: 425) 언어 사이에서 전환이 일어날 때 발생한다. 카이유는 좋은 더빙이란 예술로 간주되어야 하는데, 그 모든 더빙이 너무나 자주 폄하된다고 점을 발견했다(카이유, 1960: 108). 베넷 이 조르넷의 등장인물처럼, 더빙을 위해 자막과 영화 대본을 준비하는 번역가들은 거의 보이지 않는다. 그렇지만, 그들의 작업은 눈에 보이는 비판과 논쟁을 일으킨다.

자막에서 큰 실수는 숨기기가 어렵다. 영화에 나오는 언어와 자막에 나오는 언어를 모두 아는 사람은 분명한 실수들을 알아챌 것이다. 나는 종종 나의 고급반 번역 수업에서 자막이 이상한 비디오를 틀어주고 나서 학생들에게 실수를 지적해서 더 나은 대안을 제시해 보라고 요구한다. 결함이 있는 자막의 사례를 찾는 것은 쉽다. 그러나 명확한 개선점을 제안하는 것은 쉽지 않다.[6] 원본 텍스트를 이미 잘 알고 있거나 입술 모양으로 원어를 읽어 낼 수 있는 경우가 아니면 더빙한 대사에서 실수를 알아채기는 더 어렵다. 바로 이 때문에 더빙이 더 선호하는 검열 장치가 된다. L. 알론소 테하다L. Alonso Tejada는 스페인에서 프랑코 정권의 독재와 이에 협력한 가톨릭 국교 시대 동안 자막으로 된 원본들이 1941년의 법령 치하에서 금지 당한 사실을 우리에게 상기시킨다. 스페인 영화 사업은 대사와 줄거리를 교묘히 처리하고 표면상으로 더 높은 도덕적 가치를 부여하기 위하여 "동시 녹음과 잔꾀부리기"를 완성했다(테하다, 1977: 140). 알론소 테하다는 그러한 더빙 영화 대본의 수정본 중에서 특히 악명 높은 세 가지 사례를 인용한다. <챔피언>(1949)에서는 남편이 아버지로 바뀌었고, <킬리만자로의 눈>(1952)에서는 한 절망적인 사랑의 표현이 기도로 변화되었으며, <모감보>(1953)에서는 아내가 애인과 불륜 관계를 맺는 것을 방해하는 역할이 부부가 아니라 남매로 그려진다(테하다, 1977: 143). 그 결과로 <모감보>의 더빙 버전에서 관객들은 형제/자매의 근친상간을 곧 알아채게 되지만, 확실히 검열관들은 근친상간이 불륜보다 덜 대중적이기 때문에 공중도덕에 덜 위협적이라고 생각하였다.

프랑코 정권 지배 하에서 만연했던 것과 같은 그런 체계적인, 국가 기관의 검열이 없다 할지라도 더빙은 의도적인 조작을 발생시키게 될 것이다. 로우는 프랑스와 이탈리아 영화의 더빙 대본을 쓰는 미국의 작가들이 헐리우드 코드에 맞추기 위해 "라블레 풍의 상스러운 장면"을 검열해야 했던 때가 있었다고 말한다(로우, 1960: 120). 델라바스티타는 더빙이 입맛에 맞지 않는 생각들을 억압하기 위해 사용될 수도 있다고 주장한다. 그는 독일의 최근 과거에 대한 모든 비유들이 독일에서 더빙된 영화에서 제거되었다는 사실을 발견한 1969년의 한 연구를 인용하고 있다(델라바 스티타, 1989: 208).

어떤 나라에서는 더빙에 대한 선호가 환경의 변화에 따라 줄어들 수도 있다. 스페인의 주요 도시들에서는 이제 자막을 선호하는 영화 관람자들은 스페인어 자막이 있는 원본 버전을 볼 기회를 가질 수 있다. 바르셀로나에서『라 방과르디아』*La Vanguardia*지는 2003년 2월 19일, 금요일 자 신문에 48개의 영화 시간표를 올려놓았는데, 그 중 10개는 스페인어이고 두 개는 아르헨티나어이다. 스페인어가 아닌 다른 언어로 영화화된 36개의 영화 중 24개 ─ 미국, 프랑스, 일본, 영국, 이탈리아 등에서 수입한 작품과 캐나다, 독일, 루마니아, 폴란드, 브라질, 뉴질랜드, 핀란드와의 공동제작품 ─ 는 원본 버전으로 이용 가능했고, 이들 중 몇몇은 한 극장 이상에서 제공되었다. 아이들을 겨냥한 영화 <해리포터>(미국, 2002)가 더빙 버전만 제공되는 것은 예상 가능한 일이었다. 젊은 층과 어른들 모두에게 관심을 끄는 <반지의 제왕>(미국-뉴질랜드, 2002)은 몇 군데에서 더빙 버전이 제공되었지만 자막 버전도 한 곳의 복합 상영관에서 이용 가능했다. 마드리드에서『라라손』*LA RAZÓN*(2003년 2월 27일)의 영화 특별판 목록에서는 정기적으로 자막 버전을 상영하는 영화관이나 복합 상영관을 명시하였다.[7] 마드리드는 여전히 부에노스아이레스와는 상당히 다르다. 부에노스아이레스의 아르헨티나인들은 자막이 있는 원본 버전이 부족하다는 점을 이제 이해하고 있다.『라나시온』*La Nación* 지의 '빌보드/공연' 섹션에서 '카스테야노어' 더빙이라고 분명히 명시된 어린이 영화만이 아르헨티나에서 상영되는 외국영화 중에서 유일한 예외에 속한다(베르트, 사적인 대화, 2003).

또한 다른 나라에서도 상황이 변했을 가능성도 있고, 혹은, 이전의 연구에서 제공된 일반화가 완전히 정확한 것이 아닐 수도 있다. 킬본(1989: 430)은 우리에게 영국이 더빙을 선호한다고 말했었지만, 내가 런던을 방문했을 때 나는 어린이 영화를 제외하고는 더빙 영화를 찾아볼 수 없었다. 2003년 4월 23-30일자에 『타임아웃 런던』 *Time Out London*은 52개의 개봉 영화 목록을 실었다. 38편(73.1%)이 영어로 된 영화였고 14편(26.9%)dl 다른 언어로 만들어진 영화였다. 복합 사운드트랙으로 상영될 예정이던 하나의 애니메이션 영화(<꼬마 북극곰>, 독일)와 한 합작 영화(<피아니스트>, 영국/프랑스/독일, 로만 폴란스키 감독)를 제외하면 외국 영화들은 자막 또는 부분 자막이라고 표시되어 있었다. 이 영화들에는 브라질, 덴마크, 핀란드, 프랑스, 캐나다, 독일, 그리스, 헝가리, 이탈리아, 러시아, 스페인, 스웨덴 영화 가 포함되어 있었다. 이 외국영화들 중 몇 편은 웨스트엔드의 몇몇 영화관에서 동시상영되었다. 그렇게 가시적으로 드러난 점은 영국 관객들이 킬본이 말한 것보다 섬나라 근성을 더 적게 가졌을지도 모른다는 것을 의미한다.

자막 버전의 외국 영화는 영국 내 가장 큰 도시들뿐 아니라 런던 외 지역으로도 나간다. 영국 예술위원회의 오페라와 음악 연극분과Opera and Music Theatre for the Arts Council England 위원장인 헨리 리틀Henry Little에 따르면 "대부분의 도시와 큰 자치도시에는 외국영화를 정기적으로 상영하는 예술 영화관이 있다. 그리고 그곳에서는 항상 더빙이 아닌 자막이 있는 원본 영화가 상영된다"(리틀, 사적인 대화, 2004). 마리아 델가도는 더빙은 "대체적으로 비 영어권 국가의 현상이며 그런 곳에서 헐리우드 영화가 더빙되어 가능한 한 넓은 지역의 세계 관객들에게 다가간다"(델가도, 사적인 대화, 2004)고 분명하게 말한다. 유럽 텔레비전 방송이 영국에 들어오는 비율이 극히 적기 때문에 전문 채널을 제외하고는 더빙된 방송물이 영국 텔레비전에서 방영되는 경우는 극히 드물다.[8]

1960년에 프랑스의 카이유는 더빙을 선호한다는 확고한 입장을 취했으며, 고틀리브는 1998년에 더빙이 프랑스와 독일에서 더 선호된다고 단언했다. 독일에 대한 그의 진술은 여전히 사실일지 모르지만 프랑스에서는 자막 영화가 더 이상 찾아보기 어려운 것이 아니다.

파리의 『오피시엘 데 스펙타클』L'Officiel des Spectacles의 2003년 4월 30일-5월 6일 판에서는 많은 외국 영화 목록이 나온다. 애니메이션 영화와 <해리포터>를 제외하고는 거의 모든 영화가 원본 버전이었다. 그 주에 개봉된 12편의 영화 중에서 10편이 외국 영화였다(브라질, 독일/러시아, 영국, 이란, 일본, 멕시코, 스페인, 미국). 다른 외국 개봉 영화와 마찬가지로 이들 영화 모두가 자막 버전으로 상영되었다(알루인 외, 2003). 파리의 상황은 지난 15년 동안 분명히 변화되었다. 대조적으로, 『오피시엘 스펙타클』의 1989년 5월 24-30일 판은 자막이나 더빙 버전 모두로 이용 가능한 많은 외국 영화 목록을 실었다. <재회>(Reunion, 미국, 1988)에 대한 한 전면 광고에서는 영어 원본 버전으로 상영하는 7개 파리 영화관과 프랑스어 더빙 버전을 상영하는 6개 파리 영화관이 보인다. 저작권 대리인 쥬느비에브 울만과 그녀의 남편 피에르는 자막 영화는 그들이 기억하는 한 수십 년 동안 파리에서 관람 가능했으며, 이탈리아 감독 페데리코 펠리니Federico Fellini와 스웨덴 감독 잉그마르 베르히만Ingmar Bergman의 작품 같은 주요 영화들은 더빙되기도 했다고 증언한다.

파리 밖에서는 상업 영화의 자막 버전과 더빙 버전 모두 개봉하는 관행이 계속되고 있다. 동부 프랑스의 대학 도시인 그르노블에서 지금의 관객들은 마드리드에서처럼 자막이 있는 외국 영화의 원본 버전과 프랑스어로 더빙 된 버전 중에서 하나를 선택할 수 있다. 2003년 5월 7-14일 판 『문화정보』 *Le Petit Bulletin*에서 보여주듯이, 자막 원본 영화는 더 작은 영화관에서 상영됐고 더빙 버전은 더 상업적인 복합 상영관에서 상영되었다. 그 주에 관객들은 프랑스와 미국뿐 아니라 아르헨티나, 이탈리아, 일본, 멕시코, 러시아에서 만든 다양한 영화를 볼 수 있었다. 최근 몇 년 동안, 비록 더빙이 작은 도시에선 여전히 지배적이긴 하지만 더빙에서 자막 원본 버전으로 옮겨가는 변화가 지방 도시에서 일어나고 있다. 프랑스 전역에서 예술실험극장협회 규정은 실험 영화와 예술 영화를 전문적으로 다루는 정부 후원의 영화관 네트워크을 명시하고 있으며, 그들 모두는 자막이 있는 원본 버전의 외국 영화를 상영한다. 2003년 4월 30일부터 5월 13일까지 진행된 프로그램인, 그르노블 시가 주관한 멜리에스 영화제Cinéma Le Méliès[영화인 조르주 멜리에스의 이름을 딴 영화제 – 역자 쥐]에는 프랑스 3편, 한국 2편, 라틴 아메리카 1편의 성인용 영화가 포함되었다. 영화의 원본 버전은 케이블 방송과 카날+, 그리고 프랑스/독일 문화 채널 아르테에서 시청 가능하다. 하지만 단지 밤 시간대만 이용할 수 있다.[9] 『르몽드』는 라디오-텔레비전 지면에 싣는 원본 버전 용 간편 목록에서 밤 10시 이후에 시작하는 영화는 어떤 것도 언급하지 않는다.

독일 역시 정규 텔레비전 채널은 독일어로만 방영하고 대부분의 외국 영화도 마찬가지이다. 그러나 이제 대도시의 영화 관람객들은 마드리드나 바르셀로나에서 하듯이 외화의 원본 버전을 볼 수 있는 선택권을 갖게 되었다. 프랑크푸르트에서는 더빙 버전이 일반적이지만, 투름-팔라스트Turm-Palast라는 1개 복합관에서는 자막 버전을 정기적으로 제공한다.[10] 그래서 2003년 9월 마지막 주 『키노 저널 프랑크푸르트』에서 특집 기사로 다룬 미국 영화 <시비스킷>*Seabiscuit*은 더빙 버전으로 6개 극장에서 볼 수 있었지만 자막 버전은 단지 투름–팔라스트에서만 볼 수 있었다.

더빙을 지지하는 카이유는 자막이 너무 빨리 지나가서 영화 관객들이 읽기 어렵다고 강조한다. 이제 그 문제를 예방하기 위해 자막 넣기 지침들이 만들어졌다. 한 두 줄로 이뤄진 자막은 스크린의 아래 쪽 왼편이나 중앙에 놓아야 한다. 구두점과 단어 사이 간격을 포함하여 철자수는 최대 35자 정도가 일반적이다. 그러나 글자수는 사용하는 장치에 따라 달라질 수 있다(허비 등, 1995: 148-149).[11] 한 줄 보는 데는 최소 2초 정도가 필요하고, 2줄은 최소 4초가 필요하다. 어떤 자막도 2초 이하이거나 6초 이상 나와서는 안된다(허비 등, 1995: 147). 엘런 베이Ellen Bay는 그녀의 논문 연구와 실제 경험을 바탕으로 이 기준보다 더 보수적인 입장을 취한다. 그녀는 "쉽게 읽을 수 있기 때문에 25~30자가 최적"이라고 생각하며, 더욱 안정감을 느끼려면 3~5초 정도의 보는 시간이 좋다고 추천한다(베이, 1998: 7). 포티오스 카라미트로글루Fotios Karamitroglou는 주로 유럽 텔레비전을 겨냥한 자막 기준 제안 양식에서 7-8자 한 줄 당 3.5초와 14-16자 두 줄 당 5.5초로 자막 넣기를 권고한다(카라미트로글루, 1998: 4-5)

텔레비전이나 비디오에서는, 자막 삽입자는 비디오 테이프(원어 자료)에서 디스크(목표 언어로 된 자막)로 작업을 진행할 것이지만, 고틀리브는 영화를 위한 그 과정을 종이에서 종이로 진행되는 것으로 기술한다(고틀리브, 1998: 245). 자막 삽입자가 후반작업 각본을 가지고 시작하여 대사를 번역하고 나서 그것을 자막 리스트로 축소하면 이를 다른 사람들이 영화에 옮겨 넣는다. 자막은 영화의 시간과 맞추어져야 한다. 그런 목적에서 스포팅이라고 불리는 과정이 실행된다. "자막 삽입자는 자막이 시작되고 끝나는 지점을 결정하기 위해 각각의 구, 문장, 장면의 시간을 측정하면서 상영/편집 테이블에서 영화를 틀어본다"(허비 외, 1995: 147).

자막은 대사의 의미뿐 아니라 뉘앙스와 언어 형태도 적절히 반영해야 한다. 이상적으로 볼 때 번역가는 자막에 대하여 다른 사람에게 의견을 구하고 협력하면서 작업해야 하지만 시간이나 자금 상의 문제 때문에 그럴 수 없다. 때로는 텍스트 대본을 입수할 수 없어 번역가는 자신의 귀에만 의존해야 한다. 고틀리브는 "제값을 하는 자막 삽입자는 통역가의 청각 능력을 갖출 필요가 있다"고 결론짓는다(고틀리브, 1994: 108). 구두 텍스트만을 가지고 작업하든 쓰여진 대본으로 작업하든 간에, 자막 삽입자는 언어간 번역을 하는 데서 뿐만 아니라 "하나의 하위 코드(제멋대로 말하는 듯이 보이는 구어)에서 다른 것(더 엄격한 문어)으로 대화를 변환"하는 데서도 어려움을 겪는다(고틀리브, 1994: 106).

쉬운 자막 읽기를 원활히 하기 위해 수많은 협약들이 존재한다. 두 사람이 같은 화면에서 대화할 때 각 대사는 대시로 시작하고, 그 대사들은 일반적으로 중앙보다는 왼쪽에 정렬된다. 베이는 두 번째 화자의 말을 이탤릭체로 표기하게 되면 관객들이 목소리의 변화를 더 쉽게 감지한다는 사실을 발견했다. 그녀는 다음과 같은 예문을 제시한다:

— 왜 울어?
— *울고싶으니까!* (베이, 1998: 6)

베이는 이탤릭체가 영어 문법 규칙에 비추어 볼 때 외국어를 두드러지게 하기 위해 사용될 수도 있고 나레이터의 목소리에 사용될 수도 있다고 말한다. 카라미트로글루는 만약 오프-스크린 소스off-screen source가 텍스트 내의 인물이 아니라 다중을 겨냥한 대중방송이라면 이탤릭체 자막 주변에 인용부호를 쳐야 한다고 명시하고 있다. 인용부호를 친 이탤릭체는 또한 노래 가사에도 사용된다(카라미트로글루, 1998: 9).

베이는 만약 그럴만한 예술적인 이유가 있거나 명확하게 보이기 위해 필요한 경우가 아닌 한 자막 색깔을 다양하게 처리하는 것에는 반대한다 (베이, 1998: 6). 카라미트로글루는 그의 세밀하고도 규범적인 관점에서 자막은 더 피로감을 주는 순백의 흰색보다는 옅은 흰색이어야 하고, "회색의, 훤히 비치는 '고스트 박스' 바탕에 나타나야" 한다고 말한다(카라미트로글루, 1998: 4). 이 고스트 박스 – 혹은 경우에 따라 색깔 있는 자막의 사용 – 는 킬본이 불평하는, 하얀 바탕에 나타나는 읽을 수 없는 하얀 자막(킬본, 1989: 429)의 문제를 예방해 줄 것이다. 또한 카라미트로글루는 볼드체나 밑줄은 자막에서 허용되지 않는다고 덧붙인다(카라미트로글루, 1998: 4). 대문자와 소문자 사용은 화면 표시나 캡션으로 모두 대문자를 사용해야 할 경우를 제외하고는 기본적인 규칙을 따른다(카라미트로글루, 1998: 9).[12]

두 개의 짧은 자막은 한 개의 긴 자막보다 읽기가 쉽다. 비록 최적의 분할은 다소 동일한 길이의 2행이긴 하지만, 그 구분은 주의 깊게 행해야 한다. 카라미트로글루는 문장 구분이 "가능한 한 최상의 통사 마디에서" 이뤄져야 한다고 말한다(카라미트로글루, 1998: 9). 그는 이런 원리에 기반하여 문장 구분을 비교하는 견본 문장을 다음과 같은 배치로 보여준다.

'The destruction of the
city was inevitable.'

'The destruction of the city
was inevitable.'

여기서 그는 첫 번째가 각 행의 길이가 같긴 하지만 두 번째가 읽기가 더 쉽다고 결론지었다(카라미트로글루, 1998: 10). 학생들의 자막 작업에서 취약점을 검토하던 후쿠시마와 메이저는 카라미트로글루의 통사적 지침서에 맞게 문장 구분을 하지 못한 많은 사례들을 발견했다(후쿠시마 & 메이저, 2002: 70).

아마도 최상의 통사 마디에 대한 카라미트로글루의 문법 개념보다 헬렌 라이드의 수사적 문장 구분이 더 실행하기 쉬울 것이다. 이 네덜란드 텔레비전 자막 삽입자는 문법적, 수사적, 시각적이라는 세 종류의 가능한 구분법을 제시한다(고틀리브, 1994: 109 재인용). 문법적 구분은 의미 단위를 따른다. 시각적 구분은 영화의 카메라 움직임과 컷을 따른다. 수사적 구분은 말의 리듬을 따라 처리한다. 문장 자르기는 "화자가 호흡을 쉬는 지점"에서 행한다(고틀리브, 1994: 110). 고틀리브는 영화 중간의 끊김에 우선적으로 관심을 둔다. "일반적으로 휴지는 5-6초 간격으로 발견되며, 이는 정확히 2행 자막 기준 분량이다"(고틀리브, 1994: 110). 그러나 수사적 시도는 위에서 인용된 예문에도 적용할 수 있다. 'the'와 'city'사이의 휴지는 사실 이상하게 들릴 수 있다. 그런 분할을 하면 귀와 마찬가지로 눈에도 거슬린다.

문장들이 한 컷 안에 들어가는 것이 이상적이다. 만일 한 문장이 한 개 자막 이상으로 분리된다면 세 개의 생략부호가 각각 첫 번째 자막 끝과 다음 자막의 시작 부분에 놓이게 된다. 허비 등은 몇 가지 예문을 제시하는 데, 그 중 하나는 다음과 같다.

> 그건 여태껏 본 최고의 시험이었어 . . .
> . . . 그런데 난 최악으로 쳤지. (하비 외, 1995: 150)

이와 비슷한 문제가 원본 영화의 시각 트랙visual track과 청각 트랙audio track이 일치하지 않을 때 발생한다. 베이는 빅터 에리스Víctor Erice의 영화 <남쪽>El sur의 자막 작업을 하던 중에, 영상보다 늦게 해설자의 목소리가 나오는 순간을 묘사하는 컷에 맞닥뜨렸다. 그녀의 해결책은 그 컷 전에 적어도 일 초 동안, 그리고 그 후 일 초 동안 자막이 나타나게 하면서 자막을 시각트랙에서 청각트랙 시작점까지 연장하는 것이었다(베이, 1998: 11). 그녀의 결정은 대중 텔레비전 서비스에 관한 고틀리브의 견해를 보완하는 것이었다. "만약 어떤 중요하고 빠른 말 뒤에 침묵이 따라 나오고 카메라는 계속 그 화자를 비추고 있다면, TV 자막 삽입자는 그 자막을 일 초 내지 이 초 동안 계속 나가게 하여 시청자들이 그것을 읽을 시간을 줄 것이다"(고틀리브, 1994: 115).

쉽게 읽히는 것을 목표로 만들어진 틀을 갖춘 규칙들은 다소 기계적으로 부여하거나 혹은 적어도 평가하기만 하면 족한 정도로 간단하다. 한정된 공간 내에서 관객들에게 효과적으로 내용을 전달하는 것은 훨씬 더 어려운 일이다. 단어 수가 매 초당 바람직한 읽기 속도를 초과하지 않는 영화 대사 중에 우연한 컷이 나올 수도 있지만 그것은 아주 예외적인 경우일 터이다. 번역가는 전보 언어 식으로 가지 않고 압축할 수 있어야 한다. 베이는 보통 대명사와 접속사는 삭제할 수 있다는 제안을 하는데 이는 "종종 텍스트를 '줄이고' 애매성을 없애는 긍정적 효과를 가진다"고 한다(베이, 1998: 5). 카라미트로글루는 생략 가능한 언어 항목들의 범주를 제공한다. 의미가 텅 빈 덧댄 표현들("you know" 같은), 과도한 형용사와 부사들("great big"), 응답의 표현들("yes"와 "no" 같은)이 이에 해당한다(카라미트로글루, 1998: 12). 또한 글자 수를 줄이는 것은 통사의 변화를 통해서 가능해질 것이다. 수동태 대신에 능동태, 부정문 대신에 긍정문, 종속절 대신에 전치사구 등등을 사용한다. 카라미트로글루의 설득력 있는 예문들 중에는 다음과 같은 것들이 있다.

'It is believed by many people.'(30자)
'Many people believe.'(20자)

'I'll study when I finish watching this movie.'(46자)
'I'll study after this movie.'(28자)

프랑스어-캐나다 영화에 영어 자막을 넣는 로버트 그레이Robert Gray는 자신의 일을 "관객들이 영화 흐름을 따라갈 수 있도록 충분한 정보를 주는 자막 삽입자의 작업"으로 정의한다(보이어, 1986 재인용). 최상의 경우라면 그러한 정보가 적어도 다양한 등장인물의 방언과 언어 형태의 차이점을 암시해줄 것이다. 이와 동시에, 자막 삽입자는 일관성있는 전체를 구성하기 위해 노력해야 한다. 자막은 몇 초안에 사라질 것이고 그래서 자막이 투명한 연속성과 타당성을 전달하는 것이 필수적이다(허비 등, 1995: 151). 대화의 순서를 바꾸거나 앞선 상황을 언급하면서 'it' 이나 'that'같은 단어를 넣는다면 보는 사람에게 혼동을 일으킬 것이다.

본질적으로, 자막이나 더빙 영화 대본을 준비하는 접근법은 어떤 극 번역에서도 똑같아야 할 것이다. 번역가는 작업을 시작하기 전에 원천 텍스트에 대해 완전히 이해하고 있어야 한다. 이러한 이해에는 장면 하나하나 텍스트를 분석함과 동시에 그 장면들을 전체 작품 속에 일관되게 위치시키는 법을 알아야 한다. 보이어는 등장인물과 줄거리를 충분히 느끼기 위해서는 자막 삽입자가 영화를 적어도 두 번은 봐야 한다고 믿는다. 그러나 그는 자주 "자막 넣기가 너무 빨리 그리고 싸게 이루어지는 바람에 오류들 - 때때로 재미있는 오류들 - 이 발생한다'고 말한다. 캐리가 관찰한 바에 따르면, 원본의 대사를 쓰는 데는 몇 달, 몇 년이 걸리지만 번역가에게는 더빙용 영화 대본을 쓸 때 급하게 몰아부친다고 한다(캐리, 1986: 70).

하비에 마리아스Javier Marias가 <패트리어트>The Patriot와 관련해 논한 어떤 특정한 오류는 그가 어느 가게의 창문을 통해 이 영화의 비디오 버전의 스페인어 자막에서 그가 발견한 것이었다. 그것은 "En el nombre del Padre, del Hijo y del Santo Fantasma."라는 자막이었다. 원래 성부, 성자, 성령의 맥락에서 사용되는 고정된 표현은 "에스피리투 산토Espíritu Santo"이므로 "판타스마Fantasma[영어로는 ghost - 역자 주]"라는 단어가 사용된 것은 명백한 오류였기 때문에 그는 질겁했다. 마리아스는 나중에 미국 혁명에 관한 이 영화에서 멜 깁슨이 연기한 등장인물이 동료 이민자들 사이에 "The Ghost"로 알려졌다는 사실을 알게 되었다. 한 목사가 "the Holy Ghost"라고 말했을 때 은밀하게 깁슨의 인물을 암시한 것인데, 그 목사는 영국 군인들이 자신의 이중적 의미를 알아채지 못하리라 예상하였던 것이다. 맥락의 바깥에서 볼 때 마리아스도 분명 이 점을 놓쳤던 것이고 그래서 그는 영화 전반에 나오는 그 인물의 별칭을 "에스피리투"라로 해야 그 목사의 말이 영국군의 주의를 끌지 못하고 지나치게 될 것이라고 다시 정정해서 지적한다.[영어에서는 holy ghost라는 말이 가능하지만 스페인어에서는 ghost라고 쓰면 어색하기 때문이다. - 역자 주] 만약 자막 삽입자가 번역하기 전에 영화를 두 번 보았다면 이 문제를 숙고했을 것이고 그 오류를 피할 수도 있었을 것이다.

영화나 비디오 버전의 자막은 계속해서 화면에 나온다. 현대의 문자 다중 방송 또는 DVD는 시청자들에게 자막을 끄거나 켤 수도 있고, 또한 아마도 속도나 복잡도의 수준을 선택할 수도 있는 선택지를 제공한다. 이러한 점에서 그런 자막들은 적절한 어댑터를 가진 청각 장애인 텔레비전 시청자가 이용할 수 있는 폐쇄형 캡션closed captioning과 같다.[13] 개방형 캡션open captioning은 전통적인 자막처럼 계속해서 보여준다. 이 시스템은 오페라 회사들이 사용하는 것으로 때때로 언어 내적 자막뿐 아니라 언어 간 자막으로 쓰이지만, 최근에야 무대 공연용으로 도입되었다.

오페라 자막을 위해 종종 사용되는 자막은 '수퍼 타이틀'이라고 불리기로 하는데, 이는 무대 전경proscenium 위로 영사하는 개방형 캡션이다.[14] 그것은 엘런 베이가 뉴욕 시 오페라에서 눈여겨보고, 내가 2000년 5월에 찰스 채인스Charles Chaynes의 <세실리아>(에두아르도 마네 작) 시사회 기간 동안 몬테 칼로 오페라 극장에서 본 시스템이었다. 오페라 <세실리아>는 쿠바 소설 『세실리아 발데스』에 기반한 것이긴 하지만 프랑스어로 쓰여졌으며 곡조가 나오는 동안 자막이 영사되는 방식이었다. 조르쥬 라벨리 감독은 관객들이 같은 언어 사용자라 하더라도 오페라 가사는 이해하기가 어렵기 때문에 자막은 필수라고 생각한다. <세실리아> 출연자에는 미국인 가수들이 포함된다. 라벨리는 그들의 외국어 강세가 관객의 이해도를 낮출 까봐 걱정했다(라벨리, 전화 인터뷰, 2000).

극장 자막 넣기의 이면에 놓인 기본적인 동기는 틀림없이 오페라와 같다. 바로, 텍스트에 더 접근하기 쉽게 하여 관객층을 확대하는 것이다. 미국에서 스페인어로 된 작품을 위해 영어로 된 개방 캡션을 넣으려고 시도한 최초의 히스패닉 극장들 중에는 플로리다 코랄 게이블스의 아방테 극장이 있다. 그곳의 자막은 슬라이드 형식으로 영사되고, 글자 크기는 장비에 따라 다양하다. 아방테 극장과 국제 히스패닉 극장 페스티벌의 예술 감독인 마리오 에르네스트 산치스Mario Ernest Sanchez에 따르면, 그들이 사용하는 프로그램은 아주 간단하다고 말한다. 단지 컴퓨터 키보드를 능숙하게 다루는 사람만 있으면 된다는 것이다. 오히려 어려운 것은 대사 마디들segments of dialogue을 나누는 방식을 아는 일이다. 이 결정은 무대 감독이 내린다. 산치스에 따르면 어떤 감독은 축약된 자막을 선호하고, 또 다른 감독들은 완전한 텍스트를 영사하고 나서 관객들이 읽거나 읽지 않거나 선택하도록 하기를 원한다.

라이브 극장은 영화나 오페라와 비교해서 심각한 어려움이 있다. 영화에서는 이미지가 고정되어 있다. 오페라에서는 오케스트라 연주가 미리 예정되어 있어서 심지어 가수가 가사를 잊어버리더라도 음악은 계속될 것이다. 반면에 무대 위의 연기자는 대사를 빼먹거나 즉흥적으로 만들어 넣을 수도 있다. 또한 연기자들은 대사의 순서를 무의식중에 바꿀 수도 있다. 파리에서 스페인어로 작업하는 번역가인 클로드 데마리니는 상연을 위한 캡션을 준비하고 있었다. 그는 자신이 장비를 다룰 수 있어서 필요할 경우 급하게 조정을 할 수 있었다고 설명한다. 이와 비슷하게 독일의 번역가 알무스 프리케와 주잔네 하르트비히도 마이크로 파워포인트로 자막을 영사하는 장비를 스스로 작동시켜왔다.[15] 이런 번역가들은 그들이 이미 번역해 놓은 극의 자막을 끌어 오거나 직접 원문에 대한 캡션을 만들 수도 있다.

데마리니는 콜럼비아 보고타의 한 단체에서 상연한 가브리엘 가르시아의 작품에 대한 프랑스어 자막을 준비 했다. 오데옹 극장에서 상연한 극에서 사용된 시스템은 수퍼 타이틀이었다. 그는 40글자 한도를 맞추면서도 원작자의 텍스트의 의미와 어조, 정신을 지키는 것이 어려운 일이라고 말한다.

쾰른에 거주하며 라틴 아메리카 극을 전문으로 하는 프리케와 기센 거주자이며 스페인 극에만 집중하는 하르트비히는 모두 극작품에서 사용되는 개방캡션은 축약이 필요하다고 지적한다. 그들 각자는 이메일 메시지(프리케, 2002; 하르트비히, 2003)를 통해 이미 영화자막을 위해 언급했던 그 축약의 개념들을 반복해서 말한다. 프리케는 극장과 영화의 자막을 분명하게 비교한다. 두 가지 모두 공간이 제한되어 있고 글자수가 고정되어 있다. 베를린과 마르부르크 상연을 위한 자신의 캡션작업에 근거하여 하르트비히는 다음과 같은 지침들을 내놓는다. 한번에 최대 자막 두 줄만을 쏘아라. 텍스트를 축소하면서 긴 문장을 피하라. 문법을 단순화하여 화면 사이에 구절이 쪼개지지 않도록 하라. 긴장감을 유지하라. 하르트비히는 또한 독일어의 통사가 어떻게 언어를 간결하게 하는 목표를 복잡하게 만드는지를 설명한다.

뉴저지의 뉴브룬즈윅에 있는 조지 스트리트 극단의 어떤 2002년 공연을 위해 스페인어로 개방캡션 넣기를 한 베이의 경험은 데마리니와 프리케, 하르트비히의 경험과 조언과는 완전히 대조를 이룬다. 이 극단의 감독들은 쉽게 읽히는 것을 염두에 두지 않고 그녀에게 완전한 텍스트를 준비하도록 요구했다. 마이애미 지역의 아방테 극장은 그들의 관객들 중 다수가 스페인어를 이해할 수 있는 2개언어 사용자여서 완전한 텍스트가 영사되더라도 빠른 자막에 그다지 의존할 필요가 없다고 가정했을 것이다. 뉴브룬즈윅 역시 2개언어 지역이고 히스패닉 인구가 증가하고 있지만, 조지 스트리트 극단은 아직 영어를 배우지 못한 최근의 스페인어 구사 이민자인 단일 언어 관객을 목표로 삼고 있었다. 기금 지원을 받는 브릿지 프로젝트Bridge Project를 통해 이 전문적인 지역 극단은 이 도시에 관한 구전 역사를 그린 아인 고든Ain Gordon 작 『민간 괴담-개인사들』Public Ghosts-Private Stories의 공연을 위해 특별히 히스패닉 공동체와 접촉하였다.[16]

조지 스트리트 극장은 프로시니엄이 아닌 돌출 무대를 가지고 있다. 따라서 스페인어를 사용하는 관객들은 무대 공간 위에 설치된 큰 모니터를 볼 수 있도록 극장의 지정석에 배치되었다.

조지 스트리트 극단의 운영목표는 의심의 여지없이 갸륵한 것이었지만 그들의 첫 실험의 결과가 만족할 만 하지는 못했다. 당시만 하더라도 뉴욕 지역 히스패닉 극단에서는 캡션을 넣는 전통이 없었다. 따라서 그들은 그 과정을 처음부터 새로 만들어내었다. 그들은 실수를 통해 개방 자막이 어떻게 작동하고 또 어떻게 해서 자공하지 않는지에 대해 많은 것을 알게 되었다. 극 번역 분야에서 극단 종사자들과 번역가 간의 갈등은 잘 알려져 있지 않다. 자막 넣기와 더빙하기에는 항상 기술적인 제약이 따른다. 그래서 극단 사람들과 기술자들이 주도적 역할을 했다. 번역가인 베이는 뒤늦게야 자기의 주장을 펴면서 그 요구에 응하지 말았어야 했다는 것을 깨달았다(베이, 사적인 대화, 2002). 분명, 책임자들은 스페인 번역이 보통 영어 원문보다 25%가량 길다는 것을 몰랐던 것이다.

애초 대사를 통째로 스페인어로 번역하기로 한 조지 스트리트 극단의 결정은 비록 불가능할 정도는 아닐지라도 관객들이 극을 보면서 동시에 읽어나가는 것을 힘들게 만들었다. 『민간 괴담』의 경우 고정된 한 두 줄의 텍스트가 아니라 한꺼번에 위·아래로 움직이는 세 줄짜리 텍스트가 나타났다. 카라미트로글루는 이런 오버레이 – 동적인 텍스트를 보여주는 기술로, 종종 뜻밖의 사건이 너무 빨리 밝혀지지 않도록 하기 위해 사용 – 는 "신중하게 다뤄야 한다"고 적절한 주의를 준다(카라미트로글루, 1998: 6). 나는 관객의 입장에서 그러한 과정이 고역스러운 속독 시험이라고 생각했다.

조지 스트리트 극단에서 발생한 심각한 문제는 캡션 장비를 빌려주는 회사와 한 협정에서 비롯되었다. 키보드를 작동하기로 한 기술자가 스페인어를 읽지 못해서 나란하게 배열된 영어 텍스트 보면서 캡션을 쏘겠다고 말했다. 자신의 작업을 수월하게 하기 위해 그는 베이에게 원문에 맞춰 줄당 32자로 잘라서 직역해 달라고 요구했다. 그 시스템도, 그리고 기술자의 능력도 배우들이 공연 중에 대사를 바꿀 여지를 허용하지 않았다.

더구나, 장비가 초연하는 밤 이전에는 설치되지 않아서 캡션을 미리 시험해볼 기회가 없었다. 실제 공연 중에 베이는 그 기술자가 영어 철자 검사기를 이용하여 그녀의 스페인어 캡션을 수정 했었다는 사실을 발견하고 낙담했다. 경솔하게도 그는 "몇몇 단어를 영어로 되살리는 즉석 처리"를 했으며 또한 "그는 몇 줄을 지웠는데, 그가 스페인어를 몰랐기 때문에 없어진 것도 깨닫지 못했다." 베이는 비록 그런 우연한 사고가 없었더라도 미리보기가 꼭 필요했다고 강하게 느낀다. "비록 텍스트를 여러 번 교정 보지만 캡션넣기는 시각적 기술이고 그것의 효과는 단지 번역의 질뿐만 아니라 화면 위에 보이는 단어의 물리적인 외관에도 좌우된다"(베이, 사적인 대화, 2002).

산치스는 아방테 극단의 캡션넣기 작업에 대한 내 질문에 응답하면서 공연 중에 캡션을 영사하는 데 어떤 특별한 기술이 필요한 것은 아니라고 진술했다. 그러나 아방테 극장은 그 과정에 대한 수년간의 경험과 적절한 장비를 가지고 있을 뿐만 아니라 확실히 2개언어 기술자들도 구할 수 있다. 스스로 키보드를 다룰 수 있는 프랑스와 독일의 번역가들처럼, 기술자들이 상연하는 연극의 언어와 자막의 언어 모두를 이해하는 것이 중요하다. 또한, 만약 단일 언어 관객이 볼 수 있는 공연을 하는 것이 목적이라면 자막은 읽기 쉽게 만들어져야 한다.

카이유의 자막넣기에 대한 단정적인 거부가 과도하긴 하지만, 영화를 더빙하는 것은 비용이 더 많이 들지라도 많은 이점을 지닌다. 보는 사람은 영상과 글자 사이에서 주의를 분산시킬 필요가 없다. 또한 대화를 축소할 필요가 없어진다. 역사적으로 볼 때 더빙 영화에 대한 비판은 우선적으로 원천 언어와 목표 언어 사이의 입술 움직임을 일치시키는 문제에 초점을 맞추어 왔다. 카이유는 더빙이 초기에 나쁜 평판을 받게 된 것은 이 문제를 완전히 무시한 결과였다고 말한다. 영화는 일련의 연속 장면들을 잘라서 배우들이 번역된 대본을 읽도록 지도하지만 입술의 움직임을 일치시키기 위해서는 아무런 노력도 하지 않았던 것이다. 번역가는 텍스트와 영상을 병치시켜 가면서 작업해야 한다.

일대일 치환은 거의 존재하지 않는다. 카이유는 문제가 되는 영어 'hat'과 두 음절의 프랑스어 *chapeau*의 단어 쌍과, 두 음절 프랑스어 *amour*와 세 음절 이탈리아어 *amore*를 지적한다(카이유, 1960: 104). 캐리는 단순한 독일어의 부정어인 *nicht*와 이것의 프랑스어 버금말인 *ne . . . pas*의 예를 제시한다(캐리, 1960: 112). 두 언어의 음절과 음절을 맞추는 것은 결코 쉬운 문제가 아니다.

로우(1960: 116)에 따르면, 어떤 관객들은 글보다는 입술에 더 관심을 보인다고 한다. 다른 한편, 동시성에 전적으로 충실하였다면, 이것은 직역이 되어 불만족스러운 결과를 낳을 수도 있다. 비록 시각 영상과 일치하는 자연스런 언어를 만드는 것이 목표이긴 하지만 카이유는 대사에 대한 감각이 입술 움직임보다 더 중요하다고 단언한다(카이유, 1960: 107). 캐리는 이런 동시성은 무시했지만 관객들이 그 사실을 10초안에 수긍하게 할 정도로 훌륭했던 『햄릿』의 영화 버전을 본 경험을 회상한다(캐리, 1986: 70)

앞서 거론했듯이 스페인은 오랜 더빙영화 전통을 지니고 있어 그 전략을 완벽히 소화한다. 바르셀로나의 소노블록Sonoblok 더빙 스튜디오의 더빙 과정에 대한 샐리 템플러의 상세한 설명은 더빙이 어떻게 이루어지는지 이해하는 데 특히나 가치가 있다. 1995년 바야돌리드에서 열린 세미나에 참여하여 자신의 논문을 발표했을 때까지, 템플러는 130편의 장편 영화를 번역했다.[17] 더빙 대본 작가는 이론적으로는 영화를 재생해보고 다시 재생해 볼 기회를 가진다(캐리, 1986: 69). 실제로는 템플러는 번역 대사를 만드는 데 평균 4일이 걸렸다. 일반적으로 그녀는 작업 시작 전에 영화를 보지만, 경우에 따라 쓰여진 대본만 가지고 시작해야 한 적도 있었다.

번역 대본 작가로서의 템플러의 수고는 단지 첫 단계일 뿐이다. 번역된 대사는 '테이크take[한 장면, 한 숏 − 역자 쥐]' 별로 나누어지는데, 이 말은 영화촬영에서 유래한 것으로, 템플러는 이 용어가 더빙에 적용될 때는 잘못된 말이고 여기서는 실제로 셀룰로이드의 '루프'를 의미한다고 말한다. 이런 테이크 또는 루프는 더빙 감독이 만족할 때까지 배우들이 영상에 맞추어 대사를 말하도록 반복해서 영사된다. 그 다음에 텍스트가 "화면 위의 등장 인물의 '입에 맞도록'" 하기 위해 전문가가 대사를 조정하는 작업을 한다(템플러, 1995: 153). 더빙 버전을 위임받은 배급자가 이 조정 과정을 감독하거나 또한 수정을 제시할 수도 있다. 일단 조정된 대본이 승인되면 영화의 복사본을 테이크 별로 잘라서 새 사운드트랙 테이크와 일치하게 한다. 수정된 번역 대사는 연속 장면과 일치되도록 활자로 쳐 넣고, 읽기 쉽게 하기 위해 그 포맷에 휴지, 동작 등에 대한 지시문을 포함시킨다. 더빙 배우는 "화면 위 배우들의 입에 텍스트를 맞추기 위해" 녹음실에 모인다(템플러, 1995: 154). 이 시점에서 더빙 감독은 추가로 조정할 부분을 제시할 수 있다. 그 뒤 기술자들이 스페인어 대본을 원본 사운드트랙에 입힌다. 의뢰인은 영상트랙과 사운드트랙을 여전히 분리되어 있도록 하는 장치인 인터락Interlock으로 영화를 볼 기회를 가진다. 만약 수정이 더 필요하면 재녹음이나 사운드트랙의 새 믹싱이 행해질 것이다. 마지막 단계에서, 더빙 영화의 음화필름과 사본이 생산된다.

캐리는 더빙 대본 작가가 영화를 몇 번이나 볼 수 있어서 배우의 행동이나 얼굴 표정에 맞출 수 있기 때문에 비록 원본 언어를 전혀 알지 못하더라도 직역 대본의 도움을 받아 새 대본을 창조하는 것이 가능하다는 의견을 낸다(캐리, 1986: 69). 그러나 조셉 페럴이 공연을 위한 번역이라는 맥락에서 지적했듯이, 문제는 "직역이 정확히 무엇을 의미하는가"이다. 번역가는 해석하여, 모호한 점을 해결하고, 그리고 대본의 "전반적 맥락에 어울리는 의미"에 대한 선택을 해야 할 필요가 있다(페럴, 1996: 284). 좁은 의미의 직역으로부터 다듬은 <패트리어트> 더빙 영화대본은 마리아스가 자막에서 찾아낸 'Santo Pantasma'식의 오류를 반복할 가능성이 있다. 템플러가 어떻게 각각의 영화를 강렬하게 체험하고 각 등장인물의 역을 느끼는지 설명한 것을 볼 때, 그녀는 분명히 '직역' 수준을 훨씬 넘어서야 한다고 믿고 있다. 완벽하게 생생한 더빙 영화를 위해서 대본은 재능 있는 작가가 만들어야 하는 것은 분명하다. 로우는 몇몇 코미디 영화가 번역이 얼마나 밋밋한지를 한탄하면서 그의 기본 원칙을 날카롭게 제시한다. "코미디 더빙은 무엇보다도 자기네 언어로 우스꽝스런 대사를 쓸 능력 있는 작가를 필요로 한다"(로우, 1960: 120).

템플러는 스튜디오에서 더빙하는 배우가 대개는 영어인 원천 언어를 모른다고 밝힌다. 그들은 번역대본과 함께, 녹음 전에 몇 번씩 듣는 원래 연기자의 얼굴 표정과 목소리 톤에 의해 안내를 받는다. 조정작업자는 일반적으로 원본 영화를 이해하지는 못하지만 그들의 작업에 지침이 되는 동일한 문서 텍스트와 시청각 표시에 의존한다. 템플러는 이런 상황에서 의미 부분의 실수를 피하는 실제적 책임은 번역가에게 있다는 사실을 강조한다(템플러, 1995: 154).

공연을 위한 극작 번역에서 한가지 선택사항은 연기 무대를 다른 시간과 공간으로 완전히 옮기는 것이다. 번역된 영화 대본에서 그러한 선택사항은 분명 존재하지 않는다. 무대가 고정되어 있는 것이다. 그럼에도 불구하고 번역가는 더빙 감독과 연기자와 협력하여 방언이나 속어처럼 지방색을 띠는 언어를 어떻게 처리할 지를 여전히 고려해야 한다. 로우는 영화의 이국적 풍취를 유지하기 위해 배우가 외국어 억양으로 말하거나, 혹은 더 나쁜 경우로서, 프랑스 영화의 영어 버전에서 프랑스 경찰이 혼성 영어로 말하는 식의 기교에 이의를 제기한다(로우, 1960: 119). 물론 언어 형태나 방언에 대해 고려하지 않고 표면적인 의미만 전달하는 번역도 그것만의 결점이 있다.

템플러는 미국에는 아주 많은 인종과 사회 집단, 그리고 대다수의 미국인 관객들조차 이해하기 힘든 속어 사용의 성향 때문에 미국영화는 더빙에서 특수한 문제를 지닌다고 말한다. 그녀는 눈에 띄게 지역적이거나 구어체인 등가어를 피하라고 제안한다. 외설물일 경우, 그녀는 등장인물의 사회적 감정적 상황을 감안하여 언어형태를 결정할 것을 추천한다(템플러, 1995: 156-157). 그녀의 철학은 일반적인 극 번역에 대한 충고와 근본적으로 다르지 않다.

더빙 영화와 라이브 극장에서의 비슷한 과정인 '동시 번역simultaneous translation' 사이에는 주요한 차이점이 있다. 더빙영화 의 작가는 본질적으로 그 작품의 단일한 상영만을 다룬다. 번역가는 대규모의 인원과 공동으로 작업하지만 변하지 않을 사운드 트랙이 될 하나의 버전을 만들어

낸다. 일반적인 극 번역에서 번역 작가는 원본 작가와 마찬가지로 각각 다른 감독과 출연진의 다양한 해석에 열려있는 텍스트를 계획할 수도 있다. 동시 번역일 경우, 그것이 특정한 라이브 상연과 관련 있기 때문에 텍스트를 즉석에서 조정하여 무대 위에서 일어나고 있는 일에 맞추어야 할 수도 있다.

첫눈에 '동시 번역' – 워싱턴 DC에 있는 히스파뇨 갈라 극장과 뉴욕에 있는 레페르토리오 에스파뇰 등 미국 내 주요 히스패닉 극장 두 곳에서 사용되는 용어 – 은 모순적인 오칭으로 보인다. 번역이란 보통 글로 쓰여진 작품을 언급하므로 공연과 동시에 만들어 질 수는 없다. 구어적 발표에 상응하는 것으로는 '통역interpretation'이 있다. 워싱턴 DC에 있는 또 다른 극장인 루나 극장은 '동시 영어 통역'으로 공연한다고 홍보하기 시작했는데 이제 그것을 '라이브 영어 더빙'이라고 부른다.

두 가지 의미를 가진 '통역(해석)'이라는 단어 – 구두 번역과 배우의 창의적 표현 – 는 적절해 보이지만 어떤 난점도 있다.[18] 경험이 없는 이들에게 동시 통역은 제2언어를 쓰는 배우가 즉흥연기를 하는 것을 의미할 수 있다. 조지 스트리트 극단의 전 경영진은 1996년 처음으로 베르나르도 소라노Bernardo Solano의 영어 연극인 『참가자들』Entries의 스페인어 버전을 공연할 고려를 하면서 바로 이런 생각을 가지고 있었다. 그들은 2개 국어가 가능한 배우가 그 극이 진행 중일 때 바로 이해할 수 있겠다는 잘못된 가정에서 시작했다. 현실적으로 볼 때 동시통역이라는 특히 험난하고 큰 노력이 필요한 분야에서 훈련 받은 배우가 거의 없으며, 배우로서 훈련 받은 전문 동시통역가도 거의 없다. 게다가 만약 배우가 서로 독립적으로 통역한다면 그 외국어 텍스트는 일관된 통일성을 형성하지 못할 것이다. 출발점은 주의깊게 쓰여진 연극 번역이어야 한다. 다행히도 극 연출가들은 여러 가지 제안을 수용하고 결국 더 효과적인 접근법을 고안하였다.

미국 내에서 지배적인 전략은 히스파뇨 갈라 극장이 1992년에 바르톨로메 데 라스 카사스에 관한 브레히트적인 사극인 제이미 살롬의 『동틀녘의 화톳불』을 상연했을 때 사용한 방법이다. 내가 번역한 『동틀녘의 화톳불』도 스페인의 신세계 착륙 100주년 기념일에 맞춰 <에스트레노 플레이즈>가 출판을 계획하고 있었다. 연출가 휴고 메드라노_{Hugo Medrano}는 이 번역물을 사용하면서 남자 2명, 여자 2명으로 이루어진 네 명의 배우를 고용하여 무대 연기에 맞춰 영어 대사를 동시에 읽게 했다. 그들의 목소리는 특수장비로 관심있는 관객들에게 직접 전송되었는데, 그 관객들은 헤드셋을 끼고 영어버전을 들었다. 비록 배우가 제한되어 있어 그들은 실제로 원본에 나오는 배역을 두 배 이상씩 해야 했지만 네 명의 목소리로도 대화하는 등장인물의 상호작용을 충분히 명확하게 나타낼 수 있었다. 그 배우들은 라디오 상연에서나 극장에서 하는 것만큼이나 적절한 표현으로 자신들의 역할을 낭독했다. 메드라노는 에필로그를 삭제하여 살롬의 극을 축소하기로 결정했다. 그는 이런저런 변화에 맞춰 영어 텍스트에 변화를 주었지만 무대 연기자가 대사를 바꿀 경우 그 대사를 재빨리 번역해내야 하는 것은 그 배우들의 몫이었다.

그 반대편 극단인, 주잔네 하르트비히가 독일 내 동시 번역에 대해 기술한 절차는 비용 효율이 더 큰 것이다. 필요한 장비는 같을 수 있지만 전문배우 4명의 추가적인 배역은 없어진다. 하르트비히는 독일 텔레비전에서 사용되는 이와 같은 방식에서 번역가/통역가는 억양 없이 낭독하는 로봇과 다를 바 없다고 설명한다. 독일 극장에서 관객들은 헤드셋으로 실재 같은 공연을 듣기를 기대하지 않는다. 본에서 있은 한 공연에서 하르트비히는 자신의 번역을 가지고서 여성과 남성을 포함한 모든 역할을 다 읽었다. 그녀는 무대 위의 연기에 시간을 맞춰 읽는 것이 아주 힘든 일이라고 보고한다(하르트비히, 사적인 대화, 2003).

어렵고 힘겹다는 말은 의심할 바 없이, 이 장에서 다루어 온 다양한 과정들을 묘사하는 데 가장 적절한 것들이다. 극 번역이라는 광범위한 영역에서 생략이 필요한 두 가지 형태 - 영화의 자막과 연극의 개방형 캡션 - 와 동시성에 초점을 맞추는 형태 - 더빙한 대본이나 동시 번역 - 는 정말로 일종의 조각그림 맞추기이다. 조각들을 제 자리에 끼워 넣기 위해 번역가가 소집할 수 있는 모든 경험과 재능을 극 속으로 불러들인다.

―주

1) 극 제목으로 쓰인 가상의 리베라 제국Empar Ribera의 첫머리글자는 또 다른 카탈로니아 작가인 로돌프 시레라Rodolf Sirera의 극인 『엔릭 리베라의 죽음에 부치는 비가』*Plany en la mort d'Enric Ribera*를 상호텍스트적으로 지시한다. 이 지역 외의 관객들이 그 연관성을 놓칠지도 모르므로, 폰즈는 영화 제목을 <여배우들>*Actresses*로 바꾸었다. 프랑스어 번역도 이와 마찬가지로 *Actrices*이다. 홀트는 이 텍스트의 미국판 번역에서 제목을 *Stages*라고 했다.

2) 2003년 센트럴 뉴저지, 마드리드, 런던, 파이, 그리고 프랑크푸르트의 매장에서 DVD 샘플을 조사해보았다. 뉴저지의 내 단골 비디오대여점에 외국영화가 있었더라면 위의 곳들을 찾지 않았을 것이다. (주로 미국적이지만 완전히 미국적이지는 않은) 외국

영화들은 다른 나라들에 많이 있다. 그러나 여행자들은 비디오처럼 DVD에도 존재하는 포맷의 호환불가능성이라는 동일한 문제를 유념해야한다. 유럽의 PALS 대 미국의 NTSC의 문제이다. 대서양 이 쪽에서 구입한 DVD는 반대편에서 재생되지 않을 수 있다.

나는 뉴저지의 대형 '비디오 대여'점에서 영어와 프랑스어, 스페인어 옵션이 든 미국 영화를 많이 찾아냈다. 전형적으로 이 영화들은 사운드트랙으로 이 중 하나의 외국어를, 자막으로 다른 언어를 담고 있다. 2002년 예상치 못한 흥행을 거둔 독립영화인 <나의 그리스식 웨딩>의 경우, 사운드트랙으로는 영어만 제공되었지만 자막으로 통상 들어가는 세 언어뿐만 아니라 그리스어가 제공되었다. 독일에서는 같은 영화의 DVD에 사운드트랙과 자막은 독일어와 영어 모두 제공되었으나 다른 언어는 들어있지 않았다. 사운드트랙과 자막으로 원천 언어와 목표언어가 사용되는 이 한정된 패턴이 내가 표본조사한 것 가운데 런던을 제외한 다른 도시에서 빈번하게 발견한 것 중 하나이다.

맥은 미국 감독이자 배우로 최근 프랑스에 체류하며 다큐멘터리에 가끔 영어를 더빙하고 있다. 그는 더빙과 번역이 비디오 게임에도 중요하며 나에게 알려줬는데, 이것은 오락시장의 확대를 의미한다(맥, 사적인 대화, 2004).

3) 메이저 헐리우드 스튜디오들은 처음에 그들의 최대 해외 시장에서 미국영화의 동일한 스페인어 버전을 목적으로 더빙을 거부했다. 그들은 스크립터 작가로 일할 스페인 극작가를 고용했다. 일단 영어를 사용한 영화가 완성되면 같은 무대를 스페인어를 쓰는 배우들을 캐스팅해 번역된 버전을 찍는데 사용한다(홀트, 1980: 19-20).

4) 오페라의 번역은 특별한 재능을 요하는 분야이다. 허먼과 앱터는 다음과 같이 요약한다. "오페라 번역 이면에 깔려있는 이론은 다음과 같다. 원본의 드라마와 시, 음악을 보존하며 리브레토를 번역하라. 그러나 이 세 가지는 모두 대사와 선율의 복잡한 상호작용에 의존한다. 대사는 음악의 일부이다. 드라마는 그 양자로부터 나온다. 만약 번역가가 실수로 대사를 음악에 희생시키려고 하거나 음악을 대사에 희생시키려한다면 그 결과는 재난이 될 것이라는 말은 오늘날 오페라하우스에서 너무나도 흔하게 듣는 것이다'(허먼 & 앱터, 1991: 100). 그들은 단언한다. "플롯의 미묘함, 등장인물의 뉘앙스, 대사와 음악의 상호작용을 재창조하면서 오페라 가사를 공연 가능하도록 완벽하게 번역하는 것만이 언어의 장벽을 뛰어넘는 오페라를 가능하게 할 것이다'(허먼 & 앱터, 1991: 102).

5) 뉴스방송과 여타 텔레비전 프로그램에서 자막과 더빙, 보이스-오버를 사용하는 것은 이 연구 범위의 반경 너머에 있다. 이 주제에 대한 논평에 관해서는 델라바스티타(1989), 달러럽(1974), 고틀리브(1994), 커즈(1990) 그리고 베이트(1998, 2000)를 보라.

베이트는 자막이 점점 더 많이 사용될 것이라고 전망한다. "문자다중방송 제공은 위성텔레비전회사와 그 다중언어시청자들에게 필수적인 것이 될 것이다"(베이트 1998: 369). 1994년 고틀리브는 현재 유럽 텔레비전 수상기의 거의 절반이 자막을 수신 받는 문자다중방송 장치를 갖고 있지 않자만, 이러한 상황은 일시적일 것이라고 말했다. "오늘날 (서부) 유럽에서 휴대용을 제외한 모든 텔레비전 수상기는 문자다중방송 장치가 내장되어 판매되었다"(고틀리브 1994: 118).

연구해 볼 만한 또 다른 분야는 텔레비전과 영화 아이디어의 범 대서양 차용에 관한 것이다. 영국 시리즈에 바탕을 둔 미국 TV프로그램의 정보를 제공하는 웹사이트는 http://www.eskimo.com이다. 내가 2004년 3월에 조사한 바로는 그들의 종합적 안내서에는 40개의 명단이 나온다. 내게 이 내용을 알려 준 스티븐 카수토에게 고마움을 표한다.

6) 대학원생 엘런 베이는 이 수업 실습에 자극 받아 자막에 대해 더 배우기 위해 뉴욕 내 두 개의 오페라 회사에서 필수 번역/통역 인턴과정을 밟기로 했다. 럿거스대학 텔레비전 라디오 연구실과 공동으로 그녀의 번역 석사논문(1998)의 일환으로 한 스페인 영화의 비디오 버전에 대한 영어 자막을 만들었다. 2002년에 베이는 한 지역 극장에서 한 영어극 무대 상영을 위해 스페인어 자막을 만들었다. 이 장을 준비하면서 나는 베이의 논문과 내 질문에 대한 그녀의 최근의 유용한 답변에 신세를 졌다.

7) 나는 2003년에 방문한 작은 스페인 도시들에서 비슷하게 더빙이 아닌 자막을 내보내는 외화를 상영하는 영화관에 대하여 신문 목록을 찾아보지는 않았다.

8) 나는 전체적으로 영국 내 더빙 외화와 자막 외화를 개인적으로 대조 확인하기에 충분할 정도로 런던 이외 지역을 찾아다니지는 않았다. 이 주제에 관한 나의 질문에 답변해준 리틀과 델가도에게 감사한다. 영국의 상황에 대한 킬본의 1989년 평가는, 적어도 내가 이해하기에는 현실상황과는 동떨어진 것처럼 보인다.

9) 텔레비전과 지방의 영화관에서 볼 수 있는 외화에 대한 나의 질문에 답해준 브누와 미탄Benoit Mitane에게 감사한다.

10) 프랑크푸르트에서 일하는 호주인 랜달 브라운Randal Brown은 영화제와 더불어 일반인들이 두 개의 영화관에서 자막버전을 볼 수 있다고 내게 말했다. 또한 그는 친절하게도 영화목록이 실린 『키노 저널 프랑크푸르트』를 가르쳐 주었다. 내가 문의한 문제에서 투름-팔라스트가 자막 영화를 구하는 데 적절한 장소임이 분명해졌다. 또 다른 극장 키노폴리스-마인-타우루스는 <조용한 미국인>The Quiet American을 두 가지 언어로 상영했지만 다른 영화는 전부 독일어로 상영했다.

11) 베이는 PALTEX ES/D 편집기로 그 비디오로 NTSC 베타 버전을 편집했다. 베이는 20K 더브너 문자발생기로 자막을 만들고 편집했다. 허비와 히긴스, 헤이우드의 『스

페인어 번역에 대하여』 *Thinking Spanish Translation*는 내가 수업에 사용한 책 중에서 더빙이나 자막을 분야의 측면에서 다룬 유일한 스페인어 번역 교과서이다. 그들은 자막 넣기라는 주제에 관해 실전훈련을 포함하여 여덟 페이지짜리 한 절로 다루었다(허비, 1995: 146-53). 미국 내 일본어 과정에서 자막을 어떻게 가르치는지에 관해 유익하고 상세한 정보를 보려면 후쿠시마와 메이저(2002)를 참고하라.

12) 스웨덴 자막작업자인 얀 이바르숀Jan Ivarsson은 영화를 만드는 동안 카메라에 기록되는 디스플레이를 편지나 신문 머리기사 같은 텍스트라고 정의하고, 캡션을 완성된 필름에 넣은 텍스트로 정의한다(고틀리브, 1994: 107 재인용).

13) 나는 캡션 콜로라도의 린제이 폴럼부스Lindsay Polumbus에게 그의 회사가 제공한 서비스와 더불어 캡션captioning과 자막subtitling에 대해 명확하게 설명해준 데 대해 고마움을 표하고 싶다. 그들의 시스템에서 자막은 캡션보다 폰트, 색깔, 배치에서 더 유동적이긴 하지만 비용 또한 더 많이 든다. 한 정보지에서 캡션 콜로라도는 스스로를 미국에서 실시간으로 캡션을 넣어주는 가장 큰 회사라고 소개하고 있다. 80개의 텔레비전 방송국에 서비스를 제공하고 있는 캡션 콜로라도는 청각 장애인을 위한 캡션 제작에는 10년간의 경험이 있고 현재는 스페인어 캡션도 제공하고 있다. 또한 캡션 콜로라도는 텔레비전의 실시간 캡션뿐 아니라 지연/사전-녹화 폐쇄형 캡션을 오프라인으로도 제공한다. 이 회사는 적절한 화면과 기술적 설비로 극장에서의 캡션도 가능하도록 할 것이다.

14) 뉴욕시 메트로폴리탄 오페라에서 개발한 '메트타이틀MetTitle' 장비는 폐쇄형 캡션이다. 메트타이틀은 관객의 앞 좌석 뒷면에 설치된 화면을 이용하는데, 이것은 개인이 켜고 끌 수 있다. 화면은 "옆 좌석 화면에서 나오는 빛에 방해 받지 않는 방식으로 조절되어 있다"(베이, 사적인 대화, 2003). 오페라의 캡션은 무대 위의 연기보다 음악과 더 조화를 이루어야 한다. 음악은 영화 자막을 만들 때 고려하는 컷에 대응된다. "영화 화면을 생각하는 방식과 똑같이 음악을 고려하라. . . . 만약 당신이 음악의 보표를 아주 잘 읽고 이해하지 못한다면 MET나 뉴욕시 오페라CONY를 위한 자막 만드는 작업을 할 수 없다"(베이, 사적인 대화, 2003).

15) 프리케Fricke는 오페라 회사가 선호하는 기계인 포콘Focon을 사용해 PC와 비디오빔(화면에 파워포인트 자막을 영사함)으로 작업한다고 말한다.

16) 조지 스트리트 극단은 특별 관객을 위한 전통을 가지고 있다. 브라유식 점자 프로그램을 가진 오디오 공연은 시각 장애인에게 제공되고, 개방형 캡션 공연은 청각 장애인에게 제공된다. 때로는 지정된 공연을 위해 수화 통역도 제공한다.

17) 나에게 이 수업과 관련된 메모뿐 아니라 관련 출판물들을 제공해 준, 이전에 내 학생이었던 안나 앙글로Ana Angulo에게 고마움을 표한다.

18) '통역(해석)interpretation'의 이중적인 의미에서 오는 애매성을 피하기 위해서 미국내의 전문 통역가들은 자신들의 분야를 이제는 통역interpreting이라고 칭한다.

References

Alluin, Patrick, et al. "Nouveaux films." *L'Officiel des Spectacles* (Paris). 2940 (30 April–6 May 2003): 57–63.

Alonso Tejada, L. *La represión sexual en la España de Franco.* Barcelona: Biblioteca Universal Caralt, 1977.

L'Ami retrouvé (Reunion). Dir. Jerry Schatzberg. Advertisement. *L'Officiel des Spectacles* (Paris) 2213 (24–30 May 1989): 70.

Baker, Mona, ed. *Routledge Encyclopedia of Translation Studies.* New York & London: Routledge, 1998.

Baker, Mona & Braño Hochel. "Dubbing." In *Routledge Encyclopedia of Translation Studies.* 74–77.

Bay, Ellen. "Subtitling the Spanish Film *El sur.*" Masters thesis in translation. Rutgers, The State University of New Jersey, 1998.

_____. E–mail. 22 October 2002.

_____. E–mail. 3 February 2003.

Benet i Jornet, Josep M. *E.R.* 2nd ed. Barcelona: Edicions 62, 1996.

Boyar, Jay. "Subtitles: An art, not a science." From the *Orlando Sentinel.* Reprinted in *The Home News* (New Brunswick, NJ) 11 September 1986.

Browne, Randall. Personal interview. 25 September 2003.

Caillé, P.–F. "Cinéma et traduction. Le traducteur devant l'écran." *Babel* 6 (1960): 103–09.

Campbell, Bob and Stephen Whitty. "Movie Capsules." *The Sunday Star–Ledger* (Newark, NJ) 22 June 2003. Section 4: 11.

Cary, Edmond (Cyrille Znosko–Borovski). "La Traduction totale." *Babel* 6 1960): 110–15.

_____. *Comment faut–il traduire?* Introduction Michel Ballard. Presses Universitaires de Lille, 1986.

Cinéma Le Méliès. Program (Grenoble, France). 169 (30 April–13 May 2003).

Delabastita, Dirk. "Translation and mass–communication: film and T.V. translation as evidence of cultural dynamics." *Babel* 35.4 (1989): 193–218.

Delgado, Maria. E–mail. 4 February 2004.

Demarigny, Claude. Personal interview. 6 May 2003.

Dollerup, Cay. "On Subtitles in Television Programmes." *Babel* 20 (1974): 197–202.

Farrell, Joseph. Participant in "Round Table on Translation." In David Johnson, ed. *Stages of Translation.* London: Absolute Classics, 1996. 281–94.

Fricke, Almuth. E–mail. 28 November 2002.

Fukushima, Tatsuya and David L. Major. "Translation Course in Film Subtitling." *Translation Review* 64 (2002): 59–77.

Gottlieb, Henrik. "Subtitling: Diagonal Translation." *Perspectives: Studies in Translatology* 2.1 (1994): 101–22.

_____. "Subtitling." In Mona Baker,ed. *Routledge Encyclopedia of Translation Studies.* 244–48.

Hartwig, Susanne. E–mail. 9 February 2003.

Herman, Mark and Ronnie Apter. "Opera Translation." In Mildred L. Larson, ed. *Translation: Theory and Practice. Tension and Interdependence.* American Translators Association Scholarly Monograph Series. 5 (1991). State University of New York at Binghamton: 1991. 100–19.

Hervey, Sándor, Ian Higgins and Louise M. Haywood. *Thinking Spanish Translation. A Course in Translation Method: Spanish to English.* London and New York: Routledge, 1995.

Holt, Marion Peter. *José López Rubio.* Boston: G. K. Hall, Twayne World Authors Series 553, 1980.

_____. E–mail. 6 October 2003.

House, Juliane. *A Model for Translation Quality Assessment.* Tübingen: TBL Verlag Gunter Narr, 1977.

http://www.eskimo.com/~rkj/weekly/aa102500a.htm Dateline: 25 October 2000;

updated: 3 March 2004.

Karamitroglou, Fotios. "A Proposed Set of Subtitling Standards in Europe." *Translation Journal* [On‑line serial] 2.2 (1998). Retrieved 13 April 2003, from http://accurapid.com/journal/ 04stndrd.htm

Kilborn, Richard. "'They Don't Speak Proper English': A New Look at the Dubbing and Subtitling Debate." *Journal of Multilingual and Multicultural Development* 10.5 (1989): 421‑34.

Kino Journal Frankfurt. 39/3 (25 Sept.‑1 Oct. 2003).

Kurz, Ingrid. "Overcoming Language Barriers in European Television." In David and Margareta Bowen, ed. *Interpreting Yesterday, Today, and Tomorrow.* American Translators Association Scholarly Monograph *Series.* 4 (1990). State University of New York at Binghamton: 1990. 168‑75.

Lavelli, Jorge. Telephone interview. 23 May 2000.

Little, Henry. E‑mail. 3 February 2004.

Mack, Christopher. Personal interview. 16 May 2003.

_____. E‑mail. 7 March 2004.

Marías, Javier. "Por la felicidad de los lectores." *El Semanal* 23 December 2001: 8.

Mitane, Benoit. Personal interview. 10 May 2003.

Le Petit Bulletin. L'hebdo gratuit des spectacles (Grenoble, France). 436 (7‑14 May 2003).

Polumbus, Lindsay. E‑mail. 3 February 2003.

Radio‑Télévision. *Le Monde* (Paris) 7 May 2003: 31.

Robinson, Regina. "Movie Capsules." *Chicago Tribune* 21 June 2003. Section 1: 13, 16, 17.

Rowe, Thomas. L. "The English Dubbing Text." *Babel* 6 (1960): 116‑20.

Sanchez, Mario Ernesto. E‑mail. 16 December 2002.

Templer, Sally. "Traducción para el doblaje. Transposición del lenguaje hablado (casi una catarsis)." In *Perspectivas de la traducción inglés/español. 3er curso superior de traducción.* Coordinated by Purificación Fernández Nistal and José Ma Bravo Gozalo. Universidad de Valladolid: Instituto de Ciencias de la Educación,

1995. 153–65.

Time Out London. "Film: Current Releases A–Z." No. 1705 (23–30 April 2003): 75–79.

Tveit, Jan Emil. "The Role of Translation in the Film and Television Industries" In Ann G. Macfarlane, ed. Proceedings of the 39th Annual Conference of the American Translators Association. Alexandria, VA: ATA, 1998. 365–69.

_____. "The Challenges of Subtitling." *ATA Chronicle* 29.6 (June 2000): 43–45, 47.

Ulmann, Geneviève and Pierre. Personal interview. 5 May 2003.

Werth, Brenda. E–mail. 6 October 2003.

Wills, David. "The French Remake *Breathless* and Cinematic Citationality." In Andrew Horton and Stuart Y. McDouglas, ed. *Play It Again, Sam. Retakes on Remakes.* With an Afterword by Leo Braudy. Berkeley, Los Angeles, and London: University of California Press, 1998. 147–61.

7.

스크린의 안과 밖 : 각색의 수많은 양상들

2002년 후반기에 각광받은 대다수 미국 영화들은 첫눈에 보기에도 각색의 중요성을 계속 강조하는 듯이 보인다. 2003년 오스카상 후보작의 선두를 장식한 것은 <시카고>(롭 마샬Rob Marshall 감독)인데, 이 영화는 밥 파시Bob Fosse의 1975년 뮤지컬(1996년 브로드웨이에서 재연)을 멋진 영화로 각색한 것으로 파시의 또 다른 무대 공연물로서 명성이 자자한 <올 댓 재즈>All That Jazz에도 동시에 찬사를 바쳤다. 또한 <세월>(스티븐 달드리 감독)도 선두에 있었는데, 이것은 버지니아 울프의 소설 『댈러웨이 부인』을 마이클 커닝햄Michael Cunningham이 시간과 공간 속으로 하나 둘씩 사라져간 세 여성의 삶을 복합적인 이야기로 엮어 맞춘 소설을 각색한 것이다. 2002년 영화 목록에는 <각색>Aadaptation(스파이크 존즈 감독)이라는 특별한 제목을 단 영화가 보인다. 이 독창적인 메타극적 인 영화는 찰리 카우프만 – 실화를 다룬 논픽션인『난초 도둑』을 각색하려고 애쓴 실제 작가 – 과, 이 영화에서 자신의 주제에 매료되어 이러한 연구서를 낸 수잔 올리언이라는 두 인물을 그려낸다.

각색은 무성영화 시절부터 행해져 오긴 했지만 그것의 광범위한 실행이 보편적으로 인정받았음을 의미하는 것은 아니다. 어떤 이론가들은 그 전략 자체를 거부해왔다. 수많은 비평들이 영화보다 소설에, 혹은 드라마보다는 영화에 절대적인 선호를 표방한다. 그런 독단적인 입장은 교환의 복잡성을 간과하는 것이다. 영화의 자료는 문학에만 국한되는 것이 아니다. 그것은 실제 생활에서부터 만화책에 이르기까지 다양한 영역을 포함할 수 있다. 로버트 스탬Robert Stam은 영화각색이 "텍스트 문헌과 변형의 생생한 소용돌이에 붙잡혀 있는데, 그 텍스트들은 원본의 지점이 불분명한 끝없는 순환, 변형, 변환의 과정 속에서 다른 텍스트를 생성한다"(스탬, 2000: 66)고 정확하게 지적한다. 편협하게 소설의 변형에만 집중하는 학문적 비평, 특히 위대한 문학으로 간주되는 소설에만 집중하는 것은 더 광범위한 각색의 영역을 간과한다. 예를 들어 루카 소미글리Luca Somigli는 어떻게 저급 문화의 표본인 만화책이 영화로 변형되어왔는지를 보여준다.

극에 관련해서 많은 비평가들은 드라마가 영화각색을 하기에는 너무 장황하고 너무 정적이라고 말해 왔다. 그런 비평은 연극이 극적인 문학일 뿐만 아니라 공연이기도 하다는 점을 간과하는 경향이 있다. 극은 진보적으로 무대화에 영화 기술을 도입했다.[1] 그 반대편 극단에 <사랑에 눈멀다>Cegada de amor가 있는데, 이것은 바르셀로나 그룹 라 쿠바나가 이 두 장르를 결합하여 1996년 제작한 작품이다. 영화 만들기에 대한 어떤 영화의 배우들이 극에 출연하고 관객들과 교감하기 위해 스크린의 수직 틈들 사이로 걸어나온다는 내용이다. 더 관습적인 방식은 쌍방향으로 교환이 이루어지는 것이다. 연극은 종종 영화로 각색되지만 영화 대본 또한 무대 연극으로 변형될 수 있다. 니아 바르달로스Nia Vardalos의 <나의 그리스식 웨딩>이 증명하듯이, 하나의 텍스트 또는 아이디어는 다양한 매체들로 번역될 수 있다.

배우 겸 작가인 바르달로스는 유대가 끈끈한 그리스계 미국인 가족 출신의 한 젊은 여자가 그리스계가 아닌 남자와 사랑에 빠지면서 발생하는 코믹한 충돌을 잘 그려냈다. 바르달로스는 1996년에 코미디극을 써서 자신이 연기하는 여성 일인극으로 만들었다. 2002년 그녀가 연기한 극장 버전(조엘 즈윅Joel Zwick 감독)은 역사상 가장 성공한 독립영화가 되었다. 2003년에 그것은 부풀려서 텔레비전 시리즈물로 방송되었는데, 바로 <나의 그리스식 웨딩>이다. 하나의 기본적인 이야기를 매체를 가로지르며 전환시킨다는 점에서 바르달로스는 평범한 경로를 따르고 있다.

바르달로스가 보인 연극/영화/텔레비전의 경로를 특출하게 먼저 걸었던 작품은 닐 사이먼Neil Simon의 『별난 커플』이다. 그것은 40년이라는 기간에 걸쳐 다양한 변화를 겪어 왔는데 전부 극작가에 의한 것은 아니었다. 이 유례없이 유명한 미국 코미디는, 아내와 아이들과도 헤어지면서 뉴욕에서 함께 살아가기 위해 애쓰지만 우스꽝스런 좌절을 맞는 어울리지 않는 두 남자의 이야기를 다루고 있다. 지저분한 오스카 역의 발터 마토Walter Matthau와 까다로운 펠릭스 역의 아트 카르니Art Carny가 연기한 이 브로드웨이 제작물은 사이먼에게 1965년 토니상의 최우수 각본상을 안겼다. 이 브로드웨이 제작물은 1967년까지 내내 공연했는데 잭 클룩먼Jack Klugman이 최종적으로 오스카 역을 맡았다. 그 극본은 이제 세계적인 극

레퍼토리의 하나로 입지를 굳혔다.

『별난 커플』의 1968년 영화 버전(마토와 잭 레먼 주연, 진 삭스Gene Saks 감독)을 위한 사이먼의 영화각본은 아카데미상 후보에 올랐다. 사이먼의 개입 없이 게리 마샬이 연출한 텔레비전 연속 시리즈물은 클룩만과 토니 랜달Tony Randall이 주연을 맡았다. 이 시리즈물은 1970-1975년 동안 몇 회의 시즌으로 가면서 시청자들의 사랑을 받았다. 한편, 백인에서 흑인으로 등장인물을 바꾸어 번역한 『새로운 별난 커플』The New Odd Couple도 데먼드 윌슨Demond Wilson과 론 글라스Ron Glass가 주연으로 마샬이 텔레비전용으로 제작하였는데, 겨우 1982-1983년 한 시즌 동안만 살아남았다. 1985년에 사이먼은 성별을 전환하여 다시 쓰기로 마음먹었다. 샐리 스트러더스Sally Struthers와 리타 모레노Rita Moreno가 주연을 맡은 여성 버전의 무대 연극은 브로드웨이에서 일년간 사랑을 받았고 원본 버전과 마찬가지로 지역 극단과 학술 극단의 인기 작품이 되었다. 사이먼은 여성이 남성보다 실생활의 느낌을 더 잘 드러낸다고 주장하면서 올리브와 플로렌스를 창조하는 데 대해 특별한 즐거움을 나타내었다.

1993년에 클룩만과 랜달은 <별난 커플, 다시 뭉치다>라는 TV 영화로 재결합했다. 이 이야기는 펠릭스의 딸의 결혼을 중심으로 전개된다. 세부적인 일에 엄청 까다로운 펠릭스는 결혼 예식을 돕게 되는데, 워낙 성가신 사람이라 쫓겨나서 결국 다시 오스카와 살게 된다. 1998년 사이먼은 마토와 레먼이 주연을 맡은 속편 <별난 커플 Ⅱ>(하워드 도이치Howard Deutch 감독)을 만들었는데 이것은 텔레비전 영화의 이야기와는 사뭇 다르다. 원본 극이 상연된 지 30년이 흘러갔다. 오스카와 펠릭스는 이제 70대이고 오스카는 플로리다에 살고 있다. 이전에 룸 메이트였던 그들의 17년 만의 재결합은 캘리포니아에서 있은 오스카의 아들과 펠릭스의 딸 약혼식 때문에 촉진되었다. 두 오래된 친구는 마침내 그들이, 그리고 펠릭스의 여행가방이 결혼식에 도착하기 전에 일련의 거친 모험을 겪는다. 그럼에도 속편은 인물들의 성격뿐만 아니라 오스카의 주말 불고기 파티나 펠릭스가 그와 살기 위해 이사하는 것 등의 요소를 잘 간직하고 있다. 그 뒤 사이먼은 다시 한번 더 극본을 썼는데 이번에는 새천년에 맞게 텍스트를 개정하는 것이었다. 그에 따르면 그 중 70%가 새로운 내용이라고 한다. <오스카와 펠릭스: 별난 부부 다시 보기>는 2002년에 상연되었고 존 래러퀘트John Larroquette와 조 레갈뷰토Joe Regalbuto가 주연을 맡았다.[2]

각색이 계속 널리 퍼지고 인기 전략이라는 점은 의심할 여지가 없다. <별난 커플>과 <세월>이 어떻게 변화했는지 상세히 설명하거나, 어떤 작업은 왜 잘 되고 다른 것은 그렇지 않았는지 되짚어 보는 일은 번역에 대한 악명높은 "번역가는 반역자다"는 말과 동등한 수준에서 각색을 엄격하게 거부하는 것보다 더 건설적이다.

제임스 내모어James Naremore는 『영화각색』(2000) 머리말에서 "알프레드 히치콕Alfred Hitchcock이 언젠가 프랑소와 트뤼포에게 말해준 만화, 염소 두 마리가 필름 더미를 먹어 치우던 중에 한 염소가 다른 염소에게 '개인적으로 난 책이 더 좋아'라고 말하는 장면"을 인용하면서 과거의 논평들을 요약한다(내모어, 2000: 2). 그는 각색에 관한 이론적 비평이 모두 너무나 비슷하게 흘러왔음을 발견한다.

> 본질적으로 '선구자 텍스트'에 대한 존경을 표하고, 후기 구조주의 이론이 우리에게 해체하라고 가르쳐 온 일련의 이분법들, 즉 문학 대 영화, 고급 문화 대 대중문화, 원본과 모방으로 구성되는 범위가 협소한 것들이다.
> (내모어, 2000: 2)

내모어의 비평 선집에 기고한 몇몇 이들도 동일한 점을 지적한다. 스
탬은 "영화각색에 대한 많은 논의가 다수의 덧붙여진 편견에서 도출된
가정, 즉 영화에 비해 문학 작품의 우위가 자명하다는 논리를 그대로 되
풀이하고 있다"고 말한다(스탬, 2000: 58). 결과적으로 "소설의 영화각색
을 다루는 비평 언어는 종종 아주 도덕적이다. **비충실성, 배반, 변형, 위
반, 세속화** 및 **신성모독**과 같은 용어로 넘쳐나며, 이 각각의 어휘는 분
노한 부정성이라는 특수한 의무를 다하고 있다"(스탬, 2000: 54). 로버트
B. 레이Robert B. Ray는 이러한 비판으로는 유명한 작품이 생산되지 않
는다고 단정짓는다. "스토리가 매체에서 매체로 어떻게 이동하는가"(레
이, 2000: 41)를 분석하는 것이 보다 생산적이었을 것이다.

1996년 출판된 자신의 스페인어 소설을 영화화하면서, 레이가 권유한
지침을 확실하게 수용한 바 있는 패트리샤 산토로Patricia Santoro는 "어떻게
언어적 텍스트가 개념을 수용하고, 정신적 이미지를 창조하게 하며, 영화
적 텍스트가 이러한 개념을 스크린에 옮겨 놓기 위해 기술과 시각화를
이용하는 법을 알게 되면서" 흥미를 느꼈다(산토로, 1996:9). 스탬은 정신
적 이미지가 뜻하는 바를 명확하게 설명한다. "우리는 욕망, 희망, 유토피
아를 우리의 것으로 받아들이면서 소설을 읽고, 소설들 읽을 때 우리는
우리의 마음이라는 개인적 무대 위에 소설에 대한 우리 자신의 상상적
미장센을 형성한다"(스탬, 2000: 54). 극 텍스트를 읽는 독자의 정신적 미
장센은 소설을 읽는 독자의 것과 유사하다. 왜냐하면 공연에서 극 텍스
트의 관객은 당연히 자신이 관람하는 동안 이미 형성된 시각 이미지를
갖게 되기 때문이다. 이러한 차이를 논외로 하고, 우리는 '충실성'에 대한
판단보다는 어떻게 각색이 이뤄지는가에 하는 실천적 관점, 즉 레이와
산토로가 '무대에서 스크린으로' 장에서 제안한 접근 방법을 따르게 될

것이다.

내모어의 선집에 포함되어 있는 다양한 저자들은 영화각색이 충실성의 기준이 아니라 번역이나 상호텍스트성이라는 비평적 틀을 사용하여 분석되어야 한다고 주장한다. 이들 가운데 앙드레 바쟁André Bazin과 더들리 앤드류Dudley Andrew가 있다. 1948년에 썼지만 반 세기가 지나도록 영어로 번역되지 않은 글에서, 바쟁은 유진 나이다Eugene Nida가 번역에 있어서의 역동적인 등가성 혹은 등가적 효과란 개념과 유사한 용어를 사용하여 영화각색을 검토하기 위한 방법론을 추천한다. 즉, "문학이든 그 밖의 것이든 간에 하나의 형식에 충실하다는 것은 환상이며, 중요한 것은 의미에 있어서 그 형식들이 등가적인 것인가 하는 점이다"(바쟁, 2000: 20). 『영화 이론의 개념』(1984)에서, 앤드류는 등가물을 판단할 때 평가되어야 할 항목들의 목록을 제시했다.

앤드류는 영화각색에 대한 분석에서 피상적 접근을 제외시키면서, 표준적인 정의로 받아들여지는 것을 발전시켰다. 그는 영화각색과 원본 간의 세 가지 관계의 방식을 "차용, 횡단, 그리고 변형의 충실성"으로 정의한다(앤드류, 1984: 98). 이러한 방식들 중 차용borrowing은 가장 빈번하게 사용된다. 차용은 대개 잠재적인 관객의 관심을 끈 성공한 이전 작품의 소재, 주제나 형식을 다소 광범위하게 사용하지만, "광범위하나 가벼운 vast and airy" 방식으로 그렇게 한다(앤드류, 1984: 98-99). 횡단intersecting은 차용과는 대립되며, 원본을 각색하는 대신 굴절시켜서 원본과 차이를 두는 것이다. 변형transformation은 중간 단계로 이야기의 뼈대는 유지하고, "원본의 어조, 가치, 이미지, 그리고 리듬"을 살리기 위해 영화의 스타일로 등가물을 찾아내는 것이다(앤드류, 1984: 100).

등가물을 검사하기 위해 앤드류는 언어적 기호를 비언어적 기호 체계

로 변환하는 방식, 즉 기호간intersemiotic 번역이라는 개념을 활용한다.[3]
1992년 미국의 탐정영화를 분석하면서, 패트릭 카트리스Patrick Cattrysse는
번역의 메타포를 확장시킨다. 그는 번역에 대한 다중체계적인 접근을 기
반으로 한 영화각색 이론을 주창한다. 언어 텍스트의 번역은 언어간, 기
호간 변환으로 간주된다. 영화각색은 언어간의 번역을 필요로 할 수도
그렇지 않을 수도 있지만, 카트리스에 따르면, 언제나 기호간 변환이라는
측면에서 평가되어야 한다(카트리스, 1992: 15). 스탬은 영화각색을 지칭
하는 수사어구로 충실성보다는 번역이라는 말이 쓰여야 한다고 주장하
면서 카트리스의 분석을 인용한다. "각색이 번역이라는 이 말은 어떤 번
역에서든 득실이 생기기 마련이지만, 원칙에 입각해서 기호를 변환시키
려는 노력이 있어야 함을 암시한다"(스탬, 2000: 62).

  앤드류가 제시한 관계의 방식들은 10년 앞선 1975년에 제프리 바그너
Geoffrey Wagner가 제시한 것으로 그보다 더 잘 알려진 소설의 영화화를 위
한 세 가지 유형과 비교될 수 있다. 벨라 발라즈Béla Balázs의 이론에 근거
하여, 바그너는 유추, 변환과 해설에 대한 정의를 내놓았다. 앤드류의 차
용 개념과 유사한 유추analogy는 "또 다른 예술작품을 만들어 내기 위해
고려해 볼 만한 출발점"으로 생각된다(바그너, 1975: 227). 이러한 사례로
는 "소설을 현재로 이동시켜 변환시키고, 복제된 이야기를 만들어 내는"
영화가 해당된다(바그너, 1975: 226). 바그너는 <캉디드>Candide(1960), <심
판>The Trial(1962), <카바레>Cabaret(1972), <베니스에서의 죽음>Death in Venice
(1971), <모멸>Contempt(1963)과 같은 영화를 이 범주에 두었다. 변환
transposition에서는 "소설이 최소한의 명백한 개입만으로 스크린 위에 바로
옮겨진다"(바그너, 1975: 222). 바그너는 앤드류의 횡단과 유사한 이 방법
이 헐리우드에서 지배적인 방식이 되고 있음을 발견했지만, 이 방식이

그다지 만족스럽지 못하다고 밝혔다. 그는 이러한 사례로 <폭풍의 언덕>*Wuthering Heights*(1939), <제인 에어>*Jane Eyre*(1944), <보바리 부인>*Madame Bovary*(1949), <로드 짐>*Lord Jim*(1965), <기아>*Hunger*(1966), <지난해 마리앙바드에서>*Last Year in Marienbad*(1961) 등을 들었다. 해설commentary에 관한 바그너의 정의는 앤드류의 변형의 충실성 개념과 약간 거리를 둔 것이지만, 그럼에도 불구하고 그것과 겹친다. 해설에서 "원본이 수용되고, 목적에 따라 혹은 의도하지 않은 채 어느 측면에서 변경된다. 이는 또한 재강조re-emphasis 혹은 재구성re-constructure이라고 말할 수 있다(바그너, 1975: 222). 바그너는 자신이 연구해 온 '해설'영화가 그 원본에 충실하다고는 보지 않으며, 진정한 재구성으로 창조적인 복원 작업이 이루어질 수 있다고 말한다. "종종 등장인물이나 장면의 변경은 실제로 인쇄된 원본의 가치를 공고히 해줄 수도 있다"(바그너, 1975: 224). 바그너가 그 사례로 제시한 영화는 <상속녀>*The Heiress*(1949), <이중구속>*Catch-22*(1970), <시계태엽 오렌지>*A Clockwork Orange*(1972), <이방인>*The Stranger*(1967)이다.

대부분의 영화각색 이론가들과 마찬가지로 바그너도 중심을 거의 소설에 두지만, 그의 분류법은 연극에도 적용된다. 우리는 바그너의 범주 가운데 하나에 해당되는 <별난 커플>에서 이루어진 변형 작업을 확인할 수 있다. 사이먼의 영화각본은 원본 희극에 바탕을 두고 있으며, 최소한의 변화를 주었기에 변환에 해당된다. 등장인물이 나이가 들고, 액션이 진행되는 후속 영화는 유추에 해당될 것이다. 배경을 현대로 이동시킨 사이먼 자신의 희곡에 대한 여성적 버전 혹은 최신 버전은 연극 각색이나 바그너가 정의한 '해설'에 부합하는 것으로 볼 수 있을 것이다. 확실히 등장인물이나 배경을 바꾸지만 원작의 가치를 보전하는 것은 재구성이다. 『영화에 드러난 셰익스피어에 대한 해석』(2000)에서, 데보라 카트멜

Deborah Cartmell은 드라마를 영화 대본으로 각색하는 것을 분석하기 위해 바그너의 개념을 효율적으로 활용하였다(카트멜, 2000: x~xi). 카트멜은 케니스 브래너Kenneth Branagh의 <햄릿>(1996)을 정확한 각색으로 간주하면 서 변환의 사례로 꼽는다. 바즈 루어만Baz Luhrmann의 <윌리엄 셰익스피어 의 로미오와 줄리엣>(1996)은 대사의 순서와 결말을 원본에서 변경했기 에, 카트멜은 이를 '해설'로 분류한다. 카트멜에 의하면, 존 매던John Madden 의 <셰익스피어 인 러브>*Shakespeare in Love*(1998)는 『로미오와 줄리엣』과 『십이야』를 자유롭게 각색한 유추의 일례이다.

히치콕 작품에 나오는 악인은 영화보다는 책을 선호한다. 문학이 영화 보다 우위에 있다는 소박한 생각은 소설을 영화로 각색하는 것에 반대할 근거가 되어왔다. <별난 커플>과 <하비>*Harvey*(헨리 코스터 감독)와 같은 극 대본이 충실한 영화각색으로 확실하게 대중적 성공을 거두었음에도 불구하고, 극의 영화각색에 있어서 논쟁은 다른 식으로 전개되었다. 짐 스튜어트가 주연으로 나온 1950년대 영화 <하비>는 퓰리처상을 받은 메 리 체이스Mary Chase의 작품을 바탕으로 하고 있다. (다음 장에서 우리는 동화될 수 없는 변환에서 변형의 충실성에 이르는 스펙트럼을 따라서 <하비>를 살펴보게 될 것이다.)

영화 입문서의 저자인 카를로스 고르타리Carlos Gortari와 카를로스 바르 바차노Carlos Barbáchano는 역사적 관점에서 두 가지 예술 형식 사이에 존재 하는 뚜렷한 갈등을 간략하게 조명한다. 19세기 멜로드라마에서 탈피한 무성영화는 유성영화가 나오면서 다시 한번 영화에 드라마를 부여하여 그 자체의 서사적 방법론을 발전시켰다.[4] 하루 밤 사이에, 극작가들은 시 나리오 작가로 바뀌었다. 영화는 영상화된 연극이 될 위험에 처했다. 그 러나 다행히도, 그런 위협은 곧 극복되었다(고르타리 & 바르바차노,

1983: 53).

많은 다른 비평가들과 마찬가지로 고르타리와 바르바차노도 본질적으로 단순히 '녹화된 연극canned theatre'과 같은 영화에는 반대한다. TV의 경우에, 무대 연극은 두 세 대의 카메라를 이용하고, 단지 클로즈업으로 변화를 주면서 영상화되기도 한다. 이러한 방식을 대형 스크린(영화)에 적용하는 것은 대개 중단되었다.[5] 그래서 편집자인 베아트리체 피콘 발린 Béatrice Picon-Vallin은 1997년에 출판된 멋진 삽화가 들어간 자신의 책 『극의 영상화』Le Film de théâtre란 제목을 신중하게 골랐다. 그녀는 책의 서론에서 "공연을 영상화하는 것은 예술간 실천이라는 현대적 맥락에 포함되는 활동이다"라고 말한다(피콘 발린, 1997: 19). 이 말에 내포된 의미는 영상화된 연극 공연이 원래 영화를 일컫는 것이 아니며 따라서 영화화된 극과 혼동되어서는 안 된다는 것이다.

고르타리와 바르바차노보다 드라마에 대해 보다 우호적인 수잔 손탁 Susan Sontag은 1996년 처음 출판된 글에서 영화/극이라는 단순화시킨 비교를 해체하려고 시도한다. 그럼에도 불구하고, 그녀는 인정된 이분법의 타당성을 부인하는 것은 불가능하다는 사실을 알게 되었다.

> 영화의 역사는 종종 연극적 양식으로부터의 해방의 역사로 다루어진다. 영화는 연극의 정지에서 영화의 유동성으로, 그리고 연극적 인위성에서 영화적 자연스러움과 즉시성으로 나아가는 것으로 간주된다.
>
> (손탁, 1985: 340)

소설을 영화로 각색하는 것에 대한 비평은 그 원본을 가장 충실하게 지킨 영화들에 가치를 두는 경향이 있다. 무대극을 영화로 각색할 때는 그 반대가 진실이 되기도 한다.

연극의 영화 버전에서 성공 여부는 대본의 행위를 재조정하고 재배치하며, 대사를 덜 충실하게 다루게 되는 정도에 달려있다. . . . 원본 텍스트에서 벗어난 영화가 인정받지 못하는 문제가 남아 있다.

(손탁, 1985: 344-345)

　　시간이 흐르면서, 수많은 이론가들이 연극과 영화 사이에서는 융화될수 없는 차이라고 생각하는 바를 개략적으로 밝혔다. 극단적으로 1945년, 발라즈는 무대극이나 유성영화에서와는 비교할 수 없는 무성영화의 클로즈업 효과를 강조했다. 발라즈는 클로즈업이 우리의 삶에 대한 시각을넓게 하면서도 깊게 했다고 생각했다(발라즈, 1985: 255). 얼굴 표정을 클로즈업하는 것은 "우리에게 새로운 세계, 즉 미세한 표정microphysiognomy이라는 새로운 세계를 보여주었다"(발라즈, 1985: 261). 소리는 효과를 떨어뜨릴 뿐이다. 발라즈에 따르면, 무성영화는 "지금까지 해온 어떠한 무대 연극보다 현실화에 근접한 영혼의 드라마"를 보여주었다(발라즈, 1985: 264). 브루스 모리셋Bruce Morrissette은 녹음된 무대 연극과 유성영화를 동등하게 다루는 것에 반대한 초기의 논쟁을 개관하면서, 발라즈의 말을 인용한다. 영상화 및 기술 편집에 의해 창조된 효과와는 대조적으로, 연극은 항상 고정된 관점에서, 전체 장면을 보는 관객과 고정된 거리에서 상연된다(모리셋, 1985: 14).

　　두 예술 형식의 차이는 몽타주 및 앵글, 혹은 시야의 거리라는 문제 이상이다. 1936년에 나온 『영화와 연극』이라는 책에서 알라다이스 니콜Allardyce Nicoll은 무대연극과 영화를 지배하는 기본 법칙이 존재한다고 단언했다. "연극은 공간적으로 예술적 한계를 즐기지만, 영화는 장소의 이동과 변화를 요한다." 이러한 이유에서 "영화는 그 배경에 있어서 연극적 방식으로 어떤 것을 수용하는 것을 감당하기 어렵다"(니콜, 1936: 173). 니콜의 견해에 의하면, 인공적 배경은 스튜디오 안에서 촬영해서는 안되는 영화에는 어울리지 않는다. 니콜이 비판적으로 보는 이 관례는 영화에서 대부분 점차 사라졌지만, 영화가 여전히 스튜디오에서 촬영될 수 있다는 사실은 살펴볼 만한 가치가 있다. 예를 들어, <한여름 밤의 꿈>(1999, 마이클 호프만 감독)에서 매혹적인 달빛 아래 숲은 살아있는 나무와 식물, 연못과 거품이 이는 수면, 그리고 꾸불꾸불한 오솔길 등으로 완성된 거대한 방음 스튜디오 안에서 만들어졌다. 에워싸인 마법적인 숲이 지닌 비현실적인, 그러므로 연극적인 특징은 대낮의 외부세계와 극명하게 대비를 이룬다.

러셀 잭슨Russell Jackson의 언급에 따르면, 니콜의 이러한 관점은 널리 알려져 있는 것이다. "초기부터 서사영화는 연극적 액션을 위한 물리적인 환경을 환상적인 연극보다 더 활기차고, 넓고, 정확하게 보여줄 수 있는 능력을 증명했다"(잭슨, 2000: 19-20). 반면, 보다 유연한 엘리자베스 시대 연극과는 대조적으로 "와일드나 쇼의 연극처럼 사실적이고, 생생한 연극"은 영화각색에는 문제가 있음이 증명되었다. "여기서 문제는 더욱 첨예한데, 왜냐하면 원본의 구성원리가 바로 가능한 한 많은 중요한 사건의 전환이 주어진 시간 내에 제한된 공간에서 이뤄져야한다는 것에 있기 때문이다"(잭슨, 2000: 19).

이러한 실제적인 문제에도 불구하고, 니콜은 이론적으로 사실주의적 측면에서 우위에 있는 영화가 자연주의적 드라마를 완전히 대체하리라고 예견하였다.

사실적 세계에 대해 이처럼 지배력을 가진 영화가 일상생활에 관해 아주
생생하게 표현할 수 있게 되면서, 사실적인 연극은 확실히 사소하고, 거
짓되고, 비논리적으로 보이게 되었음에 틀림없다. 물론, 무대 위의 자연주
의가 언제나 제한되고 있는 것은 사실이다. (니콜, 1936: 183)

　　니콜의 이러한 비교가 타당한 지를 떠나서, 예견자로서 니콜의 능력에
는 한계가 있었다. 21세기 들어 영미 무대에서, 사실주의와 자연주의가
우세하다.

　　게다가 니콜은 연극 대사가 "영화의 목적을 고려할 때 너무 함축적이
고 성가시다"라고 주장하였다(니콜, 1936: 173). 무대 대사에 있어 상당한
진전이 있었음에도 불구하고, 그는 역설적으로 연극의 등장인물이 전형
적인 반면에 영화는 개성을 요구한다고 단정지었다. 다른 평자들은 연극
과 영화의 등장인물이 기본적으로 다르다고 주장하면서, 그와 반대되는
견해를 보인다. 손탁은 어윈 파놉스키Erwin Panofsky가 1934년에 쓴 글에서,
드라마와는 대조적으로, 영화는 평면적이거나 평범한 등장인물을 필요로
한다고 언급한 바를 상기시킨다(손탁, 1985: 345). 니콜보다 15년 뒤에 쓴
글에서, 바쟁은 연극에서 "극적 사건은 배우에 의해 진행되고, 영화에서
는 드라마가 무대장치에서 사람으로 나아간다"라고 확언하였다(바쟁,
1985: 361). 바쟁은 연극의 본질적 요소는 텍스트이며, 영화의 본질적 요
소는 '공간의 사실성'이라고 결론지었다(바쟁, 1985: 369).

　　제랄드 매스트Gerald Mast는 연극을 영화화하는 데서 생기는 세 가지 근
본적 문제를 정의하였다. 언어 텍스트가 시각 및 소리로 전환되어야 한
다는 것, 연극적 무대장치가 영화적 무대장치로 변경되어야 한다는 것,
그리고 드라마 작품이 '서사적'(즉, 서술하는) 작품으로 전환되어야 한다

는 것이다(매스트, 1982: 290). 보다 최근에, 현대 스페인 극작가인 호세 루이스 알론소 데 산토스는 다음과 같이 주장하였다.

> 연극에서 바다는 푸른 천이며, 영화에서 바다는 바다이다. . . . 연극의 기초를 이루는 극적 사건은 이념들의 투쟁이고 영화에서는 인간들 간의 투쟁이다. 이러한 이유에서 영화의 극적사건movie drama은 폭력으로 전달되고, 폭력으로 각색된다. (알론소 데 산토스, 1997: 78)

알론소 데 산토스는 영화에서는 액션이 중요하지만, 연극에서는 액션 이면에 놓여있는 것이 보다 더 중요할 것이라고 생각한다. 알론소 데 산토스는 연극을 본 관객은 그 연극이 의미하는 바가 무엇인지 묻지만, 영화의 관객은 무슨 일이 일어났는지에 대해 더 관심을 가지는 것 같다고 말한다(알론소 데 산토스, 1997: 82).

　연극의 각색에 관한 초기의 논쟁을 통해 알 수 있는 것은 각색이 통속적인 관객을 대상으로 하고 있으며, 그 연극은 재현적인 무대와 신중하고 선형적인 구조로 이뤄진 잘 짜여진 극well-made play으로, 통상적으로 사실적이다라는 가정이다. 두 가지 예술 형식의 융화될 수 없을 것 같은 차이점의 일부는 이러한 가정이 부차적인 것으로 되었을 때 사라지거나 상당히 바뀐다. 이러한 목적으로 노엘 캐롤Noël Carroll이 '영화movies'와 '필름films'에 구분을 두는 것은 유용하다. 영화는 대중적이고 서사적인 작품으로 줄거리를 말해주는 작품인 반면, 필름은 모더니즘적인, 예술 영화이다(캐롤, 1998: 170). 영화로 각색하기에 부적합한 연극은 예술 영화로 만들어질 수 있다. 잭슨은 영화가 스토리를 전달하기 위해 다양한 전략을 활용한다는 사실을 상기시킨다.

영화 기술에 대한 연구로 영화들은 개략적으로 두 가지로 구분될 수 있다. 어떤 영화에서는 스토리텔링이 이미지의 몽타주에 의해 영향을 받고, 이것이 이뤄진 방식을 전면에 내세운다. 다른 영화들은 관객이 방해받지 않고 특별하게 접근한다는 환상을 가지도록 하면서 극적인 장면을 카메라 앞에 배치하는 기교를 은폐한다. (잭슨, 2000: 15)

무대 연극을 각색하기 위해서, 1960년대 이전에 헐리우드에서 지배적이었던 연속 편집과 관련된 후자의 전략은 자의식 기술self-conscious technique보다는 효과가 적었을 것이다.

사실주의/자연주의가 영미 무대에서 지속적으로 주도권을 쥐고 있음에도 불구하고, 보다 상상력이 풍부하고, 비-환상적인 류의 연극이 다른 곳에서 우세하고, 시간이 지남에 따라 모든 곳에서 연극은 발전했다. 무대의 연극적 방식에 대해 연구한 린다 세게르Linda Seger는 연극이 영화와는 달리 추상적인 무대장치와 유동적인 공간을 활용한다고 지적한다(세게르, 1992: 36-40). 세게르는 무대에서 이러한 공간적 유동성이 플래쉬백이나 동시적인 행위의 형식으로 시간적인 유동성을 활용하는 영화적 장치일 수 있다는 것을 지적하지는 못했다.

세게르는 영화각색하는 '방법'에 관한 책에서 실질적인 조언을 하고 있다. 세게르는 연극이 영화화를 거부하는데, 그 이유는 연극이 주제가 강하고, 이러한 주제가 인간 중심적이며, 사상들을 검토하는 데 있어 대사를 이용하며, 스토리보다는 캐릭터가 보다 중요하게 여겨지기 때문이라고 말한다. 영화로 각색할 연극을 택할 때, 우리는 펼쳐질 실제적인 맥락, 전개될 스토리 라인, 그리고 인간적 주제를 표현할 수 있는 영화적 이미지를 고려해야 할 것이다(세게르, 1992: 42).[6) 세게르는 대중 영화에 중점을 두고 있기 때문에, "연극의 기획이 더 연극적이고 추상적일수록, 성공적으로 각색되기는 더 어렵다'라는 얼스킨과 웰치의 확신에 틀림없이 동의할 것이다(얼스킨 & 웰치, 2000: xiii).

1966년 손탁은 두 예술형식 사이의 이분법은 연극이 영화적 전략을 채택하게 되면서 사라지기 시작했다고 주장했다. 모리세트는 "보다 현대적인 무대화의 형식이 보편적으로 적용되어 발라즈의 미장센 원리를 훼손시켰다"고 지적하면서 이에 동의한다(모리세트, 1985: 14). 마틴 에슬린 Martin Esslin은 오늘날 실황 연극공연과 영화 형식의 드라마(영화와 TV)는 차이점보다는 유사성을 더 많이 가지고 있다고 설득력 있게 주장한다 (1987).[7] 잭슨은 약간 더 제한적으로 일부 영화 전략은 연극에서와 동일한 전략이지만, 카메라의 앵글, "등장인물간의 공간적 관계 구성" 및 "편집된 영화에서 화면의 리듬"과 같은 것은 영화에 고유한 요소들이라고 주장한다(잭슨, 2000: 18)

스페인 영화 및 연극 감독인 조세피나 모리나 Josefina Molina는 1981년 영화와 연극 간의 관계는 공생적인 것이라고 주장했다(모리나, 1981: 29). 그녀의 무대 공연에는 늘 영화적 전략이 도입된다. 장르를 넘나드는 이런 작업은 영화각색과 분명히 관련이 있다. 앤드류 호튼 Andrew Horton과 조안 마그레타 Joan Magretta는 "영화 감독 스스로가 소설가, 드라마작가나 에세이작가가 되는 일이 드물지 않은" 유럽 영화에서는 창조적 각색의 정신이 존재한다고 보았다(호튼과 마그레타, 1981: 4). 유럽보다는 덜하지만, 미국에서는 일부 전문가들이 다양한 기능들과 매체들 사이를 매끄럽게 옮겨다닌다. 코미디 클럽에서 소규모 연극으로, 그리고 대형 스크린과 TV에 이르기까지 장르를 넘나들고 있는 니아 바르달로스는 작가이자 배우로서 두 가지 역할을 모두 수행하고 있는 경우로서, 이는 결코 특이한 사례가 아니다.

무대연극을 영화로 각색하는 것에 대한 많은 비평이 단지 연극에 대해 부정적인 입장을 취해왔을 지라도, 셰익스피어와 같은 권위있는 작가와 관련된 상황은 위대한 소설에 대한 태도에 훨씬 더 가깝다. 스테판 M. 뷰흘러Stephen M. Buhler는 "영화화된 셰익스피어 작품에 대한 대부분의 연구는 영화라는 매체가 셰익스피어에 대하여 부각시킨 것과 모호하게 처리한 것에 중점을 두고 있다. 즉, 제작은 극 텍스트를 '구체화시키면서' 나타난 텍스트에 대한 충실성, 엘리자베스 시대 연출법(극작법)과 변화하는 영화적 관례 간의 타협, 배우의 연기, 그리고 감독의 성취 여부에 따라 평가된다"(뷰흘러, 2002: 2). 뷰흘러는 영화 제작자가 각색을 어떻게 구체화시킬지를 결정하는 데에 더 관심을 두었다.

어떻든 간에 각색을 비난하는 논의는 전략의 지배력을 인식하지 못하게 한다. 1998년 『버라이어티』Variety의 기사를 인용하면서, 내모어는 전년도 미국 영화의 20%가 책을 각색한 것이며, 다른 20%는 "연극, 후속편, 리메이크, TV 쇼, 잡지 혹은 신문 기사를 통해 만들어 진 것이며, 이러한 사실은 그 해에 대중이 본 영화의 절반 가량이 다른 글에서 유래된 것이라는 점을 의미한다"고 지적한다(내모어, 2000: 10). 영화 역사에 관한 심층적 연구는 얼스킨과 웰치가 "창조적인 상호 풍부화cross-fertilization"라고 부른 것을 필연적으로 드러낸다(얼스킨 & 웰치, 2000: xv).

TV 시리즈와 소설, 뮤지컬, 연극, 그리고 기타 구두 텍스트가 영화로 전환될 수 있으나, 오리지널 영화 또한 소설이나 드라마, TV 시리즈로 전환될 수 있다. 프레데릭 노트Frederick Knott의 <다이얼 M을 돌려라>Dial M for Murder는 TV 특집프로로 시작해서, 연극으로 성공했고, 알프레드 히치콕이 1954년 그의 유명한 영화로 제작했다. 페데리코 펠리니의 1963년 영화 <8½>은 모리 예스톤Maury Yeston과 아더 코핏Arthur Kopit의 작품으로 5

개 부문에서 토니상을 수상한 1982년 작 브로드웨이 뮤지컬인 <아홉>Nine에 영감을 주었다. 하퍼 리Harper Lee의 1960년 소설 『앵무새 죽이기』To Kill a Mockingbird는 1961년 퓰리처상을 수상했고, 그 이듬해 영화로 훌륭하게 제작되었다. 이 영화(로버트 멀리건 감독)는 각색자 호톤 푸트Horton Foote에게 각본상을, 1930년대 남부의 작은 마을에서 강간범으로 잘못 기소된 흑인 남자를 용감하게 변호한 변호사 아티커스 핀치 역을 한 그레고리 펙에게 오스카상을 안겨주었다. 리의 소설을 각색한 크리스토퍼 서절Christopher Sergel의 연극은 1970년에 초연되었고, 미국 내의 지역 및 대학 극단들이 가장 좋아하는 작품이 되었다. 야망있는 젊은 여배우와 나이 든 스타의 경쟁을 그려 오스카상을 수상한 조셉 맨키비츠Joseph Mankiewicz의 <이브의 모든 것>All About Eve(1950)은 뮤지컬 <갈채>Applause(1970)에 아이디어를 제공했고, 2002년에는 극작가 데이비드 람보David Rambo가 연극용으로 각색했다. 람보의 각색본도 아직까지 전편이 상연되지 못했으나, 미국 배우기금Actors' Fund of America을 위한 모금 행사로서 전문가들이 무대 낭독을 가졌다. 이 행사는 『극작가 조합』The Dramatists Guild의 저널에서 특집으로 다루어졌다(히르쉬혼, 2003)

이러한 종류의 창조적인 순환 사례는 스페인 및 라틴 아메리카 지역에서 풍부하다. 제이미 살롬의 <쉬바의 집>La Casa de las Chivas, The House of the Jezebels은 프랑코 시대의 검열에 도전하는 도덕극으로, 스페인 내전 기간에 공화주의자들의 전선 이면의 삶을 다루고 있다. 이것은 1968년 바르셀로나에서 초연되어, 1969년에 시작한 마드리드 상연에서 1343회 연속 공연으로 기록을 갱신했고, 영화로도 제작되고 소설로도 각색되었으며(엘리자베스 젤Elisabeth Szel 작, 1972년 대형 출판사인 플라네타에서 출판), 프랑코의 사망 직후인 1978년에 스페인 TV용으로 각색되었다. 감독 겸 작가이며, 연극 및 영화 배우인 페르난도 페르난 고메즈Fernando Fernán-Gómez는 매체를 넘나들며 자신의 텍스트를 재작업했다. 그의 소설인 『어디에도 없는 곳으로 가는 여행』El viaje a ninguna parte, The Trip to Nowhere(1985)은 유랑 극단의 삶을 다루고 있으며, 먼저 라디오로 전파를 타고, 1986년에는 자신이 직접 출연 및 감독을 맡아 성공적인 영화 버전을 만들었다. 국가와 장르의 경계를 성공적으로 넘나드는 융통성이 있는 라틴 아메리카의 두 작품으로는 마누엘 푸익Manuel Puig의 『거미여인의 키스』El beso de la mujer araña, The Kiss of the Spider Woman과 안토니오 스카르메타Antonio Skármeta의 『불타는 인내』Ardiente paciencia, Burning Patience가 있다. 푸익의 대화체 소설은 1976년 아르헨티나에서 출판되었다. 스카르메타는 1982년에 베를린에 사는 동안에 칠레의 노벨 문학상 수상 시인 파블로 네루다에게 바치는 극을 썼다.

푸익은 유럽에서 『거미여인의 키스』를 연극으로 각색하도록 허가해달라는 요청을 받았을 때, 그는 자신이 각색을 하기로 결정했다(푸익, 사적인 인터뷰, 1987). 궁극적으로 그는 두 개의 버전을 준비했는데, 하나는 감방에 있는 두 남자의 육체적 관계를 다룸으로써 관객을 어둠 속에 남겨둔 차분한 작품으로, 1987년 파리에서 공연된 상당히 문학적인 버전이었다. 다른 하나는 보다 개방적인 버전으로 오래된 영화에 강한 열정을 느끼는 게이이자 쇼윈도 장식가인 몰리나와 정치 활동가인 발렌타인의 부드러운 사랑을 묘사하고 있다. 첫 번째 버전은 프랑스어와 영어로 번역되었으며, 두 번째 버전은 1981년 마드리드에서 상연되었다. 1985년 푸익의 소설은 배경을 아르헨티나에서 브라질로 옮겨서 영화로 제작되었다. 몰리나 역에는 윌리엄 허트William Hurt가, 발렌타인 역에는 라울 훌리아Raul Julia가 배역을 맡았고, 레오나르드 슈래더Leonard Schrader가 각색하고 헥터 바벤코Hector Banenco가 감독했다. 이 미국-브라질 합작 영화는 작품상을 포함하여 오스카상 4개 부문에 올랐으며, 허트에게 남우주연상을 안겨주었다. 푸익의 『거미여인의 키스』는 테렌스 맥낼리가 대본을 만들고, 해롤드 프린스Harold Prince가 감독을 맡아 뮤지컬로 제작되었다. 뮤지컬은 1992년 토론토와 런던에서 공연되었으며, 1993년부터 1995년까지 브로드웨이에서 906회 공연되었고, 최고기록상 및 최고 뮤지컬 상을 포함하여 토니상 7개 부문을 석권했다.[8]

스카르메타의 『불타는 인내』 역시 유사하게 장르를 넘나드는 각색의 가능성을 확보했다. 스카르메타는 그의 극을 재빨리 각색하고 영화로 제작했다. 그 영화는 1984년 프랑스와 스페인 영화제에서 수상했다. 역사적 정확성을 위해, 스카르메타의 영화 버전은 칠레에서 촬영되었으며, 칠레의 정치적 상황을 반영했다. 이 영화의 느린 리듬은 해변을 걷는 수많은 장면과 바다 풍경을 가능하게 했다. 스카르메타는 그 다음에 자신의 작품을 소설(1986)로 바꾸었으며, 랭보의 시구를 암시하는 원제를 발전시켜, 자신의 소설에 『네루다의 우체부』란 제목을 붙이면서 네루다의 우체부를 전면에 내세웠다. 새로운 영화 버전인 <일 포스티노>Il postino는 1994년 마이클 래드포드Michael Radford가 감독을 맡았고, 국제적인 찬사를 받았다. 이 영화의 프랑스/이탈리아/벨기에 배급판은 소설을 원작으로 했으며, 우체부 마리오 역은 마시모 트로이시Massimo Troisi가, 네루다 역은 필립 느와레Philippe Noiret가 맡았다. 루이스 바칼로프Luis Bacalov가 음악상을 수상하였으며, 작품상, 감독상, 각색상(래드포드와 트로이시 그리고 세 명의 협력자), 남우주연상(트로이시) 부문에 올랐다. 기타 변경 사항 가운데에서 두 번째 영화에서 달라진 점은 칠레에서 이탈리아로 배경을 옮긴 것이다. 다음 장에서 우리가 보게 되겠지만, 영화각색이 정치적 배경을 변경하는 것은 일반적인 경우는 아니다.

하나 혹은 또 다른 형식으로 재활용하는 것이 새로운 발명품인 것은 아니다. 19세기 후반 스페인에서는 베니토 페레즈 갈도스Benito Pérez Galdós가 스페인 무대를 개혁하는 방식의 하나로 그의 사실주의 소설을 연극 대본으로 작업하기 시작하였다. 이 기획들 중의 하나인, <조부>El Abuelo는 최근에 비평적 찬사를 받은 한 영화의 기반이 되었다. 푸익의『거미여인의 키스』에 앞서『조부』가 일종의 대화체 소설로 쓰여졌던 것이다. 갈도스의 연극은 1904년 초연되었으며, 예상대로 소설의 축약본이었다. 작가는 등장인물 수를 15인에서 11인으로 줄였으며, 부가적인 액션 일부를 줄이거나 무대 밖으로 옮겨서 장면 변화의 횟수를 줄였다. 1999년에 호세 루이스 가르시José Luis Garci 감독은 주로 소설에서 차용했지만, 또한 어느 정도는 연극에서 가져와서 147분 분량의 영화 대본을 구성했다. 예상대로 그는 소설에 나와 있는 지역을 바꾸고 재도입 재도입하여 발전시켰지만, 특정 조연 인물은 제외시켰다. 조부의 역할을 맡은 페르난 고메즈는 산 세바스찬 영화제에서 주는 고야상Goya award에서 남우주연상을 받았다. 가르시의 <조부>는 고야상에서 총 12개 부문에 올랐으며, 오스카상에서도 최고의 해외영화 부문에 올랐다.

최근에 영화용으로 각색된 또 다른 작품으로는 에드가 네빌Edgar Neville의『위태로운 삶』Life by a Thread이 있다. 네빌의 작품은『조부』와는 정반대의 경로를 따라, 무대 공연에 앞서 영화로 제작되었다.

네빌은 스페인 작가 가운데 헐리우드와 계약을 맺은 최초의 작가이다. 그는 유럽으로 돌아가기 전에 메트로 골드윈 메이어Metro Goldwyn Mayer를 위해서 스페인어 대본을 준비하면서 몇 년 간을 거기서 지냈다. 유럽에서 그는 1935년부터 1960년까지 자신의 작품 및 다른 작품의 각색을 포함하여 22편의 영화를 감독했다. 1940년대 스페인에서 제작된 영화의

80%가량이 코메디였다는 사실을 지적하면서, 존 호프웰John Hopewell은 프랑코 체제 하에서 무시될 수 없는 반체제 감독으로 네빌을 꼽는다(호프웰, 1989: 23-24). 안젤 A. 페레즈 고메즈Ángel A. Pérez Gómez와 호세 L. 마르티네즈 몬탈반José L. Martínez Montalbán은 전후 스페인 영화에 있어 최고의 코메디 중의 하나로 <위태로운 삶>을 꼽는다(페레즈 고메즈 & 마르티네즈 몬탈반, 1978: 222).

네빌의 <위태로운 삶>의 오리지널 영화 버전은 1945년 스크린에 올려졌으며, 연극은 몇 년 뒤인 1959년에 무대에 올려졌다. 액션은 메르세데스의 가능한 두 삶을, 즉, 플래시백을 통해 보여지는 평범한 라몬과의 결혼생활이 주는 권태로움과 그녀가 예술가인 미구엘을 알게 되면서 느끼는 흥분을 중심으로 회전한다. 이 두 번째 사건은 사람의 눈을 들여다보면 무슨 일이 있었는지 알 수 있는 능력을 지닌 여인 도나 토마시타에 의해 밝혀진다. 다행스럽게도 메르세데스는 막 과부가 되었고, 운명은 그녀를 미구엘과의 만남으로 이끌어 간다. 회상 속의 권태로움과 상상된 행복의 장면을 대조하면서, 관객은 환상이 현실이 될 것이라고 기대하게 될 것이다. 확실히 <위태로운 삶>의 기억은 남아 있었고, 1992년 리메이크된 <비 속의 여인>*A Woman in the Rain*에 아이디어를 제공했다. 새로운 영화대본의 공동 저자인 제라르도 베라Gerardo Vera가 감독한 최근 영화는 안젤라 몰리나Angela Molina, 이마놀 아리아스Imanol Arias, 안토니오 반데라스Antonip Banderas를 필두로 한 초호화 캐스팅으로 이루어졌다.

문학 번역 부문에서는 소설이나 시와는 대조적으로, 연극을 검토할 수 있는 논평 자료가 거의 없다. 이와 유사하게 각색 이론은 연극에서 영화로의 변환보다는 소설에서 영화로 변환하는 데 집중하는 경향이 있다.[9] 마찬가지로 사례 연구도 드라마를 회피하고 소설에 집중된다. 가장 주목할 만한 예외는 셰익스피어를 영화로 각색한 것에 초점을 맞추는 책 목록이 늘어나고 있는 것이다. 이 장에서는 2000년이나 그 이후의 모든 출판물 가운데 4권을 인용해왔다(뷰흘러, 2002; 카트멜, 2000; 쿠르센, 2002; 잭슨, 2000). 후안 안토니오 리오스 카라텔라Juan Antonio Ríos Carratalá (1999) 와 마리아 아순씨온 고메즈María Asunción Gómez(2000)가 쓴 최근작은 일반적인 관점에서 이 주제를 개관하고 있으며, 스페인 연극을 영화로 각색한 8가지 사례연구에서 각각을 심도 있게 분석하고 있다.[10]

그들이 소설에 집중하고 있어서, 영화각색에 대한 논평의 많은 부분은 주로 두 장르 각각의 서사전략을 조명하고 있다. 고메즈는 영화와 연극의 역사적 관계와 수반되는 이론적 논쟁 모두를 훌륭하게 개관하고 있으며, 영화가 그 자체로 서사적 장르이기 때문에, 연극의 영화각색은 사실상 소설 각색보다 더 어렵다고 결론내리고 있다. 소설 각색은 단지 언어적 서사양식을 시각적 양식으로 변환하는 것을 의미한다.

> 반면, 구조적 관점에서, 드라마적 행위를 서사로 변환하는 것은 각색자의 작업을 복잡하게 하는 상당한 변화가 요구한다. 훌륭한 각색은 문제가 되는 연극을 기술적으로 재생산하는 것으로 구성되지 않는다. 반대로, 각색은 영화 매체가 가진 풍부한 가능성을 최대한 이용하는 것이다.
>
> (고메즈, 2000: 51)

다음 장에서는, 우리는 구체적인 사례를 통해 다양한 영화감독들이 연극대본을 영화로 변환하기 위해 활용하는 전략을 확인할 것이다. 이 과정에서, 우리가 연극의 영화각색을 볼 때, 일반적으로 기대할 수 있는 변형이 무엇인지 결정하게 될 것이다.

—주

1) 테레사 가르시아-아바드 가르시아Teresa García-Abad García는 영화와 연극의 관계에 대한 개괄적 설명을 제공한다. 그녀는 영화의 영향이 현대극 발전에 도움이 되었다고 결론짓는다(1997: 481).

2) <별난 커플>의 진행 중인 과정에 관한 정보는 재클린 머셀Jaclyn Mussehl이 관리하는 홈페이지를 참조하라. 한 매체에서 다른 매체로 변환된 텍스트에 대한 추가 사례를 보려면 얼스킨과 웰치의 책에서 '드라마의 순환: 무대에서 스크린으로, 그리고 스크린에서 무대로' 장을 참조하라(2000: xiv-xviii). 로버트 에버바인Robert Eberwein은 리메이크 종류에 관한 흥미로운 분류법과 더불어 TV 영화로 리메이크된 영화 <사랑과 열정>Sweet Bird of Youth(1962, 1989)와 TV 미니시리즈로 리메이크된 영화 <에덴의 동쪽>(1955, 1981), 영화로 리메이크된 TV 시리즈 <매버릭>(1994) 등의 사례를 제공하고 있다(에버바인, 1998: 29).

3) 『영화각색』(2000)에서 내모어는 앤드류가 독창적으로 제창한 관계의 방식을 전적으로 지지한다. 이에 대해 얼스킨과 웰치는 연극의 비디오 버전에 관한 책을 통해 반대 의견을 내놓았으며, 이 책 또한 2000년에 발행되었다. 그들은 앤드류 식의 접근 방식을 기호학이라고 부르면서 이 방식이 앤드류가 1984년에 『영화이론』에서 그것에 대해 얼토당토않게 거드름을 피우며 언급했을 때보다 세련되지 못한 것이라고 한다(얼스킨 & 웰치, 2000: 8). 나는 앤드류가 약술한 개념과 바그너의 해당 개념이 유용하다 생각하며, 영화의 특정 변형에 관한 논의에서 이 이론들을 참조할 것이다.

4) 브루스터와 제이콥은 『연극에서 영화로』Theatre to Cinema에서 연극이 무성영화에 끼친 영향에 대해 광범위하게 다루었다. 브루스터와 제이콥은 1913년과 1915년 사이에 제작된 파라마운트사 장편영화의 절반 이상이 연극을 각색한 것이라고 말하고 있으나, "19세기 대중 무대는 연극 영화의 메타포와 긴밀한 관련이 있었다'고 주장한다(브루스터 & 제이콥, 1997: 6). 따라서 그들이 비교한 요점은 바로 "연극 및 영상의 추상적 개념과 그것이 영화 제작에 미치는 영향"이다(브루스터 & 제이콥, 1997: 7).

5) 셰익스피어 작품이 영화로 만들어진 것들을 다룬 책에서, H.R. 커센은 TV가 영화형식으로 녹화된 연극을 받아들이는 이유를 설명하고 있다. 영화 대본은 일반적으로 무대 연극과 비교할 때 압축적이며, TV는 "영화보다 더 많은 대화가 들어갈 수 있고, TV 이미지를 강화하기 위해 보다 많은 대화가 필요하다"(커센, 2002 : 4). 게다가 TV는 "우리의 일상생활 공간을 있는 그대로 재현한다"(커센, 2002:4). 전통적인 극은 이러한 종류의 무대장치에 잘 어울리지만, 영화는 보다 자유로운 영화적 리얼리티를 추구한다.

6) 잭슨은 주류 영화에 관한 시드 필드의 주장을 인용한다. 영화 시나리오 작가는 "이야기를 계속해서 진행시키는 독특하고 양식화된 시각적 서사"와 함께 "강하고 활동적인 인물"에 중점을 두어야 한다(잭슨, 2000: 17 재인용).

7) 다음 장에서 나는 TV용 각색과 영화용 각색 간의 차이점에 대해서 다루려고 한다. 내모어는 자신의 비평집에 TV용 각색과 영화용 각색에 관한 비교를 포함시키지 않은 것에 대해 아쉬움을 표시했다(내모어, 2000: 11). 제로프레이 노웰 스미스는 이 두 매체간의 차이는 일부 사람들이 생각하는 것만큼 크지 않다고 생각했다. "순수한 의미에서 영화는 복잡한 멀티미디어 세계 속에서도 여전히 활동 이미지 경험의 중심으로 남아 있다"(노웰 스미스, 1996: 63). 노웰 스미스는 비디오와 TV는 장편길이의 영화가 자립할 수 있는 시장이 아니라고 단언했다. 영화는 "셀룰로이드 필름에 의지하지 않고 전자적으로 만들어 질 수 있"지만 "대부분의 중요한 영화는 아직도 반드시 35밀리 필름으로 만든 극영화로 개봉한다"(노웰 스미스, 1996: 763).

8) Theatre-musical.com 웹사이트에서는 무대 연극에 관한 언급하지 않은 채, 영화와 뮤지컬 버전과 함께 푸익의 소설을 인용하고 있다. 소설, 연극, 그리고 영화에 관한 비교에 대해 알아보려면 산토로(1977)를 보라. <거미여인의 키스>(미셸 페인골드 번역)와 <불타는 인내>(마리온 피터 홀트 번역)의 미국 번역본은 간략하지만 유익한 소개와 함께 『최근의 극: 라틴 아메리카』DramaContemporary: Latin America(홀트 & 우디야드, 1986)에 실려 있다.

9) 내모어의 관련 서적 목록에 38개의 항목이 있다(내모어, 2000: 239-243). 이 중 단지 3가지 항목만이 그 제목에서 직접적으로 연극을 언급하고 있는데, 셰익스피어에 대한 2권의 책과 19세기 멜로드라마의 영향을 다루고 있는 A. 니콜라스 바닥A. Nicholas Vardac의 『무대에서 스크린으로: 개릭에서 그리프스까지의 연극적 방법』이 그것이다. 앙드레 바쟁의 『영화란 무엇인가?』에 대한 다른 입문서는 주석에서 연극을 거론하고 있다. 이와 유사하게 스페인 영화에서의 문학적 각색에 관해 다룬 2004년 출판된 샐리 포크너Sally Faulkner의 책은 9편의 소설과 한 편의 극만을 조명하고 있다. 그 극은 벤투라 폰즈Ventura Pons가 1998년 각색한 세르지 베르벨Sergi Belbel의 『포옹』Caricies이다.

10) 에메르테테리오 디에즈Emerterio Dies가 1930년부터 2000년까지 스페인에서 나온 영화와 연극에 대한 연구물을 개관하는 논문도 흥미롭다. 그가 두 장르 간의 관계와 영향에 관한 객관적인 논평으로 고려했던 첫 번째 책은 페도르 스테푼Fedor Stepun의 『연극과 영화』(1953)로, 이 책은 1960년에 독일어에서 스페인어로 번역되었다. 디에즈는 두 장르 간의 관례 및 영향에 관한 실질적인 해석이 1960년 독일어에서 스페인어로 번역된 페도르 스테푼의 『연극과 영화』Theater und Film(1953)에 수록되어 있다고 보았다. 디에즈의 논문에는 방대한 서지목록이 수록되어 있다.

References

Alonso de Santos, José Luis. "De la escritura dramática a la escritura cinematográfica." *Cine y Literatura*. Monographic issue incorporating papers from X Ciclo Escritores y Universidad, 7 November–5 December 1995. *República de las Letras* 54 (1997): 77–82.

Andrew, Dudley. *Concepts in Film Theory*. Oxford: Oxford University Press, 1984.

Balázs, Béla. "The Close–Up." In *Film Theory and Criticism*, ed. Gerald Mast and Marshall Cohen. 255–64.

Bazin, André. "Theatre and Cinema." In *Film Theory and Criticism*, ed. Gerald Mast and Marshall Cohen. 356–69.

_____. "Adaptation, or the Cinema as Digest." Trans. Alain Piette and Bert Cardullo. In *Film Adaptation*, ed. James Naremore. 19–27.

Brewster, Ben and Lea Jacobs. *Theatre to Cinema. Stage Pictorialism and the Early Feature Film*. Oxford: Oxford University Press, 1997.

Buhler, Stephen M. *Shakespeare in the Cinema. Ocular Proof*. Albany, NY: State University of New York Press, 2002.

Carroll, Noël. *Mystifying Movies. Fads and Fallacies in Contemporary Film Theory*. New York: Columbia University Press, 1988.

Cartmell, Deborah. *Interpreting Shakespeare on Screen*. New York: St. Martin's Press, 2000.

Cattrysse, Patrick. *Pour une théorie de l'adaptation filmique. Le film noir américain*. Berne: Peter Lang, 1992.

Coursen, H.R. *Shakespeare in Space. Recent Shakespeare Productions on Screen*. New York: Peter Lang, 2002.

Diez, Emeterio. "Relaciones teatro y cine: El estado de la cuestión." *Acotaciones. Revista de Investigación Teatral*. 5 (July–Dec. 2000): 73–89.

Eberwein, Robert. "Remakes and Cultural Studies." In Andrew Horton and Stuart Y.

McDouglas, eds. *Play It Again, Sam. Retakes on Remakes*. 15−33.

Erskine, Thomas L. and James M. Welsh. *Video Versions. Film Adaptations of Plays on Video*. With John C. Tibbetts and Tony Williams. Westport, Conn. and London: Greenwood Press, 2000.

García−Abad García, Teresa. "Dos estéticas en contacto: lo cinético y lo dramático." *Revista de Literatura* 59.118 (July−Dec. 1997): 465−81.

Gómez, María Asunción. *Del escenario a la pantalla. La adaptación cinematográfica del teatro español.* Chapel Hill: North Carolina Studies in the Romance Languages and Literatures, 2000.

Gortari, Carlos and Carlos Barbáchano. *El Cine. Arte, evasión y dólares.* 1st reprinting. Aula Abierta Salvat: Temas Clave 16. Barcelona: Salvat Editores, 1983.

Hirschhorn, Joel. "*All About Eve* Finally Onstage." *The Dramatist.* 5.6 (July/August 2003): 28−31.

Holt, Marion Peter and George W. Woodyard, eds. *DramaContemporary: Latin America.* New York: PAJ Publications, 1986.

Hopewell, John. *El cine español después de Franco 1973−1988.* Trans. Carlos Laguna. Madrid: Ediciones El Arquero, 1989.

Horton, Andrew S., and Joan Magretta, ed. *Modern European Filmmakers and the Art of Adaptation.* New York: Frederick Ungar, 1981.

Horton, Andrew and Stuart Y. McDouglas, eds. *Play It Again, Sam. Retakes on Remakes.* With an Afterword by Leo Braudy. Berkeley, Los Angeles, and London: University of California Press, 1998.

http://theatre−musical.com/Spiderwoman/movie.html

Jackson, Russell, ed. *The Cambridge Companion to Shakespeare on Film.* Cambridge: Cambridge University Press, 2000.

Mast, Gerald. "Literature and Film." *Interrelations of Literature*, ed. Jean−Pierre Barricelli and Joseph Gibaldi. New York: The Modern Language Association of America, 1982. 278−306.

Mast, Gerald and Marshall Cohen, eds. *Film Theory and Criticism.* 3rd ed. New York and Oxford: Oxford University Press, 1985.

Morrissette, Bruce. *Novel and Film. Essays in Two Genres.* Chicago and London: University of Chicago Press, 1985.

Molina, Josefina. Interview with Carla Matteini. *Pipirijaina* 18 (Jan.–Feb. 1981): 28–31.

Mussehl, Jaclyn. http://odd_couple.tripod.com/history.html.

Naremore, James, ed. *Film Adaptation.* New Brunswick, NJ: Rutgers University Press, 2000.

Nicoll, Allardyce. *Film and Theatre.* London, Bombay & Sidney: George G. Harrap & Company, Ltd., 1936. (Reprint Edition, Arno Press, 1972).

Nowell–Smith, Geoffrey, ed. *The Oxford History of World Cinema.* Oxford: Oxford University Press, 1996.

Picon–Vallin, Béatrice. *Le Film de théâtre.* Avant–propos par Élie Konigson. Paris: CNRS Éditions, 1997.

Pérez Gómez, Ángel A. and José L. Martínez Montalban. *Cine español 1951/1978. Diccionario de directores.* Bilbao: Mensajero, 1978.

Puig, Manuel. Personal interview, New York City. 9 April 1987.

Ray, Robert B. "The Field of 'Literature and Film'." In *Film Adaptation*, ed. James Naremore. 38–53.

Santoro, Patricia J. *Novel into Film. The Case of "La familia de Pascual Duarte" and "Los santos inocentes".* Newark: University of Delaware Press and London: Associated University Presses, 1996.

_____. *"Kiss of the Spider Woman",* Novel, Play, and Film: Homosexuality and the Discourse of the Maternal in a Third World Prison. In *Framing Latin American Cinema. Contemporary Critical Perspectives.* Ed. Ann Marie Stock. Minneapolis and London: University of Minnesota Press, 1977. 120–40.

Sanz de Soto, Emilio. "1940–1950." *Cine español 1896–1983.* Ed. Augusto M. Torres. Madrid: Ministerio de Cultura. Dirección General de Cinematografía, 1984. 102–141.

Seger, Linda. *The Art of Adaptation: Turning Fact and Fiction into Film.* New York: Henry

Holt, 1992.

Somigli, Luca. "The Superhero with a Thousand Faces: Visual Narratives on Film and Paper." In *Play It Again, Sam. Retakes on Remakes*, ed. Horton and McDouglas. 279–94.

Sontag, Susan. "Film and Theatre." In *Film Theory and Criticism*, ed. Gerald Mast and Marshall Cohen. 340–355.

Stam, Robert. "Beyond Fidelity: The Dialogics of Adaptation." In *Film Adaptation*, ed. James Naremore. 54–76.

Wagner, Geoffrey. *The Novel and the Cinema*. Cranford, NJ: Associated University Presses, Inc. and London: The Tantivy Press, 1975.

8.

무대에서 스크린으로: 영화각색의 전략

제프리 바그너와 두들리 앤드류는 원본에 두드러지게 변화를 주지 않으면서 새로운 장르로 변환시키는 방법을 그들의 영화각색에 대한 접근법의 범주에 포함시킨다. 이 방식은 본래 대사의 어휘를 다른 어휘로 대체하기 때문에, 문학 번역과 유사한 과정을 거치게 된다. 바그너는 "최소한의 분명한 개입"을 의미하는 이 전략에 '변환transposition'이라는 용어를 사용한다(바그너, 1975: 222). 동일한 현상을 설명하면서, 앤드류는 원본을 존중한 나머지 원본이 "동화되지 않도록 의도적으로 남겨두려는 방식을 '횡단intersecting'"이라고 일컫는다(앤드류, 2000: 30).

드라마는 소설에 비해 비동화적인 변환을 하기가 훨씬 수월하다. 연극

대본은 본래의 대사와 무대, 인물을 활용하여 연극에서 텔레비전용으로 빈번하게 영상화된다. 정규 공연과의 가장 큰 차이는 청중의 부재이다. 적절한 조명과 카메라 작업 – 클로즈업을 대체하는 미디엄 샷medium shot [서있는 인물의 무릎 위쪽이나 앉아 있는 인물의 전신을 찍는 촬영 기법 – 역자 쥐]이나 패닝 샷panning shot[카메라를 수평으로 좌에서 우, 우에서 좌로 움직이는 샷 – 역자 쥐] – 은 영화기법에서 볼 수 있듯이 텔레비전 관객의 응시를 통제함으로써 텍스트를 새로운 매체로 변환시켜준다. 이상적으로 이러한 제작은 3대의 카메라를 이용하며, 따라서 거리 변화뿐 아니라 관점의 이동도 용이하다. 편집에서, 한 등장인물의 앵글에서 나온 샷은 다른 등장인물의 관점에서 나온 반응 샷을 보여주기 위해 삭제될 수도 있다. 한 대의 고정된 영화 카메라나 캠코더를 연극 무대에 설치하는 것은 연극 상연의 기록을 제공할 수는 있겠지만, 그 결과는 당연히 만족스럽지 못하다. 벨라 발라즈가 개별 관객과 관련하여 구상했던 단일 카메라는 극히 고정된 거리와 앵글을 유지한다. 무대상연을 텔레비전용으로 성공적으로 제작하기 위해서는 특별한 기술과 장비, 조명, 그리고 편집이 필요하다. 원본의 대사가 전반적으로 사용된다고 하더라도, 목표 매체에서 요구하는 형식으로 대사를 배치할 필요가 있다.[1]

제럴드 매스트는 연극을 영화형식으로 녹화하는 데 대한 비판적 이의 제기는 텔레비전에까지 확대되지는 않는다고 지적한다.

> 텔레비전 이미지의 물리적 특성(작은 화면, 밝기, 미묘함, 해상도가 축소되고, 영화관의 어두운 환경보다 상대적으로 조명이 밝은 집에서 드러나는 이미지)은 그러한 이미지가 강렬한 예술적 본질 그 자체라는 우리의 기대를 낮추며, 또한 텔레비전이 이전의 사건(스포츠 경기, 뉴스, 연주회)

을 녹음하고 녹화하는 주된 수단으로서의 문화적 역할을 해왔다는 점을 고려해볼 때, 텔레비전이 연극 공연을 녹화하는 역할은 환영할 만한 일이다. (매스트, 1983: 291)

텔레비전 시청자는 정적인 공간에서 일어나는 행위에 익숙해져 있다. 시트콤은 종종 특정한 부엌이나 거실을 보여주거나 고작 두 방 사이에서 앞뒤로만 이동하는 제작 세트에서 촬영된다. 하나나 둘 정도의 무대로 된 연극은 여러 대의 카메라 활용과 적절한 편집을 거쳐 텔레비전용으로 쉽게 변환될 수 있다.

이런 기본적인 전략을 넘어서는 변환이나 횡단의 사례는 1985년 아서 밀러의 『세일즈맨의 죽음』이 연극에서 텔레비전 프로그램으로 제작된 것이다. 리 J.콥Lee J. Cobb이 여행을 다니는 세일즈맨 윌리 로먼 역할을 맡았던 본공연은 1949년 뉴욕에서 초연되었다(엘리아 카잔 감독). 이 위대한 비극에서, 밀러는 무대를 부분적으로 투명하게 해 공간적 이동을 가능하게 하는 다층적인 무대장치를 혁신적으로 활용했다. 작가가 세부적으로 설정한 무대 지시는 어떻게 로먼의 뜰에서 가상의 벽으로 이루어진 집 안의 방과 최소한의 소도구로 지시된 다른 다양한 지점으로 동작이 나아가는 지 보여준다. 윌리의 의식이 투사되는 일부 장면에서, 현실에서 회상되거나 상상의 과거로 이동하는 것은 특수 조명과 배우가 벽을 알아보지 못하는 방식으로 지시되어 있다. 『세일즈맨의 죽음』은 심리 표현주의의 전형적 작품으로서, 전통적, 사실주의적 연극과 확실하게 선을 긋는다. 보이지 않는 네 벽들로 인해 전통적인 거실은 사라져 버렸다. 반대로, 그 무대는 가히 연극적이며, 그 극의 시간적, 공간적 흐름은 영화적인 것에 가깝다.

1984년 브로드웨이 공연(마이클 루드먼 감독)은 최고의 재공연으로 토니상을 수상했다. 텔레비전 버전(볼커 슐렌도르프 연출)에서는 더스틴 호프만(윌리), 존 말코비치(비프), 스티븐 랭(해피), 케이트 리드(린다)를 포함하여, 이 연극에서 배역을 맡았던 모든 배우를 재기용하였다. 널리 보급된 이 비디오판은 비디오영화 가이드에서 믹 마틴과 마사 포터으로부터 인상적이라는 평과 함께 별 5개 중 4개를 받았다(마틴 & 포터, 1998: 273). 호프만은 텔레비전 버전의 윌리 역으로 골든글로브상과 에미상을 수상했다.

텔레비전 버전의 <세일즈맨의 죽음>은 원본을 그대로 사용하여 무대 연극에 충실하게 제작되었으나, 작은 화면을 위해 일부 변화를 주었다. 시작 크레딧에서, 우리는 차바퀴 뒤에 있는 윌리를 볼 수 있으며, 브레이크의 마찰음과 충돌소리를 듣게 된다. 이러한 장면을 삽입함으로써 연극이 보다 현실적인 공간으로 열리고, 윌리의 자살을 예견하는 원형 구조가 주어진다. 연극 무대에서는 조명이 무대의 한 곳에서 다른 곳으로 인물을 따라가도록 청중을 이끌어가는 역할을 한다. 텔레비전 버전에서는 카메라가 배우와 함께 개별 방이나 로먼의 집 밖이나 문 안으로 따라가면서, 움직임과 공간에 대해 보다 확실한 느낌을 창조해낸다. 이와 함께 뒤에서 창문을 통해서 잡히는 전망과 배경으로 도시 아파트를 잡는 높은 앵글 샷이 있다. 이러한 원근감은 연극 세트에서도 활용되었으나, 역시 사실적 공간에서의 제작에서 보다 강조된다.

『세일즈맨의 죽음』이 영화로 제작되면서, 사실주의와 액션과 공간의 유동성을 기대하는 우리의 예상을 충족시키기 위해서 달라진 점은 무엇인가? 확실히 일부 장면은 촬영 세트가 아닌 현장에서 촬영되었다. 고속도로를 달리는 차들 가운데서 윌리의 차를 볼 수 있다. 말로 하는 것이 아니라 보여주는 영화적 특성을 지니기 때문에, 윌리가 점점 부주의하게 운전하는 모습을 보여줌으로써 그의 부인에 대한 대목은 말에서 이미지로 전환된다. 다른 대사 역시 영상 효과로 대체되고, 플래시백이 보다 완벽하게 이루어진다. 우리는 비프의 유명한 고등학교 풋볼시합을 잠깐 보게 되고, 윌리의 세비 자동차가 경기가 열리는 에버트 필드로 가는 것을 본다. 비프가 보스턴의 호텔방에 있는 그의 아버지와 아버지의 최근 여자친구를 보고 놀라는 장면에서, 호텔 방 안팎에서 이루어지는 액션들의 교차편집 덕분에 우리는 비프가 호텔 밖에 도착한 것을 보고 계단을 거쳐 방으로 올라가는 그를 따라가게 된다. 우리는 파노라마로 촬영된 보스턴과 뉴욕을 볼 수 있다. 극 중의 현재에서, 비프가 텍사스로 돌아갈 때, 우리는 서부지역에서 그를 처음 보고 나서 비프의 귀향을 목격하게 된다. 이러한 전략은 원본을 크게 변형시키지 않은 채 무대 연극을 대형 스크린의 관례에 맞게 바꾸는 것이다.

충실성은 관객의 시각에 달려있다. 50년대 르네 샤또 컬렉션에 수록된 <더럽혀진 손>*Les Mains sales, Dirty Hands*의 비디오 표지에는 이 1951년 영화(페르낭 리베르 감독)가 장 폴 사르트르의 중요한 실존주의 연극(1948)에 지극히 충실하다고 쓰여있다. 대사에 관한 한 이 평가는 일반적으로 맞지만, 감독이 영화에 외부 로케이션과 움직임, 이미지, 인물을 추가하지 않은 것은 아니다. 무대 연극에는 세트 4개가 활용되며, 이 모두는 실내이다. 연극은 올가가 혼자 그녀의 작은 집 안에서 라디오를 듣고 있는 것으로 시작된다. 그녀는 곧 위고를 만나는데, 그는 아마도 정당한 정치적 이유로, 또한 그릇된 개인적 이유로 에드렐을 살해한 것 때문에 형을 살고 감옥에서 막 출소했다. 영화가 이 지점에 도달하기 전까지는 일련의 추가적인 장면들이 더해진다. 일련의 추가적인 장면들, 즉, 거리의 파노라마, 올가가 다양한 곳에 들어가고, 올가가 몰래 지켜보는 동안 위고가 감옥에서 나오고, 위고가 자동차에서 자신을 추적하는 남자를 따돌리고, 거리에서 군인들이 소녀들에게 독일어로 말을 거는 등의 장면들이 있다. 연극에서 위고는 올가에게 그의 아내가 그가 감옥에 있는 동안 연락을 끊었다고 말한다. 영화에서 위고는 감옥에서 나오면서 아내의 사진 위로 눈물을 떨군다. 연극이 아니라 영화에서 올가는 라디오 옆에 위고의 사진을 놔뒀는데, 위고가 문을 두드렸을 때 사진을 감춘다. 이러한 동작은 연극에서는 분명하지 않았던 로맨틱한 애정 관계를 가시화한다. 또한 연극이 아니라 영화에서는 위고가 자신보다 못한 처지에 있는 사람을 돕고 싶다는 욕망을 드러내면서 자신의 정치적인 임무를 설명하는 위고와 그의 아버지 사이의 회상 장면이 있다. 위고의 아버지는 무대 연극에서는 등장하지 않는다. 이렇게 추가된 영화적 요소는 원본 텍스트의 어조를 왜곡하지 않으면서, 전체적으로 영화를 적절하게 변화시킨다.

앞서 내가 말한 『세일즈맨의 죽음』의 영화 버전에서 일어난 변화는 상대적이다. 카를로스 아르니체스Carlos Arniches의 『여행자 아가씨』*La senorita de Trevelez*(1916)의 경우는 이와 상당히 다르며, 우리는 이것을 텔레비전용의 직역과 대형 스크린용의 자유로운 각색을 대조하는 사례로 활용할 것이다. 아르니체스의 이 그로테스크한 희비극은 세태에 둔감한 작은 마을의 익살꾼들을 그려내고 있는데, 이들은 그들 중 한 명이 감상적인 한 처녀와 결혼하고 싶어한다고 믿도록 만들어 그녀를 놀린다. 1984년 텔레비전 버전으로 제작된 <여행자 아가씨>(가브리엘 이바네즈 연출)에는 무대 연극에서 필요한 세 개(각 막 당 하나씩) 세트에 '오프스테이지offstage' 세트가 추가된다. 따라서 이것이 장면과 대응장면(숭배자로 설정된 갈란이 카지노 창문을 통해 플로라를 바라보고, 이어 플로라가 발코니에서 갈란을 인식함)의 편집을 가능하게 한다. 이 단순한 변화에도 불구하고, 연극은 망가지지 않았다. 이 텔레비전 버전은 국제적으로 갈채를 받은 후안 안토니오 바르뎀Juan Antonio Bardem의 1956년 영화 <칼레 메이어>Calle Mayor, Main Street와는 별로 공통점이 없다. 바르뎀의 영화는 녹화된 텔레비전 연극의 모델과 완전히 대치되는 구조를 가지고 있다. 게다가 바르뎀의 영화는 원본과 상당한 거리를 두고 있어, 일부 관객은 1950년대 작은 마을에 대한 바르뎀의 날카로운 풍자적 묘사가 아르니체스의 1916년 극을 기초로 한 것을 깨닫지 못 할 수도 있다.

베니스 영화제에서 국제비평가상을 받은 바르뎀의 <칼레 메이어>는 앤드류의 차용borrowing(바그너의 용어로는 유추analogy) 개념의 일례이다. 바르뎀의 작품은 아르니체스의 '그로테스크한 희비극'에서 뼈대만을 가지고 온다. 영화 버전에서 없어진 것은 소극의 고전적 장치를 두드러지게 활용하는 방식, 즉 원본 텍스트의 정신이다. 영화는 씁쓸함을 강조함으로써 달콤씁쓰름할 때보다 덜 그로테스크하고, 희극이 아닌 비극의 잠재성을 갖고 있다. 스티븐 로버츠Stephen Roberts가 연구한 바에 의하면, 프랑코 치하 스페인에 대한 거침없는 비판자로서 체제에 의해 검열과 투옥을 겪은 바르뎀은 사회적 배경을 우위에 둔다(로버츠, 1999: 28). 영화에서는 정체된 지역에서의 삶에 대한 비판이 아르니체스의 텍스트에서보다 훨씬 강화되고, 원본 텍스트에는 존재하지 않는 탈출이라는 해결책이 제시된다. 연극의 영화각색에 있어서 성공 여부는 원본과 영화대본 사이에 설정되는 거리에 따라 측정된다고 수잔 손탁은 말한다(손탁, 1985: 344). 바르뎀이 만든 <칼레 메이어>의 성공은 손탁의 이러한 견해를 입증한다.

물론 관객이 내가 제안한 『세일즈맨의 죽음』의 충실한 변환을 얼마나 잘 수용하는가 하는 문제는 논쟁의 여지가 있다. 스페인 감독 마리오 카무스Mario Camus가 페데리코 가르시아 로르카의 『베르나르다 알바의 저택』 The House of Bernarda Alba(1936년 집필, 1945년 부에노스 아이레스에서 초연)을 1987년 영화각색하는 과정에서 알게 된 것처럼, '신성시되는 텍스트'를 영화화하는 것은 위험할 수 있다. 가르시아 아바드García-Abad(2001: 4)가 로르카의 비극을 영화각색한 것에 관한 글에서 썼듯이, 이 작업은 일반적으로는 불가능한 것으로 여겨진다. 영화는 전제적인 베르나르다 역에 이렌느 구티에레즈 카바, 반항적인 막내딸인 아델라 역에 아나 벨렌을 필두로 하는 초호화 캐스팅이었지만, 일부의 관객들은 호세 카를로스 플라자José Carlos Plaza(베르타 리아자와 벨렌을 발탁)가 1984년 다시 무대에 올린 대작과 이 영화를 비교했을 때, 영화가 덜 효과적이라고 생각했다고 가르시아 아바드는 강조한다(가르시아 아바드, 2001: 6). 일부 비평가와 관객은 카무스의 영화가 연극에 너무 충실하다고 생각했으며, 또 다른 이들은 원본을 바꾸는 어떠한 것도 용납할 수 없었다고 여긴다.[2] 최소한 카무스가 경험한 이렇듯 탐탁치않은 반응은 부분적으로는 그가 스페인과 외국에서 숭배를 받은 작품을 다루었다는 사실로 설명될 수 있을 것이다. 확실히 숭배되기로는 『세일즈맨의 죽음』도 이와 마찬가지다.

잠재적으로 무대 연극에서 가장 정적인 부분은 도입부이다. 로르카의 『베르나르다 알바의 저택』은 라 퐁시아가 젊은 하인에게 가족사를 자세히 설명하고, 베르나르다의 두 번째 남편의 장례식에서 보았던 것을 회상하는 첫 장면 때문에 어지럽다. 카무스는 예상대로 카메라를 교회와 거리로 이동시킨다. 우리는 라 퐁시아(플로린다 치코)가 젊은 하인에게 장례식에 대해 이야기하는 것을 듣는 데에 그치지 않고, 라 퐁시아와 함께 장례식에 참석하게 된다. 교회 내부의 첫 장면에서 우리가 보게 되는 최초의 이미지는 베르나르다 알바의 권위를 상징하는 그녀의 지팡이이다. 연속적 클로즈업은 여러 딸을 비춰준다. 우리는 라 퐁시아가 다른 시종에게 하는 이야기를 듣기보다는 아버지의 죽음으로 인해 슬픔에 압도당해 흐느껴 우는 막달레나를 보게 된다. 라 퐁시아가 교회에서 집으로 걸어가는 장면은 좁은 길과 하얗게 칠해진 벽, 그리고 철제로 된 문틀로 가려진 창문 등 작은 안달루시아 마을의 건축 특징을 묘사한다. 바쁘게 옷과 신발을 검은 색으로 물들이는 젊은 하인의 이미지는 베르나르다의 딸들이 가려진 창문 너머에서 날아든 총알에 맞게 되는 다가올 애도의 시기를 경고한다.

번역 이론에 따르면, 카무스가 장황하게 설명하는 도입부를 움직임과 이미지로 전환하는 것은 필수적이다. 제라르도 바즈케즈 에요라Gerardo Vázques-Ayora가 '언어의 배치'el genio de la lengua(1977: 85)와 관련하여 강조했듯이, 비교 언어학은 개별 언어가 그 자체로 고유한 특징을 가지고 있다는 것을 우리에게 알려준다. 스페인어로 '포르투갈어는 브라질에서 사용된다Portuguese is spoken in Brazil'고 말하려면, 수동태는 재귀동사 형태로 변화되고, 주어-동사 규칙은 'Se habla portugués en Brasil'와 같이 전도되어야 한다. 카무스의 번역이 로르카의 말을 이미지 언어로 번역하는 것은 거의 필수적이다. 따라서 우리는 매력적인 딸들이 마을 거리와 말을 탄 페페 엘 로마노를 보기 위해 창문가에 있는 것을 보게 된다. 마을 사람들이 리브라다의 딸에게 돌을 던질 때, 우리는 공포스러운 장면을 목격한다. 또한 카무스는 베르나르다의 노모에 대한 가학 행위(그녀를 침대에 묶는 것), 앙구스티아의 요염한 외모에 대한 관심(거울 앞에 서 있는 것), 아델라의 에로틱한 욕망(침대 위의 그녀의 관능적인 자태)와 같이, 로르카의 텍스트에서 행간에 암시되어 있는 측면을 가시화한다. 언어로 표현된 답답한 여름의 열기는 이미지(라 퐁시아가 더위를 식히기 위해 목 뒤에 얼음을 얹는 장면)로 강화된다. 아델라가 페페를 유혹하기 위해 침실 창가에 서 있다는 라 퐁시아의 비난은 가시적으로 드러난다. 아델라가 거리에 있는 그를 내려다보고, 페페의 관점에서 그녀를 보는 낮은 구도의 장면이 짝을 이룬다.

영화에서보다 텔레비전에서 더 빈번하고, 초기 영화에 비해 현대 영화에서는 잘 사용되지 않지만, 무대 연극의 변환은 지속적으로 대형 스크린에 등장한다. 여러 이론가들의 부정적인 견해에도 불구하고, 동화되지 않는 변환조차 종종 상당한 대중적, 비평적 환호를 받는다. 그 전략이 작동하는 방식을 설명하기 위해서, 우리는 상대적으로 동화되지 않는 변환에서 충실한 변형에 이르는 스펙트럼으로 분류되는, 현대와 고전 양쪽 모두에서 연극을 영화로 각색한 성공적인 영화 목록을 검토해야 할 것이다. 우리가 영화각색과 번역을 동일하게 여긴다면, 카무스의 <베르나르다 알바의 저택>과 같은 사례들 모두가 주로(독자나 관객의 반응에 중점을 두는) 소통적 번역communicative translation보다는 (원본에 중점을 두는) 의미론적 번역의 기능을 한다.[3]

에드가 네빌의 <춤>El baile, The Dance(1959)은 원본을 개척하는 데 어떠한 노력도 하지 않은 텔레비전용 연극과, 텍스트를 서사적인 영화 언어로 보다 적극적으로 번역하여 변환시킨 것 사이의 중간에 위치하고 있다. 극작가가 각색하고 연출한 <춤>은 원작 무대상연이 스페인 국립연극상을 수상한 3년 뒤 영화로 제작되었다. 카메라 작업에 따른 시선의 거리와 앵글에 다소간의 변화를 주었음에도, 네빌의 영화 버전은 원본 연극을 거의 완벽하게 그대로 유지하고 있다. 『춤』 공연에 발탁된 세 배우 중 두 명(콘치타 몬테스와 라파엘 알론소)이 영화에서 그 역할로 출연했다.

영화에서는 배역이 다소 늘어났는데, 주로 하인들 역이 추가됐다. 분위기를 형성하고 변화하는 무드를 강조하기 위해 음악과 함께 사운드트랙이 추가되었다.[4]

    <춤>에서 대부분의 장면은 범상치 않은 삼각관계로 이뤄진 집 안에서 진행된다. 이 삼각관계는 결혼한 커플 아델라와 페드로, 그리고 페드로의 절친한 친구이며 부인의 정열적이지만 순수한 숭배자인 줄리앙으로 형성되어 있다. 본래 연극의 단일 무대는 부부의 거실을 보여준다. 영화에서는 카메라 이동과 패럴렐 액션parallel action[영화에서, 같은 시간에 다른 장소에서 일어나는, 서로 관련된 사건을 번갈아 보여 주는 기법 – 역자 쥐]을 용이하게 하려고 가시적인 방의 수가 많아졌다. 교차촬영 방식을 이용하여 치명적인 병을 앓고 있다는 사실을 알지 못한 채 아델라가 편지를 쓰고 있는 서재에서부터, 슬픔에 잠긴 페드로와 줄리앙이 아델라가 싫어하는 곤충 컬렉션을 소란스럽게 없애고 있는 발코니까지, 그리고 손녀딸 아델리타(콘치타 몬테스가 이 역할도 했다)가 춤 연습을 하고 있는 윗층에서, 나이든 두 남자가 아델리타를 기다리는 아래층까지의 움직임을 보여준다. 따라서 네빌은 상대적으로 정적인 연극의 영화 버전을 밀러가 『세일즈맨의 죽음』의 원작 대본에서 구축한 공간 간의 이동을 통해 구성한다. 영화감독인 카무스가 <베르나르다 알바의 집>에서 유사하게 정적인 내부의 무대를 현실적인 공간에 개방시켜서, 행위가 때때로 동시에, 집 안의 다양한 곳에서 일어나게 되는 것은 그다지 놀랄만한 일은 아니다.

    <춤>에서 가장 예측할 수 있고 명확한 변화는 극적 배경(무대장치)에서 영화적 무대장치로의 변화, 즉, 정적인 내부공간에서 트래킹샷을 충분히 활용한 외부장면으로의 변화이다. 이 영화는 마드리드 레티로 공원에서 시작되며, 이 공원의 말이 끄는 마차와 가끔 보이는 옛날 자동차, 그

리고 화려한 의상은 시간적 배경(1900년)을 설정한다. 경쾌한 음악(플루트와 바이올린)과 어울리는 아델라의 분홍색 드레스와 파라솔은 행복한 분위기를 자아낸다. 카메라는 위로 향하며, 나무 꼭대기와 파란 하늘을 배경으로 영화 제목이 나온다. 이 장면은 아델라와 줄리앙이 쇼핑을 마치고 집으로 돌아오는 도시의 거리 장면으로 이동한다.

자신의 무대 연극을 충실하게 영화로 제작한 네빌은 원본의 세 막을 표시하기 위해 주로 외부장면을 활용한다. 이 연극은 각 막들 사이에 20-25년의 간격을 두고 있으며, 삽화적으로 구성된다. 외부 장면은 시간의 흐름과 분위기를 효율적으로 전달한다. 영화에서 두 번째 레티로 공원 장면에서는 아이들이 놀고 있고, 하늘의 빛깔이 바뀌며, 여름에서 눈이 오는 겨울로 장면이 바뀐다. 그 장면은 거울 앞에 앉아 자신의 잿빛 머리카락을 들여다보는 아델라에게로 이동한다. 아델라의 죽음은 비 내리는 하늘을 배경으로 윤곽이 드러나는 사이프러스(스페인의 묘지에 심어져 있는 나무)로 시각화된다. 레티로 공원에서의 마지막 장면은 현대적인 (1950년대) 의상을 입은 사람들과 벤치에 앉은 두 노인을 보여준다. 운전수가 그들을 집으로 모시려고 대기하고 있고, 영화의 초입에서 비춰졌던 거리 장면이 반복된다. 이러한 장치들 전부가 원본의 함축적 내용에서 발전된 것임을 알아야 수 있다. 이러한 장치들은 저자의 원작을 심각하게 과장하거나 왜곡하지 않는다.

네빌의 <춤>은 시대극이며, 재미있지만 현대적 기준에서 보았을 때는 다소 기묘한 측면이 있다. 단지 시간적 이행과 일부의 수평이동 장면에서만 원본 대사를 영화적 기표로 대체하였을 뿐이다. 어느 정도의 공간적 사실주의가 존재하지만, 이 영화는 '연극에서는 드라마가 배우에 의해 진행되고, 영화에서는 드라마가 무대장치에서 인간으로 나아간다'는 앙드레 바쟁의 선언과 어긋나게 된다(바쟁, 1985: 361). 네빌이 자신의 연극을 영화화한 버전에서, 무대장치와 스토리는 등장인물에 종속되어 있다. 다른 한편, 네빌은 시간의 경과와 주인공들의 나이 듦을 전달하기 위해 영화기술을 활용하고, 그렇게 해서 그 연극의 삽화적 구조를 성공적으로 표현하였다. 노련한 영화감독들처럼, 네빌은 마드리드 거리에서 촬영하기를 주저하지 않았다.

<춤>의 영화 버전은 1950년대에 일반적이었던 영화각색에 대한 접근법을 반영하고 있지만, 40년 후 <여배우들>*Actrius*(1996)도 유사한 전략을 사용하고 있으며, 우리가 구별한 스펙트럼 가운데 목적에 있어서 변환/횡단에 보다 가깝다. 카탈로니아의 유명한 감독 벤투라 폰즈Ventura Pons는 최근 조셉 M. 베넷 이 조르넷의 『E.R.』을 포함한 일련의 연극을 검토하였다. 제목이 완전히 바뀌었지만, 폰즈와 베넷 이 조르넷이 공동 작업한 대본에서 원본 대본은 본질적으로 변하지 않았다.[5] 영화각색의 일반적인 패턴과는 달리, 원본에 나온 네 명의 등장인물에서 더 늘어나지 않았다. 원본 대사는 두드러진 추가나 누락 없이 유지되었다. 카메라는 짧은 막간에 외부로 이동하고, 다양한 내부의 배경에 대한 사실적인 세부사항을 제공하지만, 이 영화는 원본 연극이 가진 대화의 질적인 측면을 바꾸려는 여하의 시도도 하지 않았다. 게다가 등장인물 중 세 명의 삶을 서사화하면서, 그들의 이야기를 시각적 이미지로 바꾸지 않는다. 이 영화는 헐리우드식 영화의 액션과는 다소 동떨어져 있다. 극장을 떠나는 관객은 일어난 일에 대해서가 아니라 영화가 강조하는 의미에 대해 토론하게 된다. 그럼에도 불구하고 <여배우들>은 극적 흥미를 유발하는 텍스트와 상대적으로 신선한 메르세 폰즈와 스페인에서 가장 유명한 여배우 3인인 누리아 에스페르트(글로리아, 유명한 영화배우), 로사 마리아 사르다(아

슈타, TV 스타), 안나 리자란(마리아, 리자란의 전문적 경력은 더빙 영화에 제한되어 있었다.)의 눈부신 연기 덕택에 감동적인 영화이다.

<여배우들>은 연극에 대한 연극이라는 고도의 메타연극적 작품이다. 포부가 큰 젊은 여배우는 무대에서 젊은 엠파르 리베라 역할을 하기 위해 다른 세 명과 경쟁한다. 젊은 여배우는 혼자 연습을 하기 위해, 전설적인 리베라의 학생이었고, 한때 리베라가 연출한 공연에서 이피게니아 역을 놓고 경쟁자였던 중년의 세 친구들을 개별적으로 인터뷰한다. <춤> 정도까지는 아닐지라도, 베넷 이 조르넷의 연극에서 액션은 삽화적이며, 몇 달간에 걸쳐 일어난다.

영화 제목이 나오기 전에 시작되는 <여배우들>의 첫 장면에서, 폰즈는 어렸을 때 인형극을 연습하던 연기생의 기억을 시각화한다. 이런 플래시백이 연극 무대에서는 존재하지 않는다. 이 텍스트는 차가 거리를 달리는 풍경을 통해 영화적 무대장치로 열리며, 카메라는 한 젊은 여자를 따라가는데, 그녀는 쭉 걸어가다가 글로리아와 면접을 보기 위해 극장으로 걸어 들어간다. 이 연극이 공간 변화를 보여줄 수 있는 최소한의 장치만 설치한 거의 텅 빈 무대에서 공연될 수 있는 반면, 폰즈는 세 명의 중년 여성의 집과 그들의 일터 세 곳을 보여주기 위해 사실적인 무대를 활용한다. <춤>의 방식처럼, 폰즈는 막간을 표시하기 위해 젊은 여성이 거리에 있는 장면을 활용한다. 이따금 대사는 이동의 느낌을 만들어내기 위해 외부 지역으로 전환된다. 야심찬 젊은 여자와 마리아가 얘기를 나눌 때, 원본 텍스트에서 바로 가져온 대사를 하며 그들이 거리를 따라 내려가는 것으로 처리된다.

외부로 나오게 되면서 등장인물이 움직이면서 대사를 하는 방식은 일반적인 영화적 장치이며, 로페 데 베가의 『원예사의 개』*The Dog in the Manger*

를 각색한 필라르 미로Pilar Miró의 1996년 판과 에드몽 로스탕Edmond Rostand
의 <시라노 데 베제락>Cyrano de Bergerac을 영화화한 장 폴 라프노Jean-Paul
Rappeneau의 1990년판 영화 버전, 제이미 챠바리Jamie Chávarri의 <자전거는
여름을 위해>Bicycles Are for Summer(1984)와 같은 역사적 배경을 가진 영화에서
찾아볼 수 있다. 미로가 17세기 초의 희극을 훌륭하게 각색한 이 작품은
7개 부분에서 고야상을 수상했다. 로스탕의 역사극을 영화화한 라페노의
훌륭한 영화 버전은 주연으로 제라르 드파르디유를 캐스팅했으며, 박스
오피스에서 히트를 기록했다. 또한 대중적인 성공을 이룬 챠바리의 영화
는, 스페인 내전(1936-1939년) 기간 파시스트 정권에 의해 마드리드가 장
기간 포위되어 있는 동안, 마드리드에서의 삶에 대해 그린 페르난도 페
르난   고메즈의 수상극을 각색한 것이다.

앞 장에서 말했듯이, 지금껏 극의 영화각색에서 어떤 면도 셰익스피어
작품의 변형물들보다 더 크게 학문적인 조명을 받아본 적이 없다. 러셀
잭슨은 엘리자베스 시대의 작품들은 어떤 허용범위가 있다고 지적한다.
대사는 반드시 연기와 이미지로 번역되어야 하지만 원문의 틀에 꼭 맞출
필요는 없다. 배경 전환은 일반적이다. 보통 텍스트도 상당량 축약된다.
이상적인 영화 상영시간은 두 시간 미만이므로 대부분의 셰익스피어 영
화는 원문의 25-30%만 사용한다. 셰익스피어 작품을 압축하는 것은 오
늘날 연극 제작에서도 일반적인 관행으로서, "대사와 장면들은 잘라내고
대화에 의존하게 하되, (대체로) 각 장의 원래 형태를 유지한다"(잭슨,
2000: 17). 잭슨은 원작을 이와 같이 고치는 것은 "영화화에 따르는 필연
적인, 그리고 유감스러운 결과라기보다는 감독이 모험을 할 수 있는 기
회"라고 덧붙인다(잭슨, 2000: 19). 영국의 극작가 알란 베네트는 "영화는
가장 참을성이 없는 드라마"라고 말한다(얼스킨 & 웰치, 2000: xvi 재인

용). 이와 같은 생각은 스페인의 드라마 황금시대에도 적용된다.

미로가 감독한 1996년 영화 <원예사의 개>의 뛰어난 성과는, 필라르 니에바 데 라 파즈에 의하면 무엇보다 로페의 원문텍스트의 운문 형식을 충실하게 따른 데 있다(니에바 데 라 파즈, 2001: 209). 극을 각색하는 일 반적인 경우에서 원작과 분명히 구별되는 완성된 영화 각본은 아주 구어 적이며 속도가 빠른 것이 특징이다. 독백은 화면 밖 소리voice-off로 전달 된다. <원예사의 개>에서 엠마 수아레즈는 백작부인 다이아나 역을, 카르멜로 고메즈는 계급적 차이에도 불구하고 다이아나를 사랑하는 비서 테오도로 역을 맡았다. 극의 말미에 테오도로가 늙은 백작의 행방불명된 아들이라는 사실이 밝혀짐으로써 갈등이 해소되는데, 미로는 이 고전적 인 구도를 익살스럽고 풍자적인 어조로 다룬다.

현대의 셰익스피어라 할 수 있는 로페 데 베가는 사실적인 무대 구성 에만 머물지 않았다. 그의 청중들은 연극이 전개되는 중에 공간적 유동 성을 받아들이고 또 상상할 수 있다. <원예사의 개>를 영화로 만들 때, 미로는 영화의 장소를 활짝 열어놓기 위해 원작에서 창의적으로 실마리 를 끌어냈다. 배우들의 연기는 자주 백작부인의 저택 외부와 내부를 보여주는 장면들과 교차상영 된다. 제목이 나오기 전과 나오고 있는 동안 의 도입장면은 밤이다. 누군가가 불 꺼진 바깥으로 뛰어나오고 안에 있 던 사람들이 동요한 것이 촛불이 켜지는 것으로 드러난다. 이어지는 연 속장면sequence에서, 다음날 아침 친구와 함께 정원을 거닐고 있는 테오도 로의 모습이 비친다. 테오도로가 더 이상 하녀 마르셀라를 사랑하지 않 는다고 실토할 때 두 사람의 걸음걸이가 길게 늘어지는데, 이러한 물리 적인 연기는 테오도로의 감정 상태를 강조한다. 미로는 긴 대화 동안에 배경을 이동시키는, 다양하고 기발한 방식을 찾아낸다. 예를 들어, 초반의 다이아나와 테오도로 사이의 어떤 대화는 저택 연못에 떠있는 노 젓는 배 안에서 이루어진다. 우아한 시대 의상은 영화의 시각적인 즐거움을 더하는데, 다이아나의 밝은 색 겉옷은 테오도로가 입고 있는 검은색 옷과 생생한 대비를 이룬다. 미로는 대사 없는 장면들에 시간을 할애하여 아름다운 교외 풍경이나 연못이 있는 우아한 저택 부지의 이점을 최대한 활용한다. 이미지에 초점을 둔 이 막간의 시간들은 대사가 지나치게 많은 점을 보완해 준다. 음악과 춤은 마지막 장면의 야외 결혼식에서 최고조에 다다라 흥겨운 분위기를 더한다.

운문 텍스트를 영화각색하는 것에 관한 논의에서 호세 안토니오 페레즈 보위는 <원예사의 개>를 '자연화'의 뛰어난 사례로 인용한다. 이런 방식과 더불어 시 낭송이 맥락 속에서 자연스럽게 보이도록 적절한 배경을 사용한다. 역동적인 연기와 익살스러운 미장센 또한 필수적이다(페레즈 보위, 2001: 329). 원문을 편집할 때나 운문극을 능숙하게 다룰 줄 아는 배우를 섭외할 때도 주의가 필요하다. 페레즈 보위는 라파엘 페레즈 시에라의 번역본을 토대로 한 미로의 각본이 로페 데 베가의 원문을 약 25%정도 줄였다고 전한다. 지엽적인 것을 생략함으로써 영화가 매끄럽게 흘러가도록 한 것이다(페레즈 보위, 2001: 331). 현대의 연극 제작물들도 17세기 텍스트를 축약해 쓴다는 점에서 <원예사의 개>는 우리의 연구의 스펙트럼에서 변환transposition의 극점에 위치한다고 할 수 있다.

페레즈 보위(2001: 330)와 앙헬 루이스 휴소(2001: 58)는 케니스 브래너의 몇몇 셰익스피어 각색과 함께 라프노의 <시라노 데 베제락>을 미로의 <원예사의 개>에 대한 중요한 전례로 본다. 로스탕의 19세기 후반 신낭만주의 시대의 운문드라마를 영화화한 이 작품의 시작은 1640년이며, 비주류였지만 당대의 유명한 작가였던 역사적 인물 시라노를 중심으로 진행된다. 로스탕의 이 고전적 작품은 프랑스의 무성영화(1925, 아우구스토 제니나 감독)뿐만 아니라 미국의 흑백영화(1950, 마이클 고든 감독)로도 제작된 바 있다. 이 미국 영화에서 주인공을 맡은 호세 페레르는 오스카상을 받았다. 감독 자신이 장-클로드 카리에르와 대본을 공동집필한 라프노의 화려한 새 버전은 이런 초기 영화들보다 더 빛을 발한다. 마틴과 포터는 1925년과 1950년 버전에는 별 네 개를 주었으며, 1990년 버전에는 최고점인 별 다섯 개를 주었다. 드파르디유는 터무니없이 긴 코 때문에 잘생긴 크리스티앙 편에 서는 어린 숙녀 록산느에게 구애하지 못하고 자기 사랑을 억누르는, 재능 있는 시인이자 검술가 역을 잘 그려내어 칸 영화제에서 남우주연상을 수상했다.

라프노는 무대 연극의 동선과 연기를 강화하기 위해 원문을 탐구하여 수많은 장소를 창조해낸다. 영화 <시라노>는 초기 장면에서 록산느 집의 실내 풍경과 실외 경치를 활용한다. 하지만 로스탕의 희곡은 도시의 거리, 극장, 시라노가 결투술을 연마한 살롱, 전쟁터, 탁 트인 교외, 코벤트 가든을 포함한 광범위한 무대구성을 가능하게 한다. 인상파 그림에 비견될 만한 지극히 아름답고 평화로운 장면들이다. 예를 들어, 시라노와 록산느를 찍은 한 미디엄 샷은 멋진 나무들이 바라다보이는 열린 창문으로 프레임을 잡는다. 여기서 록산느는 벽난로와 촛불의 불빛에 의지해 편지를 읽고 있다. 또 기수 잃은 말이 고삐가 풀려 달리고 마차는 불타고 있으며 생존자들이 죽은 자들의 총을 가지는 황량한 전쟁터 장면도 있다. 카를로스 아귈러는 프랑스 영화사에서 가장 야심찬 이 초대형 작품이 너무나 압도적이어서 연기가 묻힌다고 생각한다(아귈러, 1992: 306). 한편 휴소는 영화가 알렉산더 시대의 운문을 고수하는 어려움과, 풍부한 실내 배경과 자연의 풍경을 나타내려는 목표 사이에서 감탄할 만한 균형을 이뤄 냈다고 말한다(휴소, 2001: 58). 영화가 흥행에 성공한 점으로 보아 대부분의 관객들은 분명히 휴소의 의견에 더 공감하는 듯하다.

미로의 <원예사의 개>는 로페 데 베가의 텍스트를 줄이고 일부 대사를 더 역동적으로, 야외로 옮겨서 처리하지만, 기본적으로 그녀의 영화에는 추가된 장면이 없다. 라프노의 <시라노>는 로스탕의 극에 대체로 충실했지만 원문에는 없는 연기 장면들을 집어넣는다. 크리스티앙과 다른 병사들은 전쟁터를 향해 떠나는데, 아사 직전의 병사들이 쥐를 구워서 한입이라도 더 먹으려고 싸운다. 크리스티앙이 병사들에게 보급품을 전하러 전장을 방문한 록산느를 구해내고, 스페인군이 공격하려고 준비할 때 프랑스군이 그들의 마차를 둘러싼다. 이렇게 추가된 전쟁터 장면은 로스탕 식보다는 서부영화 식에 더 가까웠고, 이런 점 때문에 <시라노>의 각색은 우리의 스펙트럼에서 변형transformation의 극점에 위치한다. 이러한 극단적 변형의 또 다른 예는 마이클 호프만이 1999년 각색한 셰익스피어의 『한여름 밤의 꿈』이다. 호프만은 약간 잘라내기는 했어도 셰익스피어의 언어는 그대로 유지하지만 배경은 현대로 옮긴다. 호프만의 영화는 이야기를 현대화하지만 원문의 이야기에서 완전히 분리되지 않기 때문에 와그너의 용어인 유추analogy로 분류되지 않는다.

많은 비평가들이 지적했듯이, 케니스 브래너가 연출한 <헛소동>(1993)과 <햄릿>(1996)은 셰익스피어의 텍스트에 가능한 가까이 거리를 유지했다. 바그너의 영화각색 분석 개념을 사용하는 데보라 카트멜은 브래너의 <햄릿>을 전환의 좋은 예라고 말한다. 대조적으로, <한여름 밤의 꿈>을 연출하고 각색한 호프만은 자신의 상상력을 마음껏 펼친다. 앞장에서 언급했듯이 호프만은 달빛이 비치는 마술적인 숲 - 오베론(루베퍼트 에베렛)과 타티애나(미셸 파이퍼)가 통치하는 요정왕국 - 을 거대한 사운드 무대 위에 만들어냈다. 이탈리아 마을과 근처 전원의 파노라마 같은 낮 풍경은 안개가 자욱한 숲과는 대조적으로 밝고 사실적으로 그려진다. 헬레나(칼리스타 플록하트)와 다른 인간 배역들은 현실의 마을에서 황당하고 황홀한 공간 속으로 자전거를 타고 달려 들어간다.

미로는 원작자의 시대와 일관성을 유지하여 <원예사의 개>의 배경을 17세기로 고수한다. 호프만은 배경을 19세기 후반으로 옮긴다. 최신 발명품을 모으는 취미를 가진 공작은 초기 축음기 하나를 가지고 있다. 시중드는 난장이들이 그 마술 기계와 음반을 훔쳐 요정들에게 주고 요정들은 장난삼아 그것들을 연못 속에 던져버린다. 사운드트랙을 위한 음악 역시 19세기의 것을 선택했는데, 멘델스존의 <한여름 밤의 꿈>과 이탈리아 오페라 선집에서 따왔다. 고전 텍스트를 현대적으로 각색하면 무대용이든 스크린용이든 종종 원작자의 시대가 아닌 최근의 시대로 당겨서 옮겨놓는다. 특히 <한 여름 밤의 꿈>이 그런 혁신을 단행했다. 조르쥬 라벨리는 코메디 프랑세즈에서 셰익스피어 희극을 연출 했을 때 배경을 1920년대로 바꿨다. 그 호화스러운 작품의 절정은 인간과 요정 할 것 없이, 모든 배역들이 다 같이 췄던 탱고 장면이었다. 호프만과 라벨리의 각색은 이중의 전위dislocation를 적절하게 수행한다. 17세기 텍스트를 선택하고 배경을 더 가까운 과거로 옮겨 놓았으면서도 한편으로는 작품의 배경과 공연되는 시기가 연관을 잃지 않도록 한 것이다.

고전 작품과 현대 작품의 영화각색은 변환transposition에서 충실한 변형transformation에 이르기까지 광범위하게 이뤄지고 있다. 1968년『별난 커플』의 영화버전(진 삭스 감독)은 텔레비전용으로 제작된 <세일즈맨의 죽음>과 <춤> 혹은 <여배우들>보다 더 자유롭게 각색에 접근했지만 원문을 존중한다는 점에서는 비슷하다. <원예사의 개>와 <시라노>에서처럼 사실적인 배경이 전개되지만, 앤드류가 필수적 요소로 규정한 것들 즉 "원문의 분위기, 가치, 이미지, 리듬"(앤드류, 2000: 32)에 대한 영화적 등가성을 일관되게 추구한다. 이러한 고도의 충실성은 닐 사이먼이 직접 <별난 커플>의 영화 각본을 썼다는 점을 생각할 때 놀라운 일은 아니다.

사이먼의 원작에는 펠릭스가 결혼 생활이 깨지자 자살하고 싶어 한다는 암시가 있다. 극 중 내내 생기가 없는 편인 펠릭스는 육체적 병에 잘 걸린다. 이런 암시는 영화에서 초반부에, 영화 제목이 나온 직후의 연속 장면들에서 시각적으로 발전되었다. 펠릭스가 뉴욕거리를 걷는다, 펠릭스가 누추한 호텔방에 투숙한다, 펠릭스가 유언을 쓴다, 펠릭스가 뛰어내리기 위해 창문을 열려고 하지만 열 수가 없다, 펠릭스가 등을 돌려 거리로 다시 나간다, 펠릭스가 버라이티쇼장으로 들어간다, 펠릭스가 등을 기대고 앉아 자기 목을 조른다, 펠릭스가 오스카의 불 켜진 아파트 창문을 쳐다본다. 최소한의 대사만 사용하지만 닐 헤프티의 음악으로 강조된 이 초반의 연속장면들은 원작에는 직접적으로 해당하는 부분이 없지만 펠릭스가 처한 상황과 그의 성격을 가시적으로 보여주고 영화에 코믹한 색조를 가미시킨다.

사이먼의 이 코미디 극은 오스카의 아파트 거실을 무대로 한다. 이 무대에는 다른 방으로 향하는 문과 복도가 있다. 영화각색에서 이 무대는 사실적인 공간으로 변한다. 건물의 바깥과 엘리베이터, 양 쪽에서 오스카의 아파트로 들어갈 수 있는 문, 길게 뻗은 복도, 서너 개 방의 인테리어 등이 나타난다. 폰즈의 <여배우들>에서 그랬던 것처럼 어떤 대사는 행동으로 표현된다. 가령 오스카와 펠릭스는 뉴욕거리를 걷고 레스토랑에 들어가고 공원에 앉아 있고 볼링을 치러 간다. 그들의 친구 머레이는 경찰이다. 포커 친구들이 리버사이드 드라이브를 따라 펠릭스를 찾아 나설

때의 배경이 경찰차로 옮겨간다. 오스카는 스포츠 담당기자다. 영화에서는 그가 경기장의 스포츠 박스에서 일하고 있는 모습에서 이런 암시가 가시화 된다. 추가된 장면이 하나 있는데, 펠릭스에게서 걸려온 시끄러운 전화 때문에 오스카가 흥미진진한 삼종 경기를 보지 못하는 장면이다. 이 장면은 연극에서는 나타나지 않지만 확실히 원작의 분위기와 잘 어울리는 장면이다. 연극 극본에서 영화 각본으로 바꿀 때 유일하게 의도적으로 바꾼 것은 요리에 관한 것인 듯싶다. 원작에서 전문 요리사인 펠릭스가 피전 자매를 저녁식사에 초대했을 때, 요리하고 있던 런던 브로일에 문제가 생긴다. 그가 요리법을 물어보기 위해 아내에게 전화해야 했을 뿐만 아니라, 오스카가 그에게 알리지도 않고 저녁식사 시간을 바꾸는 바람에 런던 브로일을 태우고 만다. 영화에서 이것을 미트 로프로 바꾸니 더 나았다. 런던 불고기는 별다른 요리법이 필요 없다. 왜냐면 손님이 오기 전부터 준비하지 않아도, 손님들이 전채 요리를 먹는 동안 오븐에 올려놓기만 하면 금방 요리되기 때문이다. 극 번역가가 사정에 따라 텍스트에 더 나은 변화를 주는 것처럼, 사이먼은 각본을 쓰면서 원작의 사소한 문제들을 수정했다.

어떤 영화든 각색의 핵심 요소는 도입장면opening sequence과 제목의 처리이다. 잭슨은 도입장면이 주인공들을 부각시키고, 배경을 드러내며, 이야기의 발판으로 기여한다고 말한다(잭슨, 2000: 30). 네빌은 <춤>에서 원문을 거의 바꾸지 않지만 도입부에서 자신의 시각적 상상력을 풀어놓는다. 폰즈의 <여배우들>에서 가장 독창적인 부분은 도입 장면들에서 나타난다. 삭스와 카무스는 <별난 커플>과 <베르나르다 알바의 저택>의 초기 장면들에서 자유롭게 대사를 시각적 언어로 바꾸었다. 유사한 방식으로 <자전거는 여름을 위해>에서 챠바리는 말이 나오기 전에 역사적 배경을 강렬하게 제시한다. 그의 영화의 첫 이미지는 스크린을 가로지르는 공화국 정부의 현수막 "통행금지"No pasarán이다. 그는 거리를 걷다가 전쟁영화 포스터를 보고 있는 두 소년을 비춘다. 소년들은 황량한 넓은 들판에 다다라 전쟁놀이를 시작하는데, 이 때 화면에 제목이 뜬다. 이 연속장면은 옛날 다큐멘터리 방식과 비슷한 세피아 기법으로 촬영되었다. 정지 장면에서 소년들의 얼굴은 죽음상을 하고 있다. 느리게 흐르는 단조의 첼로 연주가 제목을 더욱 강조한다. 이 도입 장면들은 반전反戰 메시지와 그 공화국 정부의 논리에 대한 애가를 나타낸다. 원작에는 이러한 장면에 해당하는 부분은 없지만 그러한 암시는 분명히 있다. 그 연극의 프롤로그는 들판을 배경으로, 전쟁영화에 대해 이야기를 나누는 두 십대, 루이시토와 그의 친구에게 초점이 맞춰져 있다.

연극사에 길이 남을, 퓰리처상을 수상한 두 작품은 영화각색을 통해 영화 장식이 발달했을 뿐 아니라 도입장면 또한 능숙하게 다루었다. 바로 테네시 윌리엄스의 『욕망이라는 이름의 전차』(1947)와 메리 코일 체이스의 『하비』(1944)다. 윌리엄스가 영화각본을 썼고, 엘리아 카잔이 브로드웨이 버전과 1951년 작 영화를 감독해 아카데미상 네 개 부문을 수상했다. 말론 브란도(스탠리), 킴 헌터(스텔라), 그리고 칼 말덴(미치)은 연극에서의 역할을 스크린에서도 계속 맡았고, 블랑쉬 역의 제시카 탄디가 영화에서 비비안 리로 교체되었다. 스탠리 역은 브란도를 유명하게 만들었다. 『하비』는 앙토와네트 페리가 브로드웨이에서 제작하였고, 영화로는 1950년, 체이스와 오스카 브로드니가 공동집필한 영화각본으로 헨리 코스터가 감독하였다. 영화 <하비>는 지미 스튜어트에게 가장 기억에 남을 만한 역할(엘우드 P. 다우드)을 선사했고, 원작 무대에서도 엘우드의 여동생으로 출연했던 조세핀 헐에게 오스카상 여우 조연상을 안겨주었다. 마틴과 포터는 비디오·영화 가이드에서 <욕망이라는 이름의 전차>에 별 다섯 개를, <하비>에 네 개 반을 주었다. 두 작품의 각색 모두 전환에 해당되진 않지만, 작가들이 직접 개입하여 그 결과가 충실한 변형의 범주에 든 또 하나의 사례이다.

윌리엄스의 『욕망이라는 이름의 전차』의 무대설명에서는 밀러의 『세일즈맨의 죽음』을 연상시키는, 실내외 공간을 모두 포함하는 복합 세트를 묘사하고 있다. 뉴올리언즈의 엘리지언 필즈 어느 모퉁이에 위치한 2층 건물과 1층 내부가 그것이다. 장면이 실내로 옮겨 갈 때, 실외는 어둡게 하고 실내는 불을 켜 두 개의 방과 욕실 문을 드러낸다. 극의 첫 장면이 진행되는 동안 블랑쉬는 여동생 스텔라를 방문하러 그녀의 집에 도착하고 스텔라는 남편 스탠리가 볼링 치러 갔다고 말한다. 영화에서는 이런 말들을 도입장면에서 일련의 이미지들로 시각화하고 풍부하게 하여 이해를 돕는다. 기차가 역으로 들어오고 블랑쉬가 내린다. 이 헤매는 여행자에게 잘생긴 젊은 선원이 다가와 말을 걸고 블랑쉬는 내숭을 떨며 대한다. 욕망으로 가는 전차 장면, 마침내 블랑쉬가 스텔라의 집에 도착한다. 원작에 나온 실마리대로 두 자매는 볼링장으로 가는데 그곳에서 스탠리가 소동에 휩쓸리는 것을 목격한다. 여기에 카잔은 재빠르게 등장인물의 성격을 나타내는 요소들을 집어넣는다. 선원의 외모는 블랑쉬의 성적 욕망에 대해 암시하고 싸움 장면은 스탠리의 폭력적인 성향을 드러낸다.

이 영화는 상당 부분 연극의 대사를 따르지만 변한 것도 있다. 이상하게도 카잔은 이 도입장면의 시작 부분에서 그 극의 가장 강렬한 이미지 중 하나를 삭제한다. 스탠리는 집 밖에서 등장해 스텔라를 향해 고함치고 고기 꾸러미를 던진다. 그녀는 항의하면서도 고기 꾸러미를 가까스로 받고는 스탠리가 볼링장으로 향하는 모습을 보며 웃는다(윌리엄스, 1972: 13-14). 이 짧은 장면은 스탠리가 집안의 생계를 책임지고 있고 난폭한 성격을 갖고 있으며 스텔라가 그에게 복종하고 있다는 사실을 대단히 경제적으로 보여준다.[6] 아마 카잔은 블랑쉬에 더 초점을 맞추고 그 도시의 이미지를 더 영화적으로 묘사하기 위해 이 장면을 정당하게 생략한 듯하지만, 우리는 그것을 하나의 번역손실로 볼 수 있다. 나중에 영화의 후반부에서 부분적인 보완을 통해 스탠리의 지배적인 성격이 집중 조명되는데, 미치와 스탠리가 일하는 공장에서 스탠리가 블랑쉬의 지저분한 과거를 폭로하는 추가된 연속장면에서이다.

익히 알다시피, 이 영화는 현실적인 공간을 다양한 방식으로 열어놓는다. 또한 거리의 장면과 유니스의 위층 장면이 추가되어 더 커다란 움직임과 패럴렐 액션이 가능해진다. 블랑쉬가 그녀의 숭배자 미치와 함께 있는 긴 장면은 폐쇄된 실내에서 한 호반의 클럽으로 옮겨간다. (이 호수는 아마 폰트샤르트레인 호수일 것이다. 뉴올리언즈 지명에 대한 정확한 정보는 원작의 무대 설명을 참조할 것.)

당시 헐리우드의 검열제도를 떠올리지 못한다면, 블랑쉬의 어린 남편이 자살한 이유에 대한 이야기가 완전히 바뀐 것은 거의 예측하기 힘든 사실이었다. 연극에서 블랑쉬는 미치에게, 어느 호반 클럽의 무도장에서 남편에게 대들면서 그가 동성연애자라는 사실을 알고 있다고 말했기 때문에 그를 죽음으로 몰고 갔다고 말한다. "나는 봤어요! 알고 있다구요! 당신이 구역질 나"(윌리엄스, 1972: 96). 심란해진 그 젊은이는 클럽을 나와 호수로 내려가서는 자살한 것이다. 1950년대의 영화제작법은 여전히 억압적이어서 이 영화에서 동성연애에 대한 암시는 제거되고 블랑쉬는 그저 남편이 유약한 탓이었다고 말한다. 대신에, 블랑쉬가 회상하는 야외

장면에서 어떤 보완[7]이 일어난다. 얼스킨과 웰치가 관찰했듯이, "연극의 제한된 배경과는 달리, 블랑쉬가 자신의 과거를 미치게에 고백하는 안개 낀 호반은 성적인 문제로 고통받은 남편이 자살한 원작의 장면을 환기시킨다"(얼스킨 & 웰치, 2000: 331). 이 부분은 원작 연극에서의 언어적 묘사가 영화에서 시각적으로 발전되었다.

코스터의 영화버전 <하비>는 카잔의 <욕망이라는 이름의 전차> 각색처럼 원문에 대한 충실성과 영화 언어의 조화 사이에서 균형을 유지한다. 체이스의 이 희극에서는 배역이 열한 명이고 두 개의 실내가 배경이 된다. 그것은 다우드의 옛 가족이 거주하는 저택의 도서관과 베타가 그녀의 남동생 엘우드를 감금하려는 첨리의 휴양지 사무실이다. 영화의 도입장면은 저택 밖에서 촬영된다. 엘우드는 집을 나와 문을 연다. 그는 매우 정중하게 우체부(추가된 배역이다)에게 인사하고 편지를 뜯고서는 읽지는 않는다. 베타와 그녀의 딸 머틀 메이는 창문을 통해서 걱정스럽게 엘우드를 바라본다. 이 세 주인공들 간의 관계, 즉 엘우드의 더없이 공손하지만 비정상적인 행동을 보이는 성벽과 여자들이 그가 그 집을 떠나기를 원한다는 사실은 대화가 시작되기 전에 시각적으로 제시된다. 영화에는 새로운 장면들, 조연들, 실내외의 장소들이 추가된다.

추가된 이 모든 요소들은 원작의 희극적 분위기와 리듬을 이어받으며 대부분 원문에서 따온 것들이다. 1막에서 베타는 메이가 남편감을 찾는 첫 단계로 만나게 해줄 목적에서 사교계의 부인들을 집에 초대한다. 영화는 이 사교계 모임의 중심부로 들어가고 여기서 우리는 그들 중 한 명이 부르는 끔찍한 노래를 듣게 된다. 연극에서 첨리의 휴양지 직원은 감금될 사람이 엘우드가 아닌 베타라고 착각한다. 당직 간호사인 윌슨은 베타를 위층으로 끌고가서는 강제로 목욕하게 한다. 영화에는 정신병원의 병실 몇 개가 보이는데 여기서 우리는 베타가 윌슨에게 반항하는 모습을 본다. 연극에서 조연 중 한 명은 택시운전사다. 영화에서는 거리의 택시 장면이 나온다. 영화에서는 첨리의 휴양지 마당이 나오는데 여기서 엘우드가 행복하게 꽃을 꺾고 있고, 점점 정신이 오락가락하는 나이든 경호원이 출입을 담당하고 있다. 연극에서는 엘우드에게 술 문제가 있다고 암시한다. 영화에는 엘우드가 자주 가는 바가 나온다. 이곳 바텐더와 단골들은 키가 크고 귀가 긴 엘우드의 친구인 하비를 잘 알고 있다. 사실 <하비>가 무대에서 스크린으로 번역되면서 얻은 주요한 이점 중 하나는 눈에 보이지 않는 '푸카'에 해당하는 실제 환상이 추가된 것이다. 영화에서는 엘우드가 큰 토끼와 이야기할 기회가 더 많다. 토끼는 그를 위해 문을 열어주고, 길을 건널 때 소방차에 치일 뻔 한 그를 구한다. 그리고 영화에서는 첨리 박사와 베타가 공유하는 하비의 존재에 대한 믿음을 더 부각한다.

나는 페르난 고메즈의 『자전거는 여름을 위해』에 대한 챠바리의 영화버전(로라 살바도르 말도나도 각본)이 삭스의 <별난 커플>과 코스터의 <하비>가 원작에 그랬던 것처럼 원문을 존중했다고 보지만, 원작자는 이 스페인 영화에 대해 그렇게 생각하지 않았다. 후안 안토니오 리오스 카라텔라는 스페인 극의 영화각색에 관한 책에서 <자전거는 여름을 위해> 부분에 "문제가 있는 각색"이라는 딱지를 붙인다. 이 논란의 대부분은 직접적으로 페르난 고메즈에게서 시작되었다. 그는 감독이 주인공들이 등장하는 식당 장면을 야외로 배경을 옮김으로써 비중을 낮추어버린 결정에 반대했다(리오스 카라텔라, 1999: 160). 관객들의 반응은 달랐다. 1986년 말 시행된 스페인영화협회의 여론조사에 의하면 <자전거는 여름을 위해>가 지난 6년 동안 관객들이 가장 좋아하는 영화 중 4위를 차지한 영화라고 한다. 카를로스 아귈러는 비디오영화 안내서에서 이 영화가 비평적으로도 중요한 영화이며 흥행에도 성공했다고 말한다(아귈러, 1992: 142). 이 영화의 모든 스타 섭외는 연극 제작에도 참여했던 아구스틴 곤잘레스(돈 루이스 역)가 주도하였다.

페르난 고메즈는 그 극(1978년 로페 데 베가 상을 수상, 1982년에 초연)을 쓰기 오래 전에 유명한 영화배우이자 감독이었다. 밀러의 『세일즈맨의 죽음』과 같이 『자전거는 여름을 위해』는 영화적 연극의 한 예이다. 3년에 걸친 에피소드적 행위들은 7개의 장소를 이동한다. 17개 장면 중 8개의 장면에 나오는 돈 루이스의 집 식당, 같은 아파트에 있는 루이시토와 하녀 마리아의 침실, 이웃집의 식당들과 건물 지하, 공원과 들판이다. 전쟁 때 전투가 숱하게 벌어졌던 그 도시의 서부 외곽 들판은 프롤로그와 에필로그에서 나온다. 연출가 호세 카를로스 플라자는 복합 무대배경을 이용해 의도적으로 영화적 무대에다 극본의 시공간적 유동성을 강조했다.[8]

페르난 고메즈의 작품을 영화로 각색하는 것이 단일 무대를 가진 소수 배역의 기성극보다 변화를 훨씬 덜 주어도 된다고 생각할 수도 있다. 하지만 챠바리는 어느 정도 장면을 재배치하고 대체한다. 예를 들어, 그는 루이시토가 자전거를 사는 것에 관해 아버지와 대화하는 주요 장면과 줄리오의 취직 축하파티를 준비하는 장면을 교차시킨다. 두 장면은 원문에 있는 것이지만 편집을 통해 재배치된 것이다. 그러면서 동시에, 챠바리는 원문의 대사에 지나치게 충실한 감이 있는데 그 결과 말이 너무 많다. 로르카의 『베르나르다 알바의 저택』에서 대사를 줄이고 단락 전체를 삭제한 카무스와는 달리, 챠바리는 연극의 거의 모든 대사를 끌어온다. 그러나 돈 루이스 가족들끼리의 대화는 특히 초반 장면들에서 그들이 거리를 거닐거나 노천카페에 앉아있을 때 이뤄진다. 장소를 야외로 옮기는 것은 만족스러운 영화적 장식을 위한 필수조건을 충족시키기 위한 전형적인 전략일 뿐만 아니라, 장기간 끌었던 마드리드 포위를 다룬 후반부의 폐쇄적 장면과 대비시키기 위한 것이기도 하다. 리오스 카라텔라가 정확하게 지적하듯이, "영화각색을 할 때 모든 촬영장소는 극 텍스트에 나타나 있다"(리오스 카라텔라, 1999: 165).

피터 베사스는 『버라이어티』지의 리뷰에서 <자전거는 여름을 위해>의 주제에 대해 비판한다. 그는 "지방 관객들조차도 이제는 스페인 내전을 다루는 주제를 지겨워한다"고 결론 내린다(베사스, 1984: 20). 그런 그가 『비하인드 스페니쉬 렌즈』에서 같은 영화에 대해 지나가는 말로 "이데올로기 비판이 전적으로 결여 돼 있다"(베사스, 1985: 256)고 주장하는 것은 이상한 일이다. 베사스는 양쪽 다 틀렸음이 드러났다. 스페인 관객들은 분명히 그 주제에 대해 어떤 지루함도 느끼지 않았다. 페르난 고메즈의 원작 공연은 전례 없는 성공을 거두었다. 사람들은 티켓을 사기 위해 몇 시간이나 줄을 섰다. 1985년 후반에 발표된 통계에 의하면, 마리오 카무스의 <죄없는 성자들>Holy Innocent이 스페인 영화 중 관객 점유율이 최고였으며 <자전거는 여름을 위해>는 목록에서 6위를 차지했다. 이 영화에 "이데올로기 비판이 전적으로 결여" 된 것은 아니다. 실제로 중대한 변형 중 하나는 연극에서의 매우 완곡하고 중립적인 입장이 영화에서는 공공연하게 친 공화파적인 메시지를 전하게 된 것이다.

프롤로그에서 거리의 '통행 금지' 현수막은 군인들이 도시를 방어하기 위해 행진할 때와 마노리타의 연인이 죽을 때 다시 보인다. 한 무리의 아이들이 떨어진 현수막을 가지고 노는 후반 장면은 아이러니를 한층 더한다. 같은 거리의 부근에서 국가주의자 군인들이 마노리타(빅토리아 아브

릴)에게 다가와 수작을 걸고 그녀를 지키려는 오빠 루이시토(가비노 디에고)를 구타한다. 초반 장면에서 공화파의 공격(종교 성상들의 파괴) 장면이 대비되기 때문에, 마지막에 보이는 '(국민군의) 승리'로 인한 정치적, 경제적 여파의 효과는 더욱 강렬하다. 보수파인 여지주의 밝고 우아한 거실과 외국 유학을 준비 중인 그녀의 상냥한 딸은 돈 루이스 가족의 절망적인 상황과는 선명하게 대조를 이룬다. 여기서 회전목마를 배경으로 그 아버지는 아들에게 자신들과 다른 사람들의 미래는 프랑코 집권당과 관련이 없다고 말한다. 페르난 고메즈는 원작 상연을 위한 작업 노트에서 자신은 노여움 없이 과거를 뒤돌아본다고 단언했다. 영화각색에서는 숨겨진 분노, 혹은 적어도 고조된 파토스가 들어갔다.

페르난 고메즈의 연극이 로페 데 베가 상을 수상한 것과 영화 출시 사이에는 불과 5년의 간격이 있었을 뿐이지만 이는 스페인 역사에서는 중요한 시기였다. 1978년, 독재정권에서 민주주의로 넘어가던 이 시기에, 많은 스페인 국민들은 억압적인 정권이 다시 돌아올까 봐 두려워하면서도 복수가 아닌 화합을 갈망했다. 1981년 2월에 일어난 군사 쿠데타는 빠르게 극복되었고 사회주의자들은 1982년 10월 선거에서 압도적인 승리를 거두었다. 연극에서 영화로 바뀌는 동안 미미한 이데올로기적 전환이 있었다면 이 역사적인 배경으로 쉽게 설명될 수 있다.

연극은 관객들이 처한 상황에 늘 민감하게 반응해 왔다. 장 루이스 배라울트는 세르반테스의 『누만시아』를 1937년 파리에서 공연하기로 정했는데, 그 이유는 로마군이 스페인 마을을 포위한 것을 다룬 이 황금시대의 역사극이 한창 진행 중인 스페인 내전에 대한 논평으로서 그의 관중들에게 영향을 끼칠 것이라고 보았기 때문이다. 장 아노일은 1944년 독일 점령기 동안 그리스 비극 『안티고네』를 각색하기로 결정했다. 왜냐면 프랑스 관객들이 전제정치에 대한 주인공의 저항이 현대에도 적용된다는 사실을 알게 되리라고 믿었기 때문이다. 이와 유사하게 2003년 이라크 침공과 바그다드 포위 전날 밤에 마드리드에서 재연된 『자전거는 여름을 위해』는 이중적 메시지를 전달했다. 그들 자신의 민족적 비극에 대한 집단적 기억과, 같은 방식으로 고통을 받게 될 다른 민족에 대한 연민이었다. 2003년 겨울과 봄 내내 모든 극단의 스페인 배우들은 전쟁반대 리본을 달고 커튼콜에 나타났다. 마드리드 포위에 관한 페르난 고메즈의 이 연극 공연들에서 '전쟁은 그만No a la guerra'이라는 리본은 깊은 감동을 주며 환호를 받았다.

극 번역가와 영화각색가는 일단 한 텍스트가 시간과 공간에서 원문의 맥락에서 벗어나면 의도했든 하지 않았든, 모든 관객들에게는 그런 것은 아닐지라도, 새로운 의미를 전달할 가능성을 의식하고 있어야 한다. 마리아 아순씨온 고메즈는 스페인의 정치상황은 안토니오 부예로 바예호의 『민중을 위한 몽상가』Un soñador para un pueblo(1958)의 초연 때와 호세피나 몰리나가 영화로 각색한 <에스퀼라체>(1988) 사이에 근본적으로 변했다고 지적한다. 부예로 바예호가 실패로 끝난, 18세기의 스페인을 근대화하려 했던 진보적인 장관 에스퀼라체를 다룬 역사드라마를 썼을 당시 프랑코의 오랜 독재는 억압의 절정에 있었다. 몰리나의 영화는 스페인 사회당인 PSOE의 권력이 정점에 달했을 때 나온다. 현대의 영화 관객들이 족히 세 가지 사회역사적 맥락에서 <에스퀼라체>를 해석할 수 있을 것이다. 찰스 3세의 통치(영화의 배경), 1950년대의 억압(당국의 검열을 전복하는 수단으로 사용된 역사적 배경으로 부예로의 연극에 대한 상호텍스트적 해석), 그리고 그들 자신의 현재(민주화된 스페인). 고메즈는 조지 산토가 분류한 범주를 이용하여 1958년의 『민중을 위한 몽상가』가 변증

법적 프로파간다로 기능하였고, 관객들로 하여금 생각을 하게 하여 권위주의적 정권에 반대하는 입장을 취하도록 의도되었다고 기민하게 꿰뚫는다. 민주화 사회에서는 <에스킬라체>가 통합의 프로파간다로서 기능하며 간접적으로 현상유지에 복무한다고 말한다(고메즈, 2000: 123). 몰리나는 부예로 바예호의 텍스트를 바꾸지 않았다. 동일한 이야기에 대한 새로운 해석의 가능성을 제공하는 것은 관객들의 역사적 상황이다.

연극과 영화에서 관객들이 인지할 잠재적 의미가 바뀌는 것은 영화제작자나 감독들의 편에서 보자면 더 의도적인 것일 수 있다. 앞 장에서 언급했듯이 칠레 극작가 안토니오 스카르메타는 1980년대 초반에 『타오르는 끈기』의 영화각본을 직접 쓰고 감독했다. 수수한 우체부와 시인이자 외교관인 파블로 네루다의 우정에 대한 같은 작품을 다룬 더 잘 알려진 영화는 <일 포스티노>(우체부(영))(1994, 마이클 래드포드 감독)이다. 랭보 시에 대한 상호텍스트성을 지운 이 새로운 제목은 관객들을 끌어 보려는 욕망을 나타낸다. 이처럼 제목을 바꾸는 것은 흔한 일이고 꼭 원문에 충실하지 않다는 의미는 아니다. 넬리 페르난데스-티스코르니아의 『메이드 인 라누스』는 <메이드 인 아르헨티나>(1986, 후안 호세 후시드 감독)로 바뀌었는데, 부에노스아이레스가 아닌 지역에 사는 사람들 중에 라누스가 그 도시의 노동자 계층이 사는 지역임을 아는 사람이 별로 없다는 이유에서 였다. '더러운 전쟁Dirty War[혁명군에 대한 정부군의 전쟁 – 역자 쥐]' 기간에 강제로 추방당했다가 아르헨티나로 다시 돌아온 정치적 망명자를 다룬 후시드의 영화는 기본적으로 원문의 변환에 해당한다. 이와 달리 <일 포스티노>는 스카르메타의 연극에 기반한 프랑스/이탈리아/벨기에 합동 제작으로, 배경을 칠레에서 이탈리아로 옮겼으며 기본적인 정치적 메시지도 상당부분 바꿨다. 아마 이러한 변화는 시간의 변화에 따라 유발된 것이겠지만 국제적인 관객들을 위해 정치적 메시지를 완화하기 위해서라고 보는 편이 더 그럴듯하다.

스카르메타의 <타오르는 끈기>는 시적인 분위기에, 영화적으로도 아름답지만 역사적인 인물의 삶을 밀착해서 보여주며 칠레의 정치적 상황에 방점을 찍고 있다. 스카르메타가 직접 각색한 영화와 마찬가지로 원작 연극도 1969년에서 1973년까지를 배경으로 하는데, 이때 군부가 살바도르 알렌드Salvador Allende 정부를 끌어내리고 그와 함께 동맹했던 사람들을 처형하였다.

스카르메타의 영화에서 네루다는 공산당의 주요 인사로서 정치 선거에 참여하여 알렌드의 강력한 지지자가 되고, 알렌드는 대통령 선거에서 승리한다. 1971년 네루다가 노벨문학상을 받을 때 이슬라 네그라의 작은 마을 주민들은 선술집에 모여 텔레비전으로 그의 수상소감을 듣는다. 군부와 대통령 암살에 대한 소식이 보도되자 네루다의 신변안전을 염려하는 전보가 세계 곳곳에서 날아온다. 우체부인 마리오는 전보 내용들을 암기하여 고령의 병든 시인에게 이를 전하려고 그의 집 언덕을 몰래 기어오른다. 스웨덴과 멕시코가 네루다를 구출하려고 개입한 사실은 앰뷸런스의 도착과 비행기의 이륙 장면으로 나타난다. 마지막 연속장면에서 당국 관리들이 마리오를 연행하여 표면적으로는 몇몇 일상적 질문을 던지는데, 마리오의 얼굴 표정이 우리가 이미 알고 있는 사실을 확신시켜준다. 그 일상적 질문들이 그를 사형 집행장으로 이끌 것이라는 사실 말이다. 마리오는 래드포드의 영화에서도 죽지만, 아마 로마로 추정되는 곳의 대규모 공산당 시위 현장에서 경찰에 의해서이다. 거기에는 칠레의 폭정에 대한 어떤 암시도 없으며, 마리오는 거대한 군중 속에 서 붙잡힌 것이지 한 정치적 인사와의 우정 때문에 처벌받는다는 점이 부각되지 않는다. 따라서 <일 포스티노>는 우리의 스펙트럼상에서 차용/유추에 가까운 충실한 변형에는 해당되지 않는다.

정치적 메시지를 고의로 바꾼 또 다른 예는 <브와나>*Bwana*(1996, 이마놀 우리베 감독)로, 이그나시오 델 모랄의 『검은 남자의 응시』를 각색한 작품이다. 이 원작 연극은 1991년 스페인작가협회상의 최초 수상작으로서 1993년에 처음으로 상연되었다. 우리베가 각색한 영화(델 모랄과 프란치스코 피노 각본)는 성세바스찬 국제영화제와 마이애미 국제영화제에서 여러 주요 상들을 수상했고 오스카에서 최우수외국어영화상 스페인 부문에 후보로 올랐다. 인종차별에 대한 델 모랄의 이 풍자극에는 지중해의 외딴 해변을 배경으로 여섯 명의 인물이 등장한다. 스페인인 부부와 그들의 두 아이들, 그리고 두 명의 불법 노동자인 옴바시와, 비록 목소리만 나오긴 하지만 그의 죽은 친구가 그들이다. 우스꽝스러운 오해가 오가는 저녁과 밤을 지낸 후 아버지와 옴바시가 몸싸움을 하게 되고 스페인인들은 그 흑인을 버리고 떠난다. 에필로그에서 두 흑인이 대화를 나누는 장면을 통해 우리는 옴바시가 붙잡혀서 국외로 추방당했지만 나중에, 필사적으로 더 나은 삶을 구하며 스페인으로 되돌아갔다가 한 도시의 거리에서 죽게 되었음을 알게 된다. 연극의 끝 장면에서 죽은 두 남자는 드럼소리가 울려 퍼지는 아프리카 축제 속으로 퇴장한다. 이 몽환적인 장면은 요루바족의 종교적인 광경을 환기시킨다.[9] 이 연극은 전형적인 델 모랄식으로 유머와 환상이 두드러진다.

영화 <브와나>는 예상할 수 있다시피 영화적 장식을 발전시키고 새로운 인물을 추가하기 위해 촬영지의 수를 늘린다. 추가된 배역은 밀수업자와 스킨헤드족으로, 엄마를 강간하려고 위협하려는 자들이다. 원작에는 이 난폭한 등장인물들에 대한 어떤 언급도 없다. 마지막 장면에서,

겁에 질린 가족들은 차를 타고 도망가고 옴바시가 혼자 버려져 그 위협적인 신나치족들의 야만적 공격에 맞서 싸운다. 고메즈가 잘 보았듯이, 두 명의 스킨헤드족이 독일인이라는 점에서 영화는 옴바시의 죽음에 대한 책임은 이방인에게 동정심을 발휘하는 데 실패한 스페인 중산층으로부터 과격한 권리를 주장하는 외국인들에게로 옮겨간다(고메즈, 2002: 31). 분위기와 이데올로기에서 이러한 변화로 생기기 때문에 <브와나>는 <일 포스티노>와 마찬가지로 충실한 변형보다는 차용에 더 가까운 것으로 간주해야 한다.[10)]

무대 연출가나 극 번역가들은 생존 작가의 극을 대폭 바꾸고 싶을 때는 마땅히 작가와 상의해야 한다. 계약에 따라서 연극의 영화 버전을 준비하면서 그런 상의를 할 법적인 이유가 없을 수도 있다. 하지만 확실히 작가들은 완전히 다르게 각색된 작품을 보고서 충격 받고 싶어하지 않는다. 스페인 극작가들과 대화해 본 결과 나는 다음과 같은 결론을 내렸다. 대부분의 작가들은 영화가 대중적으로 성공한다고 해도, 심지어 자신들이 각본 작업을 돕는다 해도 전환이나 충실한 변형에서 멀어진 영화 버전에 당황하는 경향이 있다.[11)] 델 모랄은 공동 각본에 참여했음에도 『검은 남자의 응시』에 추가된 폭력적인 장면을 인정하지는 않는다(델 모랄, 사적인 인터뷰, 2003).

단역극은 무대연극에서는 일반적이지만 영화에서는 보기 드물다. 단역극은 배우의 출연료가 적게 들고 소극장이나 실험무대에서 공연할 수 있으며 순회공연 하기가 더 쉽다는 이점이 있다. 그러나 단역극이 영화 버전에서 그대로 유지되면 영화가 자칫 연극을 녹화한 것처럼 보일 수 있다는 커다란 위험을 감수해야 한다. 따라서, 영화각색에서는 사실적 공간을 열어 보이는 과정 중에 배역의 수 또한 현실적으로 늘어나는 경향이 있다. 그러나 예외는 있기 마련이다. 1962년 에드워드 올비의 극을 토대로 한 <누가 버지니아 울프를 두려워하랴>(1966, 마이크 니콜 감독)가 유명한 예이다. 베넷 이 조르넷의 『여배우들』을 각색한 폰즈의 영화에서처럼 니콜의 <누가 버지니아 울프를 두려워하랴>는 원작의 네 명의 인물들을 고수한다. 네 명의 배우들, 즉 엘리자베스 테일러(마르타), 리차드 버튼(조지), 샌디 데니스(허니), 조지 시걸(닉)은 아카데미상 후보에 오르기도 했다. 테일러와 데니스는 오스카에서 각각 최우수 여우주연상과 최우수 여우조연상을 받았다. 영화는 또한 최우수 작품상, 감독상, 각본상등 아홉 개 부문에서도 후보로 올랐다. 오스카상에서는 B&W 촬영기술상, B&W 연출상, 그리고 B&W 의상상을 수상했다. <누가 버지니아 울프를 두려워하랴>는 등장인물을 늘이거나 컬러기법으로 촬영하지 않고도 마르타와 조지의 오랜 애증관계, 젊은 커플이 겪는 결혼생활의 보이지 않는 갈등, 그리고 네 인물들 간의 상호작용 등 극적 긴장감에 초점을 맞추었다.

제작자인 에르네스트 레만이 쓴 각본은 올비의 텍스트를 충분히 존중하고 있어서 전환의 좋은 예를 볼 수 있다. 셰익스피어극을 현대적으로 각색하는 경우에서 많이들 그러듯이 레만은 원문을 분별력 있게 삭제함으로써 대사들을 긴장감 있게 만들었다. 영화의 대사들을 원작 연극과 비교해 보면 몇 줄이나 한 페이지 정도의 짧은 생략은 아주 많고 가끔 원문의 몇 페이지를 삭제한 경우도 있다. 레만이 한 것 중 유일하게 실질적인 변화는 마르타의 나이와 관련해서이다.

연극이 책에서 무대 혹은 스크린으로 옮겨 갈 때는 종종 수정이 불가피하다. 극을 연기하는 것이 피와 살을 가진 배우들이기 때문이다. 이러한 전략은 일반적인 것이지만 결과는 서로 크게 다르다. 유진 오닐의

『느릅나무 밑의 욕망』에 대한 어윈 쇼의 각본(1958, 델버트 만 감독)은 소피아 로렌의 미국 영화 데뷔를 성사시키기 위해 크게 고쳐 쓸 수밖에 없었다. 그녀가 맡은 배역은 십 년 정도 더 젊어졌고, 갓 이민 온 이탈리아인으로 바뀌었으며, 그녀의 이전 나폴리에서의 생활을 이야기하는 새로운 대사가 추가되었다. 로렌의 외모는 하나하나 관객들에게 그녀의 태생지를 상기시키고, 그녀의 억양은 그 자체로 주의를 끈다. 이런 연유에서 그리고 다른 주요한 원작의 변경들로 인해 "오늘 연구자들은 그렇게 많은 것을 잃고도 얻은 것은 없다며 기겁을 한다"고 얼스킨은 적고 있다 (얼스킨 & 웰치, 2000: 88). 일반 관객들도 이에 동의했다. 벌 아이브스와 안소니 퍼킨즈도 출연했던 이 영화는 흥행에 실패했다.

　<누가 버지니아 울프를 두려워하랴>에서 레만이 시도한 변화는 훨씬 더 신중하다. 대부분의 관객들은 변화가 있었는지도 모르고 기본적인 스토리에도 영향을 미치지 않는다. 올비의 극에서 마르타는 쉰 두 살로, 남편보다 여섯 살이 더 많다. 그들은 이십삼 년 동안 결혼생활을 해왔으며 가상의 아들의 나이는 스물 한 살이다. 영화에서는 테일러와 버튼의 나이 차이는 사라져 버렸다. 그들은 당시 부부간의 불화로 인해 '싸우는 버튼부부'로 널리 회자되었다. 영화에서 아들의 나이는 열여섯이다. 마르타가 결혼생활을 한 햇수에 대해 말하는 정확한 대사는 옮겨지지 않았다. "이십삼 년 동안이나!"(올비, 1983: 153)는 '해가 갈수록'이 되었고, "당신과는 이십삼 년이면 충분해"(올비, 1983: 156)라는 말은 '당신과의 수천년'이 되었다. <느릅나무 밑의 욕망>에서 바뀐 대사들과는 달리 이 각본은 관객들에게 거슬리지 않고 매끄럽게 흘러간다.

　네 명의 인물이 등장하는 올비의 이 연극은 배경이 하나뿐이다. 아담한 뉴잉글랜드 대학 캠퍼스 사택의 거실이 무대이다. 영화각색의 양식에

따라 니콜이 여러 개의 방들을 통해 실내 공간을 열어 보이고 가능한 한 많이 외부공간으로 옮겨 갈 것이라고 예상할 수 있다. 그는 이러한 예견된 과정을 능숙한 솜씨로 실행에 옮긴다.

　도입장면은 야외의 느낌을 물씬 풍긴다. 달과 하늘, 나무들을 낮은 각도로 찍고, 집을 나서는 사람들을 파노라마적으로 포착했다. 제목이 뜰 때 카메라는 공원을 가로질러 집을 향해 걷고 있는 남자와 여자를 높은 각도로 찍는다. 여자의 요란한 웃음소리와 그들의 비틀거리는 걸음을 통해 여자의 성격과 그들이 술에 취했다는 사실을 잘 보여준다. 영화의 장면 대부분은 집 안에서 발생한다. 이동하는 느낌은 거실의 여러 장소를 번갈아 초점을 맞춤으로써 뿐만 아니라, 부엌으로 들어가고, 현관으로 나가고, 계단을 올라 침실로 가는 것을 통해서도 구현한다. 도입장면의 캠퍼스는 영화의 여러 장면에서 사용되며 나무에 매달려 도는 장면은 모호한 상징적 의미를 띤다. 이는 조지의 좌절 혹은 아마도 존재하지 않은 아들을 나타내는 것일 터이다. 두 남자의 고백조의 긴 대화는 이곳의 집 바깥에서 이뤄지는 것으로 각색되었다. 닉이 나무에 기대어 있는 동안 조지는 나무 주위를 돈다. 마침내 술에 취한 두 남자는 잔디에 누워있다.

　『누가 버지니아 울프를 두려워하랴』의 영화버전에서는 역시 원문에서 실마리를 끌어내어 연극의 정적인 배경을 다른 방식으로 확장한다. 연극에서는 어떤 초짜 운전자에 의해 그의 아버지가 죽은 자동차 사고가 반복되어 언급된다. 그 십대 소년은 조지였을 수도 있고 아니었을 수도 있다. 그 이야기는 현실이건, 환상이건, 혹은 마르타와 조지의 시소게임 같은 관계를 보여주는 혼합물이건 간에, 그 난폭한 취중 운전 장면은 논리적으로 마르타가 조지에게 손님을 모셔다 드리라고 제안한 다음에 이어진다. 연극에서 커플들은 파트너를 바꾸어 거실에서 춤을 춘다. 영화에서 이 장면은 어느 길가 음식점 겸 술집인 곳으로 옮겨지는데 그곳엔 넓은 댄스플로어와 비어있는 연주단상, 주크박스가 있다. 춤추는 장면은 이 널찍한 공간에서 이루어지기 때문에 집 안의 닫힌 공간에서 가능한 것보다 움직임과 카메라 이동의 여지가 훨씬 더 많아진다. 마르타는 연주단상으로 올라가 드럼을 침으로써 자신의 이야기를 강조할 수 있다. 다른 추가 장면들은 음식점 밖에서 일어난다. 닉과 허니는 클럽을 나와 집으로 발걸음을 돌리고 조지와 마르타는 주차장에서 다툰다.

레스토랑 겸 술집 장면은 영화에서 네 명의 배우들 외에 다른 인물들이 등장하는 유일한 장면이다. 그곳을 운영하는 노부부가 배경의 일부로 잠깐 등장한다. 남자는 들어와서 문닫을 시간이 되었다고 말하고, 여자는 말없이 그들의 마지막 술자리에 시중을 들어준다. 이 술집 주인들의 존재는 원문의 극적인 긴장을 변화시키지 않으면서 영화적인 사실성을 강화시킨다.

작가와 충분히 협력하여 등장인물을 추가한 두 편의 단역극으로는 베넷 이 조르넷의 남성 3인극『유언장』(『유산』, 1996)과 로버트 할링의 여성 6인극『철목련[강한 여성들]』*Steel Magnolias*(1986)을 들 수 있다. 두 경우에서 모두 작가들은 원래의 연극에서 말로만 언급되는 데 그쳤던 배우들을 등장시킴으로써 영화적 장식을 최대화하는 각본을 썼다. <아믹/아맷>(<연인/친구(영)>, 1998)은 바르셀로나를 배경으로 한 카탈로니아 극인『유산』에 대한 벤투라 폰즈의 영화버전으로 여러 유럽영화제에서 연기상과 감독상, 각본상을 수상했다.[12] 루이지애나의 작은 마을을 배경으로 하고 샐리 필드, 줄리아 로버츠, 돌리 파튼 그리고 셜리 맥클레인이 출연한 <철목련>(1989, 허버트 로스 감독)은 마틴 앤 포터에서 별 네 개 반을 받는 등 대중적인 인기를 끌었다.

<여배우들>에서처럼 <연인/친구>는 부분적으로 전환에 해당한다. 『유산』의 텍스트는 원작의 장면 순서나 주요 인물들의 대화가 크게 바뀌지 않은 채 <연인/친구>에 편입되었다. 주요 등장인물은 두 명의 대학 교수(중병을 앓고 있는 동성애자 철학교수와 그의 이성애자 친구)와 한 학생(매춘으로 생계를 마련하는 양성애자 청년)이다. 두 버전에서 모두 시간적 배경은 한 사건으로 구성되는 하루one action-packed day이다. <여배우들>에서와는 달리 <연인/친구>에서는 배역을 확대하는 변화도 일어난다. 연극에서는 단지 자동응답기에 남겨진 목소리로만 나왔던 친구 교수의 아내나 딸들에게도 남자들과 똑 같은 비중의 역할이 주어졌다. 더 높아진 영화의 사실성을 위해 추가된 인물들은 모두 이름이 있다. 자우메(조셉 마리아 포우), 데이비드 학생(데이비드 셀바스), 페레(마리오 가스), 페레의 아내 패니(로자 마리아 사르다), 그리고 그들의 딸 알바(이렌느 몬탈라).

린다 세게르는 영화각색에 대한 실전 입문서에서 확대할 여지가 있는 사실적인 상황과 발전의 여지가 있는 이야기 전개, 그리고 인간적인 주제를 표현하는 영화적 이미지를 가진 극을 선택하라고 조언한다(세게르, 1992: 42). <연인/친구>는 세게르가 제안하는 바의 좋은 예이다. 『유산』의 세 가지 무대배경은 최소한의 소품만 갖추라고 지시된 등장인물들의 아파트이다. 영화에서는 세 아파트 각각의 특징이 두드러지며 사실적인 디테일을 보여준다. 예상하다시피 많은 장면들이 야외에서 촬영되었다. 사실적인 공간은 그것이 없으면 정적인 대화만 오가는 것에 역동적인 배경을 제공하기 위해 고안되었다. 두 인물간의 대화에는 클로즈업 장면과 말하는 사람들에 대한 역촬영이 사용되었다. 엄마와 딸 사이의 오랜 대화는 바쁘게 돌아가는 바르셀로나를 배경으로 촬영되었고 남자들이 등

장하는 장면들과 함께 교차편집되었다. 이러한 교차편집은 원작 극에서 그대로 따온 대사들에 더 큰 역동성을 부여할 뿐만 아니라 데이비드의 모순된 행동을 더 깊이 이해하게 해준다. 딸과 엄마, 그리고 교수와 젊은이가 병치된 장면들은 데이비드를 향한 자우메의 점점 커져가는 부성을 부각시키는 동시에 존경과 적의 사이를 오가는 그 젊은이의 심리를 잘 설명해 준다.

자동응답기는 영화에도 나오지만 연극에서와 같은, 주요 등장인물과 직접적으로 연관이 없는 이야기를 하는 익명의 무대 밖의 목소리off-stage voices는 사라진다. 연극에서 그것은 고독, 사랑, 고통, 공포 등의 중심적 주제를 강조하는 은유적 차원을 유지한다. 대신 <연인/친구>에서는 주인공들의 삶에서 부수적인 역할을 하는 현실적인 인물들이 새로 추가된다. 자우메의 고통이 극에 달했을 때 그가 고통에서 벗어나게끔 도와주는 의사나 알바가 아파트를 같이 쓰는 친구 등이 그러하다.

연극 『유산』에는 동성애적 상황과 잔인한 상황들이 나타난다. 반항적인 젊은이가 그를 학문적 후계자로 선택한 철학 교수를 구타하고, 늙은 교수의 필생의 연구가 담긴 디스켓과 하드 드라이브를 모조리 부순다. 그 젊은이의 아이를 임신한 젊은 여성은 부모님이 원하는 낙태에 그녀가 반대해야 한다는 그 교수의 의견에 공감하는 것 같다. 마지막 장면은 의미가 모호하다. 그 젊은이가 옷을 벗고 손님을 받을 준비를 하는데, 자동응답기에서 흘러나오는 마지막 정체불명의 목소리는 신비로운 시인 라몬 률Ramon Llull을 연상시키는 구원에 관한 시 구절에 대해 말하는데, 그것은 노교수의 정점에 이른 프로젝트의 주제였다.

<연인/친구>에서 매춘부로서의 데이비드의 은밀한 삶은 제목이 올라가는 동안 이미 가시적으로 제시된다. 그의 몸 일부가 클로즈업 되면서

변태 성욕적 소지품이 드러나는 것이다. 다음 연속장면은 캠퍼스에서 촬영되었다. 카메라는 푸른 잔디밭을 목가적인 파노라마로 비추다 강의실 건물 안으로 이동한다. 알바는 우연히 문을 열고 들어갔다가 자우메가 의료 평가를 받는 것을 보게 된다. 자우메가 친구에게 시간이 되었을 때 자신이 죽는 것을 도와달라고 요청할 때 그녀는 재빨리 그곳을 빠져 나온다. 복도 밖에서 알바는 약간 당혹해 하는 데이비드와 마주친다. 우리는 그 어떤 대사보다도 바로 그 이미지를 통해 그녀가 임신했다는 인상을 받게 된다. 자우메는 방을 나오다가 알바와 데이비드가 함께 있는 것을 본다. 이러한 이미지들을 통하여 <연인/친구>에서는 연극에서보다 훨씬 더 빨리, 데이비드와 알바의 관계와 데이비드가 자우메의 학생일 것이라는 사실을 보여준다. 제목이 뜨는 연속장면에서는 아직 데이비드가 성적 매력이 있는 남자임을 눈치채지 못할지 모르지만 그것은 곧 드러난다. 또한 자우메의 병과 임박한 죽음도 알게 된다. 극에서보다 훨씬 더 경제적으로 이러한 인간적 주제들이 영화의 몇 분 되지 않는 도입장면에서 시각적으로 표현된다.

만일 우리가 『유산』에 완전히 충실한 영화각색을 기대한다면 <연인/친구>에 나오는 여성들이 중심 이야기의 격을 떨어뜨린다고 결론지을 수도 있을 것이다. 패니와 알바에 대한 이야기의 발전은 확실히 분위기의 변화 즉, 은유적인 층위에서 현실적인 층위로 전환하는 데 기여하는 바가 크다. 한 남성 매춘부와 게이 교수와 관련되는 연극의 중심적인 상황은 여성 관객의 경험과 아마도 상업적인 일반 관객들에게 친근한 이야기를 추가함으로써 더 부드러워진다. 기묘하게도 주인공 중에 유일하게 이성애자인 남성이 영화에서 무디고 자기중심적이며 화를 잘 내는 성격으로 바뀌어 나타난다. 이 때문에 우리는 알바가 아버지보다 어머니와 더 많이 대화하고, 패니가 알바와 함께 어린 시절의 추억을 회상하고 난 후 이십 년 간의 결혼생활을 정리하고 페레를 떠날 결심을 하는 것에 별로 놀라지 않는다. 한편, 영화는 여전히 열린 결말을 유지하지만 극에서만큼은 아니다. 영화는 알바가 아기를 낳을 것이고 데이비드의 삶이 변할 것이라는 점을 더 확실하게 믿게 한다. 극에서는 마지막 대사가 익명의 목소리들 하나에 의해 전해진다. 반면 익명의 목소리가 없어진 영화에서 목소리만 나오는 말은 데이비드가 다음 손님을 받기 위해 옷을 입을 때도 룰의 관념적 철학에 대해 생각하고 있음을 의미하는 듯하다.

할링의 『철목련』을 각색한 영화도 영화적 장식을 펼쳐놓고 배역을 늘리는 등 <연인/친구>에서와 동일한 전략을 사용하지만 그 범위가 더 넓다. <연인/친구>는 한 사건이 일어나는 하루를 보여주지만, 영화 <철목련>의 시간적 배경은 극에서처럼 쉘비의 죽음에서 끝나지 않고 여러 해로 늘어난다. 원작의 배경은 모두 트루비의 미장원이다. 영화의 사실적 공간에서는 여러 다른 장소들 중에서도, 시내의 두 거리와 쉘비의 결혼식 준비가 이루어지는 트루비와 믈린의 집 실내, 결혼식과 피로연이 벌어지는 뒤뜰, 쉘비가 아이 방을 꾸미는 크리스마스 날 그녀 집의 실내, 쉘비가 간호사로 일하다가 나중에 죽음을 맞이하는 병원, 그녀의 장례식이 치러지는 묘지, 이제 걸음마를 하는 쉘비의 아이가 부활절 달걀을 가지고 즐겁게 노는 공원 등이 나온다. 연극은 여섯 여자들의 유대감에 초점을 맞춘다. 트루비와 그녀의 젊은 보조미용사 애넬, 두 명의 노부인 고객인 귀족적인 클레어리와 신랄한 위저, 이들은 당뇨병 환자인 쉘비가 아이를 낳기를 선택한 대가로 어머니의 신장을 이식받았음에도 불구하고 죽었을 때 믈린을 정서적으로 위로해 준다.[13] 한편 영화에서는 나이든 위저와 애넬을 향한 로맨틱한 관심들뿐 아니라 트루비와 믈린의 자상한 남편들과 아들들까지 보여준다. 애넬은 외모와 삶에 대한 전망을 완전히 바꾸고 결혼해서 영화 마지막에 막 자신의 아이를 출산하려 한다. 전반적으로, 이처럼 확장된 요소들은 연극에서 암시되었던 것이지만, 영화의 부차적 이야기들은 <연인/친구>에서 아내와 딸을 강조한 것이 그랬던 것처럼 원래 극의 분위기와 정신을 희석하는 경향이 있다.

세게르는 영화를 각색할 때는 닫힌 결말, 되도록이면 해피엔딩이 좋다고 조언한다. 대중 영화는 결말이 죽음으로 끝나서는 안 된다. 다른 사람들이 그 죽음을 애도하는 장면이 마지막에 보충되지 않는다면 말이다(세게르, 1992: 7). 영화 <철목련>은 이러한 실용적인 제안보다 더 나아간다. 극은 쉘비의 죽음으로 끝나고, 믈린의 친구들은 슬픔을 나누면서 그녀가 계속 살아갈 용기를 되찾도록 도우려고 애쓴다. 영화는 삶을 강조하면서 끝난다. 우리는 어린 손자에 대한 믈린의 사랑과 애넬이 막 아이를 낳으려 하는 것을 본다. 바야흐로 부활의 계절이라는 사실은 부활절 달걀 찾기 행사와 파노라마 같은 봄날의 풍경으로 시각화된다.

세게르의 조언은 호세 산치스 시니스테라의 1987년 무대 성공작을 카를로스 사우라Carlos Saura가 1990년에 각색한 <아, 카멜라!>와도 연결된다. 이 영화(사우라와 라파엘 아즈코나Rafael Azcona 각본)에서 스페인 내란 때 암살당한 카멜라(카르멘 마우라)의 죽음은 추가된 마지막 장면으로 보상받는다. 그녀의 오랜 동료인 파울리노(안드레스 파야레스)와 그들이 가짜로 입양했던 벙어리 소년 구스타베트(가비노 디에고)가 그녀의 무덤 옆에서 애도하며 서있다. 구스타베트는 슬픔에 겨워하다가 목소리를 되찾는다.

산치즈 시니스테라의 『아, 카멜라!』는 카멜라와 파울리노가 등장하는 2인극이다. 단일 배경은 텅 빈 무대이다. 연극이 시작될 때 파울리노는 혼자이다. 카멜라는 이미 죽었기 때문이다. 그녀의 유령이 에피소드 형식으로 돌아와서 그에게 자신이 저승에서 새로 알게 된 사실을 말하고 그녀를 죽음으로 이끌었던 사건들을 풀어 놓을 기회를 제공한다. 시간의 유동성과 플래시백이 영화적 코드를 구성하긴 하지만 사우라는 대신에 선형적인 내러티브를 선택한다. 그는 관객을 공화파 진영으로 데려간다. 그곳에서는 주제곡의 흥겨운 음악이 배우들의 트럭에서 흘러나오는데 이것은 폭격으로 건물이 완전히 파괴된 마을과 대조를 이룬다. 영화에서 우리는 카멜라, 파울리노, 구스타베트와 함께 전쟁이 휩쓸고 간 스페인을 여행하고, 국제여단International Brigades의 몹쓸 군인들을 만나고, 희화화된 이탈리아 장교의 지시로 카멜라가 마지막 공연을 준비하는 것을 지켜본다.

연극이 영화로 바뀔 때 하나의 메타픽션 장치를 다른 것으로 바꾸는 것은 그다지 드문 일이 아니다. 사우라의 영화는 이 연극의 전통적인 무대 내 무대the theatre within the theatre 방식을 반복하지 않지만, 마지막 공연의 장소를 영화관으로 개조된 극장으로 옮김으로써 이를 보충한다. 여기서 영사기의 하얀 조명을 스포트라이트로 썼다. 영화는 관객들의 적극적인 상상력을 요구하는 연극인들의 극중극들을 달리 취하는데, 예상할 수 있다시피 그것들을 각각 연기 공간, 관객, 동반 연주자들로 완성되는 현실적인 공연들로 변형시킨다. 사우라는 이 무대 연극의 음악적 요소를 더 확장시켜 그것을 더 완전하게 발전시키고 보드빌 형식을 더 추가한다.

영화각색의 성공은 영화각색이 그 자체와 원작 연극 사이에 두는 거리에 좌우된다는 손탁의 말은 <아, 카멜라>에 대한 열광적인 반응에 대하여 부분적으로나마 설명해줄 것 같다. 바뎀의 <칼레 메이어>처럼 사우라의 <아, 카멜라!>는 연기를 완전히 재조정하고 재배치했으므로 변형이라기보다는 오히려 차용이라 할 수 있다. 그 결과 나온 창의적인 각색은 원문과 상당히 다르지만 그 성격은 그대로 유지하고 있다.

여러 나라의, 수십 년 간의 무대 연극을 효과적으로 각색한 영화들을 검토해보니 광범위한 전략들이 존재했다. 부정적인 비평에도 불구하고 극의 영화 버전은 자주 비평가들과 관객에게 똑같이 환영 받아왔다. 영화가 놀라울 정도로 원작에 충실한 채로 남아있을 때조차도 마찬가지였다. 영화 문법의 성격을 속성상 특수한 영화 장치들이 필요한 건 예상되지만, 어떻게 하면 한 연극이 가장 잘 영화로 번역될 수 있을지에 대해서는 어떤 뾰족한 답도 없다. 연극의 성공적인 영화 버전들은 전환(원문을 다소 있는 그대로 옮기는 일종의 직역에 해당)에서 변형(원문에 충실하면서 더 적극적으로 언어적 텍스트를 시각적인 영상언어로 바꾸는 일종의 의역에 해당), 유추(일종의 자유롭고 의사소통적인 번역으로, 원작을 다른 장르의 요건에 어느 정도 완전히 적용시키면서 원문을 재조정하거나 심지어 분위기까지 바꾸는 것)에 이르기까지 실로 넓은 스펙트럼이 존재한다. 로페 데 베가와 셰익스피어, 로스탕에서부터 올비와 아르니체스, 윌리엄스에 이르는 극작가들은 영화 감독들이 최고의 작품을 창조하도록 끊임없이 영감을 불어넣어주고 있는 것이다.

1) 텔레비전 형식에 맞추기 위해 일어난 변화는 텍스트 중심 번역의 요건들과 비교될 것이다. 알브레히트 노이베르트에 의하면 특허 신청서는 정확히 번역되어야 할 뿐 아니라 수용 국가에서 요구되는 형식으로 번역되어야 한다고 지적한다. 마찬가지로, TV로 옮겨진 무대연극은 러셀 잭슨이 영화에 한정하여 기술한 "인물들 간의 공간적 관계의 구성"과 "장면들의 리듬"(잭슨: 18)을 예상하고 도입해야 한다.

2) 바르셀로나의 비평가 알렉스 고리나는 카무스의 영화가 녹화된 극이라고 항의했다. 그리고 알모도바르가 더 창의력을 발휘했어야 한다고 결론지었다. 카를로스 아컬러는 카무스의 영화가 답답하고 이해하기 어렵다고 생각한다. 그는 이 영화가 손쉬운 극장주의theatricalism[극장예술로서의 연극을 본질을 강조하는 연출태도─ 역자 주]인데다 공간적 유동성이 부족하다며 한탄한다(아컬라, 1992: 202). 한편, 미국의 비평가 피터 포돌은 카무스가 장면을 삭제하거나 장면의 순서를 바꿀 때, 혹은 연속장면들을 야외로 이동시킬 때 "극작가가 추구한 극적 효과를 약화시킨다"고 주장한다(포돌, 1995: 43). <베르나르다 알바의 저택>는 관객들의 인기를 얻을 수 있다는 사실이 증명되었고 1988년에 여러 국제 영화제에서 스페인 영화를 대표하는 영화로 가장 빈번하게 선정된 작품 중에 속했다.

3) 의미론적 번역과 소통적 번역의 구체적인 설명에 대해서는 뉴마크(1981)를 보라.

4) 노엘 캐롤은 영화 음악의 다층적 기능 분석을 위한 유용한 틀거리를 제공한다(캐롤, 1988: 213-25).

5) 폰즈는 베넷 이 조르넷과 세르지 베르벨의 극을 각색했다. 베르벨 극의 영화 각본 분석에 대해서는, 데이비드 조지(2002)를 보라.

6) 카잔에게서 주요 이미지가 생략되었음을 나에게 알려준 샤론 카르닉에게 감사한다.

7) 허비와 히긴즈, 헤이우드는 보완compensation을, "원문에 사용된 것과 다른 수단으로 수용문에서 대략 비슷하게 원문의 효과를 모사함으로써 중요한 원문의 손실을 보충하는 기술"로 정의한다(허비 외, 1995: 28). 헐리우드의 검열제도에 대한 논의를 보려면 말트바이(1996)를 참조하라. 1950년대 말 경에 제작법은 말소되었다. 윌리엄스의 <지난 여름 갑자기>(1959, 죠셉 맨키비츠 감독, 고어 비달과 윌리엄스 각색)도 동성애자에 관한 내용을 다루고 있으며, 음란증과 잔인한 행위에 관한 주제에도 불구하고 승인되었다. 얼스킨과 웰치에 따르면 이 영화는 "현대 드라마에서 가장 자유로운 각색 중 하나로 칭송이 자자하다"(얼스킨 & 웰치, 2000: 332).

8) 2003년 루이스 올모의 찬사받은 <자전거는 여름을 위해> 재제작은 플라자의 제작에 서처럼 의도적으로 무대를 영화적으로 만들지 않았다. 두 작품의 비교에 대해서는

웨스턴 유러피언 스테이지에 나온 나의 서평을 참조하라(재틀린, 2003).

9) 산드라 L. 리차즈는 다음과 같은 말로 요루바 광경을 묘사한다. "초월적 실재의 가면을 벗겨내면서 그 광경은 집단적 생명력, 혹은 이 모든 현재의 잠재성을 증가시키기 위해 분투한다. 생존자들의 공동체와 돌아가신 조상들, 그리고 아직 태어나지 않은 생명체들과 전 우주 사이의 연결고리를 거듭 주장함으로써 말이다"(리차츠, 1992: 70).

10) 고메즈는 또한 <브와나>가 어떻게 어머니 성격을 상당부분 변화시키는가를 분석한다. 그것은 그녀를 더 약한 인종차별주의자로, 그리고 코믹하게 만듦으로써 그리고 흑인인 옴바시와 가부장적인 사회의 여성인 어머니의 종속적 지위 사이에 평행선을 그리면서 이루어진다. <검은 남자의 시선>과 이 영화 버전 사이에 시간 차이는 거의 없다. 1988년 몰리나의 <에스퀼라체>는 페미니스트 관점을 보여주는데 이것이 30년 전에 부예로 바예호가『민중을 위한 몽상가』를 썼을 때는 전혀 있을 수 없는 일이었다는 점은 충분히 이해가능한 일이다. 이 텍스트를 페미니스트 관점에서 읽는 것에 대한 논의는 <브와나>에 대한 고메즈의『에스트레노』논문(고메즈 2002)과 <에스퀼라체>에 대해 쓴 나의『심포지움』논문(재틀린, 1998)을 참조하라.

11) 나는 2003년에 극작가이자 시나리오 작가인 이그나시오 델 모랄과 자신의 극 세편이 영화로 제작된 호세 루이스 알론소 데 산토스에게 직접 질문을 던졌다. 알론소 데 데 산토스는『바레까스의 담배장수』때 보다『처녀 길들이기』에서 덜 만족스러웠으며,『살바예스』의 영화 버전에는 전반적으로 뜻밖이었다고 분명히 말했다. 알론소 데 산토스는 첫 두 영화에서는 감독과 다른 한 명의 작가와 함께 공동 집필에 참여했고 세 번째 영화에는 참여하지 않았다. <바레까스의 담배장수>(1986, 페르난도 콜롬보 감독)는 긴장이 충실한 변형에 해당하는 것으로, 마지막 장면의 긴장을 느슨하게 하는 등 예측가능한 변화가 있었다. <처녀 길들이기>(1988, 엘로이 데 라 이글레시아 감독)는 마지막 장면에 상당히 변화를 준 에필로그를 포함하여 원작과 분위기와 리듬이 다른 몇몇 에피소드를 추가하였다. <살바예스>(2001, 카를로스 몰리네로 감독)는 섹스와 폭력을 강조하는 에피소드들을 추가해서 전체적인 분위기가 변한다. 마드리드의 영화 전문 서점에서 연극과 영화 대본이 함께 하나의 판본으로 출판되었다.

12)『유언장』의 영화각색에 대한 더 완전한 보려면『ALEC』에 실린 나의 논문(재틀린, 2001)을 참조하라.

13) 할링은 쉘비라는 등장인물의 바탕이 된 자신의 여동생을 추억하며『철목련』을 썼다. 연극 판본에서 그는 그 극이 쓰여진 것이라기보다는 회상된 것이라고 분명히 밝힌다. 연극 대사의 일부는 할링이 쓴 그대로 영화 각본에 옮겨졌다.

References

Actrius. Dir. Ventura Pons. 1996.

Aguilar, Carlos. *Guía del Video-Cine.* 4th ed. Madrid: Cátedra, 1992.

Albee, Edward. *Who's Afraid of Virginia Woolf?* New York: Signet, 1983.

Alonso de Santos, José Luis. E-mail. 2 April 2003.

Andrew, Dudley. "Adaptation." In Naremore, James, ed. *Film Adaptation.* New Brunswick, NJ: Rutgers University Press, 2000. 28-37.

baile, El. Dir. Edgar Neville. 1959.

Bajarse al moro. Dir. Fernando Colomo. 1988.

Bazin, André. "Theatre and Cinema." In *Film Theory and Criticism,* ed. Gerald Mast and Marshall Cohen. 3rd ed. New York and Oxford: Oxford University Press, 1985. 356-369.

Benet i Jornet, Josep M. *E.R.* Barcelona: Edicions 62, 1994.

Besas, Peter. Rev. of *Las bicicletas son para el verano. Variety* 8 February 1984: 20.

_____. *Behind the Spanish Lens. Spanish Cinema under Fascism and Democracy.* Denver: Arden Press, 1985.

bicicletas son para el veranos, Las. Dir. Jaime Chávarri. 1984.

bicicletas son para el veranos, Las. By Fernando Fernán Gómez. Dir. Luis Olmos. La Latina Theatre, Madrid. 5 March 2003.

Bwana. Dir. Imanol Uribe. 1996.

Calle Mayor. Dir. Juan Antonio Bardem. 1956.

Carroll, Noël. *Mystifying Movies. Fads and Fallacies in Contemporary Film Theory.* New York: Columbia University Press, 1988.

Cartmell, Deborah. *Interpreting Shakespeare on Screen.* New York: St. Martin's Press, 2000.

casa de Bernarda Alba, La. Dir. Mario Camus. 1987.

Chase, Mary. *Harvey.* Illustrated by Blechman. New York: Oxford University Press,

1953.

Cyrano de Bergerac. Dir. Jean–Paul Rappeneau. 1990.

Death of a Salesman. Dir. Volker Schlöndorff. 1985.

Desire Under the Elms. Dir. Delbert Mann. 1958.

Erskine, Thomas L. and James M. Welsh. *Video Versions. Film Adaptations of Plays on Video.* Westport, Conn. and London: Greenwood Press, 2000.

estanquera de Vallecas, La. Dir. Eloy de la Iglesia. 1986.

García–Abad García, Teresa. "Una Bernarda de cine: Lorca del papel a la pantalla." *Estreno* 27.2 (2001): 4–7.

George, David. "From Stage to Screen: Sergi Belbel and Ventura Pons." *Anales de la Literatura Española Contemporánea.* 27.1 (2002): 89–102.

Gómez, María Asunción. *Del escenario a la pantalla. La adaptación cinematográfica del teatro español.* Chapel Hill: North Carolina Studies in the Romance Languages and Literatures, 2000.

_____. "Subalternidad de raza y género en *La mirada del hombre oscuro* de Ignacio del Moral y *Bwana* de Imanol Uribe." Estreno 28.2 (2002): 28–33.

Gorina, Alex. Rev. of *La casa de Bernarda Alba. Guía del Ocio.* Barcelona (24–30 April 1987): 11.

Harvey. Dir. Henry Koster. 1950.

Hervey, Sándor, Ian Higgins and Louise M. Haywood. *Thinking Spanish Translation. A Course in Translation Method: Spanish to English.* London and New York: Routledge, 1995.

Hueso, Ángel Luis. "El referente teatral en la evolución histórica del cine." *Anales de la Literatura Española Contemporánea.* 26.1 (2001): 45–61.

Jackson, Russell, ed. *The Cambridge Companion to Shakespeare on Film.* Cambridge: Cambridge University Press, 2000.

Mains sales, Les. Dir. Fernand Rivers. 1951.

Maltby, Richard. "Censorship and Self–Regulation." In *The Oxford History of World Cinema,* ed. Geoffrey Nowell–Smith. Oxford: Oxford University Press, 1996.

235-48.

Martin, Mick and Marsha Porter. *Video Movie Guide* 1999. New York: Ballantine Books, 1998.

Mast, Gerald. "Literature and Film." *Interrelations of Literature*, ed. Jean-Pierre Barricelli and Joseph Gibaldi. New York: The Modern Language Association of America, 1982. 278-306.

Midsummer's Night Dream. Dir. Michael Hoffman. 1999.

Miller, Arthur. *Death of a Salesman*. New York: Penguin, 1976.

Moral, Ignacio del. *La mirada del hombre oscuro*. Madrid: SGAE, 1992.

_____. Personal interview. Madrid, 6 March 2003.

Neubert, Albrecht. "Text-bound Translation Teaching." In *Die Theorie des Ubersetzens und ihr Aufschlusswert für die Ubersetzungs-und-Dolmetschdidaktik*. Ed. Wolfran Wilss and Gisela Thome. Tübingen: Gunter Narr Verlag, 1984. 61-70.

Newmark, Peter. *Approaches to Translation*. Oxford and New York: Pergamon Press, 1981.

Nicoll, Allardyce. *Film and Theatre*. London, Bombay & Sidney: George G. Harrap & Company, Ltd., 1936. (Reprint Edition, Arno Press, 1972).

Nieva de la Paz, Pilar. "Pilar Miró ante el teatro clásico." *Anales de la Literatura Española Contemporánea*. 26.1 (2001): 255-76.

Odd Couple, The. Dir. Gene Saks. 1968.

Pérez Bowie, José Antonio. "Teatro en verso y cine: Una relación conflictiva." *Anales de la Literatura Española Contemporánea*. 26.1 (2001): 317-35.

perro del hortelano, El. Dir. Pilar Miró. 1996.

Podol, Peter. *La casa de Bernarda Alba in performance: Three productions in three media*. *Estreno* 21.2 (1995): 42-44.

Richards, Sandra L. "Under the 'Trickster's' Sign: Toward a Reading of Ntozake Shange and Femi Osofisan". *Critical Theory and Performance*. Ed. Janelle G. Reinelt y Joseph R. Roach. Ann Arbor: The University of Michigan Press, 1992. 65-78.

Ríos Carratalá, Juan Antonio. *El teatro en el cine español.* Alicante: Instituto de Cultura Juan Gil Albert, 1999.

Salvajes. Dir. Carlos Molinero. 2001.

Seger, Linda. *The Art of Adaptation: Turning Fact and Fiction into Film.* New York: Henry Holt, 1992.

señorita de Trevélez, La. Dir. Gabriel Ibáñez. 1984.

Songe d'une nuit d'été, Un. By William Shakespeare. Dir. Jorge Lavelli. Comédie Française, Paris. 29 May 1988.

Streetcar Named Desire, A. Dir. Elia Kazan. 1951.

Vázquez–Ayora, Gerardo. *Introducción a la traductología.* Washington, D.C.: Georgetown University Press, 1977.

Wagner, Geoffrey. *The Novel and the Cinema.* Cranford, NJ: Associated University Presses, Inc. and London: The Tantivy Press, 1975.

Who's Afraid of Virginia Woolf? Dir. Mike Nichols. 1966.

Williams, Tennessee. *A Streetcar Named Desire.* 25th anniversary edition. New York: New American Library, 1972.

Zatlin, Phyllis. "Josefina Molina's *Esquilache*: Example of Feminist Film Transformation?" *Symposium.* 52.2 (1998): 104–15.

_____. "Valle–Inclán and Fernán Gómez: Major Revivals in Madrid, 2003." *Western European Stages* 15.2 (2003): 11–14.

▌부록

극 번역가들에게 보내는 질문지

(1) 당신은 어떤 언어를, 또는 어떤 언어로 번역합니까?

(2) 대략 당신은 얼마 동안의 기간에 걸쳐 얼마나 많은 번역을 해왔습니까?
만일 당신이 오랜 기간 동안 많은 연극들을 번역했다면, 개의치 말고 가장 최근의
8-10개의 연극이나 최근 10~12년 동안의 연극에 당신의 답변을 제한한다고 밝히면
서 그렇게 하세요.

(3) 당신은 항상 당신이 알고 있는 언어로부터 직접 번역합니까?
만일 원작 극이 아니라 다른 누군가의 번역본을 통해 작업한 적이 있다면, 관련 텍
스트와 당신이 그 과정을 얼마나 잘 되었다고 생각하는지를 밝혀 주세요.

(4) 당신은 당신의 극 번역물을 처리해 줄 중개인이 있습니까?
있다면, 당신의 중개인은 얼마나 성공적으로 당신의 작품이 공연되도록 해줍니까?
없다면, 중개인을 구하려고 시도한 적은 있는지, 그리고 그런 노력이 왜 성공할 수
없었는지요?

(5) 당신은 드라마작가조합에 소속되어 있습니까? (이 질문은 다른 나라에 대해서는, 예
를 들어 전국작가 · 편집장협회(SGAE)나 작가 · 극작가협회(SACD) 등으로 수정되
었다.)
만일 그렇다면, 그 조합은 당신에게 어떤 도움이 됩니까?

(6) 연출가나 극단의 특별 청탁에 의해 극을 번역한 적이 있습니까?
이런 번역의뢰물이 상연되었다면 아래에 그 극의 목록을 적어 주시고, 만일 그 정보
가 당신의 경력에 해당되지 않는다면 언제, 어디서 그 극들이 처음으로 공연되었는
지 적어주세요.
만일 당신이 의뢰/청탁받은 번역물이 이후에 예정과 달리 공연되지 않았다면, 어떤
일들이 일어났는지 설명해 주세요.

(7) 당신이 직접 선택해서, 당신이 주도해서 극을 번역한 적이 있습니까?
만일 이러한 자발적인 번역물이 상연되었다면 그 극들을 아래에 적어주시고, 만일
그 정보가 당신의 경력에 해당되지 않는다면 언제, 어디서 처음 공연되었는지를 적
어주세요.
당신은 어떤 방법을 통해서 그러한 공연물을 이루어낼 수 있었나요?

(8) 당신은 배우들과 윤색하거나 연출가와 작업하는 등 어떤 식으로든 한 번역물의 첫 공연작업에 참여할 기회가 있었나요?

만일 있다면, 이러한 협동이 당신의 번역물이과 공연 자체의 질에 어떤 영향을 끼친 다고 느끼는지 말해주세요.

(9) 당신은 극 번역의 저작권을 얻거나 극 번역물이 출판 혹은 공연되게 하는 데 어려움 을 겪은 적이 있습니까?

있다면, 그 상황을 설명해 주세요.

(10) 당신의 극 번역물 중에서 출판된 것이 있습니까?

있다면, 그리고 그 정보가 당신의 경력에 속하지 않는 경우 여기에 그 극들의 목록 과 참고문헌 자료를 적어주세요.

어떤 방법을 통하여 당신은 이러한 출판을 해낼 수 있었습니까?

(11) 당신의 극 번역물이 무대에서 성공을 거두기 위해서는 어느 정도까지 목표관객에 맞추어 각색될 필요가 있다고 생각합니까? (달리 말해서, 당신의 목표관객은 원천 텍스트의 문화에 얼마나 익숙할까요?)

당신이 각색이 불가피하다고 느낀 연극의 구체적인 사례를 말해 주시기 바랍니다.

(12) 상대적으로 당신이 번역하기 쉽다고 느낀 연극을 한 두 가지 들어 주시고 그 이유 도 말해 주세요.

(13) 상대적으로 당신이 번역하기 어렵다고 느낀 연극을 한 두 가지 들어 주시고 그 이 유도 말해 주세요.

(14) 일반적으로, 한 극 번역가가 연극 번역물을 공연하려고 할 때 어떤 요인들이 그 성 공에 도움이 될까요?

(15) 일반적으로, 어떤 요인이 극 번역가들이 연극 번역물이 공연되는 데 방해가 될까 요?

(16) 극 분야에서 일을 시작하려고 하는 극 번역가들에게 간략하게 충고한다면?

(17) 당신은 다른 문학 장르도 번역해 본 적이 있습니까?

있다면, 그 경험은 연극 번역과 비교해서 어떻게 다릅니까?

(18) 나는 친절하게도 자신들의 통찰을 나와 나누어준 번역가들의 명단을 내 책의 감사 의 말에 포함시킬 생각입니다. 덧붙여, 극 번역에 대한 나의 책에 여러분 모두의 대답을 자유롭게 인용해도 되겠습니까?

만일 원하지 않으신다면, 당신의 이름을 밝히고 싶지 않은 특정한 답변을 지정해 주세요.

참고문헌

Aaltonen, Sirkku. *Time-Sharing on Stage. Drama Translation in Theatre and Society.* Clevedon, Buffalo, Toronto and Sydney: Multilingual Matters, Topics in Translation 17, 2000.

Bassnett, Susan. *Translation Studies.* 3rd ed. London and New York: Routledge, 2002.

Bassnett, Susan and André Lefevere. *Constructing Cultures. Essays in Literary Translation.* Clevedon, Philadelphia, Toronto, Sydney and Johannesburg: Multilingual Matters, Topics in Translation 11, 1998.

Buhler, Stephen M. *Shakespeare in the Cinema. Ocular Proof.* Albany, NY: State University of New York Press, 2002.

Cartmell, Deborah. *Interpreting Shakespeare on Screen.* New York: St. Martin's Press, 2000.

Cary, Edmond (adopted name of Cyrille Znosko-Borovski, died 1966). *Comment faut-il traduire?* Introduction Michel Ballard. Presses Universitaires de Lille, 1986.

Coursen, H.R. *Shakespeare in Space. Recent Shakespeare Productions on Screen.* New York: Peter Lang, 2002.

Erskine, Thomas L. and James M. Welsh. Video Versions. *Film Adaptations of Plays on Video.* With John C. Tibbetts and Tony Williams. Westport, Conn. and London: Greenwood Press, 2000.

García Lorenzo, Luciano, ed. *Traducir a los clásicos.* Teatro Cuadernos no. 4. Madrid: Ministerio de Cultura, Instituto Nacional de los Artes Escénicos y de la Música, 1989.

Gómez, María Asunción. *Del escenario a la pantalla. La adaptación cinematográfica del teatro español.* Chapel Hill: North Carolina Studies in the Romance Languages and Literatures, 2000.

Jackson, Russell, ed. *The Cambridge Companion to Shakespeare on Film.* Cambridge: Cambridge University Press, 2000.

Johnson, David, ed. *Stages of Translation*. Bath, England: Absolute Classics, 1996.

Merino Álvarez, Raquel. *Traducción, tradición y manipulación. Teatro inglés en España 1950–1990*. León: Universidad de León, 1994.

Naremore, James, ed. *Film Adaptation*. New Brunswick, NJ: Rutgers University Press, 2000.

Picon–Vallin, Béatrice, ed. *Le Film de théâtre*. Avant-propos by Élie Konigson. Paris: CNRS Éditions, Arts du Spectacle, 1997.

Ríos Carratalá, Juan Antonio. *El teatro en el cine español*. Alicante: Instituto de Cultura Juan Gil Albert, 1999.

Scolnicov, Hanna and Peter Holland, ed. *The Play Out of Context. Transferring Plays from Culture to Culture*. Cambridge and New York: Cambridge University Press, 1989.

Thomas, Alan and David Blostein, ed. Special issue on translations. *Modern Drama*. 41.1 (Spring 1998).

Upton, Carole–Anne, ed. *Moving Target. Theatre Translation and Cultural Relocation*. Manchester, UK & Northampton, MA: St. Jerome Publishing, 2000.

Vilches de Frutos, María Francisca, ed. *Teatro y cine: La búsqueda de nuevos lenguajes expresivos*. Special issues of *Anales de la Literatura Española Contemporánea*. 26.1 (2001) and 27.1 (2002).

Zuber, Ortrun. *The Languages of Theatre. Problems in the Translation and Transposition of Drama*. Oxford and New York: Pergamon Press, 1980.

Zuber–Skerritt, Ortrun, ed. *Page to Stage. Theatre as Translation*. Amsterdam: Rodopi, 1984.

색인 ● ● ●

리틀, 헨리, 229, 252

리허설, 26–28, 67, 70, 72, 73, 122

링크, 프란츠, 30, 48, 132, 148

...ㅁ)

마네, 에두아르도, 26, 81, 98, 173, 198, 239;『또 다른 돈 주앙』, 199, 200;『안데스산맥 쪽으로 난 발코니』, 199; <세실리아>, 239;『꿈의 집』, 174;『스트라스 부인』, 26, 27, 82, 98, 99, 173, 174, 200, 201, 205;『러브스타씨와 그의 이웃』, 198;『수녀들』, 81

마르부르크(독일), 241

마르시아노, 엘리쉐바, 60

마르티네스 토마스, 모니크, 123

마르티네스 팔라우, 실비오:『영어전용 식당』, 212

마르티네스 마르코스, 202

마르티네스 몬탈반, 281

마르틴, 엘리존도, 호세, 106

마리아 구에레로 국립 극단(마드리드), 66

마리아스, 하비에, 238

마멧, 데이비드, 66, 75

마샬, 게리, 262

마샬, 롭:『시카고』, 259

마요르가, 후안, 112, 113, 123, 192–198, 213;『블루멤베르크의 번역가』, 112, 192–194, 197, 213

마이애미(플로리다), 41, 43, 45, 132, 241, 322

마틴, 믹 그리고 마사 포터, 292

만, 델버트: <느릅나무 밑의 욕망>, 325

만, 로렌조, 24, 68, 85, 97

말장난, 167, 168, 177, 189

말코비치, 존, 292

매스트, 제랄드, 272

맥, 크리스토퍼, 219

맥가하, 마이클, 129

맥길, 레이첼, 118

맥널리, 테렌스, 279;『예수의 몸』, 36

맨키비츠, 죠셉: <이브의 모든 것>, 277; <지난 여름 갑자기>, 335

메리노 알바레즈, 라구엘, 76

메종 앙트완느 비테-국제 극번역 센터 110

메튜엔(출판인), 69, 90, 93, 119

메트로 골드윈 메이어, 280

메트로폴리탄 오페라(뉴욕), 253

멕시코계 미국인, 47, 190, 191

멜렌드레스, 자우미, 69, 79, 168

<모감보>, 227

모레토, 아구스틴, 29

모리셋, 브루스, 270

몬테 칼로 오페라 극장, 239

몬테스 우이도브로, 마티아스『맞불』,

■ 역자 후기

오랫동안 '아름답고 정확한 한국어'를 쓰는 데 관심을 쏟아온 글쟁이인 고종석은 한 책에서 "문화사는 곧 감염의 역사고, 그 문화를 실어나르는 언어의 역사도 감염의 역사다."라고 말한다. 한 언어가 감염된 것임을 인정한다면 번역은 두말해 무엇하랴. 같은 텍스트에 대한 번역은 매번, 시대에 따라 변하기 마련이다. 시대에 따라 변한다는 말은 번역이 번역되는 장소에 따라 변한다는 말과도 통한다. 셰익스피어를 번역하는 스페인의 번역자와 한국의 번역자는 다른 기준과 방식에 따라 번역한다는 뜻이다. 필리스 재틀린 교수의 이 책은 시간과 장소에 따라 달라지는 번역의 특성이 극 번역에서 또 어떤 특수성을 띠고 실행되고 있는가를 끈질기게 탐구하고 있는 연구서이다. 저자의 실제 경험과 다른 수많은 실제 사례들에 기반한 이 책은 보면 볼수록 오히려 언어에 대한 다양한 감각들을 일깨운다.

학술 연구도 유행을 타는지라, 당장 필요하고 아쉬운 영역이라도 소외받기 일쑤이다. 게다가 그 영역이 전통적으로 그어진 산뜻한 범주에 속하지 않을 때는 누구도 선뜻 그 일을 자기가 해야 할 일로 여기기가 쉽지 않다. 오랫동안 외면되어온 영역에 과감히 발을 붙이고 꾸준히 들여다보는 일은 그 자체로 결기와 책임감이 필요한 선구자적인 일이라 할 수 있을 터이다. 이 책을 쓴 필리스 재틀린 교수도 그런 일을 해낸 사람 중 하나이다. 번역에 대한 연구 자체가 워낙 사이-학문의 성격을 띠는데다 그중에서도 극 번역은, 재틀린 교수도 서문에서 지적하다시피, 본격적인 논의의 대상이 되어오지 못했다. 문학이면서도 공연예술이기도 한 극의 다차원적 특성 때문에 극 번역은 다루기 까다롭고 번거로운 연구 영역으로 남아 있었다. 그래서 극 번역에 대해 연구하려는 사람이라면 극 문학작품의 번역과 극 공연의 경험, 그리고 번역 이론에 대한 지식을 두루 요구받게 된다. 이런 점에서 저자 자신은 운이 좋았으며 자신의 경험을 십분 활용하여 극 번역과 각색에 대한 연구에 적절히 활용한 듯싶다.

극 번역의 현실에 좀더 잘 접근하기 위한 저자의 관심은 다양한 시도들로 이어졌다. 기존의 학술 연구의 고정된 형식에서 벗어나 수많은 현장의 번역가들과 직접 이메일을 통해 서신을 교환하고, 전화 인터뷰를 하고, 개인적으로 만났다. 저자의 바지런한 이러한 만남들이 빚어내는 생생함으로 인해 이 책을 읽는 독자들은 평소 가졌던 의문들이 풀리고 번역에 대한 자신의 입장을 정립할 실마리를 얻을 수 있으리라고 본다.

어떤 이론보다도 저자 자신과 다른 사람들의 실제 경험에 기반하여 극 번역의 사실성을 살린 이 책에서 제시하는 극 번역의 특성은 세 가지 정도로 간추려 볼 수 있다. 첫째, 극 번역의 원칙은 쉽게 일반화되지 않는다는 것이다. 재틀린 교수는 각 나라마다 고유한 스타일을 가진 언어가 있고 극의 관습 또한 다르기 때문에 극 번역에서는 언어만큼이나, 아니 그보다 더, 문화적 차이를 감안하는 번역이 필요하다고 본다. 그녀는 이를 '문화적 각색'이라 표현한다. 하지만 현실적으로 문화적 각색은 그리 녹록한 일이 아니다. 가령, 생존 작가의 작품을 각색할 때는 그의 동의가 필요하다. 또한 모든 나라에서 예외 없이 정치적 혹은 경제적인 이유로 검열이 이루어지고 있는 것이 현실이다. 지금은 대부분의 국가에서 사라진 정치적 검열이 경제적 검열로 탈바꿈하여 이루어지고 있다는 지적은 주목할 만한 점이다. 연출가들은 곧잘, 기금 지원을 받지 못하거나 혹은 관객들이 거부 반응을 보일 것을 염려하여 자기검열에 들어간다는 것이다. 이러한 여러 가지 사정으로 인해 번역과 동시에 각색이 요구되지만 나라마다 각색에 대한 요구가 제각각 달라진다는 진단이다.

두 번째 특성은 번역의 과정에서 배우들도 중요한 요인으로 고려해야 한다는 점이다. 전통적인 번역이론에서 항상 문제가 되었던 번역의 두 중심점은 원작과 독자였다. 즉, 원작에 대하여 독자의 비중을 어느 정도로 잡을 것인가라는 문제였는데, 원작에 더 비중을 두느냐, 아니면 독자에 더 비중을 두느냐에 따라 어떤 번역을 할 것인가에 대한 전반적인 방향이 정해졌다. 하지만 극 번역에서는 또 다른 문제점이 등장하는데, 그것은 바로 무대 위의 배우들이다. 배우들이 자연스럽게 입에 붙일 수 있는 대사가 극 번역의 최종 목표임을 강조하는 여러 이론가들의 주장에 동의하면서 재틀린 교수는 "번역에서 약간의 배반은 필수적"이라는 결론을 내린다.

세 번째 특성은 두 번째와 일면 이어지는 것으로, '하나의 극은 하나의 전체로서 번역되어야 한다'는 것이다. 이것은 작품이 일으키는 '효과'를 강조하는 번역 흐름의 한 조류로 볼 수 있지만 극 번역의 경우는 더 구체적이다. 즉, 극중 인물들의 다양한 '목소리들'을 살려내는 쪽으로 나아가야 한다는 것인데, 매 구절이 마치 조각그림 맞추기의 조각들처럼 전체의 일부로서 효과를 발휘하는지를 살펴야 한다는 말이다. 이러한 과정에서 배우들에게 직접 읽어 보게 하는 것이 중요한 작업이 되며 그에 앞서 무엇보다 작가가 쓴 말이 직접 창안한 것인지 인용인지, 상투적인 은유나 속담 등인지를 식별해내는 번역자의 안목이 필수적이게 된다. 아마이 정도는 문학작품 번역에 관심을 가진 사람이라면 한번쯤 떠올려 볼만한 사항이다. 하지만 재틀린 교수는 여기서 그치지 않고 더 세심하게 파고들어가며 이 책의 묘미를 높인다. 그녀는 극 번역에서 번역은 곧 말이기도 하기 때문에 '말의 리듬' 또한 놓칠 수 없는 요소임을 지적하고 있다. 원작과 번역본의 리듬을 맞추기 위해서는 원작의 문화와 목표문화에서 배우들이 말하는 속도, 원작의 언어와 번역어의 장황함의 차이 등도 고려해야 한다는 것이다. 보통 스페인 배우들이 미국 배우들보다 빨리 말하고 스페인어 문장이 영어문장보다 25%정도 길다는 사례는 그 중에서도 흥미로운 대목이었다.

이 외에도, 난감한 번역의 문제들에 대해 어떻게 번역자들이 멋지게 해결책을 내놓았는가에 대해 저자가 이야기해 주는 사례들에는 흥미로운 것들이 많다. 흥미로울 뿐 아니라 번역초보자들도 읽어가는 와중에 번역의 노하우를 습득할 수 있게끔 아주 조목조목 구체적인 정보들을 제공하는 것도 이 책의 장점이라 할 수 있다. 특히 책의 후반부인 6, 7, 8장은 영화각색 관련된 부분들로 더빙과 자막의 기술적 차이와 사회정치적 차이, 공연 시 캡션을 넣는 기술적 문제와 효과 등이 열거되고 있으며, 대중적으로 잘 알려진 영화들을 사례로 들고 있어 이 분야에 관심이 있는 사람들에게 짭짤한 도움이 될 듯하다.

이 책에는 세계 각국의 문학작품의 이름과 인명들이 거론, 설명되고 있어 번역하기가 그리 녹록치 않았다. 한 언어에서 다른 언어로 번역하는 사례들도 종종 나와 일일이 대조하고 그 차이를 살리는 등 세심한 부분을 놓치지 않으려고 애썼지만 어쩔 수 없이 발생한 오류도 있을 줄로 안다. 그 모든 책임은 공동역자들에게 있을 것이다. 이 책의 번역에는 많은 사람들의 노고가 묻어있다. 정병언 교수는 이 책을 선정하는 일에서부터 저자와 사전에 교류하고 미국에까지 직접 가서 저자와 면담하는 일을 맡으시고 난감한 미해결의 번역 문제들을 일일이 검토하셨다. 부산대학교 BK21 영상번역사업단의 강혜정, 김경미, 김은주, 김양희는 번역 초고 작업에 참여하여 애써 주었으며 문정애, 최성희는 여러 번의 교정작업에 참여했다. 그리고 독일어와 불어 번역에 대해서는 부산대학교 독문과의 황미은, 불문과의 이송이 선생님이 귀중한 시간을 쪼개어 자문해 주었고 스페인어 번역은 미국 럿거스대학 스페인어·포르투갈어과 번역학 석사인 까미냐 정Carmiña Chung이 스페인어 문의에 친절하게 답변해주고 함께 논의해 주었다. 그리고 저자인 필리스 재틀린 교수는 정병언 교수와 직접 만나거나 이메일로 의문이 나는 것에 성심껏 답해 주었다. 이 분들의 노고와 배려에 깊이 감사드린다.

2009년 2월
금정산 자락에서
역자

옮긴이

정병언 부산대학교 학사, 연세대학교 석사, 루이지애나주립대 영문학 박사. 부산대학교 영어영문
학과 교수. 역서로는 『영미문화연구-로빈슨 크루소의 발자국』(공역, 문화과학사 2000)과
『사랑의 바보짓』(도서출판 동인 2003)이 있다.

최성희 부산대학교에서 영문학 학사, 석사 취득 후,
영국 워릭대학 <철학문학연구소>에서 철학 석사,
현재 부산대학교 영문학 박사과정 수료.

문정애 부산대학교 불문학 학사, 영문학 석사,
현재 부산대학교 영문학 박사과정 수료.

극 번역과 영화각색, 어떻게 할까?

필리스 재틀린 지음 / 정병언, 최성희, 문정애 옮김
발행일•2009년 10월 10일
발행인•이성모 / 발행처•도서출판 동인 / 등록•제1-1599호
주소•서울시 종로구 명륜동2가 아남주상복합@ 118호
TEL•(02) 765-7145, 55 / FAX•(02) 765-7165
E-mail•dongin60@chol.com / Homepage•donginbook.co.kr

ISBN 978-89-5506-414-8

정가 20,000원